2025 최신개정판

LOGIN
기업회계 3급

김영철·박문곤 지음

도서출판
어울림
www.aubook.co.kr

머리말

회계는 기업의 언어입니다. 회계를 통해서 많은 이용자들이 정보를 제공받고 있습니다.

이 책은 회계이론에 저자의 풍부한 실무경험을 바탕으로 하여 집필된 책이므로, 회계를 공부하고자 하는 모든 분들에게 매우 유용할 것으로 확신합니다.

회계를 처음 접하시는 분에게는 용어자체도 매우 생소하고, 재미없는 과목입니다. 나이가 어린 학생일수록 회계는 더 어렵습니다. 그러나 반복하면서 읽고 직접 쓰면서 생각하시면 어느 순간에 회계는 이런 것이네 하면서 흥미를 느낄 것입니다.

수많은 학생을 가르치면서 느꼈는데, 끈기 있는 학생이 결국은 회계를 잘하게 되는 것을 보았습니다. 또 회계를 잘하는 학생이 세법도 이해를 잘합니다.

중학생이상의 자녀들 둔 불혹의 나이에 회계에 도전하시는 여성분을 보면 저 역시 감탄합니다. 세상만사를 다 겪고 다시 공부하시는데, 너무 열심히 하는 모습이 너무 아름답습니다. 그 분들이 더 열심히 회계공부를 하고, 이해도 및 성취욕이 매우 높습니다. 그런 분들은 반드시 회계공부에 성공합니다.

회계는 매우 논리적인 학문입니다.

회계를 잘하시려면
왜(WHY) 저렇게 처리할까? 계속 의문을 가지세요!!!
1. 이해하실려고 노력하세요.
   (처음 접한 회계의 용어는 매우 생소할 수 있습니다.
   생소한 단어에 대해서 네이버나 DAUM의 검색을 통해서 이해하셔야 합니다.)
2. 그리고 계속 쓰세요.(특히 분개)
3. 이해가 안되면 암기하십시오.
   2,3회독 후 다시 보시면 이해가 될 것입니다.
4. 여러분들의 선배나 동료, 강사에게 꾸준히 질문하세요.
   머뭇거리지 말고 질문하세요. 전문 강사들도 여러분들처럼 차·대변도 모를 때가 있었습니다.

회계는 숫자를 공부하는 것이 아닙니다. 숫자와 친숙해지는 것입니다.

회계는 여러분 자신과의 싸움입니다. 자신을 이기십시요!!!

이 책을 발판으로 회계의 기초지식을 쌓으시면서, 한국세무사회의 "기업회계 3급"자격증을 취득하시고, 더 넓은 세법의 바다를 향해 나아 가십시요!! 여러분들의 성공을 기원합니다.

회계는 여러분 자신과의 싸움입니다. 자신을 이기십시요!!!

마지막으로 이 책 출간을 마무리해 주신 도서출판 어울림 임직원에게 감사의 말을 드립니다.

2025년 1월
저자

다음(Daum)카페 **"로그인과 함께하는 전산회계/전산세무"**
1. 오류수정표 및 추가 반영사항
2. Q/A게시판

로그인카페

NAVER 블로그 "로그인 전산회계/전산세무/AT"
1. **오류수정표 및 추가반영사항**

합격수기

DAUM카페 "로그인과 함께하는 전산회계/전산세무"에 있는 여러분들의 **수험생들의 공부방법과 좌절과 고통을 이겨내면서 합격하신 경험담을 같이 나누고자 합니다.**
본 합격수기는 전산회계 2급의 수기로서, 회계원리와 수준은 거의 같으나 회계프로그램을 이용하여 회계실무능력을 측정하는 시험입니다.

"전교꼴찌의 전산회계2급 도전"

형민킴 님

안녕하세요 저는 25살 대학생입니다. 제가 이렇게 무언가에 목표를 잡고 공부를 하면서 자격증을 취득할거라곤 25년을 살면서 단 한 번도 생각을 한 적이 없어서 글을 어떻게 써야 될지 모르지만 합격수기를 남겨봅니다!

저는 인생을 살면서 공부의 중요성을 느끼지 못한 체 살아왔습니다. 심지어 고등학생 땐 **전교 1등보다 어렵다는 전교꼴찌까지 해봤구요… 공부가 하기 싫어 음대에 음악(실용음악과)으로 제 인생을 도전해보겠다고 합리화를 시키면서 진학을 했습니다.** 2017년 7월에 음악을 시작한 것에 후회는 없지만 여태 공부를 안 해왔던 것에 대한 후회가 조금씩 생기기 시작했습니다. 문득 제 머릿속엔 드디어! '커서 뭐하지…?' 라는 생각이 들었습니다…ㅎㅎ 점점 생각이 깊어지면서 공부를 해야겠다고 마음을 먹었지만… 아무리 생각해도 무슨 공부를 해야 할 지 모르겠더라구요ㅜㅜ 사실 어떻게 제가 이 공부를 시작한지도 모르겠어요… **그냥 아무 생각없이 "그래 이거 도전해보자!"** 하면서 공부를 시작하게 되었어요. **시험이 4주 남은 시점(여름방학 기간 동안)에서 설레는 마음으로 책을 열어보니..** 아니 이게 뭔 소리야… 분개는 뭐고 전기는 뭐지…? T계정은 또 뭐야!! 하면서 눈앞이 캄캄해졌습니다. 공부하는 법도 모르는데 생전 처음 보는 단어까지 접하니 시작하기도 전에 후회를 하고 그냥 접을까 라는 생각이 들었습니다. 하지만 이왕 마음 먹은 거 한번 해보자 라는 마음을 갖고 공부를 시작했습니다. 전산회계2급은 인강이 무료라서 맘 편히 한번을 통으로 듣기 시작했습니다. **이해가 안되도 그냥 넘어가고 계속 읽고 듣고 쓰고 하면서 그렇게 책 한권을 다 훑어보고 이제 자세히 짚고 넘어가면서 공부를 시작했습니다.** 그래도 이해가 안되더라구요… 그래서 계속 읽고 받아 쓰기 시작했습니다. 시간이 지나고 **책을 서너번 통독하니깐 약간의 개념이 정리가 되기 시작했습니다.** 저는 공부를 해보지 않아서 여러 방법을 시도해 보기로 하고 저만의 공부법을 찾기 위해 노력을 했으나 아직도 찾지는 못했습니다. 하지만 제가 공부한 방법을 설명해 드릴게요!

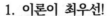

1. 이론이 최우선!

실무는 기계적인 연습 또한 필요하지만 이론을 바탕으로 하기에 이론을 완벽히 숙지하자! 라는 생각으로 시험1주일 전까지는 실무를 하지 않았습니다.

2. 눈으로 읽는 게 끝이 아니다!

눈으로 글자를 읽는 건 이해와 습득이 아니라 단순한 정리라고 생각해요.

저는 책을 보지 않고 어떠한 단어를 주어졌을 때 그 개념을 글로 완벽히 설명할 수 있을 정도로 쓰고 또 쓰고 계속 썼습니다.

3. 분개와 전기가 시험의 결과를 결정한다!

나중에 실무를 공부해 보시면 아실 겁니다. 무료인강에서도 강사님은 분개를 끊임없이 강조합니다. 그럴만한 이유가 있고 실무에선 그게 전부이기 때문인 것 같습니다.

4. 여유를 갖자!

처음 접해보는 단어는 당연히 이해가 안되는 건 당연한 거에요! 너무 조급하게 생각하시지 마시고 편안한 마음으로 충분한 시간을 두고 천천히 읽고 또 읽어보세요! 그럼 언젠가 나도 모르는 사이에 개념이 정리가 되어 있을 거에요!

이렇게 공부를 하고 **시험 1주일 전부터 실무를 시작했는데 실무는 하루 만에 끝나더라구요.. 정말 쉬웠어요…** 그때부터 자신감이 생기기 시작했습니다.

이론을 완벽히 숙지를 하니 합격 불합격 문제가 아니라 100점인지 아닌지가 제 관심사였고 시험이 남은 4일 정도는 정말 하루에 2시간씩만 기출문제을 풀었습니다. 시험당일엔 시험을 30분도 안돼서 다 마치고 멍 때리다가 시간을 맞춰 나왔어요! 합격자 발표일에 확인을 하니 아깝게도 95점을 받아 합격을 했어요! 정말 난이도는 최하인 시험일지 몰라도 약간의 재미가 붙었어요!!! **10월달에 있을 시험엔 전산회계1급, 세무2급, TAT2급을 동시에 준비해 보려고 해요! 제 공부법은 저만의 공부법일 뿐 여러분한테는 맞지 않을 수 있으니…** 너무 따라 하진 마시고 여러분들도 본인만의 공부법을 찾아서 공부해보세요! 다들 화이팅입니다~!

73회 전산회계 2급95점이라는 점수에 합격을 했습니다.ㅎㅎ

p.s. **책을 많이 읽으세요!** 저는 책을 많이 읽지 않아서 아주 기본적인 단어들도 이해하는데 많은 시간을 소모해서 애먹었습니다.ㅋㅋ

[2025년 기업회계3급 자격시험(한국세무사회 등록 민간자격) 일정]

1. 시험일자

회차	종목 및 등급	원서접수	시험일자	합격자발표
89회		01.02~01.08	02.09(일)	02.27(목)
90회		03.06~03.12	04.05(토)	04.24(목)
91회	기업회계1,2,3급	05.02~05.08	06.07(토)	06.26(목)
92회		07.03~07.09	08.02(토)	08.21(목)
93회		08.28~09.03	09.28(일)	10.23(목)
94회		10.30~11.05	12.06(토)	12.24(수)

2. 시험종목 및 평가범위

등급		평가범위	
기업회계 3급	1부	회계원리(객관식 20문항)	1부, 2부의 구분 실익은 없습니다.
	2부	회계원리(객관식 20문항)	

3. 시험방법 및 합격자 결정기준

1) 시험방법 : 객관식 4지 선다형 필기시험임.
2) 응시자격 : 제한없음(**신분증 미소지자는 응시할 수 없음**)
3) 합격자 결정기준 : 70점 이상

4. 원서접수 및 합격자 발표

1) 접수기간 : 각 회별 원서접수기간내 접수(응시료 15,000원)
   (**수험원서 접수 첫날 00시부터 원서접수 마지막 날 18시까지**)
2) 접수 및 합격자발표 : 한국세무사회 자격시험사이트(http : //www.license.kacpta.or.kr)

차례

제1편   회계의 이론적 기초

제2편　계정과목이해

제3편   기출문제

2024년~2022년 기출문제 중 합격률이 낮은 문제 수록

1분강의
QR코드 활용방법

본서 안에 있는 QR코드를 통해 연결되는 유튜브 동영상이 수험생 여러분들의 학습에 도움이 되기를 바랍니다.

방법 1

❶ 스마트폰에서 다음(Daum)을 실행한 후 검색창의 오른쪽 아이콘 터치

❷ '코드검색'을 터치하면 카메라 앱이 실행됨

❸ 도서의 QR코드를 촬영하면 유튜브의 해당 동영상으로 자동 연결

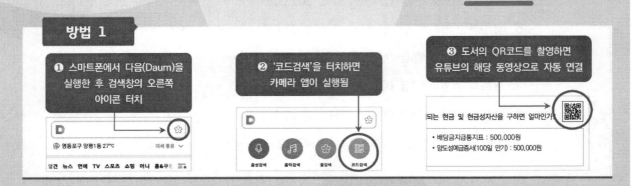

방법 2

카메라 앱을 실행하고, QR코드를 촬영하면 해당 유튜브 영상으로 이동할 수 있습니다.

개정세법 반영

유튜브 상단 댓글에 고정시켰으니, 참고하시기 바랍니다.

댓글 1개   정렬 기준

댓글 추가...

@loginat1 1년 전
<개정세법 2023> 2023년 0.8억원 2024.7.1~2025.06.30
답글

✔ 과도한 데이터 사용량이 발생할 수 있으므로, Wi-Fi가 있는 곳에서 실행하시기 바랍니다.

Part I
회계의 이론적 기초

회계환경의 이해

제1절　회　계

1. 회계의 개념 및 목적

기업의 경영활동에서 일어나는 자산과 부채 및 자본의 증감변화를 일정한 원리에 의하여 기록·계산·정리하고 이를 이해관계자에게 제공하는 것이다.

즉, 이는 ① 재무적 성격을 갖는 거래나 사건(기업의 회계자료)을 일정한 원리에 따라 기록·분류하여 재무제표를 작성하며

② 이를 회계정보이용자들의 경제적 의사결정에 유용한 정보를 제공하는 것이다.

(1) 기업의 재무상태를 파악한다. - 재무상태표

재무상태란 "회사 경영시 필요한 자금을 어떻게 구해서 어떻게 사용되었는가?"를 말한다. 즉 **재무상태는 자산·부채·자본을** 의미한다.

(2) 기업의 경영성과를 파악한다. - 손익계산서

경영성과란 기업이 영업주기내에 활동한 결과를 말한다. 기업의 목적은 수익을 창출해서 최종적으로 이익을 회사의 주인인 주주에게 돌려주어야 한다.

결국 기업의 **경영성과는 수익에서 비용을 차감하는 이익(손실)을** 말한다.

2. 회계의 분류 : 정보이용자에 따른 분류

• **이해관계자** : 회사의 경영활동에는 주주, 채권자, 경영자등 다양한 이해관계자들과 관련되어 있고 이들은 직간접적으로 회사와 이해관계를 가지고 있다. 이와 같이 기업의 외부에 있는 이해관계자를 외부 이해관계자라 하고, 기업의 내부에 있는 이해관계자를 내부이해관계자라 한다.

〈이해관계자의 정보 이용〉

이해관계자		정 보 이 용	회계의 구분
내부	경영자(이 사)	올해의 실적과 내년도 계획은?	관리회계
	종 업 원	올해 성과급과 내년도 임금상승은? 회사의 성장가능성은?	
외부	주 주	올해 실적과 실적에 따른 배당금은? 주식의 주가상승?	재무회계
	채권자(은 행)	돈을 빌려주어도 원금상환과 이자 상환이 가능한 회사일까?	
	채권자(거래처)	이 회사와 거래를 해도 안전할까?	
	정 부 기 관	세금은 얼마나 걷을 수 있을까?	

(1) 재무회계

재무회계는 투자자, 채권자, 정부, 소비자 등 기업의 **외부이해관계자**들의 의사결정에 유용한 재무적 정보를 제공하는 것을 목적으로 하는 회계이다. 재무회계는 주로 기업외부의 투자자를 위한 회계이며, 모든 기업에 공통적으로 적용되는 **기업회계기준을 적용하여 재무제표 작성을 중심**으로 한다.

첫째, 재무회계는 기업 외부의 이해관계자들에게 객관적이고 일관성 있는 회계정보를 제공해 주기 위해 '일반적으로 인정된 회계원칙'에 따라 회계정보를 제공한다.

둘째, 재무회계는 기업의 경영활동에 대한 정보를 제공하는 재무보고서로 재무제표는 기업회계기준에 의거하여 일정한 형식에 따라 작성되며 정기적으로 정보이용자들에게 제공된다.

한국의 회계기준 체계

회계기준	적용대상	관련법령
1. 한국채택국제회계기준	주권상장법인 및 금융회사	주식회사의 외부감사에 관한 법률
2. 일반기업회계기준	외부감사대상 주식회사 등	
3. 중소기업회계기준	외부감사대상이외의 주식회사	상법

* 외부감사대상법인 : 주권상장법인 및 자산총액이 120억원 이상등 일정요건 충족시키는 주식회사 등

(2) 관리회계

관리회계는 기업내부의 경영자가 합리적인 의사결정에 필요한 정보를 제공하는 것을 목적으로 하는 회계를 말한다. 관리회계는 주로 경영자의 경영계획 수립과 경영통제활동에 필요한 정보를 제공한다. 관리회계의 정보에는 기업의 재무적 정보뿐만 아니라 경영자의 의사결정에 필요한 판단자료까지 포함하게 되며, **재무회계와 달리 일반적으로 인정된 회계 원칙에 구애를 받지 않고 다양한 형태로 정보가 제공**된다.

관리회계는 일정한 형식이 없으며 법적 강제력 없이 필요에 따라 정보를 신속하게 제공하는데 중점을 두며, 주로 기업 경영상의 필요에 따라 특정 분야별 회계정보를 제공하게 된다.

(3) 재무회계와 관리회계의 비교

	재무회계	관리회계
목 적	외부보고	내부보고
정보이용자	투자자, 채권자 등 외부정보이용자	경영자, 관리자 등 내부정보이용자
최종산출물	**재무제표**	**일정한 형식이 없는 보고서**
특 징	**과거정보의 집계보고**	**미래와 관련된 정보 위주**
법적강제력	있음	없음

제2절 회계의 기본적 개념

1. 기업의 유형

   기업은 개인기업과 법인기업으로 분류되지만, 회계처리 관점에서는 개인기업, 조합기업, 주식회사 등으로 구분할 수 있다. 회계처리는 기업형태와 관계없이 거의 동일하나 자본의 회계처리만 다르다. 여기서 우리는 개인기업과 법인기업에 대해서 알아보자.

(1) 개인기업

   한사람이 기업을 소유하는 기업형태를 말한다. 개인기업에서는 기업과 기업주가 동일인이다. 따라서 개인기업은 규모도 작고, 이해관계자들이 법인기업보다 적다는 특징이 있다.

[개인기업]

```
레고상사
                        ┌──────────────┐          차입 · 예금
                        │  사장 = 주주   │          ◄──────►  은행
                        └──────────────┘

        ┌──────┬──────┼──────┬──────┐        원재료 · 상품 등
      종업원   종업원   종업원   종업원              ◄──────►  거래처

                    │
                    ▼     세금납부
                  세무서
```

(2) 법인기업(주식회사)

   주식회사는 여러 사람으로부터 자본을 모으는 데 가장 편리한 기업형태로서, 오늘날 대부분의 기업은 주식회사의 형태이다. 자본금을 균등한 주식으로 분할하여 출자자, 즉 주주가 주식회사의 주인인데 다음과 같은 특징이 있다.

   ① 주식회사는 주식을 발행하여 자본을 조달한다. 따라서 **불특정 다수인으로부터 대규모의 자본 조달이 가능**하다.

21

② 주식회사의 주인인 주주의 책임은 유한책임을 진다. 즉 **출자한 금액(주주가 납입한 금액)을 한도로 책임**을 진다.

③ **소유와 경영이 분리**되어 있다. 주주는 적계는 1명부터 수 천명, 수 만명 그 이상이 될 수 있다. 그러므로 주주 전원이 회사의 경영에 참여할 수는 없다.

그래서 주주는 회사의 경영을 전문가에게 위임하고, 주식의 시세차익이나 배당에 관심을 갖는다.

④ 주식회사의 기관에는 **주주총회, 이사회, 감사**로 구성된다.

주주총회는 주식회사의 최고 의사결정기관이고, 이사회는 주주로부터 경영에 관한 일체의 권한을 위임받아 실질적으로 기업을 운영하는 기관이다.

감사는 이사회의 구성원인 이사의 업무집행을 감시하는 기관이다.

시장에서 일반인들이 회사의 주식을 자유롭게 사고 팔 수 있느냐 여부에 상장주식, 비상장주식으로 구분되며, 상장주식은 다시 증권거래소시장(유가증권시장)에서 거래되면 주권상장회사, 코스닥 증권시장에서 거래되면 코스닥 상장회사라고 한다.

[법인기업 – 주식회사]

2. 기업의 종류(영업활동별)

기업은 이익을 얻고자 여러 가지 활동을 하는데 이러한 활동은 기업의 설립목적에 따라 다르다. 기업은 주요 영업활동에 따라 **상품매매기업, 제조기업, 서비스제공기업**으로 분류해 볼 수 있다.

(1) 상품매매기업(상기업)

물건(상품)을 구입해서 그 물건을 구입한 가격보다 높게 판매하여 이익을 얻는 것을 주요활동으로 하는 기업이다. 예를 들면 이마트가 대표적인 상기업에 해당한다.

(2) 제조기업(제조업)

원재료를 구입하여 이를 가공해서 물건(제품)을 만들어 판매하는 것을 주요활동으로 하는 기업이다. 예를 들면 삼성전자가 대표적인 제조기업에 해당한다.

(3) 서비스제공기업

서비스제공기업은 보이지 않는 용역(서비스)을 제공하는 것을 주요활동으로 하는 기업을 말한다. 예를 들면 병원, 호텔, 부동산임대업 등을 예로 들 수 있다.

3. 상거래(회사의 주목적사업으로 판단)

상거래란 물품 또는 서비스를 대상으로 하여, 매매 또는 임대차 계약을 하는 행위를 말하는데, 회사마다 **주목적 사업**이 회사의 정관(회사의 헌법에 해당한다.)에 기재되어 있다.

상품매매기업은 상품을 매입해서 고객들에게 매매하는 업을 주업으로 하고,

제조업은 원재료를 구매하여 가공을 통하여 제품을 생산하고, 이러한 제품을 판매하는 업을 주업으로 한다.

부동산임대업은 부동산을 임대하여 주고 임차인에게 월세나 보증금을 받는 업을 주업으로 한다.

업 종	주목적 사업(상거래)	예
상 품 매 매 업	상품구매 → 상품진열 → 상품판매	마트, GS25, 코스트코
제 조 업	원재료 구매 → 제품생산 → 제품판매	삼성전자, 현대자동차
부 동 산 임 대 업	부동산을 구입 → 부동산을 임대	상가

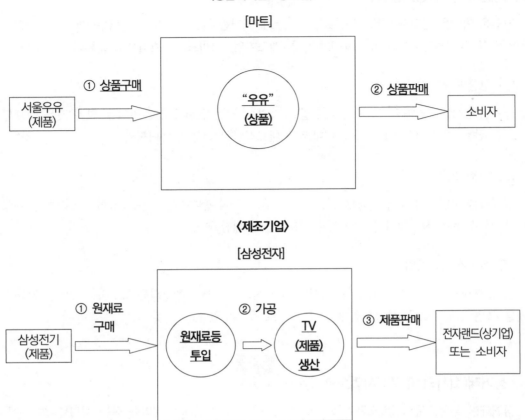

4. 채권 및 채무

(1) 채권

기업이 영업활동을 수행하는 과정에서 재화나 용역을 외상으로 판매하고 그 대가로 미래에 현금을 수취할 권리를 획득하는 경우와 다른 기업에 자금을 빌려주고 그 대가로 차용증서를 수취하는 경우 등 **미래에 현금 등을 받을 권리를 채권**이라 하고 이러한 권리를 가지고 있는 자를 채권자라 한다.

(2) 채무

기업이 영업활동을 수행하는 과정에서 재화나 용역을 외상으로 매입하거나 다른 기업으로부터 자금을 차입한 경우에 **미래에 현금 등을 지급해야 할 의무를 채무**라 하고 이러한 의무를 가지고 있는 자를 채무자라 한다.

모든 **외상거래 또는 자금거래에 있어서 채권과 채무가 동시에 발생**하게 된다.

<외상거래>

판매자가 재화를 외상으로 판매하고 나중에 현금 등을 받을 권리가 있는 거래를 말한다.

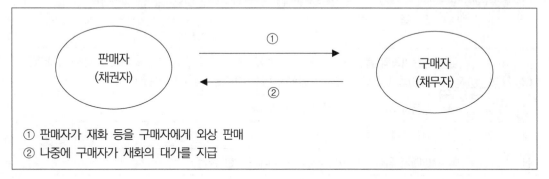

① 판매자가 재화 등을 구매자에게 외상 판매
② 나중에 구매자가 재화의 대가를 지급

<자금대여거래>

자금을 빌리려는 자가 차용증서를 작성하여 자금을 빌리고, 향후 원금과 이자를 상환하는 거래를 말한다.

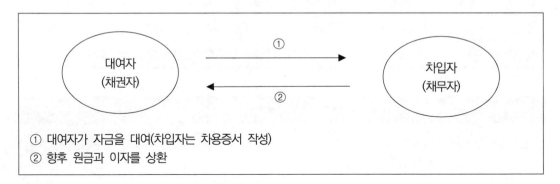

① 대여자가 자금을 대여(차입자는 차용증서 작성)
② 향후 원금과 이자를 상환

5. 회계의 기본적 개념

(1) 자 산

일상생활에서 재산이라는 말을 흔히 사용한다. 재산은 개인이 가지고 있는 금전적 가치가 있는 물건 및 권리를 말한다. 이러한 재산을 회계에서는 자산이라고 한다. 즉 **자산이란 기업이 소유하고 있는 물건 및 권리로서 금전적 가치가 있는 것**이다. 기업의 가지고 있는 대표적인 자산항목을 보면 다음과 같다.

현 금	일상적으로 통용되는 화폐 등	
예 금	은행 등에 일시적으로 예치한 금액	
매 출 채 권 (상 거 래)	외 상 매 출 금	**외상으로 상품을 판매한 경우** 판매대금을 받을 권리
	받 을 어 음	**상품을 판매**하고 그 대금으로 받은 어음을 말한다. ☞ 어음 : 발행하는 사람이 일정한 금액을 일정한 시기와 장소에서 지급할 것을 약속한 유가증권을 말한다.
미 수 금 (상거래 이외)	**상품이외의 물건**을 외상으로 판매하고 받을 돈을 말하는데, 회사가 사용하던 차량(영업용)을 외상으로 판매한 경우에 미수금이라는 채권을 사용한다.	
선 급 금	상품을 사기 전에 미리 지급한 계약금	
대 여 금	타인에게 빌려준 돈	
상 품	판매할 목적으로 다른 사람으로부터 구입한 물건	
제 품	판매할 목적으로 자기가 제조하여 만든 물건	
원 재 료	제품을 제조할 목적으로 구입한 원료, 재료	
토 지	영업활동을 위하여 소유하고 있는 땅	
건 물	영업활동을 위하여 소유하고 있는 공장이나 창고, 영업소 등의 건물, 본사의 빌딩	
비 품	회사에서 사용하는 책걸상, 복사기 등(내용연수가 1년 이상인 것)	
임 차 보 증 금	부동산을 사용하기 위하여 임차인이 임대인에게 지급하는 보증금을 말한다.	

정기적금 및 정기예금

- 정기적금 : 은행에 계약한 기간 동안 매월 단위로 일정금액을 납입해 만기에 목돈(원금＋이자)을 찾는 금융상품입니다.
- 정기예금 : 은행에 계약한 기간 동안 목돈을 예치하고 그 계약기간이 지나면 원금과 그에 대한 이자를 받는 금융상품입니다.

정기적금은 목돈을 모으는 금융상품이고, 정기예금은 목돈을 불리고자 하는 금융상품입니다.

매출채권 VS 미수금, 매입채무 VS 미지급금

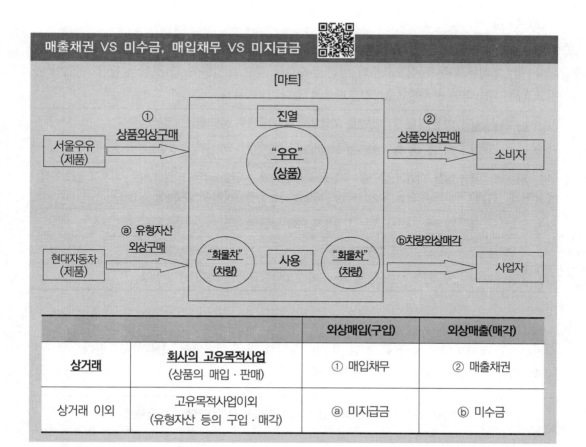

[마트]

		외상매입(구입)	외상매출(매각)
상거래	**회사의 고유목적사업** (상품의 매입·판매)	① 매입채무	② 매출채권
상거래 이외	고유목적사업이외 (유형자산 등의 구입·매각)	ⓐ 미지급금	ⓑ 미수금

부동산의 임대 및 임차

부동산을 빌려주는 것을 임대라고 하며, 빌리는 것을 임차라 한다.

예를 들어 대학생이 보증금 1,000만원에 월세 500,000원에 원룸을 빌리기로 계약하였다고 가정하자. 계약기간동안 학생(임차인)은 원룸을 사용할 권리가 있고, 계약 만료시에 원룸을 비워주고 보증금을 받을 권리가 있다. 또한 매월 지급하는 월세는 집주인(임대인) 입장에서는 수익이 되고, 학생(임차인) 입장에서는 비용이 된다.

	임대인(집주인)	임차인(학생)
보증금 10,000,000원	임대보증금(부채)	임차보증금(자산)
월 세 500,000원	임대료(수익)	임차료(비용)

(2) 부 채

일상생활에서 빌린 돈(빚)과 같은 것이며, **기업이 미래에 변제하여야 하는 경제적 가치**를 말한다. 즉, 부채는 다른 사람으로부터 빌린 돈으로서 앞으로 갚아야 할 것을 말한다. 기업이 가지고 있는 대표적인 부채항목을 보면 다음과 같다.

매 입 채 무 (상 거 래)	외상매입금	**상품을 외상으로 매입**한 경우 상품대금을 지급할 의무
	지 급 어 음	**상품을 매입하고** 그 대금으로 어음을 준 경우
미 지 급 금 (상거래 이외)		**상품 이외의 물건**을 외상으로 구입하고 지급할 금액을 말하는데, 회사가 영업목적으로 차량을 외상으로 구입한 경우에 미지급금이라는 채무를 사용한다.
선 수 금		상품을 사고자 하는 사람에게 미리 받은 계약금
차 입 금		타인으로부터 빌린 돈
임 대 보 증 금		임대인이 부동산등을 임차인에게 빌려주고 받은 보증금을 말한다.

(3) 자 본

자본이란 부채이외의 자금 중 기업 자신이 조달한 것을 회계에서 자본이라고 한다.
즉, 기업의 자산은 다음과 같이 표시할 수 있다.

기업의 자산=타인으로부터 빌린 자금(부채)+자신의 조달한 자금(자본)

이 식을 회계용어로 표현하면

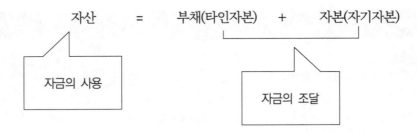

즉, 자본은 기업의 재산에 대한 소유주 지분 또는 기업의 순자산(순재산)을 의미하는 것으로서 자기자본이라고도 한다.

자산－부채=자본(＝순자산, 자기자본)

---

(4) 수 익

기업의 궁극적인 목적은 이익을 만들어 내고 만들어진 이익을 회사의 주인인 주주에게 배분하기 위해서 여러가지 활동을 한다. 즉 제품을 만들기 위하여 원재료 등을 구입하는 구매 활동, 구입한 원재료를 가공하여 완제품을 만드는 생산활동, 완제품을 판매하는 판매활동, 이러한 활동을 지원하는 일반관리활동, 그리고 주영업목적 이외의 부수적인 활동 등을 수행하게 되며 이러한 기업의 모든 활동을 통해 이익이 창출된다.

수익(revenue)이란 일정기간 동안 기업이 **모든 활동을 통하여 벌어들인 수입**으로서 고객에게 상품을 판매하거나 서비스를 제공하고 받은 것으로서 자본을 증가시키는 것을 말한다.

수익에 대표적인 항목을 보면 다음과 같다.

상 품 매 출	상품을 판매하고 받은 대가(예 : 하이마트의 상품인 에어콘)
제 품 매 출	제품을 판매하고 받은 대가(예 : LG전자의 제품인 에어콘)
임 대 료	부동산을 빌려 주고 받은 대가
이 자 수 익	현금을 은행에 예금하거나, 타인에게 빌려주고 받은 이자

(5) 비 용

비용(expense)이란 **수익을 얻는 과정에서 소비 또는 지출한 경제가치**를 말한다. 즉, 비용은 수익을 얻기 위하여 소비·지출한 것으로서 기업의 자본을 감소시키는 원인이 된다.

비용에 대표적인 항목을 보면 다음과 같다.

상 품 매 출 원 가	상품매출에 직접 대응되는 상품원가로서 회사가 구입한 상품의 원가
제 품 매 출 원 가	제품매출에 직접 대응되는 제품원가로서 회사가 원재료를 가공해서 제품을 만들기 위해 투입된 원가
급 여	종업원에게 지급하는 근로대가
임 차 료	부동산 등을 빌린 경우에 지급하는 월세
이 자 비 용	은행에서 차입하거나 타인에게 돈을 빌리고 지급하는 이자
세 금 과 공 과 금	국세, 지방세 등 세금과 각종 공과금
* * 비	* *비는 대부분 비용에 해당한다. 예외 : 개발비는 무형자산

(6) 이익(또는 손실)   경영성과

> 수익 − 비용 = 손익(= 이익 또는 손실)

수익에서 비용을 차감한 결과를 말하며 이는 두 가지 결과로 나타난다.

① 이익 : 수익이 비용을 초과한 경우 → **순자산(자본) 증가의 결과를 가져온다.**

② 손실 : 비용이 수익을 초과한 경우 → **순자산(자본) 감소의 결과를 가져온다.**

<예제 1 - 1> 자산, 부채, 수익, 비용

다음 항목(계정과목)에 대해서 자산, 부채, 수익, 비용으로 구분하세요.

① 보통예금	( )	⑯ 상품매출	( )
② 상 품	( )	⑰ 상품매출원가	( )
③ 임차료	( )	⑱ 급 여	( )
④ 임대료	( )	⑲ 이자수익	( )
⑤ 외상매입금	( )	⑳ 단기대여금	( )
⑥ 이자비용	( )	㉑ 장기차입금	( )
⑦ 세금과공과	( )	㉒ 복리후생비	( )
⑧ 미지급금	( )	㉓ 기부금	( )
⑨ 기업업무추진비	( )	㉔ 소모품	( )
⑩ 지급어음	( )	㉕ 토 지	( )
⑪ 임차보증금	( )	㉖ 소모품비	( )
⑫ 제 품	( )	㉗ 선급금	( )
⑬ 차량운반구	( )	㉘ 광고선전비	( )
⑭ 받을어음	( )	㉙ 선수금	( )
⑮ 외상매출금	( )	㉚ 여비교통비	( )

해답

① 보통예금	(자 산)	⑯ 상품매출	(수 익)
② 상 품	(자 산)	⑰ 상품매출원가	(비 용)
③ 임차료	(비 용)	⑱ 급 여	(비 용)
④ 임대료	(수 익)	⑲ 이자수익	(수 익)
⑤ 외상매입금	(부 채)	⑳ 단기대여금	(자 산)
⑥ 이자비용	(비 용)	㉑ 장기차입금	(부 채)
⑦ 세금과공과	(비 용)	㉒ 복리후생비	(비 용)
⑧ 미지급금	(부 채)	㉓ 기부금	(비 용)
⑨ 기업업무추진비	(비 용)	㉔ 소모품	(자 산)
⑩ 지급어음	(부 채)	㉕ 토 지	(자 산)
⑪ 임차보증금	(자 산)	㉖ 소모품비	(비 용)
⑫ 제 품	(자 산)	㉗ 선급금	(자 산)
⑬ 차량운반구	(자 산)	㉘ 광고선전비	(비 용)
⑭ 받을어음	(자 산)	㉙ 선수금	(부 채)
⑮ 외상매출금	(자 산)	㉚ 여비교통비	(비 용)

(7) 회계기간(회계연도)

기업의 경영활동은 시간의 흐름과 관계없이 지속적으로 진행된다.

그러므로 별도의 기간을 정하지 아니하면 기업의 주인인 주주에게 재무정보를 제공할 수 없다. 따라서 일정기간을 나누어야 하는데 이것을 회계기간이라고 한다.

일반적으로 기업은 1년을 단위로 회계기간을 나누어서 경영성과와 재무상태를 보고한다.

보통 1월 1일(기초)부터 12월 31일(기말)까지 1회계기간으로 한다.

또한 상법과 세법, 기업회계기준에서의 회계연도는 1년을 초과하지 못하게 규정되어 있다. 회계기간이 1월 1일부터 12월 31일까지라고 한다면

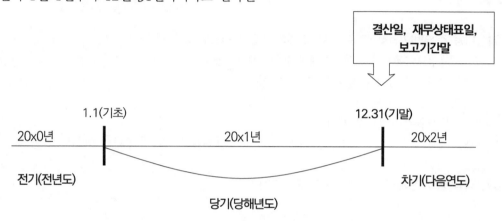

[로그인 시리즈]			
전기	당기	차기	차차기
20x0	**20x1**	20x2	20x3

(8) 회계단위

자산 · 부채 · 자본의 증감변화를 기록 · 계산하기 위한 **장소적 범위**로서 기업은 경우에 따라서 본점과 지점 · 본사와 공장을 구별하여 각각 하나의 회계단위로 할 수도 있다.

(예) 삼성전자 수원사업장, 천안사업장, 평택사업장

연/습/문/제

 객관식

01. 다음 중 일반기업회계기준상 재무회계의 주된 목적으로 옳은 것은?
  ① 회계정보이용자의 의사결정에 유용한 정보 제공
  ② 기업의 재무상태와 경영성과의 평가
  ③ 경영방침 수립 및 계획
  ④ 수탁책임의 이행여부 평가

02. 다음 중 자산에 속하는 항목으로 묶은 것은?

| (가) 미지급금 | (나) 이익잉여금 | (다) 선 급 금 |
| (라) 상   품 | (마) 기계장치 | (바) 자본잉여금 |

  ① (가), (라), (마)　　　　　　　　　② (나), (다), (바)
  ③ (다), (마), (바)　　　　　　　　　④ (다), (라), (마)

03. 매출채권이란 일반적 상거래, 즉 상품이나 제품의 판매 또는 용역의 제공 등 매출액을 발생시키는 거래에서 발생하는 것이다. 다음 중 매출채권 계정에 해당하는 것은?
  ① 외상매입금과 받을어음　　　　　② 외상매출금과 받을어음
  ③ 외상매출금과 지급어음　　　　　④ 외상매입금과 지급어음

04. 다음 중 부채로 계상할 수 없는 것은?
  ① 비품을 외상으로 구입한 금액　　② 은행으로부터 빌린 금액
  ③ 상품을 판매하기 전에 미리 받은 금액　　④ 회사가 종업원에게 빌려준 금액

05. 다음은 수취채권을 발생원인에 따라 구분한 것이다. (가), (나)에 해당하는 계정과목을 바르게 나타낸 것은?

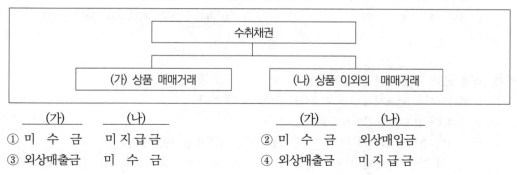

	(가)	(나)		(가)	(나)
①	미 수 금	미지급금	②	미 수 금	외상매입금
③	외상매출금	미 수 금	④	외상매출금	미 지 급 금

06. 다음은 ○○상점의 지급채무를 발생 원인에 따라 구분한 것이다. (가), (나)에 해당하는 계정과목을 바르게 나타낸 것은?

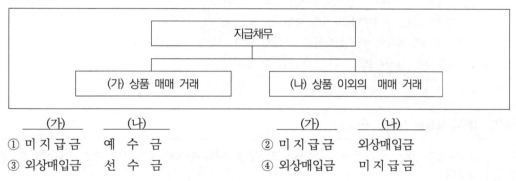

	(가)	(나)		(가)	(나)
①	미 지 급 금	예 수 금	②	미 지 급 금	외상매입금
③	외상매입금	선 수 금	④	외상매입금	미 지 급 금

07. 다음 각 항목에 대한 계정과목의 분류가 잘못된 것은?

① 자산 : 현금, 상품, 건물, 보통예금

② 부채 : 미지급금, 외상매입금, 단기차입금

③ 비용 : 임차료, 선급금, 세금과공과, 여비교통비

④ 수익 : 배당금수익, 수수료수익, 이자수익

08. 자산, 부채 및 자본에 관한 설명으로 잘못된 것은?

① 자산은 미래에 현금유입을 가져올 것으로 기대되는 자원이다.

② 부채는 미래에 현금 유출이 예상되는 의무이다.

③ 자본은 자산과 부채를 더한 금액을 말한다.

④ 자산, 부채 및 자본은 재무상태표를 구성하는 요소이다.

09. 다음 중 자본 감소의 원인이 되는 계정으로만 묶인 것은?

① 잡비, 비품, 복리후생비　　　　　② 임차료, 보험료, 세금과공과

③ 급여, 소모품, 수선비　　　　　　④ 차량운반구, 기계장치, 광고선전비

10. 회계기간에 관한 설명 중 옳은 것은?

① 회계기간은 반드시 1년을 기준으로 설정하여야 한다.

② 사업개시일부터 청산일까지를 말한다.

③ 기업의 경영성과와 재무상태를 파악하기 위한 시간적인 개념이다.

④ 기업의 각종 재산 및 자본의 증감변화를 기록, 계산하기 위하여 설정한 장소적 범위이다.

11. 회계기간에 관한 설명 중 틀린 것은?

① 인위적으로 구분한 기간으로 회계연도라고도 한다.

② 1 회계기간은 전기부터 차기를 말한다.

③ 기업의 경영성과와 재무상태를 파악하기 위한 시간적인 개념이다.

④ 회계기간은 원칙적으로 1년을 초과할 수 없다.

12. 다음의 내용을 설명한 용어는?

> 현금·물품·채권·채무 등의 증감변화나 그 원인을 기록·계산하기 위한 기록·계산의 장소적 범위를 말한다.

① 회계기간　　　　② 회계결산　　　　③ 회계단위　　　　④ 계정과목

13. 회계연도에 대한 설명이다. 틀린 것은?

① 당기의 직전 회계기간은 전기이다.

② 회계기간의 마지막 날은 기말이다.

③ 상법 규정에 따라 1회계기간은 1년을 초과할 수 없다.

④ 모든 기업의 회계기간은 1월 1일부터 12월 31일 까지를 회계기간으로 한다.

14. 회계기간에 관한 설명으로 틀린 것은?

① 회계기간은 1년을 초과할 수 없다.

② 유동자산과 비유동자산을 구분하기 위한 것이다.

③ 인위적으로 구분한 기간적 범위로 회계연도라고도 한다.

④ 기업의 경영성과와 재무상태를 파악하기 위하여 설정한 시간적인 구분에 해당한다.

15. 다음 자료의 설명에 대한 회계상의 용어가 차례대로 올바르게 연결된 것은?

> (가) 기업의 주요 경영활동인 재화의 생산 판매 용역의 제공 등에 따른 경제적 효익의 유입으로서 자산의 증가 또는 부채의 감소 및 그 결과에 따라 자본의 증가로 나타난다.
>
> (나) 기업의 경영활동 결과로 자본의 감소를 가져오는 요인을 말하며, 영업활동에서 수익을 얻기 위하여 소비된 가치이다.

	(가)	(나)			(가)	(나)
①	자산	부채		②	자산	수익
③	부채	비용		④	수익	비용

 주관식

> 기업회계3급 시험은 객관식으로 출제되나, 수험생들의 학습효과를 배가시키기 위해서 계산문제 등은 주관식으로 편집했습니다.

01. 회사의 재산상태가 다음과 같은 경우 순자산(자본)을 구하시오.

• 매출채권	500,000원	• 미 수 금	100,000원
• 차 입 금	300,000원	• 매입채무	80,000원
• 현 금	150,000원	• 대 여 금	200,000원

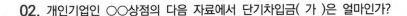

02. 개인기업인 ○○상점의 다음 자료에서 단기차입금(가)은 얼마인가?

• 현금 : 5,000,000원	• 받을어음 : 1,000,000원
• 미수금 : 2,500,000원	• 미지급금 : 1,300,000원
• 자본금 : 6,000,000원	• 단기차입금 : (가)

03. 다음 재무상태에 대한 자료에서 자본금은 얼마인가?

• 상품 : 1,200,000원	• 현금 : 800,000원
• 미수금 : 600,000원	• 차량운반구 : 3,400,000원
• 외상매입금 : 1,700,000원	• 미지급금 : 1,300,000원

04. 기업이 소유하고 있는 현금, 물품, 채권, 채무 등의 증감 변화를 기록, 계산하기 위하여 인위적으로 구분한 장소적 범위를 무엇이라 하는가?

연/습/문/제 답안

🔑 객관식

1	2	3	4	5	6	7	8	9	10	11	12	13	14	15
①	④	②	④	③	④	③	③	②	③	②	③	④	②	④

[풀이 - 객관식]

01. 재무회계의 가장 주된 목적은 <u>외부정보이용자의 투자와 신용에 대한 의사결정에 유용한 정보를 제공</u>하는 것이다.

02. 미지급금은 부채이고, 이익잉여금과 자본잉여금은 자본에 속한다.

04. ① 미지급금   ② 차입금   ③ 선수금   ④ 대여금 (자산)

05. <u>상품을 외상으로 매출한 경우는 매출채권인 외상매출금</u>으로 처리하며, <u>상품 이외의 자산을 외상으로 판매한 경우는 미수금</u>으로 처리한다.

06. 상품을 외상으로 매입한 경우 외상매입금에 기입하고, 상품 이외의 자산을 외상으로 취득한 경우는 미지급금에 기입한다.

07. 선급금은 상품을 주문하고 계약금을 지급한 경우 사용하는 것으로 자산에 해당한다.

08. 자본은 자산에서 부채를 차감한 금액이다.

09. <u>수익의 발생은 자본을 증가시키며, 비용의 발생은 자본을 감소</u>시킨다. 임차료, 보험료, 세금과공과는 비용에 해당함으로 자본의 감소 원인이다.

10. 기업의 <u>경영성과와 재무상태를 파악하기 위한 시간적인 개념이 회계기간</u>이다.

11. 회계기간은 당기 기초시점부터 기말시점까지를 말한다.

12. 현금·물품·채권·채무 등의 증감변화나 그 원인을 기록·계산하기 위한 <u>기록·계산의 장소적 범위를 회계단위</u>라 한다.

13. 회계기간은 당기 기초시점부터 기말시점까지를 말한다.

14. 결산일로부터 1년 이내에 현금화할 목적이 있으면 유동자산이고 현금화할 목적이 없으면 비유동자산이다. <u>회계기간은 유동, 비유동을 구분하기 위한 것은 아니다.</u>

15. (가)는 수익, (나)는 비용에 대한 설명이다.

주관식

1	570,000원	2	1,200,000원	3	3,000,000원
4	회계단위				

[풀이 - 주관식]

01. 자산 : 매출채권, 미수금, 현금, 대여금
부채 : 차입금, 매입채무
자본(순자산) = 자산 – 부채

02. 총자산 : 현금 + 받을어음 + 미수금 = 8,500,000원
총자본 : 자본금 = 6,000,000원
총부채 : 총자산 – 총자본 = 2,500,000원
총부채 : 미지급금 + 차입금 = 1,300,000원 + X = 2,500,000원
∴ 단기차입금 = 1,200,000원

03. 총자산[상품(1,200,000원) + 현금(800,000원) + 미수금(600,000원) + 차량운반구(3,400,000원)]
= 6,000,000원
총부채[외상매입금(1,700,000원) + 미지급금(1,300,000원)] = 3,000,000원
자본금 = 총자산(6,000,000원) – 총부채(3,000,000원) = 3,000,000원

Chapter 2

재무제표

로그인 기업회계3급

재무제표란 기업의 이해관계자들에 대하여 기업의 경영활동에 대한 회계정보를 일정한 양식에 따라 전달하기 위한 회계보고서를 말한다. 재무제표는 회계의 최종적 산물로서, 기업의 재무상태와 경영성과를 기업의 이해관계자에게 전달해 줌으로써 그들의 경제적인 판단이나 의사결정에 도움을 주는 역할을 한다. 우리나라의 기업회계기준에서는 기업들이 기본적으로 작성해야 할 재무제표의 종류를 다음과 같이 다섯가지로 규정하고 있다.

〈재무제표의 종류와 체계〉

기초의 재무상태 재무상태표(기초)	2. (포괄)손익계산서 **(일정기간의 경영성과)**	일정시점의 재무상태 1. 재무상태표(기말)
	3. 현금흐름표 (일정기간의 **영업, 투자, 재무활동**에 따른 현금의 변동)	
	4. 자본변동표 (일정기간의 자본의 변동내역)	

5. 주 석
(재무제표에 필요한 추가적인 정보 제공)
☞ 해당 개별항목에 기호를 붙이고 별지에 동일한 기호를 표시하여 그 내용을 설명한다.

☞ 정태적(일정시점)보고서 : 재무상태표
　동태적(일정기간)보고서 : 손익계산서, 현금흐름표, 자본변동표

제1절 재무상태표(대차대조표)

일반적으로 개인의 재산항목은 몇 개 되지 않으므로 재산목록을 작성하는데 큰 어려움은 없다. 그러나 기업은 수 백개 또는 수 천개의 자산을 가지고 있다. 기업이 모든 재산을 하나씩 써서 정리한다면 몇 백 장의 종이라도 모자를 것이다.

따라서 기업의 재산을 나타낼 때에는 일정한 원리에 따라 체계적으로 나타낼 필요가 있다. 즉, 재무상태표(statement of financial position)는 일정시점에서 기업의 재무상태인 자산과 부채 및 자본의 상태를 나타내는 회계보고서를 말한다.

중소기업에서는 대차대조표(balance sheet, B/S)라고도 한다.

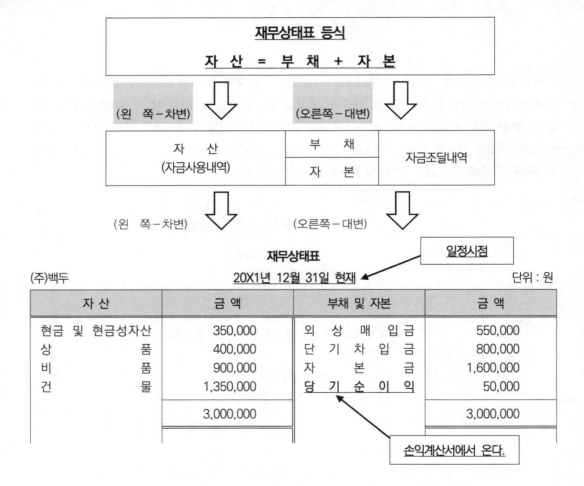

재무상태표

(주)백두 20X1년 12월 31일 현재 단위 : 원

자 산	금 액	부채 및 자본	금 액
현금 및 현금성자산	350,000	외 상 매 입 금	550,000
상 품	400,000	단 기 차 입 금	800,000
비 품	900,000	자 본 금	1,600,000
건 물	1,350,000	당 기 순 이 익	50,000
	3,000,000		3,000,000

일정시점

손익계산서에서 온다.

(주)백두의 20×1년 12월 31일 현재 재무상태를 보면 현금 350,000원, 상품 400,000원, 비품 900,000원, 건물 1,350,000원의 자산과 외상매입금 550,000원, 단기차입금 800,000원의 부채, 그리고 자본금은 1,600,000원이며 20×1년 1월 1일부터 12월 31일까지의 순이익이 50,000원임을 알 수 있다.

제2절   손익계산서(포괄손익계산서)

손익계산서(income statement, I/S)는 일정기간 동안 기업의 경영성과를 나타내주는 재무보고서로, 기업의 경영활동으로부터 발생한 수익과 비용을 항목별로 분류하여 대응·표시함으로써 순손익을 계산하는 형식을 취하게 된다.

손익계산서는 한 회계기간 동안의 수익과 비용을 통하여 기업의 경영활동 과정과 순손익에 관한 정보를 제공해줄 뿐만 아니라 기초 및 기말시점의 재무상태의 변동원인에 대한 정보를 제공해준다.

즉, 손익계산서는 일정기간 동안 기업의 경영성과(수익, 비용, 이익)를 나타내주는 회계보고서를 말한다.

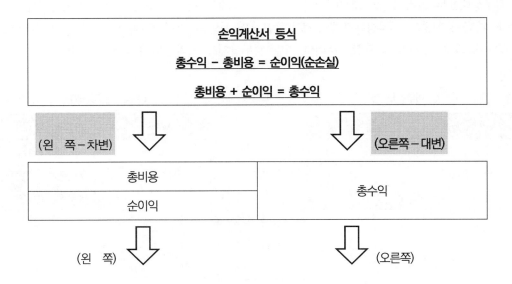

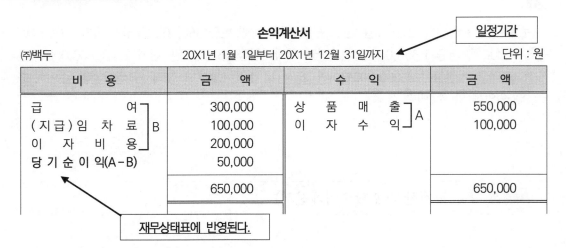

(㈜)백두의 20×1년 1월 1일부터 20×1년 12월 31일 까지 제품매출 550,000원과 이자수익 100,000원이 발생되었고, 수익에 대한 비용으로 급여 300,000원, 임차료 100,000원, 이자비용 200,000원의 비용이 발생하여 20×1년도 1년간 50,000원의 당기순이익이 계산되었다.

제3절 재무상태표와 손익계산서의 관계

재무상태표는 일정시점의 회사의 재무상태를 손익계산서는 일정기간동안의 경영성과를 나타낸다. 따라서 기초의 재무상태표에서 출발하여 1년 동안의 경영성과를 나타내는 손익계산서를 작성하게 되고 그 손익계산서를 토대로 기말 재무상태표가 작성되게 되는 것이다.

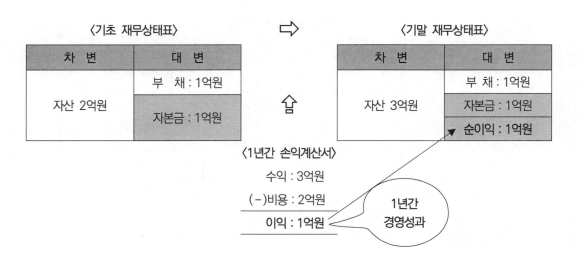

만약 추가적인 자본출자가 없다면 아래와 같은 식이 성립된다.

기초자본 + 당기순손익 = 기말자본
기말자본 − 기초자본 = 당기순손익

<예제 1 - 2> 재무상태표와 손익계산서의 관계

㈜백두의 20×1년 12월 31일 현재(기말) 재무상태와 경영성과는 다음과 같다. 20×1년 1월 1일 (기초)자산 총액이 5,000,000원, 기초 부채 총액이 3,000,000원이었다면 기말 자본 총액과 기말 부채 총액을 계산하시오.

• 자산총액 : 8,000,000원	• 부채총액 : ?
• 수익총액 : 3,000,000원	• 비용총액 : 2,000,000원

해답

〈기초 재무상태표〉   ⇨   〈기말 재무상태표 〉

차 변	대 변
자산 5,000,000	부 채 : 3,000,000
	자 본 : 2,000,000

⇧

차 변	대 변
자산 8,000,000	부채 : 5,000,000
	자본 : 3,000,000

〈1년간 손익계산서〉

수익 : 3,000,000

(−)비용 : 2,000,000

_____

이익 : 1,000,000

제4절   재무제표 요소의 측정

측정은 재무상태표와 손익계산서에 기록해야할 재무제표 기본요소의 화폐금액을 결정하는 과정이다.

[자산 평가의 측정속성]

시장 \ 시간	과거가격	현행가격	미래가격
유입가치 (재화 유입시장)	취득원가 (역사적원가)	현행원가 (현행유입가치)	-
유출가치 (재화 유출시장)	-	현행유출가치	현재가치

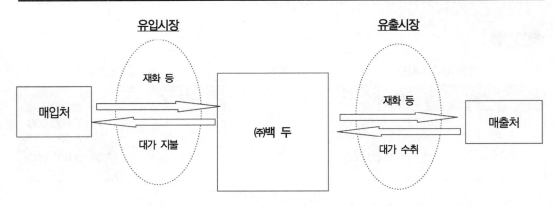

측정기준	자산	부채
1. 역사적원가	취득의 대가로 **취득당시에 지급한** 현금 등	부담하는 의무의 대가로 수취한 금액
2. 현행원가 (현행유입가치)	동일하거나 또는 동등한 자산을 **현재시점에서 취득할 경우**에 그 대가	현재시점에서 그 의무를 이행하는데 필요한 현금 등
3. 현행유출가치 (순실현가능가치/ 현행판매가격)	정상적으로 처분하는 경우 **수취할 것으로 예상되는** 현금 등	부채를 상환하기 위해 지급될 것으로 예상되는 현금 등
4. 현재가치	자산이 창출할 것으로 기대되는 미래 순현금유입액의 현재할인가치로 평가	부채를 상환시 예상되는 미래순현금유출액의 현재할인가치로 평가

현재가치　　　　　　　　　　　　　　　　　　　　　　　　　　　　　　**참 고**

1. 일시금의 미래가치

'일시금의 미래가치(future value : FV)'란 현재 일시금으로 지급한 금액에 복리를 적용한 이자를 합한, 미래에 받을 원리금(원금＋이자)합계액을 말한다.

예를 들어 100,000원을 5%의 정기예금에 가입했다고 가정하자. 1년 후에 원금 100,000원과 이에 대한 이자 5,000원(100,000원×5%)을 합한 금액 105,000원을 은행으로부터 돌려받는다. 또한 2년 후에는 1년 후의 원금 105,000원과 이에 대한 이자 5,250원(105,000원×5%)을 돌려 받는다.

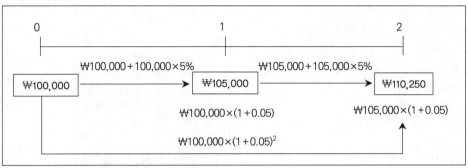

2. 일시금의 현재가치

'일시금의 현재가치(present value : PV)'란 미래가치의 반대개념으로 미래 일시에 받을 금액에서 복리를 적용한 이자를 차감해서 현시점의 가치로 환산한 금액을 말한다. 예를 들어 5%의 이자율에서 2년 후에 받을 110,250원의 현재시점의 가치는 미래가치를 계산하는 과정을 반대로 적용하면 된다.

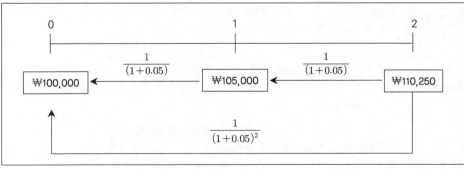

제5절 재무상태표 작성기준

재 무 상 태 표

㈜백두		20X1년 12월 31일 현재		단위 : 원
과 목	금 액	과 목		금 액
자 산		부 채		
Ⅰ. 유 동 자 산		Ⅰ. 유 동 부 채		
(1) 당 좌 자 산		Ⅱ. 비 유 동 부 채		
…		부 채 총 계		
(2) 재 고 자 산				
		자 본		
Ⅱ. 비 유 동 자 산		Ⅰ. 자 본 금		
(1) 투 자 자 산		Ⅱ. 자 본 잉 여 금		
(2) 유 형 자 산		Ⅲ. 자 본 조 정		
(3) 무 형 자 산		Ⅳ. 기타포괄손익누계액		
(4) 기 타 비 유 동 자 산		Ⅴ. 이 익 잉 여 금		
		자 본 총 계		
자 산 총 계		부 채 와 자 본 총 계		

1. 구분표시의 원칙	재무상태표상에 자산·부채 및 자본을 종류별, 성격별로 적절히 분류하여 일정한 체계 하에 구분·표시한다.	
2. 1년 기준	자산과 부채는 결산일 **현재 1년 또는 정상적인 영업주기**를 기준으로 구분, 표시 → 자산(부채) 중 1년 내에 현금화(지급할)되는 것에 대해서 유동자산(유동부채)로 분류하고 그렇지 않은 것은 비유동자산(비유동부채)로 표시한다. ☞ 장·단기의 구분 : 보고기간 말로부터 1년 이내일 경우 단기, 1년 이후일 경우 장기로 구분한다.	
3. 유동성배열	**자산, 부채는 환금성이 빠른 순서로 배열**한다. 따라서 재무상태표의 자산은 당좌자산, 재고자산, 투자자산, 유형자산, 무형자산, 기타비유동자산의 순서로 배열한다.	

4. 총액주의	자산, 부채는 순액으로 표기하지 아니하고 **총액으로 기재**한다.
	[자산항목과 부채항목간의 상계금지]
	(예) 당좌예금과 당좌차월, 외상매출금과 선수금
	   ☞상계 : 채권자와 채무자가 동종의 채권·채무를 가지는 경우에 그 채권과 채무를 비슷한
	       금액에 있어서 소멸시키는 의사표시를 말한다.	

5. 잉여금 구분의 원칙	주식회사의 잉여금은 주주와의 자본거래인 자본잉여금과 영업활동의 결과인 이익잉여금으로 구분하여 표시하여야 한다.	

6. 미결산항목 및 비망계정(가수금, 가지급금 등)은 그 내용을 나타내는 적절한 계정과목으로 표시하고
   재무제표상 표시해서는 안된다.
     ☞ 비망(memorandum)계정 : 어떤 거래의 발생을 잠정적으로 기록하는 계정으로 향후 확정되면 대체된다.

<예제 1 - 3> 유동 · 비유동의 구분

㈜백두는 스마트 폰을 제조 · 판매하고, 컴퓨터를 해외로부터 수입해서 판매하는 기업이다. 다음 자산, 부채에 대해서 유동인지 비유동인지 구분하시오.

① 보통예금	( )		⑪ 임차보증금(임차기간 2년)	( )	
② 상 품	( )		⑫ 제 품	( )	
③ 선 수 금	( )		⑬ 차량운반구	( )	
④ 단기대여금	( )		⑭ 받 을 어 음	( )	
⑤ 외상매입금	( )		⑮ 외상매출금	( )	
⑥ 장기차입금	( )		⑯ 원 재 료	( )	
⑦ 소 모 품	( )		⑰ 정기예금(만기6개월)	( )	
⑧ 미 지 급 금	( )		⑱ 정기적금(만기 2년)	( )	
⑨ 선 급 금	( )		⑲ 미 수 금	( )	
⑩ 지 급 어 음	( )		⑳ 토 지	( )	

해답

원칙적으로 보고기간말(결산일)을 기준으로 1년 이내이면 유동, 1년 초과면 비유동으로 구분한다.

	유동/비유동	판 단
① 보통예금	유동	보통예금은 수시로 현금화가 가능하다.
② 상 품	유동	판매과정을 거쳐 1년 이내에 현금화가 된다.
③ 선 수 금	유동	계약금은 일반적으로 1년 이내에 계약이 완료된다.
④ 단기대여금	유동	
⑤ 외상매입금	유동	일반적으로 1년 이내에 채무를 변제한다.
⑥ 장기차입금	비유동	
⑦ 소 모 품	유동	1년이내 소모될 것으로 예상되는 자산이다.
⑧ 미 지 급 금	유동	일반적으로 1년 이내에 채무를 변제한다.
⑨ 선 급 금	유동	계약금은 일반적으로 1년 이내에 계약이 완료된다.
⑩ 지 급 어 음	유동	일반적으로 1년 이내에 채무를 변제한다.
⑪ 임차보증금 (임차기간 2년)	비유동	임차기간이 2년이므로 비유동자산에 해당한다.
⑫ 제 품	유동	판매과정을 거쳐 1년 이내에 현금화가 된다.
⑬ 차량운반구	비유동	1년을 초과하여 사용할 것이 예상되는 자산이다.

	유동/비유동	판 단
⑭ 받을어음	유동	1년 이내에 현금화가 된다.
⑮ 외상매출금	유동	1년 이내에 현금화가 된다.
⑯ 원재료	유동	제조와 판매과정을 거쳐 1년 이내에 현금화가 된다.
⑰ 정기예금 (만기 6개월)	유동	1년 이내에 현금화가 된다.
⑱ 정기적금 (만기 2년)	비유동	1년 이후에 현금화가 된다.
⑲ 미수금	유동	1년 이내에 현금화가 된다.
⑳ 토지	비유동	1년을 초과하여 사용할 것이 예상되는 자산이다.

제6절 손익계산서 작성기준

손익계산서

㈜백두   20X1년 1월 1일부터 20X1년 12월 31일까지   단위 : 원

과 목	금 액
Ⅰ. 매출액	
Ⅱ. 매출원가	
Ⅲ. 매출총이익(Ⅰ－Ⅱ)	영업관련(상거래)－계속·반복 (회사의 고유목적사업)
Ⅳ. 판매비와 관리비	
Ⅴ. 영업이익(영업손실)(Ⅲ－Ⅳ)	
Ⅵ. 영업외수익	영업외－일시·우발 (부수적인 수익 또는 비용)
Ⅶ. 영업외비용	
Ⅷ. 법인세비용차감전순이익(Ⅴ＋Ⅵ－Ⅶ)	
Ⅸ. 법인세비용	
Ⅹ. 당기순이익(당기순손실)(Ⅷ－Ⅸ)	
Ⅺ. 주당순손익	

☞ 영업수익은 매출액이고 영업비용은 매출원가와 판매비와 관리비가 해당한다.

1. 구분계산의 원칙	손익은 매출총손익, 영업손익, 법인세비용차감전순손익, 당기순손익, 주당순손익으로 구분하여 표시한다. **손익계산서는 영업관련손익, 영업외손익을 구분한다.**
2. 발생기준 (수익, 비용)	현금주의란 현금을 수취한 때 수익으로 인식하고 지출한 때 비용으로 인식하는 것을 말하는데, **발생주의란 현금 유ㆍ출입시점에 관계없이 당해 거래나 사건이 발생한 기간에 수익ㆍ비용을 인식하는 방법**을 말한다.
3. 실현주의(수익)	수익은 **실현시기(원칙 : 판매시점)**를 기준으로 계상한다. 즉, 수익은 ① 경제적 효익의 유입가능성이 매우 높고 ② 그 효익을 신뢰성있게 측정할 수 있을 때 수익을 인식하는 것을 의미한다.
4. 수익비용대응의 원칙(비용)	**비용은 관련수익이 인식된 기간에 인식한다.** 즉 비용은 수익을 창출하기 위하여 발생된 비용을 관련된 수익이 인식된 기간에 대응시켜야 한다는 원칙이다.
5. 총액주의	**수익과 비용은 총액으로 기재한다.** 대표적인 예로 이자수익과 이자비용을 상계하지 말고 영업외수익, 영업외비용으로 각각 기재하여야 한다.

| <예제 1 - 4> 영업관련 · 영업외의 구분 |

㈜백두는 스마트 폰을 제조ㆍ판매하고, 컴퓨터를 해외로부터 수입해서 판매하는 기업이다. 다음의 수익과 비용에 대해서 **"영업수익", "영업외수익", "영업비용", "영업외비용"**으로 구분하시오.

① 임차료(매장임차)	( )	⑪ 임대료(일시적 임대)	( )
② 이 자 비 용	( )	⑫ 급 여	( )
③ 세금과공과	( )	⑬ 이 자 수 익	( )
④ 기업업무추진비	( )	⑭ 복리후생비	( )
⑤ 상품매출원가	( )	⑮ 상 품 매 출	( )
⑥ 제 품 매 출	( )	⑯ 유형자산처분손실(승용차)	( )
⑦ 소 모 품 비	( )	⑰ 도서인쇄비	( )
⑧ 보 험 차 익(보험금수익)	( )	⑱ 통 신 비	( )
⑨ 광고선전비	( )	⑲ 제품매출원가	( )
⑩ 여비교통비	( )	⑳ 교육훈련비	( )

해답

회사의 고유목적사업(제조 및 상품매매업)을 위한 수익과 비용은 영업관련이고, 이외는 영업외이다.

	구 분	판 단
① 임차료	영업비용	판매장 임차는 영업관련 비용이다.
② 이 자 비 용	영업외비용	차입금에서 발생되는 이자비용은 회사의 고유목적사업과 무관하다. 그러나 금융업일 경우 영업비용에 해당한다.
③ 세금과공과	영업비용	
④ 기업업무추진비	영업비용	상품의 판매촉진을 위한 거래처 접대는 영업관련 비용이다.
⑤ 상품매출원가	영업비용	상품판매에 대응되는 원가로서 영업관련 비용이다.
⑥ 제품매출	영업수익	제품판매에 대한 수입으로 영업관련 수익이다.
⑦ 소 모 품 비	영업비용	사무용소모품 등은 영업관련 비용이다.
⑧ 보 험 차 익 (보험금수익)	영업외수익	재해등으로 수령한 보험금은 회사의 고유목적사업과 무관하다.
⑨ 광고선전비	영업비용	상품판매에 대한 광고비는 영업관련 비용이다.
⑩ 여비교통비	영업비용	출장비, 교통비는 영업관련 비용이다.
⑪ 임대료	영업외수익	회사의 고유목적사업과 무관하다. 그러나 부동산임대업이면, 영업수익에 해당한다.
⑫ 급 여	영업비용	종업원에 대한 인건비는 영업관련 비용이다.
⑬ 이 자 수 익	영업외수익	예금 등에서 발생되는 이자수익은 회사의 고유목적사업과 무관하다. 그러나 금융업일 경우 영업수익에 해당한다.
⑭ 복리후생비	영업비용	종업원에 대한 복리후생비는 영업관련 비용이다.
⑮ 상 품 매 출	영업수익	상품판매에 대한 수입으로서 영업관련 수익이다.
⑯ 유형자산처분손실 (승용차)	영업외비용	재고자산(상품)이외의 자산처분으로 발생한 손실은 영업과 무관하다.
⑰ 도서인쇄비	영업비용	도서구입관련비용은 영업관련 비용이다.
⑱ 통 신 비	영업비용	전화요금 등은 영업관련 비용이다.
⑲ 제품매출원가	영업비용	제품판매에 대응되는 원가로서 영업관련 비용이다.
⑳ 교육훈련비	영업비용	임직원을 위한 교육비는 영업관련 비용이다.

연/습/문/제

객관식

01. 기업회계기준에서 규정하고 있는 재무제표의 종류에 해당하지 않는 것은?
① 재무상태표   ② 이익잉여금처분계산서
③ 포괄손익계산서   ④ 현금흐름표

02. 다음 설명에 해당하는 재무제표는 어느 것인가?

> 특정기업의 일정기간 경영성과를 나타내는 동태적 보고서이다.

① 재무상태표   ② 손익계산서   ③ 현금흐름표   ④ 자본변동표

03. 재무제표는 정태적보고서와 동태적보고서로 나눌 수 있다. 다음 중 정태적 보고서는?
① 재무상태표   ② 포괄손익계산서   ③ 자본변동표   ④ 현금흐름표

04. 다음 계정과목 중 재무상태표에 기록될 수 없는 계정과목은?
① 미지급금   ② 가지급금   ③ 선급금   ④ 미수금

05. 다음 중 재무상태표에 대한 설명으로 옳지 않은 것은?
① 부채는 유동부채와 비유동부채로 구분한다.
② 자산은 유동자산과 비유동자산으로 구분한다.
③ 유동자산은 당좌자산과 재고자산으로 구분한다.
④ 비유동자산은 유형자산, 무형자산, 기타비유동자산으로 구분한다.

06. 다음 중 일반기업회계기준상 유동자산에 해당하는 것은?

① 상품   ② 건물   ③ 차량운반구   ④ 산업재산권

07. 다음 중 재무상태표의 작성시 유동성배열법에 따라 바르게 나열한 것을 〈보기〉에서 고른 것은?

ㄱ. 토지   ㄴ. 상품   ㄷ. 외상매출금   ㄹ. 산업재산권

① ㄴ → ㄷ → ㄹ → ㄱ   ② ㄴ → ㄷ → ㄱ → ㄹ

③ ㄷ → ㄴ → ㄱ → ㄹ   ④ ㄷ → ㄴ → ㄹ → ㄱ

08. 일반기업회계기준상 재무상태표의 작성기준으로 틀린 것은?

① 1년기준   ② 발생주의   ③ 총액표시   ④ 유동성 배열

09. 다음 계정과목 중 재무상태표에 기록될 수 없는 계정과목은?

① 예수금   ② 가수금   ③ 선수금   ④ 미수금

10. 다음 약식 재무상태표에 표시된 계정과목을 유동성배열 원칙에 따라 바르게 연결한 것은?

재무상태표

00유통(주)	20x1년 12월 31일 현재	(단위 : 원)
(A) 건 물	20,000,000	
(B) 상 품	3,500,000	
(C) 현금및현금성자산	600,000	
(D) 컴퓨터소프트웨어	700,000	
(E) 단 기 대 여 금	1,000,000	

① (B)→(A)→(C)→(D)→(E)   ② (B)→(C)→(D)→(E)→(A)

③ (C)→(B)→(E)→(D)→(A)   ④ (C)→(E)→(B)→(A)→(D)

11. 다음은 자산, 부채 및 자본에 관한 설명이다. 잘못된 것은?

① 자산은 과거 사건의 결과로 기업이 통제하고 있고 미래의 경제적효익이 유입될 것으로 기대되는 자원이다.

② 자산, 부채 및 자본은 포괄적 손익계산서를 구성하는 요소이다.

③ 자본은 기업의 자산에서 부채를 차감한 후의 잔여지분이다.

④ 부채는 과거 사건에 의하여 발생하였으며 경제적 효익을 갖는 자원이 기업으로부터 유출됨으로써 이행될 것으로 기대되는 현재의 의무이다.

12. 다음 중 영업외비용에 해당하는 계정과목으로 옳은 것은?

① 기부금   ② 소모품비   ③ 복리후생비   ④ 여비교통비

13. 다음 손익계산서에 대한 설명으로 옳지 않은 것은?

① 매출총손익은 매출액에서 매출원가를 차감하여 산출한다.

② 영업손익은 매출총손익에서 판매비와관리비를 차감하여 산출한다.

③ 기업의 일정기간 동안 경영성과에 대한 정보를 제공하는 재무보고서이다.

④ 수익과 비용은 각각의 순액으로 보고서를 작성하는 것을 원칙으로 한다.

14. 다음 자료에서 일반기업회계기준상 영업이익이 가장 큰 기업부터 순서대로 바르게 나열한 것은?

구 분	A회사	B회사	C회사	D회사
매 출 액	1,000,000원	900,000원	800,000원	850,000원
매출원가	800,000원	750,000원	600,000원	700,000원
급 여	100,000원	50,000원	50,000원	100,000원
임 차 료	30,000원	50,000원	50,000원	20,000원
접 대 비	20,000원	30,000원	20,000원	20,000원
이자비용	20,000원	0원	70,000원	5,000원

① A회사 - B회사 - C회사 - D회사   ② D회사 - A회사 - C회사 - B회사

③ C회사 - A회사 - B회사 - D회사   ④ B회사 - A회사 - D회사 - C회사

15. 다음 사례 중 영업이익을 증가 시킬 수 있는 항목을 모두 고른 것은?

> ㄱ. 부서 회식 등 사내행사비 50,000원을 축소한다.
> ㄴ. 은행에서 차입한 1,000,000원을 상환하여 부채를 줄인다.
> ㄷ. 사무실의 전기를 절약하여 사용료 100,000원을 절감하다.
> ㄹ. 업무용 건물의 월 임대료 50,000원을 60,000원으로 인상하다.

① ㄱ, ㄴ   ② ㄱ, ㄷ   ③ ㄴ, ㄷ   ④ ㄴ, ㄹ

16. 재무상태표에 대한 설명으로 틀린 것은?
① 부채는 유동부채와 비유동부채로 구분한다.
② 자본은 자본금, 자본잉여금, 이익잉여금으로만 구성된다.
③ 일정 시점 현재 기업이 보유하고 있는 경제적 자원인 자산과 경제적으로 지급 의무인 부채, 그리고 자본에 대한 정보를 제공하는 재무보고서이다.
④ 자산 중 유동자산은 당좌자산과 재고자산으로 구분하고, 비유동자산은 투자자산, 유형자산, 무형자산, 기타비유동자산으로 구분한다.

17. 기업회계기준에서 자산과 부채를 유동과 비유동으로 구분하는 기준은?
① 6개월   ② 영업활동주기
③ 보고기간 종료일   ④ 1년 및 정상적인 영업주기 기준

18. 재무상태표에 관한 설명 중 틀린 것은?
① 재무상태표는 일정 기간 현재 기업실체가 보유하고 있는 자산, 부채, 자본에 대한 정보를 제공하는 재무보고서이다.
② 재무상태표는 다른 재무제표와 함께 기업가치의 평가에 유용한 정보를 제공하여야 한다.
③ 불확실성이나 비용 대 효익의 고려 등으로 인해 재무상태표는 모든 자산과 부채를 나타내지 않을 수 있다.
④ 재무상태표는 정보이용자들이 기업실체의 유동성, 재무적 탄력성, 수익성, 위험 등을 평가하는 데 유용한 정보를 제공하여야 한다.

19. 손익계산서의 기본 구조에 대한 설명이다. 틀린 것은?

① 매출액은 기업의 주된 영업활동에서 발생한 제품, 상품, 용역 등을 매출한 금액이다.

② 판매비와관리비는 판매활동과 기업의 관리활동에서 발생하는 비용이다.

③ 매출원가는 판매된 제품이나 상품 등에 대한 제조원가 또는 매입원가이다.

④ 영업외비용은 매출원가에 속하지 않는 모든 영업비용을 포함한다.

20. 다음 중 일반기업회계기준에 의한 손익계산서의 작성기준이 아닌 것은?

① 발생주의 : 모든 수익과 비용은 발생한 기간에 정당하게 배분되도록 처리한다.

② 순액주의 : 모든 수익과 비용은 직접 상계하여 순액으로 기재하는 것을 원칙으로 한다.

③ 실현주의 : 수익은 실현시기를 기준으로 계상하고 미실현수익은 당기의 손익계산에 산입하지
않는다.

④ 수익비용대응 : 수익항목과 이에 관련되는 비용항목을 대응 표시하여야 한다.

21. 다음 중 역사적원가에 대한 설명으로 틀린 것은?

① 자산을 취득할 당시 공정한 시장가격을 잘 반영한다.

② 자산을 취득할 때의 교환가격이다.

③ 정상적인 청산을 가정하는 경우 현재시점에서 자산 판매가치를 말한다.

④ 자산을 취득한 시점의 시장가치를 나타낸다.

 주관식

01. 다음 자료에서 유동자산의 합계액을 각각 계산하시오?

• 현　　　금 : 100,000원	• 건　　　물 : 500,000원
• 임차보증금 : 200,000원	• 단기대여금 : 100,000원
• 개 발 비 : 600,000원	• 상　　　품 : 300,000원
• 당 좌 예 금 : 400,000원	• 자 본 금 : 500,000원
• 단기차입금 : 200,000원	

02. 1번자료를 참고하여 비유동자산의 합계액을 각각 계산하시오?

03. 다음 자료를 바탕으로 (가)에 해당하는 계정과목의 합계를 계산하시오.

자료	• 순매출액 : 800,000원 • 퇴직급여 : 100,000원 • 이자비용 : 10,000원 • 유형자산처분손실 : 30,000원	• 매 출 원 가 : 400,000원 • 기 부 금 : 20,000원 • 기업업무추진비(접대비) : 10,000원 • 여비교통비 : 20,000원

• 매출액 – 매출원가 = 매출총이익   • 매출총이익 – (가) = 영업이익

04. ○○상점의 20×3년 12월 31일 현재(기말) 재무상태와 경영성과는 다음과 같다. 20×3년 1월 1일 (기초) 자산 총액이 4,000,000원 이었다면 기초 부채 총액을 계산하시오.

• 자산총액 : 4,500,000원 • 수익총액 : 1,000,000원	• 부채총액 : 1,500,000원 • 비용총액 : 600,000원

05. 다음은 개인기업인 ○○상점의 20X1년 기초 재무상태와 당기 손익에 관한 자료이다. 기말자본을 계산하시오.

20X1. 1. 1. 기초 재무상태	• 현 금 : 300,000원 • 상 품 : 400,000원 • 외상매입금 : 300,000원 • 단기차입금 : 50,000원	• 외상매출금 : 200,000원 • 비 품 : 100,000원 • 지 급 어 음 : 200,000원

당기손익내용 (손익계산서)	비 용	금 액(원)	수 익	금 액(원)
	급 여	200,000	상품매출이익	500,000
	여비교통비	80,000	임 대 료	50,000
	임 차 료	100,000		
	재 해 손 실	70,000		
	당기순이익	100,000		
		550,000		550,000

연/습/문/제 답안

🔑 객관식

1	2	3	4	5	6	7	8	9	10	11	12	13	14	15
②	②	①	②	④	①	③	②	②	④	②	①	④	③	②

16	17	18	19	20	21									
②	④	①	④	②	③									

[풀이 - 객관식]

01. 기업회계기준에서 규정하고 있는 **재무제표의 종류는 재무상태표, 포괄손익계산서, 자본변동표, 현금흐름표, 주석**이다.

03. **재무상태표는 재무제표 중 유일한 정태적 보고서**이다.

04. 가지급금은 임시계정으로서 재무상태표에 표시될 수 없다.

05. 비유동자산은 투자자산, 유형자산, 무형자산, 기타비유동자산으로 구분한다.

06. 건물, 차량운반구은 유형자산이고, 산업재산권은 무형자산이다.

07. **유동성배열법은 당좌자산 → 재고자산 → 투자자산 → 유형자산 → 무형자산의 순서로 배열**하는 방법이다.

08. 발생주의는 손익계산서 작성기준이다.

09. **가수금은 임시계정으로서 재무상태표에 표시될 수 없다.**

10. 유동성 배열법이란 자산과 부채의 항목 배열은 현금성이 빠른 것부터 기재하고, 느린 것을 차례로 뒤에 기재하는 방법으로 자산은 당좌자산, 재고자산, 투자자산, 유형자산, 무형자산, 기타비유동자산 순으로 기록한다. **당좌자산 중에서도 현금으로의 전환이 가장 빠른 현금및현금성자산이 가장 먼저 기입**된다.

11. 자산, 부채 및 자본은 재무상태표를 구성하는 요소이다.

12. 소모품비, 복리후생비, 여비교통비는 판매비와관리비에 해당한다.

13. **수익과 비용은 각각 총액으로 보고하는 것을 원칙**으로 한다. 단, 동일 또는 유사한 거래나 회계사건에서 발생한 차익, 차손 등은 총액으로 표시하지만 중요하지 않은 경우에는 관련 차익과 차손 등을 상계하여 표시할 수 있다.

14. A = 50,000원, B = 20,000원, C = 80,000원, D = 10,000원이다.

15. 영업이익은 매출총이익에서 판매비와관리비를 차감하여 계산한다. "ㄱ"은 복리후생비, "ㄷ"은 수도광열비로 판매비와관리비에 해당하므로 이 금액을 줄이면 영업이익이 증가한다.

16. **자본은 자본금, 자본잉여금, 자본조정, 기타포괄손익누계액, 이익잉여금으로 구분**한다.

17. <u>원칙은 1년 기준이고, 예외적으로 정상적인 영업주기 기준</u>이 있다.

18. 재무상태표는 <u>일정 시점 현재 기업실체가 보유하고 있는 경제적 자원인 자산과 경제적 의무인 부채, 그리고 자본에 대한 정보를 제공하는 재무보고서</u>이다.

19. 기업에서 발생하는 **영업비용에는 매출원가와 판매비와관리비**가 있다.
    영업외비용은 기업의 주된 영업 활동이 아닌 활동으로부터 발생한 비용을 말한다.

20. 손익계산서 작성 기준 : **발생주의, 실현주의, 수익비용의 대응, 총액주의**
    총액주의 : 수익과 비용은 총액에 의하여 기재함을 원칙으로 하고 수익항목과 비용항목을 직접 상계하여 전부 또는 일부를 손익계산서에서 제외하여서는 아니된다.

21. 현재시점에서 **자산판매가치는 현행원가(현행 유출가치)**라 한다.

🔑 주관식

01	900,000원	02	1,300,000원	03	130,000원
04	1,400,000원	05	550,000원		

[풀이 – 주관식]

01. 유동자산 900,000원(현금100,000원+단기대여금 100,000원+상품 300,000원+당좌예금 400,000원)

02. 비유동자산 1,300,000원(건물 500,000원+임차보증금 200,000원+개발비 600,000원)이다.

03. 퇴직급여, 여비교통비, 기업업무추진비는 영업관련비용(판매비와 관리비)이고, 기부금, 유형자산처분손실, 이자비용은 영업외비용이다.

04.

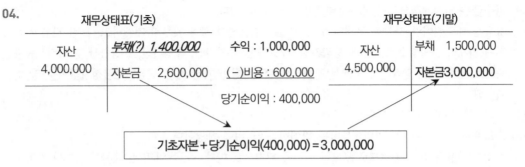

05.

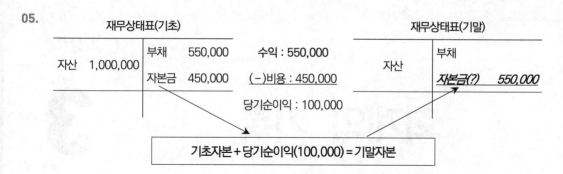

Chapter 3

회계의 기록

로그인 기업회계3급

제1절   회계의 기록대상 - 거래

거래란 기업의 경영활동에서 자산·부채·자본에 증감변화를 가져오는 모든 사항을 말하는데, 회계상 거래로 인식하기 위해서는

① **회사의 재산상태(자산·부채·자본)에 영향을 미쳐야 하고**

② **그 영향을 금액으로 측정가능 하여야 한다.**

주의할 점은 회계상 거래와 경영활동에서 사용하는 거래의 의미가 반드시 일치하지 않는다는 점이다.

〈일반적인 거래와 회계상 거래〉

회계상의 거래		일반적인 거래
	일반적인 거래	
•화재, 도난, 분실 등 •재고자산의 파손	•상품의 판매와 구입 •자산의 매매 •자금 대여 및 차입	•상품의 주문 •고용계약 •약속 등

| 제2절 | 거래요소의 결합관계 |

1. 거래의 이중성

회계상의 모든 거래는 원인과 결과라는 두 가지 속성이 함께 들어 있는데 이를 거래의 이중성 또는 양면성이라 한다. **회계상의 모든 거래는 차변요소와 대변요소로 결합되어 이루어진다.** 그리고 차변요소의 금액과 대변요소의 금액도 항상 같다.

즉, 단식부기와 달리 복식부기에서는 하나의 **회계상 거래가 발생하면 반드시 왼쪽(차변)과 동시에 오른쪽(대변)에 기입한다.**

2. 거래의 8요소와 결합관계

기업에서 발생하는 거래형태는 여러 가지가 있으나 결과적으로 자산의 증가와 감소, 부채의 증가와 감소, 자본의 증가와 감소, 수익과 비용의 발생이라는 8개의 요소로 결합된다. 이것을 거래의 8요소라고 한다.

〈재무상태표＋손익계산서〉 (시산표)

차 변		대 변	
자산	⇧	부채	⇧
		자본	⇧
비용	⇧	수익	⇧
계	×××	계	×××

차변과 대변은 언제나 일치한다.

재무상태표와 손익계산서를 합친표를 시산표라 하는데, 차변에는 자산, 비용 대변에는 부채, 자본, 수익을 기재한다. **따라서 자산의 증가는 차변에 기재하고 마찬가지로 자산의 감소는 대변에 기재하게 되는데 이러한 것을 조합하면 거래의 8요소가 된다.**

대차평균(대차균형)의 원리

거래가 발생하면 <u>거래의 이중성</u>에 의하여 차변과 대변에 기입되고, 금액도 일치하게 되며, 아무리 많은 거래가 발생하더라도 계정전체를 통하여 본다면 차·대변 합계액은 일치하게 되는데 이것을 대차평균의 원리라 한다. 이 대차평균의 원리에 의하여 <u>복식회계는 자기검증기능</u>을 갖게 된다.

거래 8요소의 결합관계

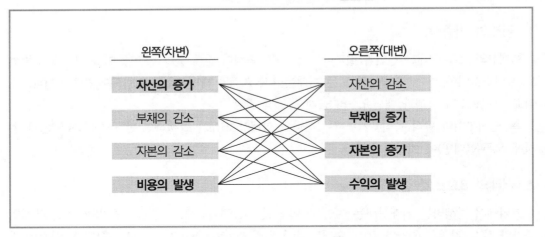

이론적으로 거래요소의 결합형태는 16가지이다.

거래의 8요소의 구체적 사례

회계상 거래	차 변		대 변	
1. 차량을 취득하고 현금을 100,000원 지급하다.	자산증가(차량)	100,000	자산감소(현금)	100,000
2. 토지를 50,000원에 매각하고 다음 달에 받기로 하다.	자산증가(받을권리)	50,000	자산감소(토지)	50,000
3. 은행으로부터 빌린 돈 10,000원을 현금으로 상환하다.	부채감소(차입금)	10,000	자산감소(현금)	10,000
4. 상품을 10,000원어치 구입하고 다음 달에 지급하기로 하다.	자산증가(상품)	10,000	부채증가(지급의무)	10,000
5. 건물을 임대하고 임대료 50,000원을 현금으로 받다.	자산증가(현금)	50,000	수익발생(임대료)	50,000
6. 종업원 급여 5,000원을 현금지급하다	비용발생(급여)	5,000	자산감소(현금)	5,000

제3절　계정 및 계정과목

기업의 자산·부채·자본의 증감 변화를 항목별로 세분하여 기록·계산·정리하는 구분단위로서 회사에서 일어나는 거래들 중 유사한 것들만 모아서 분류해놓은 것을 계정이라 하고, 현금계정, 상품계정 등과 같이 계정에 붙이는 이름을 계정과목이라고 한다.

1. 계정의 분류

재무상태표 계　정	자산계정	현금, 매출채권(외상매출금, 받을어음), 미수금, 대여금, 상품, 건물, 임차보증금 등
	부채계정	매입채무(외상매입금, 지급어음), 미지급금, 차입금, 임대보증금 등
	자본계정	자본금 등
손익계산서 계　정	수익계정	상품매출, 이자수익, 임대료 등
	비용계정	상품매출원가, 이자비용, 임차료, 급여, 여비교통비 등

2. 계정의 기입방법

① 재무상태표 계정의 기입방법

자산의 증가는 재무상태표 계정의 왼쪽(차변)에 자산의 감소는 오른쪽(대변)에 기입하고, 부채와 자본 계정은 반대로 기입하면 된다.

결국 자산 계정의 잔액은 재무상태표의 자산에 부채·자본 계정의 잔액은 재무상태표의 부채·자본에 표시된다.

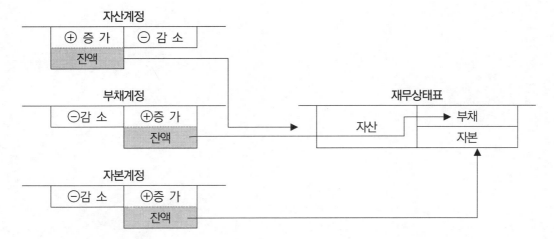

② 손익계산서 계정의 기입방법

　수익의 증가는 재무상태표 계정 오른쪽(대변)에 소멸은 왼쪽(차변)에 기입하고, 비용 계정은 반대로 기입하면 된다. 결국 수익 계정의 잔액은 손익계산서의 수익에, 비용계정의 잔액은 손익계산서의 비용에 표시된다.

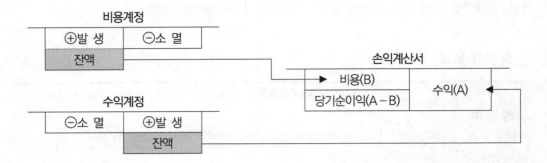

따라서 수익＞비용이면 당기순이익
　　　　수익＜비용이면 당기순손실이 된다.

이와 같이 계정기록방법을 요약하면
① 자산의 증가는 차변, 감소는 대변에
② 부채(자본)의 증가는 대변, 감소는 차변에
③ 수익의 발생은 대변, 소멸은 차변에
④ 비용이 발생은 차변, 소멸은 대변에

결국 거래의 8요소에 따라 회계상 거래를 계정에 기록하면 된다.

<예제 1 - 5> 계정의 기입 (차 · 대변)

레고상사는 스마트 폰을 구입하여 판매하는 기업이다. 다음 계정에 대해서 차변에 기입할지, 대변에 기입할지를 판단하시오.

계정 증감	차 · 대변	계정 증감	차 · 대변
① 현금의 증가		⑲ 미수금의 증가	
② 상품의 구입		⑳ 토지의 처분	
③ 선수금의 수취		㉑ 임차료의 발생	
④ 대여금의 증가		㉒ 이자비용의 발생	
⑤ 외상매입금의 감소		㉓ 지급어음의 감소	
⑥ 차입금 감소		㉔ 기업업무추진비의 발생	
⑦ 소모품 증가		㉕ 상품매출원가의 발생	
⑧ 미지급금의 감소		㉖ 여비교통비의 발생	
⑨ 선급금의 지급		㉗ 급여의 발생	
⑩ 지급어음의 발행		㉘ 통신비의 발생	
⑪ 임차보증금의 증가		㉙ 현금의 감소	
⑫ 건물의 구입		㉚ 차입금의 증가	
⑬ 차량운반구의 처분		㉛ 선수금의 감소	
⑭ 받을어음의 수취		㉜ 기부금의 발생	
⑮ 외상매출금의 감소		㉝ 임대료의 발생	
⑯ 상품매출의 발생		㉞ 유형자산처분손실의 발생	
⑰ 정기예금의 불입		㉟ 교육훈련비 소멸	
⑱ 이자수익의 발생		㊱ 비품의 매각	

해답

계정 증감	판 단	차 · 대변
① 현금의 증가	현금(자산)의 증가	차변
② 상품의 구입	상품(자산)의 증가	차변
③ 선수금의 수취	선수금(계약금 수취 – 부채)의 증가	대변
④ 대여금의 증가	대여금(자산)의 증가	차변
⑤ 외상매입금의 감소	외상매입금(부채)의 감소	차변

계정 증감	판　단	차·대변
⑥ 차입금 감소	차입금(부채)의 감소	차변
⑦ 소모품 증가	소모품(자산)의 증가	차변
⑧ 미지급금의 감소	미지급금(부채)의 감소	차변
⑨ 선급금의 지급	선급금(계약금 지급 - 자산)의 증가	차변
⑩ 지급어음의 발행	지급어음(부채)의 증가	대변
⑪ 임차보증금의 증가	임차보증금(자산)의 증가	차변
⑫ 건물의 구입	건물(자산)의 증가	차변
⑬ 차량운반구의 처분	차량운반구(자산)의 감소	대변
⑭ 받을어음의 수취	받을어음(자산)의 증가	차변
⑮ 외상매출금의 감소	외상매출금(자산)의 감소	대변
⑯ 상품매출의 발생	상품매출(수익)의 발생	대변
⑰ 정기예금의 불입	정기예금(자산)의 증가	차변
⑱ 이자수익의 발생	이자수익(수익)의 발생	대변
⑲ 미수금의 증가	미수금(자산)의 증가	차변
⑳ 토지의 처분	토지(자산)의 감소	대변
㉑ 임차료의 발생	임차료(비용)의 발생	차변
㉒ 이자비용의 발생	이자비용(비용)의 발생	차변
㉓ 지급어음의 감소	지급어음(부채)의 감소	차변
㉔ 기업업무추진비의 발생	기업업무추진비(비용)의 발생	차변
㉕ 상품매출원가의 발생	상품매출원가(비용)의 발생	차변
㉖ 여비교통비의 발생	여비교통비(비용)의 발생	차변
㉗ 급여의 발생	급여(비용)의 발생	차변
㉘ 통신비의 발생	통신비(비용)의 발생	차변
㉙ 현금의 감소	현금(자산)의 감소	대변
㉚ 차입금의 증가	차입금(부채)의 증가	대변
㉛ 선수금의 감소	선수금(부채)의 감소	차변
㉜ 기부금의 발생	기부금(비용)의 발생	차변
㉝ 임대료의 발생	임대료(수익)의 발생	대변
㉞ 유형자산처분손실의 발생	유형자산처분손실(비용)의 발생	차변
㉟ 교육훈련비의 소멸	교육훈련비(비용)의 소멸(취소)	대변
㊱ 비품의 매각	비품(자산)의 감소	대변

제4절   분 개

　분개란 거래가 발생하면 그 거래의 내용을 차변요소와 대변요소로 세분하여 어느 계정에 얼마의 금액을 각 계정에 적어 넣을 것인지 결정하는 절차를 말한다.

　즉, 회계상 거래를 거래의 이중성에 따라 차변요소와 대변요소로 나누고 계정과목과 금액을 결정하는 것이다.

　거래가 발생되면

　① 회계상 거래파악

　② 거래의 8요소에 따라 차대변 결정

　③ 계정과목과 금액 순으로 분개를 한다.

　예를 들면 기계를 구입하면서 현금 100,000원을 지급하였다면, 회사 재산의 증감을 가져오고 재산증감을 금액으로 측정할 수 있으므로 회계상 거래에 해당한다.

　이 거래는 현금이라는 자산이 감소함과 동시에 기계라는 자산이 증가했다. 따라서 현금의 자산 감소는 대변에, 기계의 자산의 증가는 차변에 기록하고 금액은 100,000원이다.

거래분석	기계 구입(자산증가)	현금의 지급(자산의 감소)
차 대 변 결 정	차변기록	대변기록
계 정 과 목 선 택	기계장치	현 금
금 액	100,000	100,000
분 개	(차) 기계장치 100,000	(대) 현 금 100,000

　회사 거래의 대부분은 현금 또는 예금의 입출금거래가 가장 많다.

　따라서 초보자는 현금(예금)의 유출은 대변에, 현금(예금)의 유입은 차변에 기재를 하고 다음 계정과목을 선택하면 된다. 분개의 실력은 많이 써봐야 된다. 눈으로 만 보면서 분개를 연습하면 실패하므로 반복적으로 수기로 분개를 하여야 한다.

〈기초분개〉

현금(예금)의 유출	(차) ×××계정	**(대) 현금(또는 예금)**
현금(예금)의 유입	**(차) 현금(또는 예금)**	(대) ×××계정

전표(3전표제)

거래를 최초로 인식하여 기록하는 일정한 양식으로서, 분개장을 거래단위별로 분리하여 기록한 것이다.

전표를 거래가 발생하는 각 부서별로 분담하여 작성하여, 이를 경리부서에 쉽게 전달할 수 있고, 전표의 결재과정을 통하여 거래에 대하여 책임소재를 명확히 할 수 있는 장점이 있다.

종류	내 용	사 례			
입금전표	현금이 수입된 거래	(차) 현　　　금　×××	(대) 매　　　출　×××		
출금전표	현금이 지출된 거래	(차) 여비교통비　×××	(대) 현　　　금　×××		
대체전표	현금의 수입과 지출이 없는 거래	(차) 보통예금　×××	(대) 이자수익　×××		
	현금이 일부 수반되는 거래	(차) 현　　　금　××× 　　　외상매출금　×××	(대) 매　　　출　×××		

제5절　전 기

　전기란 분개한 것을 해당계정에 옮겨 적는 것을 말한다. 또한 이러한 계정들이 모여 있는 장부 즉 모든 계정들이 모여 있는 장부라는 뜻에서 총계정원장 또는 원장이라고 한다. 즉, 분개가 끝난 뒤 분개한 내용을 각 계정에 옮겨 기입하는 것을 전기라 하며, 전기하는 방법은 차변과목은 해당 계정 차변에, 대변과목은 해당 계정 대변에 금액을 기입하고, 과목은 상대계정과목을 기입한다.

그러면 다음 분개를 전기해보자. 기계를 구입하면서 현금 100,000원을 지급하였다면,

〈분개〉

(차변)   기계장치   100,000   (대변)   현 금   100,000

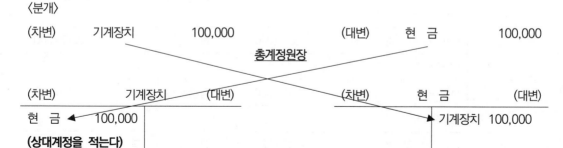

또한 총계정원장을 보고 역으로 분개를 할 수 있어야 한다.

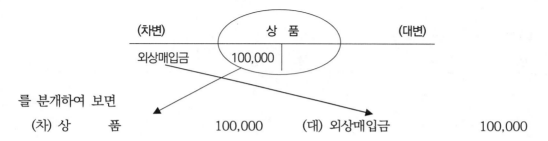

를 분개하여 보면

(차) 상   품   100,000   (대) 외상매입금   100,000

<예제 1 - 6> 분개에 대한 거래추정 및 전기

㈜백두의 다음 분개에 대해서 거래내역을 추정하고 계정별로 전기하시오.

☞ 초보자는 전기를 이해 못하더라도 분개에 대해서 기계적으로 전기해보십시오.

1.	(차) 임 차 보 증 금	1,000,000	(대) 현 금	1,000,000
	(거래추정)			
2.	(차) 현 금	2,000,000	(대) 단 기 차 입 금	2,000,000
	(거래추정)			
3.	(차) 상 품	3,000,000	(대) 현 금	3,000,000
	(거래추정)			
4.	(차) 현 금	4,000,000	(대) 상 품 매 출	4,000,000
	(거래추정)			

5.	(차) 기업업무추진비	5,000,000	(대) 미 지 급 금	5,000,000
	(거래추정)			
6.	(차) 장 기 대 여 금	6,000,000	(대) 현　　　　금	6,000,000
	(거래추정)			
7.	(차) 상　　　　품	7,000,000	(대) 외 상 매 입 금	7,000,000
	(거래추정)			
8.	(차) 차 량 운 반 구	8,000,000	(대) 현　　　　금 미 지 급 금	2,000,000 6,000,000
	(거래추정)			

[자산]

⊕	현　　　금	⊖

⊕	임차보증금	⊖

⊕	상　　　품	⊖

⊕	장기대여금	⊖

⊕	차량운반구	⊖

[부채]

⊖	단기차입금	⊕

⊖	미 지 급 금	⊕

⊖	외상매입금	⊕

[수익]

⊖	상 품 매 출	⊕

[비용]

⊕	기업업무추진비	⊖

해답

[거래에 대한 추정]

1.	(거래추정)	상가를 빌리고 보증금으로 현금 1,000,000원을 지급하다.
2.	(거래추정)	현금 2,000,000원을 단기차입(보고기간말로부터 1년 이내 상환)하다.
3.	(거래추정)	판매할 상품을 현금 3,000,000원에 구입하다.
4.	(거래추정)	상품을 판매하여 4,000,000원 현금을 수취하다.
5.	(거래추정)	거래처에 접대를 하여 외상으로 5,000,000원을 지출하다.
6.	(거래추정)	현금 6,000,000원을 장기대여(보고기간말로부터 1년 이후에 회수예정)을 하다.
7.	(거래추정)	상품을 7,000,000원에 구입하고 외상으로 하다.
8.	(거래추정)	승용차를 구입하고 현금 2,000,000원을 지급하고 나머지 6,000,000원은 나중에 주기로 하다.

[전기]

⊕	현	금		⊖
2. 단기차입금	2,000,000	1. 임차보증금		1,000,000
4. 상품매출	4,000,000	3. 상 품		3,000,000
		6. 장기대여금		6,000,000
		8. 차량운반구		2,000,000

⊕	임차보증금		⊖
1. 현 금	1,000,000		

⊕	상	품	⊖
3. 현 금	3,000,000		
7. 외상매입금	7,000,000		

⊕	장기대여금		⊖
6. 현 금	6,000,000		

⊕	차량운반구		⊖
8. 현 금	2,000,000		
8. 미지급금	6,000,000		

[부채]

⊖	단기차입금		⊕
		2. 현 금	2,000,000

⊖	미지급급		⊕
		5. 기업업무추진비	5,000,000
		8. 차량운반구	6,000,000

⊖	외상매입금		⊕
		7. 상 품	7,000,000

[수익]

⊖	상품매출		⊕
		4. 현　금	4,000,000

[비용]

⊕	기업업무추진비		⊖
5. 미지급금	5,000,000		

<예제1 - 7> 전기 및 분개

㈜백두의 총계정원장에 전기한 내역에 대해서 분개하고 거래내역에 대해서 설명하시오.

현　금			
1.보통예금	100	2.기업업무추진비	200
3.외상매출금	300	4.이자비용	400

외상매출금			
5.상품매출	500	3.현　금	300
		6.보통예금	600

외상매입금			
8.보통예금	800	7.상　품	700

선급금			
9.현　금	900	10.원재료	900

(분개)

1.	(차)	(대)
	(거래내역)	
2.	(차)	(대)
	(거래내역)	
3.	(차)	(대)
	(거래내역)	

4.	(차)	(대)
	(거래내역)	
5.	(차)	(대)
	(거래내역)	
6.	(차)	(대)
	(거래내역)	
7.	(차)	(대)
	(거래내역)	
8.	(차)	(대)
	(거래내역)	
9.	(차)	(대)
	(거래내역)	
10.	(차)	(대)
	(거래내역)	

해답

1.	(차) 현 금 100	(대) 보 통 예 금 100
	(거래내역) 보통예금통장에서 현금 100원을 인출하다.	
2.	(차) 기 업 업 무 추 진 비 200	(대) 현 금 200
	(거래내역) 거래처를 접대하여 현금 200원을 사용하다.	
3.	(차) 현 금 300	(대) 외 상 매 출 금 300
	(거래내역) 거래처로부터 외상대금 300원을 회수하다.	
4.	(차) 이 자 비 용 400	(대) 현 금 400
	(거래내역) 차입금에 대한 이자 400원을 현금지급하다.	
5.	(차) 외 상 매 출 금 500	(대) 상 품 매 출 500
	(거래내역) 매출거래처에 상품 500원을 팔고 대금은 나중에 받기로 하다.	

6.	(차) 보 통 예 금	600	(대) 외 상 매 출 금	600
	(거래내역) 외상대금 600원에 대해서 보통예금계좌에 입금되다.			
7.	(차) 상 품	700	(대) 외 상 매 입 금	700
	(거래내역)상품을 700원에 구입하고 외상으로 하다.			
8.	(차) 외 상 매 입 금	800	(대) 보 통 예 금	800
	(거래내역) 외상매입대금 8600원을 보통예금계좌에서 이체하여 지급하다.			
9.	(차) 선 급 금	900	(대) 현 금	900
	(거래내역) 계약금 900원을 거래처에 현금으로 지급하다.			
10.	(차) 원 재 료	900	(대) 선 급 금	900
	(거래내역) 계약이 이행되어 계약금이 원재료로 대체되다.			

제6절 회계장부

기업의 경영활동에서 발생하는 각종 거래를 기록·계산·정리한 것을 장부라 한다.
회계장부는 일반적으로 주요장부와 보조장부로 구성된다.

1. 주요장부 : 분개장, 총계정원장

경영활동에서 일어나는 모든 거래를 총괄하여 기록, 계산하는 장부를 말한다.

2. 보조장부

분개장이나 총계정원장 보다 구체적으로 기재한 것으로 주요 장부에 요약된 내용을 보충하기 위한 장부이다. 보조장부에는 보조기입장(현금출납장, 당좌예금출납장, 매입장, 매출장)과 보조원장(상품재고장, 거래처원장 등)이 있다.

제7절 시산표(T/B, trial balance)

시산표란 총계정원장에 설정되어 있는 각 계정과목들을 일목요연하게 하나의 표에 집약시킨 것으로서, 차변의 총합계와 대변의 총합계가 일치하여야 한다는 **대차평균의 원리에 의해 오류를 찾아내는 자기검증의 기능을** 가지고 있다.

시산표는 매일(일계표), 매월(월계표)작성하기도 하며,

시산표의 계정과목은 자산 → 부채 → 자본 → 수익 → 비용계정의 순으로 배열한다.

1. 유용성

① **분개와 전기과정의 금액적인 오류파악**

② **재무제표의 요약(개괄적인 재무상태나 경영성과)**

수작업으로 재무제표를 작성하던 과거에는 ①이 주목적이었으나, 전산프로그램으로 분개 시 차대변이 항상 일치하고 총계정원장에 전기 시에도 오류가 발생되지 않으므로 지금은 주로 요약된 재무제표를 사전에 검토하거나 회사의 개괄적인 재무상태나 경영성과를 파악하는데 사용된다.

2. 시산표의 종류

① 합계시산표

② 잔액시산표

③ 합계잔액시산표(① 합계시산표와 ② 잔액시산표를 하나의 표에 나타낸 시산표이다.)

실무에서는 합계잔액 형식의 합계잔액시산표를 주로 사용한다.

3. 시산표 등식

기말자산 = 기말부채 + 기말자본(= 기초자본 + 당기순손익)

기말자산 = 기말부채 + 기초자본 + 총수익 - 총비용

기말자산 + 총비용 = 기말부채 + 기초 자본 + 총수익

4. 합계잔액시산표

합계잔액시산표

차 변		계 정 과 목	대 변	
잔 액	합 계		합 계	잔 액
13,500,000	25,000,000	현 금	11,500,000	
7,000,000	8,000,000	상 품	1,000,000	
		* * * *		
	1,000,000	외 상 매 입 금	8,000,000	7,000,000
		* * * * *		
YYY	XXX	합 계	XXX	YYY

> 차변합계 = 대변합계
> 차변잔액 = 대변잔액

> **제8절** **분개와 전기의 사례연습**

(1) 1월 1일 개인사업체인 통큰도너츠를 설립하고자 현금 10백만원을 출자하였다.

☞ 거래분석과 차대변 결정   : 자산증가(차변)와   자본증가(대변)

　　계정과목결정   : 자산증가 − 현금   자본증가 − 자본금

　〈분개〉 (차) 현   금   10,000,000   (대) 자 본 금   10,000,000

　〈전기〉

현 금		자 본 금	
1/1 자본금 10,000,000			1/1 현금 10,000,000
	잔액 10,000,000 잔액 10,000,000		

(2) 1월 3일 영업장개설을 위하여 건물을 빌리기로 하고 현금 8백만원을 지급하였다.

☞ 거래분석과 차대변결정   : 자산증가(차변)와   자산감소(대변)

　　계정과목결정   : 자산증가 − 임차보증금   자산감소 − 현금

　〈분개〉 (차) 임차보증금   8,000,000   (대) 현   금   8,000,000

〈전기〉

	임차보증금		
1/3 현금 8,000,000			
		잔액	8,000,000

	현 금		
1/1 자본금 10,000,000	1/3 임차보증금 8,000,000		
		잔액	2,000,000

(3) 1월 5일 영업자금이 부족하여 은행으로부터 현금 10백만원을 빌리다.

☞ 거래분석과 차대변결정 : 자산증가(차변)와　　　　부채증가(대변)

　　계정과목결정 : 자산증가 - 현금 부채증가 - 차입금

　　〈분개〉 (차) 현　　　금　　10,000,000　　(대) 차　입　금　10,000,000

　　〈전기〉

	현 금		
1/1 자본금 10,000,000	1/3 임차보증금 8,000,000		
1/5 차입금 10,000,000			
	잔액 12,000,000	잔액	10,000,000

		차 입 금	
		1/5 현 금 10,000,000	

(4) 1월 7일 도너츠(상품)를 본사로부터 현금 1백만원에 구입하였다.

☞ 거래분석과 차대변결정 : 자산증가(차변)와　　　　자산감소(대변)

　　계정과목결정 : 자산증가 - 상품 자산감소 - 현금

　　〈분개〉 (차) 상　　　품　　1,000,000　　(대) 현　　　금　　1,000,000

　　〈전기〉

	상 품		
1/7 현금 1,000,000			
		잔액	1,000,000

	현 금		
1/1 자본금 10,000,000	1/3 임차보증금 8,000,000		
1/5 차입금 10,000,000	1/7 상품 1,000,000		
		잔액	11,000,000

(5) 1월 13일 도너츠(상품)을 5백만원에 모두 현금 판매하였다.

☞ 거래분석과 차대변결정 (1) 자산증가(차변)와　　　　수익발생(대변)

　　　　　　　　　　　　(2) 비용발생(차변)과　　　　자산감소(대변)

　　계정과목결정　　　　(1) 자산증가 - 현금　　　　수익발생 - 상품매출

　　　　　　　　　　　　(2) 비용발생 - 매출원가　　자산감소 - 상품

　　〈분개〉 (1) (차) 현　　　금　　5,000,000　　(대) 상품매출(수익)　　5,000,000

　　　　　　　(2) (차) 매출원가(비용) 1,000,000　　(대) 상　　품(자산)　　1,000,000

〈전기〉

현 금		
1/1 자본금 10,000,000	1/3 임차보증금	8,000,000
1/5 차입금 10,000,000	1/7 상품	1,000,000
1/13 상품매출 5,000,000		
	잔액	16,000,000

상품매출(수익)	
	1/13 현금 5,000,000
잔액 5,000,000	

매출원가(비용)		
1/13 상품 1,000,000		
	잔액	1,000,000

상 품	
1/7 현금 1,000,000	1/13 매출원가 1,000,000
	잔액 0

매출인식(총액법 : 매출액과 매출원가를 모두 표시하는 방법)

기업회계기준에서는 매출을 인식할 때 총액법으로 인식하게 되어 있다. 총액법이란 수익과 비용을 별도로 각각 인식하는 것을 말한다. 위의 사례에서 보듯이 수익(매출)을 인식하는 분개와 비용(매출원가)을 인식하는 분개를 각각한다. **상품판매를 통해서 얻은 총수익(매출)과 그 과정에서 지출된 총비용(매출원가)이 모두 나타나기 때문에 보다 유용한 정보를 제공한다.**

손익계산서

통큰도너츠   20X1년 1월 1일부터 20X1년 1월 31일까지   단위 : 원

과 목	금 액
Ⅰ. 상품매출액	5,000,000
Ⅱ. 매 출 원 가	1,000,000
Ⅲ. 매출총이익(Ⅰ－Ⅱ)	4,000,000

매출인식(순액법 : 매출이익만을 표시하는 방법)

상기의 예를 순액법으로 분개하면

(차) 현 금	5,000,000	(대) 상 품	1,000,000
		상품매매이익	4,000,000

순액법으로 회계처리하면 정보이용자가 기업의 영업활동에 대한 충분한 정보를 얻을 수 없다. 따라서 기업회계기준은 영업활동에 대해서는 총액법으로 회계처리하고 **영업활동이외(유형자산처분 등)에서는 순액법을 사용하도록 하고 있다.**

(6) 1월 31일 종업원급여 1백만원, 상가 월세 1백만원, 차입금에 대한 이자비용 5십만원을 현금으로 지급하였다.

☞ 거래분석과 차대변결정　　　: 비용발생(차변)와　　　　　　　 자산감소(대변)

계정과목결정　　　　　　　: 비용발생 – 급여, 임차료, 이자비용·자산감소 – 현금

〈분개〉 (차) 급　　　　여　　　1,000,000　　　(대) 현　　　금　　　1,000,000

　　　　(차) 임　차　료　　　1,000,000　　　(대) 현　　　금　　　1,000,000

　　　　(차) 이 자 비 용　　　 500,000　　　(대) 현　　　금　　　 500,000

〈전기〉

현　금				급　여		
1/1 자본금	10,000,000	1/3 임차보증금	8,000,000	1/31 현금	1,000,000	
1/5 차입금	10,000,000	1/7 상품	1,000,000			
1/13 상품매출	5,000,000	1/31 급여	1,000,000			
		1/31 임차료	1,000,000			
		1/31 이자비용	500,000			
		잔액	13,500,000		잔액	1,000,000

임 차 료			이자비용		
1/31 현금	1,000,000		1/31 현금	500,000	
	잔액	1,000,000		잔액	500,000

☞ 회계상 거래에 대해서 분개를 정확하게 하고 회계프로그램에 입력하면 분개장, 총계정원장, 손익계산서, 재무상태표가 자동 생성된다.

〈총계정원장〉

현 금			
1/1 자본금 10,000,000	1/3 임차보증금 8,000,000
1/5 차입금 10,000,000	1/7 상품 1,000,000
1/13 상품매출 5,000,000	1/31 급여 1,000,000
	1/31 임차료 1,000,000
	1/31 이자비용 500,000
	잔액 13,500,000

상 품	
1/7 현금 1,000,000	1/13 매출원가 1,000,000
	잔액 0

임차보증금	
1/3 현금 8,000,000	
	잔액 8,000,000

차 입 금	
	1/5 현금 10,000,000
잔액 10,000,000	

자 본 금	
	1/1 현금 10,000,000
잔액 10,000,000	

상품매출	
	1/13 현금 5,000,000
잔액 5,000,000	

매출원가	
1/13 상품 1,000,000	
	잔액 1,000,000

급 여	
1/31 현금 1,000,000	
	잔액 1,000,000

임 차 료	
1/31 현금 1,000,000	
	잔액 1,000,000

이자비용	
1/31 현금 500,000	
	잔액 500,000

합계잔액시산표는 각 계정과목별로 T계정의 차변합계와 대변합계를 적고, 차변합계에서 대변합계를 차감하여 차변잔액, 대변잔액을 계산한다.

〈합계잔액시산표〉

차 변		계 정 과 목	대 변	
잔 액	합 계		합 계	잔 액
13,500,000 [Ⓐ-Ⓑ]	25,000,000 Ⓐ	현　　　　　　　금	11,500,000 Ⓑ	
0	1,000,000	상　　　　　　　품	1,000,000	
8,000,000	8,000,000	임　차　보　증　금		
		차　　　입　　　금	10,000,000	10,000,000
		자　　　본　　　금	10,000,000	10,000,000
		상　품　매　출	5,000,000	5,000,000
1,000,000	1,000,000	상　품　매　출　원　가		
1,000,000	1,000,000	급　　　　　　　여		
1,000,000	1,000,000	임　　　차　　　료		
500,000	500,000	이　　자　　비　　용		
25,000,000	37,500,000	합　　　　　　　계	37,500,000	25,000,000

차변합계 = 대변합계
차변잔액 = 대변잔액

⬇

대차평균의 원리

⬇

시산표기능 : 전기의 금액적인 오류파악

〈손익계산서와 재무상태표 작성〉

월초 재무상태표

통큰도너츠   20X1년 1월 1일 현재   단위 : 원

자 산	금 액	부채 및 자본	금 액
현 금	10,000,000	자 본 금	10,000,000
	10,000,000		10,000,000

손익계산서

통큰도너츠   20X1년 1월 1일부터 20X1년 1월 31일 까지   단위 : 원

비 용	금 액	수 익	금 액
상 품 매 출 원 가	1,000,000②	상 품 매 출	5,000,000①
급 여	1,000,000②		
임 차 료	1,000,000②		
이 자 비 용	500,000②		
당기순이익(① - ②)	1,500,000		
	5,000,000		5,000,000

월말 재무상태표

통큰도너츠   20X1년 1월 31일 현재   단위 : 원

자 산	금 액	부채 및 자본	금 액
현 금	13,500,000	차 입 금	10,000,000
임 차 보 증 금	8,000,000	자 본 금	10,000,000
		당 기 순 이 익	1,500,000
	21,500,000		21,500,000

기말자본 = 기초자본 ± 당기순손익

재무제표작성순서 : 손익계산서 ⇨ 재무상태표

거래의 종류

거래 중에서 이익에 영향을 미치는 거래가 있고, 이익에 영향을 미치지 않는 거래가 있다. 이러한 관점에서 거래는 교환거래·손익거래·혼합거래로 나뉜다.

종류	내 용	사 례			
1. 교환거래	이익에 영향을 미치지 않는 거래	(차) 재무상태계정 ××	(대) 재무상태계정 ××		
2. 손익거래	이익에 영향을 미치는 거래	(차) 손 익 계 정 ××	(대) 재무상태계정 ××		
		(차) 재무상태계정 ××	(대) 손 익 계 정 ××		
3. 혼합거래	교환거래와 손익거래가 혼합되어 있는 것⇒결국 이익에 영향을 미친다.	(차) 재무상태계정 ××	(대) 재무상태계정 ×× / 손 익 계 정 ××		
		(차) 재무상태계정 ×× / 손 익 계 정 ××	(대) 재무상태계정 ××		

84

제9절 회계의 순환과정

회계의 순환과정이란 회계상 거래를 식별하여 장부상에 기록하고 최종적으로 정보이용자들에게 회계정보를 제공해 주는 수단인 재무제표를 완성하기까지의 모든 과정을 말한다.

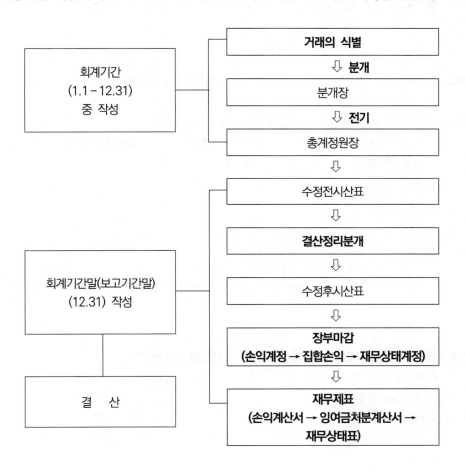

기/초/분/개/연/습

☞ 분개와 전기를 하시고, 거래에 대해서 교환거래인지 손익거래인지 구분하시오.

01. (주)한강으로부터 외상매출금 10,000원을 현금으로 회수하였다.

    ☞ 거래분석과 차대변결정   :   자산증가(차변)와   자산감소(대변)

      계정과목결정   :   현 금   외상매출금

    〈분개〉

    〈전기〉

( )	( )

02. 컴퓨터용 책상(비품)을 20,000원에 구입하고 대금은 현금지급하였다.

    ☞ 거래분석과 차대변결정   :

      계정과목결정   :

    〈분개〉

    〈전기〉

( )	( )

03. 외상으로 30,000원 상당의 상품을 구입했다.
> ☞ 거래분석과 차대변결정　　:
> 　　계정과목결정　　　　　　:

〈분개〉

〈전기〉

(　　　　)	(　　　　)

04. 거래처에 3개월이내 상환조건으로 현금 40,000원을 대여하였다.
> ☞ 거래분석과 차대변결정　　:
> 　　계정과목결정　　　　　　:

〈분개〉

〈전기〉

(　　　　)	(　　　　)

05. 국민은행으로부터 50,000원(상환조건 3개월)을 차입하고 보통예금 통장에 입금하였다.
> ☞ 거래분석과 차대변결정　　:
> 　　계정과목결정　　　　　　:

〈분개〉

〈전기〉

(　　　　)	(　　　　)

06. (주)한라에 상품을 60,000원에 판매하고 대금은 다음달 받기로 하였다. 수익인식만 하시오.
   ☞ 거래분석과 차대변결정　:
     계정과목결정　　　　:
   〈분개〉

   〈전기〉

(   )　　　　　　　　(   )
_____|_____　　_____|_____

07. (주)섬진으로부터 상품 70,000원을 구입하고 대금 50%는 현금으로 지급하고 나머지는 다음달 말일에 주기로 하다.
   ☞ 거래분석과 차대변결정　:
     계정과목결정　　　　:
   〈분개〉

   〈전기〉

(   )　　　　　　　　(   )
_____|_____　　_____|_____

(   )
_____|_____

08. ㈜설악과 상품 구입계약을 체결하고 그 대금 중 일부인 80,000원을 현금으로 지급하다.
   ☞ 거래분석과 차대변결정　:
     계정과목결정　　　　:
   〈분개〉

   〈전기〉

(   )　　　　　　　　(   )
_____|_____　　_____|_____

09. 계룡부동산에서 업무용 토지를 90,000원에 현금구입하다.
    ☞ 거래분석과 차대변결정   :
       계정과목결정   :
    〈분개〉

    〈전기〉

        (   )   (   )

10. 판매장 설치를 위해 한국빌딩 소유의 빌딩 3층을 3년간 임차하여 사용하기로 계약하고 보증금 100,000원을 현금으로 지급하다.
    ☞ 거래분석과 차대변결정   :
       계정과목결정   :
    〈분개〉

    〈전기〉

        (   )   (   )

11. ㈜청계의 외상매입금 잔액 10,000원을 전액 현금으로 지급하다.
    ☞ 거래분석과 차대변결정   :
       계정과목결정   :
    〈분개〉

    〈전기〉

        (   )   (   )

12. 종업원 급여 20,000원을 현금으로 지급하다.

　　☞ 거래분석과 차대변결정　　:
　　　계정과목결정　　　　　　　:

〈분개〉

〈전기〉

(　　　)	(　　　)

13. 차입금에 대한 이자 30,000원을 현금으로 지급하다.

　　☞ 거래분석과 차대변결정　　:
　　　계정과목결정　　　　　　　:

〈분개〉

〈전기〉

(　　　)	(　　　)

14. 매장의 전기요금 40,000원을 한국은행에 현금으로 납부하다.

　　☞ 거래분석과 차대변결정　　:
　　　계정과목결정　　　　　　　:

〈분개〉

〈전기〉

(　　　)	(　　　)

15. 경리과 사원들이 회식을 하고 현금 50,000원을 맛나갈비집에 지급하다.

    ☞ 거래분석과 차대변결정　　　:

      계정과목결정　　　　　　　:

    〈분개〉

    〈전기〉

         (　　　　　　　)　　　　　　　　　　(　　　　　　　)

---

16. 관리부 사원 김한국의 시내출장비 60,000원을 현금으로 지급하다.

    ☞ 거래분석과 차대변결정　　　:

      계정과목결정　　　　　　　:

    〈분개〉

    〈전기〉

         (　　　　　　　)　　　　　　　　　　(　　　　　　　)

---

17. 본사의 토지와 건물에 대한 재산세 70,000원을 한국은행에 현금 납부하다.

    ☞ 거래분석과 차대변결정　　　:

      계정과목결정　　　　　　　:

    〈분개〉

    〈전기〉

         (　　　　　　　)　　　　　　　　　　(　　　　　　　)

18. 영업용 승용차의 타이어 펑크수리와 오일교환을 하고 수리비 80,000원을 한국카센터에 현금으로 지급
    하다.

    ☞ 거래분석과 차대변결정   :

       계정과목결정   :

  〈분개〉

  〈전기〉

    (   )   (   )

19. 영업거래처에 줄 선물을 구입하고 대금 90,000원을 현금으로 지급하다.

    ☞ 거래분석과 차대변결정   :

       계정과목결정   :

  〈분개〉

  〈전기〉

    (   )   (   )

기/초/분/개/연/습 답안

1	(차) 현　　금	10,000	(대) 외상매출금	10,000	교환

(현　　금)		(외상매출금)	
외상매출금 10,000			현금 10,000

2	(차) 비　　품	20,000	(대) 현　　금	20,000	교환

(비　　품)		(현　　금)	
현금 20,000			비품 20,000

3	(차) 상　　품	30,000	(대) 외상매입금	30,000	교환

(상　　품)		(외상매입금)	
외상매입금 30,000			상품 30,000

4	(차) 단기대여금	40,000	(대) 현　　금	40,000	교환

(단기대여금)		(현　　금)	
현금 40,000			단기대여금 40,000

5	(차) 보 통 예 금	50,000	(대) 단기차입금	50,000	교환

(보통예금)		(단기차입금)	
단기차입금 50,000			보통예금 50,000

6	(차) 외 상 매 출 금	60,000	(대) 상 품 매 출	60,000	손익

(외상매출금)		(상품매출)	
상품매출 60,000			외상매출금 60,000

7	(차) 상　　품	70,000	(대) 현　　금	35,000	교환
			외상매입금	35,000	

(상　품)

| 현금 | 35,000 | |
| 외상매입금 | 35,000 | |

(현　금)

| | 상 품 | 35,000 |

(외상매입금)

| | 상품 | 35,000 |

8	(차) 선 급 금	80,000	(대) 현　　금	80,000	교환

(선급금)

| 현금 | 80,000 | |

(현　금)

| | 선급금 | 80,000 |

9	(차) 토　　지	90,000	(대) 현　　금	90,000	교환

(토　지)

| 현금 | 90,000 | |

(현　금)

| | 토 지 | 90,000 |

10	(차) 임차보증금	100,000	(대) 현　　금	100,000	교환

(임차보증금)

| 현금 | 100,000 | |

(현　금)

| | 임차보증금 | 100,000 |

11	(차) 외상매입금	10,000	(대) 현　　금	10,000	교환

(외상매입금)

| 현금 | 10,000 | |

(현　금)

| | 외상매입금 | 10,000 |

12	(차) 급　　여	20,000	(대) 현　　금	20,000	손익

(급　여)

| 현금 | 20,000 | |

(현　금)

| | 급여 | 20,000 |

13	(차) 이 자 비 용	30,000	(대) 현　　금	30,000	손익/

(이자비용)		(현　금)	
현금	30,000	이자비용	30,000

14	(차) 수도광열비	40,000	(대) 현　　금	40,000	손익/

(수도광열비)		(현　금)	
현금	40,000	수도광열비	40,000

15	(차) 복리후생비	50,000	(대) 현　　금	50,000	손익/

(복리후생비)		(현　금)	
현금	50,000	복리후생비	50,000

16	(차) 여비교통비	60,000	(대) 현　　금	60,000	손익/

(여비교통비)		(현　금)	
현금	60,000	여비교통비	60,000

17	(차) 세금과공과	70,000	(대) 현　　금	70,000	손익/

(세금과공과)		(현　금)	
현 금	70,000	세금과공과	70,000

18	(차) 차량유지비	80,000	(대) 현　　금	80,000	손익/

(차량유지비)		(현　금)	
현금	80,000	차량유지비	80,000

19	(차) 기업업무추진비	90,000	(대) 현　　금	90,000	손익/

(기업업무추진비)		(현　금)	
현금	90,000	기업업무추진비	90,000

연/습/문/제

 객관식

01. 다음에서 회계상의 거래로 옳은 것을 모두 고른 것은?

> ㄱ. 거래처에서 갑 상품 100,000원을 주문 받다.
> ㄴ. 사무실을 월세 200,000원에 사용하기로 약속하다.
> ㄷ. 회사의 건물을 담보로 하여 은행으로부터 500,000원을 대출받다.
> ㄹ. 출장 중인 종업원으로부터 현금 300,000원이 보통예금 통장에 입금된 것을 확인하다.

① ㄱ, ㄴ   ② ㄱ, ㄷ   ③ ㄴ, ㄷ   ④ ㄷ, ㄹ

02. 다음 중 회계상의 거래에 해당하는 것은?

① 거래처의 단기차입금 1,000,000원을 현금으로 상환하다.
② 거래처에 상품 150,000원을 주문하다.
③ 영업부 직원 1명을 월 급여 1,500,000원 주기로 하고 채용하다.
④ 창고로 사용할 건물 1동을 월 500,000원에 사용하기로 계약을 체결하다.

03. 다음 중 회계 상의 거래로 옳은 것을 <보기>에서 고른 것은?

> ㄱ. 연봉 1억원을 지급하기로 하고 대표이사를 영입하다.
> ㄴ. 사무실을 월세 1,000,000원에 사용하기로 약속을 하다.
> ㄷ. 회사의 토지를 담보로 하여 은행으로부터 1,000,000원을 대출받다.
> ㄹ. 거래처에 갑상품 1,000,000원을 주문하고, 계약금으로 현금 100,000원을 지급하다.

① ㄱ, ㄴ   ② ㄱ, ㄷ   ③ ㄴ, ㄷ   ④ ㄷ, ㄹ

04. 다음은 무엇에 대한 설명인가?

> 계정과목 전체의 차변합계와 대변합계는 항상 일치한다는 것으로서, 시산표상 분개 및 전기의 완전성이나 정확성을 검증하는 데 유용하다.

① 대차평균의 원리   ② 수익 · 비용 대응의 원칙

③ 발생주의   ④ 실현주의

05. 다음에서 (가)와 (나)에 들어갈 용어로 바르게 연결된 것은?

> 복식회계에서는 거래의 차변 거래요소가 발생하면 항상 대변 거래요소도 발생하고, 같은 금액을 차변과 대변에 기록한다. 이렇게 기록된 차변 합계 금액과 대변 합계금액은 반드시 일치하는 것을 **(가)**라 하고, 또 하나의 거래에 대한 원인과 결과로 왼쪽의 요소와 오른쪽의 요소를 동일한 금액으로 기입하는 것을 **(나)**라 한다.

	(가)	(나)		(가)	(나)
①	거래의 이중성	대차평균의 원리	②	거래의 이중성	차변과 대변의 대응
③	대차평균의 원리	거래의 이중성	④	대차평균의 원리	차변과 대변의 대응

06. 다음 거래요소의 결합관계에서 대변요소만으로 짝지어진 것은?

> ㄱ. 자산의 증가   ㄴ. 부채의 증가
> ㄷ. 자본의 증가   ㄹ. 비용의 발생

① ㄱ, ㄴ   ② ㄱ, ㄹ   ③ ㄴ, ㄷ   ④ ㄷ, ㄹ

07. 다음 중 거래에 대한 결합관계로서 성립될 수 없는 것은?

	차변	대변		차변	대변
①	자산의 증가	수익의 발생	②	자산의 증가	부채의 증가
③	부채의 증가	자산의 감소	④	비용의 발생	자산의 감소

08. 다음 중 회계 상의 거래에 대한 거래요소의 결합관계를 바르게 나타낸 것은?

> 장기차입금에 대한 이자 5,000원을 현금으로 지급하다.

	차변	대변		차변	대변
①	비용의 발생	자산의 감소	②	부채의 감소	자본의 증가
③	부채의 감소	자산의 감소	④	자산의 증가	수익의 발생

09. 다음 설명 중 옳지 않은 것은?

① 전표나 분개장에 기록된 분개의 내용을 각 계정과목별로 분류해서 해당 계정에 옮겨 적는 것을 마감이라 한다.

② 회계상의 거래를 기록, 계산, 정리하기 위하여 설정된 단위를 계정이라고 한다.

③ 회계상의 거래를 발생순서대로 차변(왼쪽)과 대변(오른쪽)으로 나누어 기록하는 것을 분개라 한다.

④ 회계상의 거래란 기업의 자산·부채·자본의 증가 또는 감소를 일으키는 모든 사건을 말한다.

10. 다음에서 제시하는 거래와 관련하여 작성되는 전표로 옳은 것은? (단, 3전표제를 채택함)

> 가. 상품 200,000원을 매입하고, 대금은 현금으로 지급하다.
> 나. 건물 1,000,000원을 구입하고, 대금은 외상으로 하다.
> 다. 외상매출금 400,000원을 자기앞수표(현금)로 받다.

	가	나	다		가	나	다
①	대체전표	출금전표	입금전표	②	출금전표	대체전표	대체전표
③	출금전표	대체전표	입금전표	④	대체전표	출금전표	대체전표

11. 다음 회계와 관련된 등식 중 성립할 수 없는 것은?

① 총비용＋당기순이익＝총수익

② 기말자산＋총비용＝기말부채＋기말자본＋총수익

③ 순매출액－매출원가＝매출총이익

④ 기말부채＋기말자본＝기말자산

12. 다음 중 시산표에서 발견할 수 있는 오류로 옳은 것은?

① 대차 어느 한편의 전기를 누락한 경우

② 거래를 중복하여 두 번 전기한 경우

③ 거래를 완전히 누락한 경우

④ 차변과 대변의 계정과목을 바꾸어 전기한 경우

13. 다음 중 잔액시산표의 대변에 기입할 계정과목만으로 바르게 짝지어진 것은?

① 급여, 임차료, 자본금 ② 현금, 외상매출금, 급여

③ 임대료, 단기차입금, 자본금 ④ 건물, 외상매입금, 임대료

14. 다음 계정 기입에 대한 설명으로 옳은 것은?

선 수 금	
	9/25　현 금　　200,000

① 거래처에 상품을 주문하고 계약금 200,000원을 현금으로 지급하다.

② 업무용으로 사용하던 컴퓨터를 200,000원에 매각하고 대금은 10일 후에 받기로 하다.

③ 출장 중인 사원으로부터 원인 불명의 송금수표 200,000원이 송금되어 오다.

④ 상품을 매출하기로 하고 계약금 200,000원을 자기앞수표로 받다.

15. 다음 차변요소와 대변요소의 결합관계를 충족하는 거래로 옳은 것은?

(차변요소)	(대변요소)
자산의 증가	자산의 감소
	수익의 발생

① 대여금 400,000원과 그 이자 5,000원을 현금으로 받다.

② 건물을 500,000원에 처분하고 대금은 현금으로 받다.

③ 차입금 300,000원과 그 이자 10,000원을 현금으로 지급하다.

④ 이달분 전화요금 10,000원과 수도요금 6,000원을 현금으로 지급하다.

16. 다음 중 총계정원장의 자산계정 (가), (나)에 기입할 수 있는 거래로 옳은 것은?

자산계정	
(가)	(나)

① 현금 500,000원을 은행에 예금하다.

② 상품 100,000원을 외상으로 매입하다.

③ 거래처에서 현금 300,000원을 차입하다.

④ 종업원 급여 1,000,000원을 현금으로 지급하다.

17. 다음의 거래에 대한 설명으로 옳은 것만 〈보기〉에서 고른 것은?

> ㄱ. 상품을 주문하고 계약금을 미리 지급한 경우 선수금계정 차변에 기입한다.
> ㄴ. 현금을 빌려주고 1개월 후에 받기로 한 경우 단기대여금계정 차변에 기입한다.
> ㄷ. 현금의 지출은 있었으나 계정과목과 금액이 미확정인 경우 선급금계정 차변에 기입한다.
> ㄹ. 상품외의 자산을 외상으로 판매하고 대금을 받지 않은 경우 미수금계정 차변에 기입한다.

① ㄱ, ㄴ   ② ㄱ, ㄷ   ③ ㄴ, ㄹ   ④ ㄷ, ㄹ

18. 다음 거래에 대한 회계 처리 결과로 옳은 것을 모두 고른 것은?

> 창고로 사용하기 위하여 ○○부동산(주)에서 건물 1동을 임차하고 임차료 500,000원을 소지하고 있던 자기앞수표(현금)로 지급하다.

> ㄱ. 유동자산의 감소   ㄴ. 비유동자산의 증가
> ㄷ. 영업외비용의 발생   ㄹ. 판매비와 관리비의 발생

① ㄱ, ㄷ   ② ㄱ, ㄹ   ③ ㄴ, ㄷ   ④ ㄴ, ㄹ

19. 다음 중 거래의 종류와 거래의 예가 바르게 연결된 것은?

① 손익 거래 : 거래처에서 현금 100,000원을 차입하다.
② 교환 거래 : 거래처 직원의 회식비 200,000원을 현금으로 지급하다.
③ 혼합 거래 : 현금 500,000원과 건물 2,000,000원을 출자하여 영업을 개시하다.
④ 교환 거래 : 영업용 비품 2,000,000원을 구입하고, 반액은 현금으로 지급하고, 반액은 월말에 지급하기로 하다.

20. 다음 제시된 (가), (나)의 거래에 대한 거래의 종류를 바르게 나타낸 것은?

> (가) 기계장치에 대한 보험료 1년분 120,000원을 현금으로 지급하다.
> (나) 건물 5,000,000원을 구입하고, 대금 중 100,000원은 현금으로 지급하고 잔액은 월말에 지급하기로 하다.

	(가)	(나)		(가)	(나)
①	교환거래	교환거래	②	교환거래	혼합거래
③	손익거래	교환거래	④	손익거래	혼합거래

21. 다음 거래 중 3전표제도에서 입금전표에 기입될 거래로 올바른 것은?

　① 전화요금 100,000원을 현금으로 지급하다.

　② 보통예금에서 현금 500,000원을 인출하다.

　③ 외상매입대금 3,000,000원을 어음을 발행하여 지급하다.

　④ 업무용 선풍기를 80,000원에 구입하고 대금을 신용카드로 결제하다.

22. 다음 중 기말의 잔액시산표 등식으로 옳은 것은?

　① 기말자산＋총수익＝기말부채＋기말자본＋총비용

　② 기말자산 － 총수익＝기말부채＋기말자본－총비용

　③ 기초자산＋총비용＝기초부채＋기말자본＋총수익

　④ 기말자산＋총비용＝기말부채＋기초자본＋총수익

연/습/문/제 답안

1	2	3	4	5	6	7	8	9	10	11	12	13	14	15
④	①	④	①	③	③	③	①	①	③	②	①	③	④	①

16	17	18	19	20	21	22								
①	③	②	④	③	②	④								

[풀이 - 객관식]

01. 회계상의 거래는 **자산, 부채, 자본에 증감 변화**가 있어야 하며, 주문, 계약 등은 회계상의 거래가 아니다.

02. 상품의 주문, 직원의 채용, 임대차계약 체결 등은 회계상의 거래가 아니며, 단기차입금을 현금으로 상환하면 부채가 감소하고, 자산이 감소하므로 회계상의 거래에 해당한다.

03. 회계상의 거래는 자산, 부채, 자본에 증감 변화가 있어야 하며, 주문, 계약, 초빙 등은 회계 상의 거래가 아니다.

04. **대차 평균의 원리란 복식부기에 따라 회계처리하면 차변금액의 합계와 대변 금액의 합계가 반드시 일치한다는 것**을 말한다.

05. ① 대차평균의 원리 : 거래는 차변의 거래 요소가 발생하면 항상 대변 거래 요소도 발생하고, 같은 금액을 차변과 대변에 기록한다. 이렇게 기록된 차변 합계 금액과 대변 합계 금액은 반드시 일치하는 원리이다.

② 거래의 이중성 : **하나의 거래를 원인과 결과로 왼쪽의 요소와 오른쪽의 요소를 동일한 금액**으로 기입한다.

06. 대변요소는 자산의 감소, 부채의 증가, 자본의 증가, 수익의 발생이다.

07. 부채의 증가는 차변에 나올 수 없다.

08. (차) 이자비용   5,000원(비용의 발생)   (대) 현   금   5,000원(자산의 감소)

09. 전표나 분개장에 기록된 **분개의 내용을 각 계정과목별로 분류해서 해당 계정에 옮겨 적는 것을 전기**라 한다.

10. 가. (차) 상품(매입)　　　　　200,000원　(대) 현　　금　　　200,000원 ⇒ 출금전표

　　　나. (차) 건　　　물　　　1,000,000원　(대) 미지급금　　1,000,000원 ⇒ 대체전표

　　　다. (차) 현　　　금　　　　400,000원　(대) 외상매출금　　400,000원 ⇒ 입금전표

11. 시산표 등식은 '**기말자산＋총비용＝기말부채＋기초자본＋총수익**'이다.

12. 차변과 대변 양변에 이중으로 전기하거나 전기가 모두 누락되면 시산표에서 오류를 발견할 수 없으나, **차변과 대변 중 한 변(한쪽)에만 잘못 전기된 경우에는 오류를 발견**할 수 있다.

13. 각 계정의 잔액은 증가 또는 발생하는 쪽에 발생하며, 자산과 비용 계정의 잔액은 차변, 부채와 자본, 수익 계정의 잔액은 대변 잔액이다.

14. 계정 기입 내용을 분개하면 "(차변)현금 200,000원 (대변)선수금 200,000원"이며, 상품을 매출하기로 하고 계약금을 자기앞수표로 받은 경우의 분개이다.

15. ① (차) 현　　　금　　　440,000(자산증가)　(대) 대 여 금　　　400,000(자산감소)

　　　　　　　　　　　　　　　　　　　　　　　이자수익　　　　40,000(수익발생)

16. ① (차) 예금(자산증가)　　　　xxx　(대) 현　금(자산감소)　　　　xxx

　　② (차) 상품(자산증가)　　　　xxx　(대) 외상매입금(부채증가)　　xxx

　　③ (차) 현금(자산증가)　　　　xxx　(대) 차입금(부채증가)　　　　xxx

　　④ (차) 급여(비용증가)　　　　xxx　(대) 현　금(자산감소)　　　　xxx

17. 상품을 주문하고 계약금을 미리 지급한 경우 선급금계정 차변에 기입한다. 현금의 지출은 있었으나 계정과목과 금액이 미확정인 경우 가지급금계정 차변에 기입한다.

18. (차) 임차료(비용증가)　　　　xxx　(대) 현　금(자산감소)　　　　xxx

　　임차료는 영업비용(판매비와 관리비)이고 **자기앞수표는 현금으로서 유동자산에 해당**한다.

19. ① (차) 현　금(재무상태계정)　100,000　(대) 차입금(재무상태계정)　100,000⇒교환거래

　　② (차) 복리후생비(손익계정)　100,000　(대) 차입금(재무상태계정)　100,000⇒손익거래

　　③ (차) 현　금(재무상태계정)　500,000　(대) 자본금(재무상태계정)　3,000,000⇒교환거래

　　　　　건　물(재무상태계정)　2,500,000

　　④ (차) 비　품(재무상태계정)　2,000,000　(대) 현　금(재무상태계정)　1,000,000⇒교환거래

　　　　　　　　　　　　　　　　　　　　　　미지급금(재무상태계정)　　1,000,000

20. (가) (차) 보험료　　　　120,000　(대) 현　　금　　　　120,000⇒손익거래

　　(나) (차) 건물　　　　5,000,000　(대) 현　　금　　　　　100,000

　　　　　　　　　　　　　　　　　　　　미지급금　　　　4,900,000⇒교환거래

21. ① (차) 통신비　　　　　　xx　(대) 현　　금　　　　xx 출금전표

　　② (차) 현　금　　　　　　xx　(대) 보통예금　　　　xx 입금전표

　　③ (차) 외상매입금　　　　xx　(대) 지급어음　　　　xx 대체전표

　　④ (차) 비품(소모품비)　　xx　(대) 미지급금　　　　xx 대체전표

Part II

계정과목이해

유동자산

자산은
① **과거의 거래나 사건의 결과로서**
② **현재 기업에 의해 지배되고(통제)**
③ **미래에 경제적 효익을 창출할 것으로 기대되는 자원**이다.

유동자산은 1년 이내에 현금화되는 유동성이 높은 자산이고, 그 외의 자산은 비유동자산으로 구분된다. 그러나 1년을 초과하더라도 정상적인 영업주기 내에 실현될 것으로 예상되는 매출채권 등은 유동자산으로 구분할 수 있다. 유동자산은 다시 당좌자산과 재고자산으로 분류한다.

제1절   당좌자산

유동자산 중 회사의 주된 영업활동과 관련하여 보유하고 있는 상품, 제품 등 재고자산을 제외한 나머지를 통틀어 당좌자산이라 한다. 즉, **판매과정을 거치지 않고 재무상태표일(보고기간 말, 결산일)로부터 1년 이내에 현금화되는 모든 자산**을 말한다.

1. 현금 및 현금성 자산

현금은 기업이 소유하고 있는 자산 중에서 가장 **유동성**이 높고 경영활동에 있어 기본적인 지급수단으로 사용되며, 현금 및 현금성 자산은 재무상태표에 하나의 통합계정으로 표시되지만, 실무적으로는 현금계정, 보통예금계정, 당좌예금계정, 현금성자산계정 등을 각각 별도계정으로 구분해서 회계처리 하다가 **기말시점에 이들 계정의 잔액을 통합해서 현금 및 현금성자산이라는 계정으로 통합해서 별도항목으로 구분하여 표시하여야 한다.**

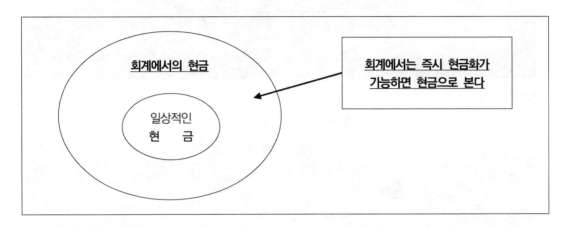

① 현금(통화대용증권)

현금 자체가 유동성이며 자산 중에서 가장 유동성이 높은 자산이다. 현금에는 통화와 통화대용증권을 포함한다.

㉠ 통화

한국은행에서 발행한 지폐나 동전인 통화

㉡ 통화대용증권

통화는 아니지만 통화와 같은 효력이 있는 것으로 언제든지 통화와 교환할 수 있는 것으로서 **타인발행당좌수표, 은행발행자기앞수표, 송금수표, 가계수표, 우편환증서, 배당금지급통지표, 만기가 도래한 사채이자표** 등이 있다.

주의할 점은 우표나 수입인지, 수입증지는 현금처럼 유통될 수 없으므로 비용이나 선급비용으로 분류하고 차용증서(돈을 빌려 주고 받은 증서)는 대여금으로 분류한다.

또한 **선일자수표는 매출채권 또는 미수금으로 분류한다.** 선일자수표란 실제 발행한 날 이후의 일자를 수표상의 발행일자로 하여 수표상의 발행일에 지급할 것을 약속하는 증서이다. 즉, **형식은 수표이지만 실질은 어음성격을** 가지고 있다.

[자기앞수표]

발행인이 지급인을 겸하는 수표로서, 발행인·지급인이 모두 은행이며 발행한 은행이 도산하기 전에는 지급이 보장되므로 이를 보증수표라고도 한다.

[가계수표]

예금계좌를 가지고 있는 개인이 발행하는 수표이다.

[우편환증서]

현금을 송금청구서와 함께 우체국에 납부하면 우체국은 금액을 표시한 환증서를 발행하고, 송금인이 지정하는 우체국에서 지정된 수취인에게 지급하는 것을 말한다.

송금수표는 은행에서 발행하는 것으로서 우편환증서와 같다고 보시면 된다.

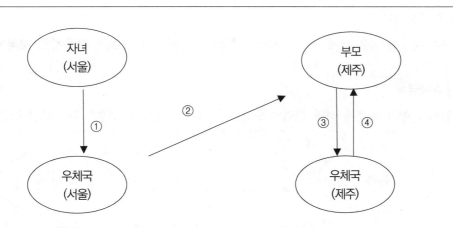

① 자녀(서울)는 현금을 송금청구서(금액 및 수취인등)와 함께 우체국에 납부
② 우체국(서울)은 우편환증서를 부모(제주)에게 등기우편으로 송부
　　☞ 등기우편 : 우편물의 안전한 송달을 보증하기 위하여 우체국에서 우편물을 접수할 때부터 수취인에게 배달될 때까지
　　　분실사고가 없도록 특별히 취급하는 제도.
③ 부모(제주)는 본인의 신분증과 우편환증서를 제출
④ 우체국(제주)은 부모(제주)에게 우편환증서의 금액을 지급한다.

[우표, 수입인지, 수입증지]

우표는 우편요금을 냈다는 표시로 우편물에 붙이는 정부가 발행하는 증표이다.

수입인지는 과세대상인 계약서을 작성시 소정의 수입인지를 구입하여 첨부(인지세)하여야 한다. 또한 행정기관의 인허가 관련에 따른 수수료 등에 대해서 수입인지를 구입하여야 한다.(중앙정부에서 발행)

수입증지는 주민등록등 민원서류, 인허가 서류 제출시 수수료 등 행정처리 수수료이다.(지방자치단체에서 발행)

[우표]　　　　　[수입인지]　　　　　[수입증지]

② 요구불예금

회사가 필요한 경우 언제든지 현금으로 인출할 수 있는 예금으로서 **보통예금, 당좌예금** 등이 있다.

<당좌예금>

기업이 은행과 거래를 하면 기업의 현금관리 업무를 은행이 대행해 주는 예금제도임.

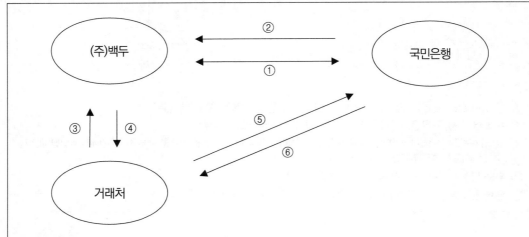

① ㈜백두와 국민은행과 당좌거래계약을 맺고, ㈜백두는 당좌예금을 한다.
② 국민은행은 ㈜백두에게 당좌수표 · 어음용지를 지급한다.
③ ㈜백두는 거래처에서 상품을 구입한다.
④ ㈜백두는 상품대금으로 당좌수표(또는 어음)를 발행하여 지급한다.
⑤ 거래처는 당좌수표를 국민은행에 제시한다.
⑥ 국민은행은 거래처에게 당좌수표의 금액을 지급한다.

결국 기업은 물품대금지급 시 현금대신 수표나 어음을 지급하고 은행이 대금지급을 대행하여 주므로 기업입장에서 아주 편리한 예금제도이다.

[수표와 어음의 차이]

수 표	
금액	10,000,000원
발행일	20x1. 5.1
발행인	㈜ 백두

어 음	
금액	10,000,000원
발행일	20x1. 5.1
지급기일(만기일)	20x1. 8.1
발행인	㈜ 백두

수표는 발행일에 은행에 제시하면 수표의 금액을 수령할 수 있으나, 어음의 경우에는 만기일에 제시하여야 어음의 금액을 받을 수 있다.

☞ 부도 : 어음이나 수표를 가진 사람이 기한이 되어도 어음이나 수표에 적힌 돈을 지급받지 못하는 것.

<당좌차월>

수표나 어음의 발행은 은행의 당좌예금잔액의 한도 내에서 발행하여야 하나, 은행과 당좌차월계약(차입계약)을 맺으면 예금잔액을 초과하여 계약 한도액까지 수표나 어음을 발행할 수 있는 방법이다. 이때 당좌예금 잔액을 초과하여 수표나 어음을 발행한 금액을 당좌차월이라고 하는데, 기업의 장부에는 당좌예금계정 대변의 잔액이 된다.

회계기간 중에는 당좌차월을 별도 구분하지 않을 수 있고, **결산시점에서 대변잔액은 은행으로부터 차입한 것이므로 단기차입금의 계정과목으로 하여 유동부채로 분류한다.**

③ 현금성자산

"큰 거래 비용 없이 현금으로 전환이 용이하고, 이자율의 변동에 따라 가치변동 위험이 중요하지 않은 금융상품으로서 **취득당시 만기가 3개월 이내에 도래하는 것**"을 말한다.

ⓐ 금융시장에서 매각이 쉽고, 큰 거래비용 없이 현금으로 전환되기 쉬워야 한다.

ⓑ 금융상품이 이자율 변동에 따라 가격변동이 크지 않아야 한다.

ⓒ **취득당시 만기가 3개월 이내에 도래**하여야 한다.

> ※ 현금성 자산에 해당하는 금융상품과 유가증권은 다음과 같다.
> ─취득 당시 만기가 3개월 이내 도래하는 채권
> ─취득당시 상환일 까지 기간이 3개월 이내인 상환우선주
> ─3개월 이내의 환매조건을 가진 환매채

<예제 2-1> 현금 및 현금성자산

㈜백두와 거래상대방(완구상사, 제일완구)의 거래에 대하여 각각 분개하시오.

1. 1월 15일 완구상사로부터 판매용 완구를 구입하고 당좌수표 1,000,000원을 지급하다. 완구상사는 상기업에 해당한다.
2. 1월 20일 제일완구에게 판매용 완구를 2,000,000원에 판매하고 자기앞수표를 수취하다. 제일완구는 상기업에 해당한다.

해답

1.	㈜백두	(차) 상 품	1,000,000	(대) 당 좌 예 금	1,000,000
	완구상사	(차) 현 금	1,000,000	(대) 상 품 매 출 (수익)	1,000,000
	☞ 당좌수표의 발행자는 당좌예금의 감소로 당좌수표의 수령자는 언제든지 은행으로부터 현금등으로 교환할 수 있기 때문에 현금으로 회계처리한다.				
2.	㈜백두	(차) 현 금	2,000,000	(대) 상 품 매 출 (수익)	2,000,000
	제일완구	(차) 상 품	2,000,000	(대) 현 금	2,000,000

■ T계정 이해(당좌예금)

당좌예금

ⓐ전기이월(기초)	1,000,000	ⓒ상품(지급액)	8,000,000
ⓑ상품매출(입금액)	10,000,000	ⓓ차기이월(기말)	3,000,000
계	11,000,000	계	11,000,000

ⓐ 전기이월(기초) : 전년도로부터 이월된 금액으로서 전기재무상태표의 당좌예금 금액과 일치한다.

ⓑ 입금액 : 당좌예금에 입금하여 당좌예금을 증가시킨 금액

  (차) 당좌예금   10,000,000   (대) 상 품 매 출 등   10,000,000

ⓒ 지급액 : 당좌수표를 발행한 금액

  (차) 상 품 등   8,000,000   (대) 당좌예금   8,000,000

☞ *당좌차월 약정이 되어 있고 당좌예금 잔액 5,000,000원을 초과하여 당좌수표를 발행했다고 가정하면 다음과 같이 회계처리해야 한다.*

  (차) 상 품 등   8,000,000   (대) 당좌예금   5,000,000

  당좌차월   3,000,000

ⓓ 차기이월(기말) : 당좌예금 잔액으로 재무상태표 당좌예금계정에 집계되고, 차기의 기초금액이 된다.

\<예제 2 - 2\> 당좌예금과 당좌차월

㈜백두의 다음 거래를 분개하고 총계정원장(당좌예금)에 전기하시오. 또한 당좌차월금액이 있으면 기말 결산분개 하시오.

기초 당좌예금 잔액은 100,000원이 있다(전년도에 국민은행과 당좌거래계약 및 당좌차월 계약을 맺었다. 당좌차월 한도액은 5,000,000원이다).

1. 5월 1일 한라상사로부터 상품 1,000,000원을 매입하고 대금은 당좌수표를 발행하여 지급하다.

2. 10월 1일 설악상사의 외상매입금 2,000,000원을 당좌수표를 발행하여 지급하다.

3. 12월 31일 당좌차월이자 300,000원이 당좌예금 계좌에서 인출되었다.

해답

1. 분개

1.	(차) 상 품	1,000,000	(대) 당 좌 예 금	1,000,000
	☞ 기중에 당좌차월(유동부채)계정을 사용하여 기말에 당좌차월 잔액에 대해서 단기차입금으로 대체시켜도 된다. (차) 상 품 1,000,000 (대) 당좌예금 100,000 당좌차월 900,000 기업회계 3급 시험에서는 당좌차월계정으로 처리한 것을 답으로 한다.			
2.	(차) 외상매입금	2,000,000	(대) 당 좌 예 금	2,000,000
3.	(차) 이 자 비 용	300,000	(대) 당 좌 예 금	300,000

2. 결산 전 총계정원장

당좌예금(기말결산분개전)

1/1 기초	100,000	5/ 1 상품	1,000,000
		10/ 1 외상매입금	2,000,000
		12/31 이자비용	300,000
		12/31 잔액	△3,200,000
계	100,000	계	100,000

당좌차월금액

3. 기말 결산분개

12월 31일	(차) 당 좌 예 금	3,200,000	(대) 단기차입금	3,200,000

4. 결산 후 총계정원장

당좌예금(기말결산분개후)

1/ 1 기초잔액	100,000	5/ 1 상품	1,000,000
		10/ 1 외상매입금	2,000,000
12/31 단기차입금	3,200,000	12/31 이자비용	300,000
		12/31 기말잔액	0
합 계	3,300,000	합 계	3,300,000

5. 재무상태표

재 무 상 태 표

㈜백두   20×1년 12월 31일 현재   단위 : 원

자 산	금 액	부채 및 자본	금 액
1. 유동자산		1. 유동부채	
– 당좌예금	0	– 단기차입금	3,200,000

2. 현금과부족(過不足) – 임시계정

현금이 들어오고 나갈 때마다 정확하게 기록한다면 장부상 현금잔액과 실제 현금잔액은 항상 일치할 것이다. 그러나 실수나 잘못된 기록의 오기로 장부상 현금과 실제 현금잔액이 일치하지 않는 경우가 있다.

현금과부족계정은 임시계정으로서 외부에 공시하는 재무상태표에 표시되어서는 안된다.

그러므로 현금불일치를 발견하였을 때 현금과부족이라는 임시계정에 회계처리 하였다가, 추후 차이내역을 규명하여 해당 계정으로 회계처리 하여야 한다.

그러나 결산 시까지 그 원인이 밝혀지지 않는 경우 **부족액은 잡손실계정(영업외비용)**으로 처리하고, **초과액은 잡이익계정(영업외수익)**으로 대체 처리하여야 한다.

<예제 2 - 3> 현금과부족

㈜백두의 거래에 대하여 분개하시오.

1. 10월 31일 현금을 실사한 결과 장부보다 10,000원이 부족함을 발견하다.
2. 12월 31일 현금과부족의 원인을 확인할 결과 8,000원은 홍길동 대리의 시내교통비 지급임을 확인했고, 나머지 금액은 내역을 확인할 수 없다.

해답

실제현금을 기준으로 하여 장부를 맞추어야 한다.

1.	(차) 현금과부족	10,000	(대) 현 금	10,000
2.(결산)	(차) 여비교통비	8,000	(대) 현금과부족	10,000
	잡 손 실(영 · 비)	2,000		

연/습/문/제

 분개연습

[1] 현금출납장 잔액보다 실제현금잔액이 50,000원 부족하다.

[2] 1개월전에 발생한 현금과부족 10,000원은 12월 31일 현재 사용처를 알 수 없어 잡손실로 처리하다.

[3] 하늘상사의 외상매출금 중 600,000원과 영일상사의 외상매출금 중 500,000원을 회수하여 보통예금에 입금하다.

[4] 거래처 정선스포츠에 상품을 판매하고 수취한 받을어음 5,000,000원이 만기가 되어 당좌예금계좌에 입금되다.

[5] 장부상 현금보다 실제 현금이 부족하여 현금과부족으로 계상하였던 금액 50,000원에 대하여 결산일 현재에도 그 원인을 알 수 없어 당기 비용(영업외비용)으로 처리하다.

[6] 당사는 결산시 장부상 현금보다 실제현금이 부족하여 현금과부족계정으로 처리한 금액 400,000원 중 320,000원은 영업사원의 시내교통비 누락분으로 밝혀졌고 나머지 금액은 결산일까지 밝혀지지 않아 잡손실로 회계처리하기로 하였다.

[7] 하나은행의 보통예금 계좌는 마이너스 통장이며, 기말 현재 잔액(△10,000,000원)은 단기차입금으로 대체하고자 한다.

객관식

01. 다음 중 현금 및 현금성자산에 속하지 않는 것은?
  ① 타인발행당좌수표
  ② 배당금지급통지표
  ③ 선일자수표
  ④ 취득당시 만기가 3개월 이내에 도래하는 채권

02. 다음 중 재무상태표에 "현금및현금성자산"으로 통합표시 할 내용으로 옳지 않은 것은?
  ① 당좌예금과 보통예금
  ② 금융기관이 발행한 자기앞수표
  ③ 취득 당시 상환일까지의 기간이 3개월 이내인 상환우선주
  ④ 취득 당시 만기가 4개월 이내에 도래하는 양도성예금증서

03. 다음 거래 중 현금계정의 차변에 기입해야 하는 거래는 어느 것인가?
  ① 상품을 판매하고 4개월 후 만기가 도래하는 약속어음을 받다.
  ② 상품매입대금을 당좌수표를 발행하여 지급하다.
  ③ 외상매출금을 자기앞수표로 받다.
  ④ 소지하고 있던 자기앞수표를 거래은행에 당좌예입하다.

04. 다음 거래의 밑줄 친 ㉠, ㉡을 회계처리시 차변 계정과목을 재무상태표에 통합 표시할 계정과목으로 옳은 것은?

> 현금 2,000만원을 ㉠ 2개월 만기의 정기예금에 가입하고, 100만원은 ㉡ 6개월 만기의 정기적금에 가입하고 거래은행에 입금하다.

	㉠	㉡		㉠	㉡
①	단기투자자산	단기투자자산	②	단기투자자산	현금및현금성자산
③	현금및현금성자산	장기투자자산	④	현금및현금성자산	단기투자자산

05. 다음은 3월 중 현금계정 내역이다. 잘못 설명한 것은?

현 금			
3/1 전 기 이 월	1,000원	3/25 상 품	2,000원
3/12 매 출	3,000원	3/27 당 좌 예 금	1,200원
3/15 단기대여금	2,200원		

① 3월 12일 상품 3,000원을 현금매출하다.　② 3월 15일 현금 2,200원을 단기대여하다.
③ 3월 27일 현금 1,200원을 당좌예입하다.　④ 3월 31일 현금 잔액은 3,000원이다.

06. 다음 당좌예금출납장에 기입된 내용을 보고 거래를 추정한 것으로 옳지 않은 것은?

당좌예금출납장

날 짜		적 요	예입(원)	인출(원)	차/대	잔액(원)
10	1	현금 예입	850,000		차	850,000
	5	현금 인출		300,000	대	550,000
	12	외상매입금 지급		200,000	대	350,000
	18	외상매출금 회수	400,000		차	750,000

① 10월 1일 거래은행과 당좌거래 계약을 맺고, 현금 850,000원을 예입하다.
② 10월 5일 당좌수표를 발행하여 현금 300,000원을 인출하다.
③ 10월 12일 거래처의 외상매입금 200,000원을 소지하고 있던 자기앞수표로 지급하다.
④ 10월 18일 거래처의 외상매출금 400,000원을 현금으로 회수하여 곧 당좌예입하다.

07. 다음 문장의 (가)에 기입할 용어를 바르게 나타낸 것은?

거래은행과 사전에 계약이 되어 있는 경우 당좌예금 잔액을 초과하여 수표를 발행하면 초과금액은 (?) 계정으로 처리하고, 결산 시 재무상태표에는 (가)에 포함하여 표시한다.

① 매입채무　　　　　　　　　② 매출채권
③ 단기차입금　　　　　　　　④ 단기대여금

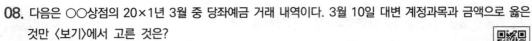

08. 다음은 ○○상점의 20×1년 3월 중 당좌예금 거래 내역이다. 3월 10일 대변 계정과목과 금액으로 옳은 것만 〈보기〉에서 고른 것은?

거래 내역	• 3/1 : 당좌예금 잔액 500,000원 (당좌차월 계약이 맺어져 있으며, 차월 한도액은 2,000,000원임) • 3/10 : 거래처에서 상품 700,000원을 매입하고, 당좌수표를 발행하여 지급함
보기	ㄱ. 당좌차월 200,000원 ㄴ. 당좌예금 500,000원 ㄷ. 당좌예금 700,000원 ㄹ. 당좌차월 700,000원

① ㄱ, ㄴ   ② ㄱ, ㄷ   ③ ㄴ, ㄹ   ④ ㄷ, ㄹ

09. 당좌예금출납장에 기입된 내용을 보고 거래를 추정한 것으로 옳지 않은 것은? 회사는 당좌차월계정을 사용한다.

당좌예금출납장   (단위 : 원)

날 짜		적 요	예 입	인 출	차·대	잔 액
10	1	현금예입	300,000		차	300,000
	5	현금인출		200,000	차	100,000
	10	외상매입금 지급		200,000	대	100,000
	15	외상매출금 회수	400,000		차	300,000

① 10월 1일 거래은행과 당좌거래 계약을 맺고, 현금 300,000원을 예입하다.

② 10월 5일 분개 : (차변) 현   금   200,000   (대변) 당 좌 예 금   200,000

③ 10월 10일 분개 : (차변) 외상매입금   200,000   (대변) 당 좌 예 금   100,000
                                                           당 좌 차 월   100,000

④ 10월 15일 분개 : (차변) 당 좌 예 금   400,000   (대변) 외상매출금   400,000

120

10. 다음의 거래를 분개한 것으로 옳은 것은?

> 매출처의 외상 대금 중 500,000원을 당점이 매입처에 발행해 주었던 당좌수표로 회수하다. 단 당좌차월 계정 잔액이 200,000원 있음.

① (차) 현   금   300,000원   (대) 외상매출금   500,000원
　　　　당 좌 차 월   200,000원

② (차) 외상매입금   300,000원   (대) 외상매출금   500,000원
　　　　당 좌 차 월   200,000원

③ (차) 외상매출금   500,000원   (대) 당 좌 예 금   300,000원
　　　　　　　　　　　　　　　　　　　　　　　당 좌 차 월   200,000원

④ (차) 당 좌 예 금   300,000원   (대) 외상매출금   500,000원
　　　　당 좌 차 월   200,000원

11. 다음은 현금과부족계정의 기입 내용을 설명한 것이다. 잘못된 것은? (결산일 12/31)

현금과부족			
10/31 　 현　금	100,000원	11/15 　 기업업무추진비(접대비)	40,000원
		12/31 　 (　　　　)	60,000원

① 결산시 현금과부족 60,000원이 원인불명으로 잡이익으로 처리하다.
② 11/15 현금과부족 40,000원이 기업업무추진비 기입 누락으로 판명되어 정리하다.
③ 10/31 현금의 시재액이 장부잔액보다 100,000원 부족함을 발견하다.
④ 결산시 현금과부족 60,000원이 원인불명으로 잡손실로 처리하다.

12. 다음 현금과부족계정의 설명 중 옳은 것을 모두 고른 것은?

계정	현금과부족			
	4/20 　 현금	100,000원	7/10 　 여비교통비	70,000원
			12/31 　 (　?　)	30,000원
		100,000원		100,000원
설명	ㄱ. 4월 20일 현금의 시재액이 장부잔액보다 100,000원이 부족하다. ㄴ. 7월 10일 현금과부족 70,000원은 여비교통비로 판명되어 회계처리하다. ㄷ. 12월 31일 결산시 현금과부족 30,000원을 잡이익으로 회계처리하다.			

① ㄱ　　　　　　② ㄷ　　　　　　③ ㄱ, ㄴ　　　　　　④ ㄴ, ㄷ

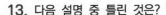

13. 다음 설명 중 틀린 것은?

① 기업이 통화, 통화대용증권을 회사에 보관하고 있을 때 현금이라 한다.

② 단기금융상품 중 취득당시 만기가 3개월 미만인 것은 현금성자산으로 본다.

③ 사용이 제한되어 있는 예금으로 기간이 1년이내 도래하는 것은 단기금융자산으로 표시한다.

④ 당좌차월은 기말 재무상태표에 예금계정에서 차감하여 표시한다.

 주관식

01. ○○상점의 20X1년 3월 10일 현재 금고 안에 보유하고 있는 현금 등의 자산 내역은 다음과 같다. 이를 자료로 총계정원장 현금계정의 잔액을 추정한 금액은 얼마인가?

• 지폐 및 주화	200,000원
• 자기앞수표	300,000원
• 거래처 발행 당좌수표	150,000원
• 거래처 발행 2개월 후 지급의 약속어음	400,000원
• 소유 주식에 대한 배당금 지급 통지서	100,000원
• 단기 매매 차익을 얻을 목적으로 취득한 주식	500,000원

02. 다음 자료를 이용하여 기말의 당좌차월 금액을 구하시오.

(1) 회사는 은행과 5,000,000원을 한도로 당좌차월계약을 체결하였다.
(2) 기초 당좌예금 잔액은 2,000,000원이다.
(3) 기중 상품의 판매대금 2,000,000원을 당좌계좌에 입금하였다.
(4) 기중 원재료 매입대금으로 4,500,000원의 수표를 발행하여 지급하였다.

03. 다음은 ○○(주)가 20×1년 12월 31일 결산일 현재 보유하고 있는 금융자산의 종류와 금액이다. 재무상태표에 현금및현금성자산으로 통합 표시할 금액으로 옳은 것은?

- 통화(지폐 및 주화) : 50,000원
- 자기앞수표 : 100,000원
- 타인발행 당좌수표 : 200,000원
- 20×1년 12월 1일 취득한 만기가 2개월인 양도성예금증서 : 70,000원
- 20×2년 6월 30일 만기의 정기예금 : 80,000원
- 단기매매차익을 목적으로 20×1년 10월 1일 취득한 (주)△△ 발행 주식 : 90,000원

04. 다음은 20x1년 12월 31일 현재 세무상사가 보유하고 있는 항목들이다. 세무상사가 20x1년 12월 31일의 재무상태표에 현금및현금성자산으로 표시할 금액은?

- 수입인지 : 4,000원
- 지폐와 동전 합계 : 5,000원
- 지급기일이 도래한 공채이자표 : 5,000원
- 당좌차월 : 1,000원
- 20x1년 12월 20일에 취득한 만기 20x2년 2월 20일인 양도성예금증서 : 2,000원
- 20x1년 10월 31일에 취득한 만기 20x2년 3월 31일인 환매채 : 1,000원

연/습/문/제 답안

◑━ 분개연습

[1] (차) 현금과부족   50,000   (대) 현   금   50,000

[2] (차) 잡 손 실   10,000   (대) 현금과부족   10,000

[3] (차) 보 통 예 금   1,100,000   (대) 외상매출금(하늘상사)   600,000
                                                  외상매출금(영일상사)   500,000

    ☞ 채권, 채무계정은 거래처별로 잔액을 관리한다. 따라서 회계프로그램 입력시 채권채무계정에는 반드시 거래처를 별도 입력해야 한다.

[4] (차) 당 좌 예 금   5,000,000   (대) 받 을 어 음(정선스포츠)   5,000,000

[5] (차) 잡 손 실   50,000   (대) 현금과부족   50,000

[6] (차) 여비교통비(판)   320,000   (대) 현금과부족   400,000
           잡 손 실   80,000

[7] (차) 보 통 예 금   10,000,000   (대) 단기차입금(하나은행)   10,000,000

    ☞ 마이너스 통장이란 예금잔고가 없더라도 은행과 계약에 의하여 일정한도까지 인출되게 만든 통장이다. 따라서 (-)잔고란 은행으로부터 단기간 차입한 것이다.

☞ 객관식

1	2	3	4	5	6	7	8	9	10	11	12	13		
③	④	③	④	②	③	③	①	④	④	①	③	④		

[풀이 - 객관식]

01. <u>선일자수표는 매출채권(받을어음) 또는 미수금으로 처리</u>한다.

02. 현금성자산은 큰 거래비용없이 현금으로 전환하기 용이하고 이자율변동에 따른 가치변동의 위험이 중요하지 않는 유가증권이나 단기금융상품으로서 <u>취득당시 만기가 3개월 이내에 도래하는 것</u>을 말한다.

03. 자기앞수표는 현금이므로 차변에 현금으로 기입한다.

04. 저축성예금(정기예금, 정기적금) 중 <u>취득당시 만기가 3개월 이내인 예금은 현금성자산계정</u>으로 처리하고, 3개월 이상 1년 이내인 예금은 단기예금계정으로 처리하며, 1년 이상인 예금은 장기예금계정으로 처리한다. 따라서, ㉠의 차변 계정과목은 현금성자산계정이고, ㉡의 차변 계정과목은 단기예금계정이다. 재무상태표에 현금성자산은 현금및현금성자산계정으로 통합표시하며, 단기예금은 단기투자자산계정으로 통합표시한다.

05. 3월 15일 거래는 단기대여금을 현금으로 회수한 거래이다.

06. <u>자기앞수표는 현금이므로 당좌예금출납장에 기입하지 않는다.</u>

07. 당좌예금 잔액을 초과하여 수표를 발행하면 <u>초과액은 당좌차월 계정으로 처리</u>하고, 결산 시 <u>재무상태표에는 단기차입금에 포함하여 표시</u>한다.

08. 당좌예금잔액이 500,000원이고, 당좌수표를 700,000원 발행했으므로, 당좌차월이 200,000원 발생한다.

09. 10월 15일 분개 : (차변) 당좌예금   300,000   (대변) 외상매출금   400,000
　　　　　　　　　　　　 당좌차월   100,000

10. <u>당점이 발행해 주었던 당좌수표를 당점이 회수하면 차변이 당좌예금으로 당좌차월계정 잔액을 차감한 잔액이 차변에 기입</u>된다.

11. 10월 1일 (차) 현금과부족   100,000원   (대) 현   금   100,000원
　　수정분개 (차) 접 대 비   40,000원   (대) 현금과부족   100,000원
　　　　　　　 잡 손 실   60,000원   (원인불명으로 잡손실로 처리하다.)

12. 12월 31일 결산 시 현금과부족 30,000원을 잡손실로 회계 처리하다.

13. <u>당좌차월은 기말재무상태표에 단기차입금으로 표시</u>한다.

ⓞ┅ 주관식

01	750,000원	02	500,000원	03	420,000원
04	12,000원				

[풀이 - 주관식]

01. 거래처 발행 2월 후 지급의 약속어음은 매출채권인 받을어음이며, 단기 매매 차익을 얻을 목적으로 취득한 주식은 단기매매증권으로 현금에 속하지 않으므로 제외하고, 나머지 현금에 속하는 금액의 합계는 750,000원이다.

02.

당좌예금

② 기초	2,000,000	④ 원재료	4,500,000	
③ 상품매출	2,000,000	12/31 잔액	△500,000 ◀	**당좌차월금액**
계	4,000,000	계	4,000,000	

03. 통화, 자기앞수표, 타인발행당좌수표는 현금이며, **취득 시 만기가 3개월 이내인 양도성예금증서는 현금성자산으로 현금및현금성자산에 통합표시**한다.

6개월 만기의 정기예금은 단기금융상품, 타 회사 발행 주식은 단기매매증권이다.

04. 현금 및 현금성자산에는 지급기일이 도래한 공채이자표(5,000원), 지폐와 동전(5,000원), 취득일로 부터 **만기가 3개월 이내인 양도성예금증서(2,000원)**가 포함된다.

3. 단기투자자산

회사가 단기적인 투자 목적으로 **단기금융상품, 단기매매증권, 단기대여금 및 유동자산으로 분류되는 매도가능증권, 만기보유증권** 등을 보유하고 있는 경우 그 자산을 통합하여 단기투자자산으로 공시할 수 있다.

즉, 단기투자자산은 각 항목별 금액 등이 중요한 경우에는 각각 표시하지만 중요하지 않은 경우에는 통합하여 단기투자자산으로 통합하여 공시할 수 있다.

(1) 단기금융상품

금융기관이 취급하는 정기예금·정기적금 및 기타 정형화된 금융상품 등으로 기업이 단기적 자금운영목적으로 보유하거나 **보고기간말(결산일)로부터 만기가 1년 이내에 도래**하여야 한다.

☞거의 없거나 비교적 소액일 경우 단기금융상품이라는 통합계정을 사용하기도 한다.

그리고 재무상태표를 작성하여 공시할 경우 단기금융상품으로 통합하여 표시한다.

| <예제 2 - 4> 단기금융상품 |

㈜백두의 거래에 대하여 분개하시오.

1. 3월 31일 신한은행에 정기예금(6개월 만기)을 가입하고 당사 보통예금구좌에서 1,000,000원을 이체하다. 이체시 송금수수료가 500원이 발생하다.
2. 9월 30일 정기예금이 만기가 되어 원금과 이자금액 200,000원이 당사 보통예금계좌로 입금되다.

해답

1.	(차) 정 기 예 금	1,000,000	(대) 보 통 예 금	1,000,500	
	수수료비용(판)	500			
2.	(차) 보 통 예 금	1,200,000	(대) 정 기 예 금	1,000,000	
			이 자 수 익	200,000	

(2) 단기대여금(VS 단기차입금)

금전소비대차계약에 따른 자금의 대여거래로 회수기한이 1년 내에 도래하는 채권이다.

☞ 소비대차 : 당사자 일방이 금전 기타 대체물의 소유권을 상대방에게 이전할 것을 약정하고, 상대방은 그와 동종·동질·동량의 물건을 반환할 것을 약정하는 계약

<예제 2 - 5> 자금의 대여거래

㈜백두와 거래상대방(㈜설악, ㈜청계)의 거래를 각각 분개하시오.

1. 4월 1일 거래처 ㈜설악에 3개월 후 상환조건(연이자율 10%, 월할계산)으로 차용증서를 받고 1,000,000원을 대여하고 선이자 30,000원을 공제한 잔액을 보통예금에서 이체하였다.

2. 5월 10일 ㈜청계의 자금사정으로 인하여 외상매출대금(2,000,000원)에 대해서 3개월간 대여하기로 약정(이자율 연 12%)하고, 외상대금을 대여금으로 전환한다.

해답

1.	㈜백두	(차) 단기대여금	1,000,000원	(대) 보통예금	970,000원
				이자수익	30,000원
	㈜설악	(차) 보통예금	970,000원	(대) 단기차입금	1,000,000원
		이자비용	30,000원		
2.	㈜백두	(차) 단기대여금	2,000,000원	(대) 외상매출금	2,000,000원
	㈜청계	(차) 외상매입금	2,000,000원	(대) 단기차입금	2,000,000원

(3) 단기매매증권

① 유가증권 의의

유가증권이란 재산권 또는 재산적 이익을 받을 자격을 나타내는 증권을 말한다. 회계에서 유가증권은 주식, 사채, 국채, 공채를 말하고 어음과 수표는 제외한다. 그러나 법에서의 유가증권은 어음과 수표도 포함된다.

유가증권은 증권의 종류에 따라 **지분증권(주식)과 채무증권(사채(社債), 국채, 공채)**로 분류한다. 회사가 유가증권에 투자하는 이유는 회사의 여유자금을 투자하여 이익을 얻을 수 있으면서도 자금이 필요할 때는 즉시 매각하여 현금화할 수 있기 때문이다.

㈜ 한라(피투자회사 : 자금조달) ㈜ 백두(투자회사 : 자금운용)

부채
－사 채(채권) → 1. 단기매매증권
2. 매도가능증권
3. 만기보유증권

자본
－자본금(주식)

주식을 소유하는 자를 주주라 하고 사채(채권)를 가지고 있는 자를 채권자라 하며 둘의 차이점은 다음과 같다.

[채권 – 채무증권]

[주식 – 지분증권]

	채 권 자	주 주
투자목적	원금＋이자	시세차익/타회사 통제/특별한 영업관계유지
회사의 원금상환의무	있다.	없다.
회사의 이자 및 배당금지급의무	이익발생과 관계없이 확정이자 지급의무	배당은 이익발생에 영향을 받음
경영권 참여여부 (의결권)	없다.	있다.
회사해산시 권리	회사 해산시 채권자는 주주에 우선하여 잔여재산에 대하여 청구권을 갖는다.	주주는 잔여재산(자산 – 부채)에 대하여만 청구권을 갖는다.

② 유가증권의 분류

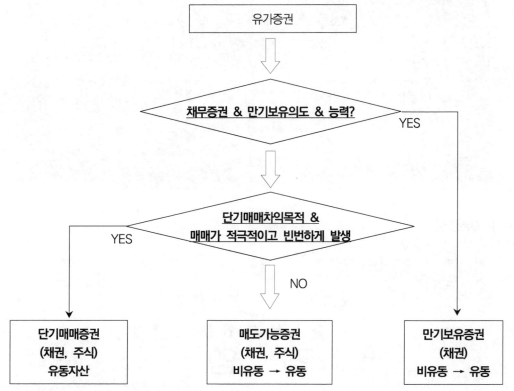

*1. 취득시에는 비유동자산이나 보고기간말로부터 만기가 1년 이내 도래시 유동자산으로 분류한다.

㉠ **단기매매증권** : 단기간 내의 매매차익을 목적으로 취득한 유가증권으로서 매수와 매도가 적극적이고 빈번하게 이루어지는 것을 말한다.

㉡ **매도가능증권** : 단기매매증권 또는 만기보유증권으로 분류되지 아니한 유가증권을 말한다.

㉢ **만기보유증권** : 만기가 확정된 채무증권으로서 상환금액이 확정되거나 확정이 가능한 채무증권을 **만기까지 보유할 적극적인 의도와 능력이 있는 경우**를 말한다.

또한 주식 중 다른 회사에 유의적인 영향력을 행사할 수 있는 주식에 대해서 **지분법적용투자주식(관계기업투자주식)**으로 분류한다(삼성전자가 삼성전기의 주식을 보유시).

단기매매증권은 유동자산으로 분류하나, 만기보유증권, 매도가능증권은 1년 내에 만기가 도래하거나 매도 등에 의하여 처분할 것이 확실할 때 유동자산으로 분류한다.

③ 단기매매증권

유가증권 중 ⓐ공개된 시장을 통하여 공개적인 매매거래가 이루어지고 있고 & ⓑ단기적 자금 (1년 이내 처분목적)운용을 목적으로 소유하는 것을 말한다.

따라서 단기매매증권은 재무상태표에 유동자산으로 분류한다. 그러나 매도가능증권과 만기보유증권은 취득시 비유동자산이나 만기(또는 처분)가 **1년 이내 도래시 유동자산으로 유동성대체**를 하여야 한다.

[자산의 취득 및 보유, 처분]

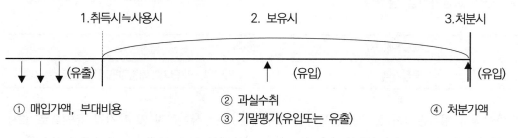

	회 계 처 리
1. 취득시	취득가액 = 매입가액 + 부대비용**(예외 : 단기매매증권)**
2. 보유시 / 과실수취	수익 인식
2. 보유시 / 기말평가	원칙 : 공정가액 평가 예외 : 재고자산(저가법), 유형자산(역사적 원가 또는 재평가)
3.처분시	원칙 : 처분가액 – 장부가액

㉮ 취득시 회계처리

단기매매증권의 매입가액을 단기매매증권계정으로 처리하고 **매입시 매입수수료 등의 부대비용은 당기비용(수수료비용 – 영업외비용)으로 처리**한다.

㉯ 보유시 회계처리

㉠ 과실 수취

	이자 또는 배당금 수취시	
ⓐ 채무증권	이자수익으로 처리	
ⓑ 지분증권	현금배당	배당금수익
	주식배당	**회계처리는 하지 않고 수량과 단가를 새로이 계산한다.**

ⓒ 기말평가

유가증권을 보유시에는 유가증권발행회사로부터 배당금(지분증권)이나 이자(채무증권)를 받게되고, 또한 재무상태표일(결산일) 시점에서 유가증권의 가격등락에 대하여 평가를 하여야 한다.

일반적으로 인정된 회계원칙에 의하여 원칙적으로 자산의 가액은 역사적원가(취득가액)으로 평가하여야 한다. 그러나 유가증권은 시가가 형성되어 있고 그 시가로 처분할 수 있는 것이 일반적이다. 따라서 주주들에게 **목적적합한 정보를 제공하기 위하여 기말에 유가증권을 공정가액으로 평가하여 한다. 공정가액이란 합리적인 판단력과 거래의사가 있는 독립된 당사자간에 거래될 수 있는 교환가격을 말한다.**

평가액	평가손익
공정가액	영업외손익(단기매매증권평가익, 평가손)

평가이익과 평가손실이 동시에 발생하는 경우에는 이를 상계하지 않고 각각 **총액으로 표시하는 것이 원칙이지만, 그 금액이 중요하지 않은 경우에는 이를 상계하여 순액으로 표시할 수 있다.**

[공정가액법 : 시가법]

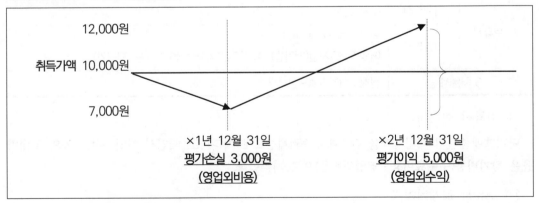

ⓓ 매각시 회계처리

단기매매증권을 처분시에는 **처분가액(각종 처분 시 수수료 차감후 가액)**에서 장부가액을 차감한 금액은 단기매매증권처분손익(영업외손익)으로 회계 처리한다.

<예제 2 - 6> 단기매매증권

(주)백두의 거래에 대하여 분개하시오.

1. 20×1년 10월 31일 단기간 시세차익목적으로 ㈜한라의 주식 100주를 주당 10,000원에 매입하고 당좌수표를 발행하여 주고, 증권회사에 매입수수료 10,000원을 현금지급하다.
2. 20×1년 12월 31일 ㈜한라의 주식이 공정가액은 주당 12,000원이다.
3. 20×2년 3월 25일 ㈜한라 주식 보유에 대한 현금배당금 30,000원이 회사 보통예금계좌로 입금되다.
4. 20×2년 5월 31일 ㈜한라의 주식 50주를 주당 11,000원에 처분하고 증권회사 수수료 등 10,000원을 차감한 금액이 보통예금계좌에 입금되다.
5. 20×2년 12월 31일 ㈜한라의 주식의 공정가액은 주당 9,000원이다.

해답

1. 분개

1.	(차) 단기매매증권 수수료비용(영업외비용)	1,000,000 10,000	(대) 당 좌 예 금 현 금	1,000,000 10,000
2.	(차) 단기매매증권	200,000	(대) 단기매매증권평가이익 (영업외수익)	200,000
3.	(차) 보 통 예 금	30,000	(대) 배당금수익 (영업외수익)	30,000
4.	(차) 보 통 예 금 단기매매증권처분손실 (영업외비용)	540,000 60,000	(대) 단기매매증권	600,000
5.	(차) 단기매매증권평가손실 (영업외비용)	150,000	(대) 단기매매증권	150,000
	☞ 평가손익＝50주×9,000원－50주×12,000원＝△150,000원(평가손실)			

[단기매매증권]

1. 취득			**취득원가 ＝ 매입가액**	
2. 보유	기말평가		공정가액	**단기매매증권평가손익(영업외손익)**
	과실	이자(채권)	이자수익	
		배당금 (주식)	현금	배당금수익
			주식	**회계처리를 하지 않고 수량과 단가를 재계산**
3. 처분			**처분손익 ＝ 처분가액 － 장부가액**	

연/습/문/제

 분개연습

[1] 거래처 학사문구에 10개월 후에 회수하기로 약정한 차입금증서를 받고 현금 2,000,000원을 대여하여 주다.

[2] 거래처 성일문구에 대여한 단기대여금 5,000,000원과 이자 250,000원을 당사 보통예금계좌로 회수하다.

[3] 단기매매차익을 목적으로 소유하고 있는 삼성전자 주식300주를 1주당 5,500원(장부가격 5,000원)에 매각 처분하고 대금은 매매수수료 20,000원을 차감한 후 현금으로 받았다.

[4] 보통예금에서 5,000,000원을 정기예금(만기 6개월)으로 이체하였으며, 이때 보통예금에서 700원의 송금수수료가 인출되었다.

[5] 단기보유목적으로 6월 1일 24,000,000원(1,000주, @24,000원)에 취득하였던 상장주식 전부를 1주당 20,000원에 처분하고 보통예금에 계좌이체 되었다.

[6] 단기 매매차익을 목적으로 상장회사인 (주)미로의 주식 100주를 주당 75,000원(액면가액 50,000원)에 구입하고 매입수수료 75,000원을 포함하여 당사의 보통예금계좌에서 인터넷뱅킹으로 지급하였다(이체수수료는 없음).

[7] 기말 현재 당사가 단기매매차익을 목적으로 보유하고 있는 주식현황과 기말 현재 공정가치는 다음과 같다.

주 식 명	보유주식수	주당 취득원가	기말 공정가치
(주)삼화 보통주	1,000주	15,000원	주당 16,000원
(주)동성 보통주	500주	20,000원	주당 21,000원

 객관식

01. 일반기업회계회계기준에 따라 다음 (가), (나)의 거래를 분개할 때 차변 계정과목으로 옳은 것은?

> (가) 60일 후 만기의 양도성예금증서 200,000원을 현금으로 매입하다.
> (나) 거래 은행에 10개월 후 만기의 정기적금에 가입하고, 1회분 예입금 300,000원을 현금으로 납입하다.

	(가)	(나)		(가)	(나)
①	단기예금	단기금융상품	②	단기예금	현금성자산
③	현금성자산	단기금융상품	④	현금성자산	받을어음

02. 다음 거래의 밑줄 친 ㉠과 ㉡의 차변 계정과목을 결산 시 재무상태표에 통합하여 표시할 항목으로 옳은 것은?

> 보통예금 200,000원을 인출하여 100,000원은 ㉠ <u>6개월 만기의 정기예금</u>에 가입하고, ㉡ <u>나머지는 2개월 만기의 양도성예금증서</u>를 구입하다.

	㉠	㉡		㉠	㉡
①	단기투자자산	단기투자자산	②	단기투자자산	현금및현금성자산
③	현금및현금성자산	단기투자자산	④	현금및현금성자산	현금및현금성자산

03. 다음은 금전대차관계를 나타낸 것이다. ○○기업의 입장에서 분개할 때 차변 계정과목으로 옳은 것은?

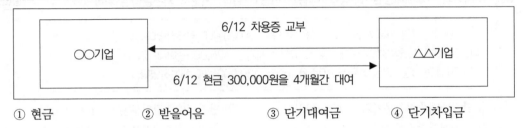

① 현금   ② 받을어음   ③ 단기대여금   ④ 단기차입금

04. 다음과 같은 오류가 발견되었을 때 오류를 정정하기 위한 분개는?

> 단기대여금 1,000,000원을 현금으로 회수한 거래가 100,000원을 회수한 거래로 기장되어 있다.

차변		대변	
① 현 금	900,000원	단기대여금	900,000원
② 단기대여금	900,000원	현 금	900,000원
③ 현 금	100,000원	단기대여금	100,000원
④ 단기대여금	1,000,000원	현 금	1,000,000원

05. 일반기업회계기준상 다음 문장의 (   )안에 들어갈 수 있는 것으로 옳은 것은?

> 단기투자 목적으로 시장성 있는 (   ) 등을 구입하였을 때는 취득원가를 단기매매증권계정의 차변에 기입한다.

① 주식, 사채   ② 사채, 선화증권

③ 공채, 양도성예금증서   ④ 주식, 양도성예금증서

06. 단기투자자산 통합계정에 해당하지 않는 것은?

① 정기예금   ② 단기매매증권   ③ 단기대여금   ④ 당좌예금

07. 시장성 있는 A회사 주식 10주를 1주당 10,000원에 구입하고, 거래수수료 1,000원을 포함하여 보통예금 계좌에서 결제하였다. 당해 주식은 단기매매차익을 목적으로 보유하고 있으며 이를 회계처리하는 경우 발생하는 계정과목이 아닌 것은?

① 수수료비용   ② 보통예금   ③ 단기매매증권   ④ 매도가능증권

08. ㈜서욱의 단기매매증권(A주식)의 내용은 다음과 같다. 처분시 처분손익은 얼마인가?

> 가. 20x0년 7월 1일 A주식 10주를 1주당 300,000원에 취득하였다.
> 나. 20x0년 12월 31일 현재 A주식 1주당 시가는 420,000원이다.
> 다. 20x1년 3월 30일 A주식 10주를 1주당 430,000원에 처분하였다.

① 단기매매증권처분이익   100,000원   ② 단기매매증권처분손실   100,000원

③ 단기매매증권처분이익   10,000원   ④ 단기매매증권처분손실   10,000원

09. 다음은 ㈜세무의 단기매매증권에 대한 내용이다. 틀린 것은?

> • 20X0년도 중 취득가액 : 5,000,000원   • 20X0년도 말 공정가치 : 4,000,000원
> • 20X1년도 말 공정가치 : 7,000,000원

① 20X0년 말 재무상태표상 단기매매증권은 4,000,000원이다.
② 20X0년 말 단기매매증권평가손실은 1,000,000원이다.
③ 20X1년 말 단기매매증권평가이익은 2,000,000원이다.
④ 20X1년 말 재무상태표상 단기매매증권은 7,000,000원이다.

10. 다음의 유가증권거래로 인하여 당기손익에 미치는 영향을 바르게 설명한 것은?

> 세무상사는 9월 26일에 시장성 있는 단기매매증권 2,000주를 주당 10,000원에 취득하면서 현금으로 결제하였다. 12월 7일에 500주를 주당 12,000원에 매각하고 수수료비용 100,000원을 차감한 후 현금으로 받았다.

① 당기순이익이 1,000,000원 증가한다.
② 당기순이익이 900,000원 증가한다.
③ 당기순이익이 800,000원 증가한다.
④ 당기순이익이 700,000원 증가한다.

11. 다음은 (주)○○의 단기매매증권 취득, 처분, 평가에 관련된 거래내역이다. 기말에 당기순손익에 미치는 영향으로 옳은 것은?

구분	취 득	처 분	평가(결산일)
일자	20×1년 12월 1일	20×1년 12월 20일	20×1년 12월 31일
수량	A사 보통주 200주	A사 보통주 100주	A사 보통주 100주
금액	2,000,000원	1,200,000원	900,000원

① 당기순이익 100,000원 증가   ② 당기순이익 100,000원 감소
③ 당기순이익 200,000원 증가   ④ 당기순이익 200,000원 감소

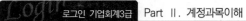

12. 다음은 (주)○○의 단기매매증권의 취득, 처분, 평가에 관련된 거래내역이다.
기말에 당기순손익에 미치는 영향으로 옳은 것은?

구분	취 득	처 분	공정가치 평가
일자	20x1년 11월 1일	20x1년 12월 10일	20x1년 12월 31일(결산일)
수량	A사 보통주 100주	A사 보통주 50주	A사 보통주 50주
금액	1,000,000원	600,000원	450,000원

① 당기순이익 50,000원 증가   ② 당기순이익 50,000원 감소

③ 당기순이익 100,000원 증가   ④ 당기순이익 150,000원 감소

 주관식

01. (주)○○이 보유 중인 단기매매증권에 대한 내역이다. 기말 재무상태표상 단기매매증권의 장부가액은
얼마인가?

> • 회 사 명 : (주)△△   • 보유주식수 : 1,000주
> • 취득단가 : 1주당 5,000원   • 기말공정가치 : 1주당 6,000원

02. 다음 중 단기매매증권의 회계처리 방법을 설명한 것으로 옳은 것을 고르시오.

> ㄱ. 처분시에 발생하는 수수료는 수수료비용 계정 차변에 기입한다.
> ㄴ. 취득시 단기매매증권 계정의 금액은 액면금액으로 차변에 기입한다.
> ㄷ. 취득시에 발생하는 수수료 등의 제비용은 수수료비용 계정에 기입한다.
> ㄹ. 단기적 시세차익을 얻을 목적으로 구입한 주식 등을 단기매매증권이라 한다.

연/습/문/제 답안

🔑 분개연습

[1] (차) 단기대여금(학사문구)   2,000,000   (대) 현   금   2,000,000

[2] (차) 보 통 예 금   5,250,000   (대) 단기대여금(성일문구)   5,000,000
                                     이 자 수 익   250,000

[3] (차) 현   금   1,630,000   (대) 단기매매증권   1,500,000
                                     단기매매증권처분이익   130,000
  ☞ 처분손익 = 처분가액 – 장부가액 = [300주×5,500원 – 20,000원] – [300주×5,000원]

[4] (차) 정 기 예 금(유동)   5,000,000   (대) 보 통 예 금   5,000,700
      수수료비용(판)   700
  ☞ 만기가 6개월이므로 유동자산인 정기예금을 선택하고, 만약 보고기간말(결산일)로부터 만기가 1년 후이면 장기
    성예금(비유동자산 – 투자자산)으로 회계처리한다.

[5] (차) 보 통 예 금   20,000,000   (대) 단기매매증권   24,000,000
      단기매매증권처분손실   4,000,000
  ☞ 처분손익 = 처분가액 – 장부가액 = [1,000주×20,000원] – [24,000,000원]

[6] (차) 단기매매증권   7,500,000   (대) 보 통 예 금   7,575,000
      수수료비용(영업외비용)   75,000
  ☞ 단기매매증권 취득시 수수료등은 영업외비용(수수료비용)으로 회계처리한다.

[7] (차) 단기매매증권   1,500,000   (대) 단기매매증권평가익   1,500,000
  ☞ 평가손익 = 공정가액 – 취득가액
          = [1,000주×16,000원 + 500주×21,000원] – [1,000주×15,000원 + 500주×20,000원]

객관식

1	2	3	4	5	6	7	8	9	10	11	12		
③	②	③	①	①	④	④	①	③	②	①	①		

[풀이 – 객관식]

01. **취득 당시 만기가 3개월 이내에 도래하는 금융상품은 현금성자산**으로 회계 처리하며, 보고기간 종료일로부터 **만기가 1년 이내에 도래하는 금융상품은 단기금융상품**으로 회계처리한다.

02. ㉠ 6개월 만기의 정기예금은 단기예금으로 단기대여금, 단기매매증권과 함께 단기투자자산으로 통합하여 표시하며, ㉡ 2개월 만기의 양도성예금증서는 현금성자산으로 현금, 보통예금, 당좌예금과 함께 현금및현금성자산으로 통합하여 표시한다.

03. 차용증서를 받고 1년 이내에 회수할 조건으로 현금을 대여하면 단기대여금 계정 차변에 기입한다. △△기업의 입장에서는 대변이 단기차입금이 된다.

04. 금액의 기장오류는 차액을 추가로 분개하면 된다.

05. 기업이 단기적 시세 차익을 얻을 목적으로 구입한 타 회사 발행의 주식이나 사채, 국채 증서, 공채 증서 등은 단기매매증권계정으로 처리한다.

06. **단기투자자산 통합계정 – 정기예금, 정기적금, 단기매매증권, 단기대여금**

07. (차) 단기매매증권   10,000   (대) 보통예금   11,000
     수수료비용   1,000

08. 처분가액 = 430,000원/주   장부가액(전기말 공정가액) = 420,000원/주
처분손익(10주) = 처분가액(4,300,000) – 장부가액(4,200,000) = 100,000원(처분이익)

09.

	20x0년말	20x1년 말
장부가액	5,000,0000	4,000,000
공정가액	4,000,000①	7,000,000④
평가손익	– 1,000,000(손실)②	*3,000,000(이익)③*

10. 처분가액 = 12,000 × 500주 – 100,000 = 5,900,000원
장부가액 = 10,000 × 500주 = 5,000,000원
처분손익 = 처분가액(5,900,000) – 장부가액(5,000,000) = 900,000원(처분이익)

11. 처분손익 = 처분가액 – 장부가액 = 1,200,000 – 100주 × 10,00,00원 = 200,000원 처분익
평가손익 = 기말공정가액 – 장부가액 = 900,000원 – 100주 × 10,00,00원 = △100,000원 평가손

12. 단기매매증권처분손익 = 처분가액(600,000) – 장부가액(1,000,000원 × 50주/100주) = 100,000원
단기매매증권평가손익 = 공정가액(450,000) – 장부가액(1,000,000 × 50주/100주) = △50,000원

◎━ 주관식

| 01 | 6,000,000원 | 02 | ㄷ, ㄹ |

[풀이 - 주관식]

01. **단기매매증권의 장부가액은 공정가치로 평가**한다.
따라서 (주)△△주식의 장부가액은 1,000주 × 1주당 6,000원 = 6,000,000원이다.

02. 단기매매증권을 취득하는 경우 액면금액이 아닌 취득금액(구입가격)으로 단기매매증권 계정의 차변에 기입하고, **취득시 제비용은 수수료비용 계정의 차변에 기입하여 비용으로 처리**한다. 또한 처분시에 발생하는 **수수료는 처분금액에서 직접 차감**한다.

4. 채권·채무회계

채권이란 기업이 영업활동을 수행하는 과정에서 재화나 용역을 외상으로 판매하고 그 대가로 나중에 현금 등을 받을 권리 또는 다른 회사나 타인에게 자금을 대여하고 그 대가로 차용증서나 어음을 수취하는 경우 등을 통칭하여 채권이라 부른다.

반대로 채무는 다른 회사나 타인에게 재화 또는 용역 또는 현금을 지급해야 할 의무를 말한다. 이를 요약하면 다음과 같다.

채권자		거 래	채무자	
매출 채권	외 상 매 출 금	일반적인 **상거래**에서 발생한 채권·채무	매입 채무	외 상 매 입 금
	받 을 어 음			지 급 어 음
미 수 금		일반적인 **상거래 이외**에서 발생한 채권·채무	미 지 급 금	
대 여 금		자금거래에서 발생한 채권·채무	차 입 금	
선 급 금		재화나 용역의 완료 전에 지급하는 계약금	선 수 금	
미 수 수 익		발생주의에 따라 당기의 수익/비용 인식	미 지 급 비 용	
선 급 비 용		발생주의에 따라 차기의 수익/비용을 이연	선 수 수 익	

(1) 외상매출금(VS 외상매입금) – **상거래 채권 및 채무**

상품매매업에 있어서 가장 빈번하게 발생하는 거래는 상품의 매출/매입거래이다.

그리고 대부분의 상품매매거래는 신용으로 거래되는 것이 대부분이다. 이때 사용하는 회계계정과목이 외상매출금과 외상매입금이다. 즉, 회사 영업의 주목적인 일반 상거래(상품이나 제품판매)에서 발생한 채권을 외상매출금, 채무를 외상매입금이라고 한다.

<예제 2 - 7> 외상매출금과 외상매입금

㈜백두와 거래상대방의 거래에 대하여 분개하시오.

1. 3월 15일 (주)금강에게 상품 100,000원을 외상으로 매입하다.
2. 3월 31일 (주)금강에게 구입한 상품을 (주)섬진에게 200,000원에 외상으로 판매하다. 수익인식만 회계처리하시오.
3. 4월 15일 (주)금강에게 상품외상매입대금 100,000원을 보통예금으로 이체하다.
4. 4월 30일 (주)섬진으로부터 상품 외상판매대금 200,000원을 현금으로 받다.

해답

	(주)백두	거래 상대방
1.	(차) 상 품 100,000 　　(대) 외상매입금 100,000	(주)금강 (차) 외상매출금 100,000 　　(대) 상 품 매 출 100,000
2.	(차) 외상매출금 200,000 　　(대) 상 품 매 출 200,000	(주)섬진 (차) 상 품 200,000 　　(대) 외상매입금 200,000
3.	(차) 외상매입금 100,000 　　(대) 보 통 예 금 100,000	(주)금강 (차) 보 통 예 금 100,000 　　(대) 외상매출금 100,000
4.	(차) 현 금 200,000 　　(대) 외상매출금 200,000	(주)섬진 (차) 외상매입금 200,000 　　(대) 현 금 200,000

- **T계정 이해(매출채권)**

외상매출금

ⓐ전기이월(기초)	1,000,000	ⓒ회수액	8,000,000
ⓑ외상매출액	10,000,000	ⓓ차기이월(기말)	3,000,000
계	11,000,000	계	11,000,000

ⓐ 전기이월(기초) : 전년도로부터 이월된 금액으로서 전기재무상태표의 외상매출금과 일치한다.

ⓑ 외상매출액 : 상품 등을 판매하여 외상매출금 금액을 증가된 금액

(차) 외상매출금　　　10,000,000　　　(대) 상 품 매 출　　　10,000,000

ⓒ 회수액 : 외상매출금에 대해서 현금 등으로 회수한 금액

(차) 현금/받을어음　　　8,000,000　　　(대) 외상매출금　　　8,000,000

ⓓ 차기이월(기말) : 외상매출금을 미회수한 금액으로 재무상태표 외상매출금계정에 집계되고, 차기의 기초금액이 된다.

(2) 받을어음(VS 지급어음) – **상거래채권 및 채무**

상품이나 제품의 외상대금을 결제할 때 현금이나 수표에 의한 지급과 **어음에 의한 지급방법**이 있다.
어음이란 상품을 구입한 구매자가 일정기일에 대금을 판매자에게 지급하겠다고 약속하는 증서이다.

받을어음이란 회사가 상품을 판매하고 어음수령 한 경우에 어음상의 채권을 말한다.
지급어음이란 회사가 상품을 구입하고 어음을 발행한 경우에 어음상의 채무를 말한다.

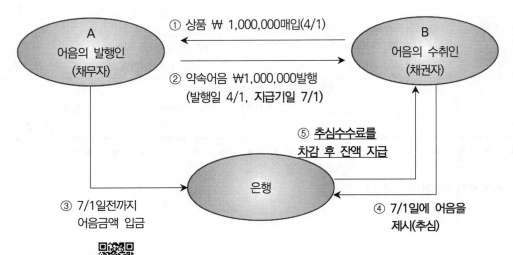

㉠ 어음의 양도

어음의 소지인은 만기일 전에 **어음상의 권리를 자유로이 타인에게 양도**할 수 있다.
어음을 양도할 때 **어음 뒷면에 필요사항을 기입하고 서명날인 하는 것을 배서**라고 한다.

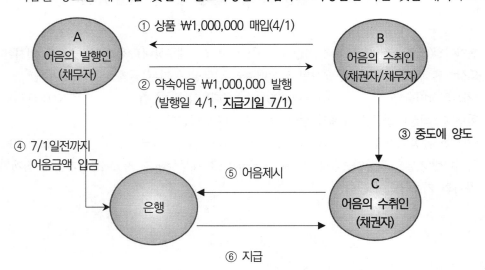

ⓒ 어음의 추심위임배서

은행이 어음 소지인의 의뢰를 받아 어음을 지급인에게 제시하여 지급하게 하는 것을 어음추심이라 한다. 어음을 추심의뢰 할 때에도 어음에 배서를 하여야 하는데 이것을 추심위임배서라 하고, 은행은 일정액의 추심수수료를 지급받게 되는데, **추심수수료는 영업상의 거래에 해당하므로 수수료비용(판매비와 관리비)**로 처리한다.

ⓒ 어음의 할인

기업의 자금이 부족한 경우에는 소지하고 있는 어음을 만기일 전에 금융기관에 선이자(할인료)와 수수료를 공제하고 대금을 받을 수 있는데 이를 어음의 할인이라고 한다. **어음을 할인한 경우(매각거래일 경우) 할인료와 수수료는 매출채권처분손실이라는 영업외비용**으로 처리한다.

[어음의 할인 및 추심]

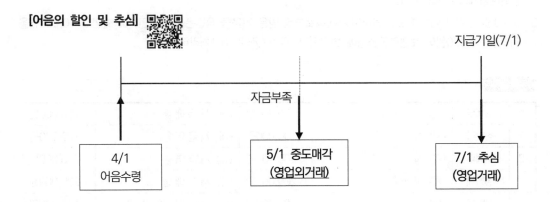

〈어음의 매각 및 추심〉

	중도매각(매각거래)		추심(만기)	
	할인료		추심수수료	
성격	영업외거래(영업외비용)		영업거래(판관비)	

회계
처리
	(차) 현 금 XX
	매출채권처분손실(영·비) XX
	   (대) 받을어음 XX
			(차) 현 금 XX
			   수수료비용(판) XX
			   (대) 받을어음 XX	

<예제 2 - 8> 어음거래(약속어음)

㈜백두와 거래상대방(㈜한라, ㈜청계, ㈜설악, ㈜계룡)의 거래에 대하여 분개하시오.

1. 3월 15일 ㈜한라에게 상품 100,000원을 외상으로 판매하고 대금은 약속어음(만기일 : 9월 15일)으로 지급받다

2. 3월 31일 ㈜청계에게 상품 200,000원을 매입하고 대금은 약속어음(만기일 : 7월 31일)으로 발행하여 지급하다. ㈜청계는 제조기업에 해당한다.

3. 4월 15일 ㈜설악에게 상품 300,000원을 구입하면서 상품판매로 받은 어음(발행인 ㈜한라) 100,000원을 배서양도하고, 잔액은 당좌수표를 발행하여 지급하다.
   ㈜설악은 상기업에 해당한다.

4. 4월 30일 상품판매로 받은 어음(발행인 ㈜계룡)이 만기가 되어 추심수수료 1,000원을 제외한 99,000원이 당좌예금계좌로 입금되다.

5. 5월 1일 단기 자금부족으로 인하여 ㈜신라로부터 받은 어음을 국민은행에 할인하고 할인료 10,000원을 제외한 90,000원이 보통예금통장에 입금되다. 매각거래로 회계처리하시오.

해답

1.	㈜백두	(차) 받 을 어 음	100,000원	(대) 상 품 매 출	100,000원
	㈜한라	(차) 상 품	100,000원	(대) 지 급 어 음	100,000원
2.	㈜백두	(차) 상 품	200,000원	(대) 지 급 어 음	200,000원
	㈜청계	(차) 받 을 어 음	200,000원	(대) 제 품 매 출	200,000원
3.	㈜백두	(차) 상 품	300,000원	(대) 받 을 어 음(㈜한라) 당 좌 예 금	100,000원 200,000원
	㈜설악	(차) 받을어음(㈜한라) 현 금	100,000원 200,000원	(대) 상 품 매 출	300,000원
☞ 당좌수표를 발행한 자는 당좌예금계정을 당좌수표를 수령한 자는 언제든지 현금화가 가능하기 때문에 현금으로 회계처리한다.					
4.	㈜백두	(차) 당 좌 예 금 **수수료비용** **(판관비)**	99,000원 **1,000원**	(대) 받 을 어 음	100,000원
	㈜계룡	(차) 지 급 어 음	100,000원	(대) 당 좌 예 금	100,000원
5.(매각거래)		(차) 보 통 예 금 **매출채권처분손실** **(영업외비용)**	90,000원 **10,000원**	(대) 받 을 어 음	100,000원

환어음

어음의 종류에는 약속어음과 환어음이 있는데, 일반적 상거래에서는 대부분 약속어음이 사용된다. 환어음은 특수거래의 결제 이외에는 거의 사용되지 않는다.

환어음이란 어음 발행인(A)이 지급인(지명인 – B)에게 약정한 기일과 장소에서 어음상의 금액을 수취인(C)에게 지급하도록 위탁한 증권을 말한다.

환어음의 거래를 아래의 그림을 참고하시면 쉽게 이해될 것이다.

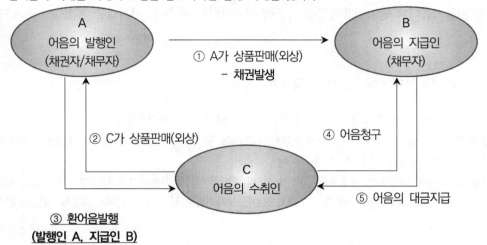

[회계처리(A)]

① 상품판매	(차)외상매출금(B)	100	(대) 상품매출	100
③ 환어음 발행	(차) 상품	100	(대) 외상매출금(B)	100

상품 매입 대금을 환어음(지급인 B)을 발행하여 지급하면 환어음의 발행인(A)은 분개시에 어음상의 채권, 채무가 나타나지 않는다.

(3) 미수금(VS 미지급금) - **상거래이외 채권 및 채무**

상품의 매매 등 일반적 상거래에서 발생한 채권, 채무에 대해서는 매출채권과 매입채무라는 계정을 사용하지만 **그 이외의 거래에서 발생하는 채권, 채무**는 미수금이나 미지급금 계정을 사용한다.

즉, 미수금, 미지급금이란 토지, 건물, 비품 등을 구입하거나 처분하는 과정에서 발생하는 채권, 채무에 사용된다. 비록 **토지 등(유형자산등)을 구입하거나 처분 시에 어음을 지급하거나 수취하더라도 지급어음이나 받을어음계정을 사용해서는 안되고 미수금, 미지급금 계정**을 사용하여야 한다.

| **<예제 2 - 9> 상거래이외 채권 및 채무** |

(주)백두와 거래상대방((주)현대자동차, 하이모리) 거래에 대하여 각각 분개하시오.

(1) 3월 10일 (주)현대자동차로부터 차량을 10,000,000원에 구입하고, 8,000,000원은 당좌수표를 발행하여 주고, 잔액은 다음달 말일까지 주기로 하다.

(2) 3월 20일 하이모리(영업목적으로 구입)에게 회사의 영업목적으로 사용하던 토지(장부가액 3,500,000원) 중 일부를 5,000,000원에 처분하고 1,000,000원은 자기앞수표로 받고, 잔액은 다음달 말일에 받기로 하다.

해답

(1)	(주)백두	(차) 차 량 운 반 구	10,000,000원	(대) 당 좌 예 금	8,000,000원
				미 지 급 금	2,000,000원
	(주)현대 자동차	(차) 현 금 외 상 매 출 금	8,000,000원 2,000,000원	(대) 제 품 매 출	10,000,000원
	☞ **(주)현대자동차는 제조기업이므로 제품매출(수익)과 상거래채권인 외상매출금을 사용한다.**				
(2)	(주)백두	(차) 현 금 미 수 금	1,000,000원 4,000,000원	(대) 토 지 유 형 자 산 처 분 익 (영 업 외 수 익)	3,500,000원 1,500,000원
	하이모리	(차) 토 지	5,000,000원	(대) 현 금 미 지 급 금	1,000,000원 4,000,000원

5. 대손회계

기업이 보유한 모든 채권을 100% 회수 한다는 것은 거의 불가능하다. 채무자의 부도, 파산, 사망 등으로 어느 일정 정도 회수 불가능한 위험을 가지고 있다. 만약 채무자의 파산, 부도 등의 사유로 회수가 불가능하게 된 경우를 **"대손"**이라고 한다.

☞ 파산 : 개인이나 기업이 재산을 모두 날려버리고 망함.

㈜백두의 20x1년 5월 1일 현재 외상매출금(전년도 발생)이 1건 있고 회수가 불가능해졌다고 가정하자.

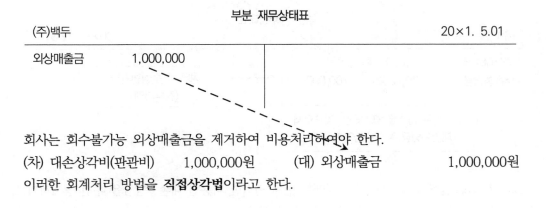

부분 재무상태표

(주)백두		20×1. 5.01
외상매출금	1,000,000	

회사는 회수불가능 외상매출금을 제거하여 비용처리하여야 한다.
(차) 대손상각비(판관비)　　1,000,000원　　　　(대) 외상매출금　　　　　　1,000,000원
이러한 회계처리 방법을 **직접상각법**이라고 한다.

┃<예제2 - 10> 대손회계1(직접상각법)┃

㈜백두는 스마트폰을 판매하는 기업이다. 다음 거래에 대하여 분개하시오.
1. 1월 10일 ㈜금강에게 상품을 100,000원에 외상판매하고 다음달 말일에 받기로 하다.
2. 1월 20일 ㈜섬진에게 상품을 200,000원에 외상판매하고 대금은 약속어음(만기 3월20일)으로 수취하다.
3. 1월 30일 ㈜금강의 파산으로 외상대금을 대손처리하기로 하다. 직접상각법으로 비용처리하시오.
4. 2월 10일 ㈜섬진의 부도로 인하여 수취한 어음에 대해 대손처리하기로 하다. 직접상각법으로 비용처리하시오.

해답

1.	(차) 외 상 매 출 금	100,000원	(대) 상 품 매 출	100,000원
2.	(차) 받 을 어 음	200,000원	(대) 상 품 매 출	200,000원
3.	(차) 대 손 상 각 비 (판)	100,000원	(대) 외 상 매 출 금	100,000원
4.	(차) 대 손 상 각 비 (판)	200,000원	(대) 받 을 어 음	200,000원

그러나 기업회계기준에서 대손에 관한 회계처리는 **충당금설정법(보충법)**으로 회계처리하도록 규정하고 있다. **충당금설정법은 재무상태표일(보고기간말) 매출채권잔액으로부터 회수불가능채권을 추정하여 이 추정금액을 대손금충당금으로 설정하고 동시에 이를 비용(대손상각비)으로 회계처리하는 방법**이다.

즉, 회사는 20x0년 12월 31일 외상매출금에 대해서 대손예상액을 추정하여 비용처리하여야 한다. 만약 회사가 300,000원을 대손추정했다고 가정하자.

(차) 대손상각비(판)　　　　　　300,000원　　　(대) 대손충당금　　　　　　300,000원

그러면 외부에 공시되는 재무제표에는 다음과 같이 표시된다.

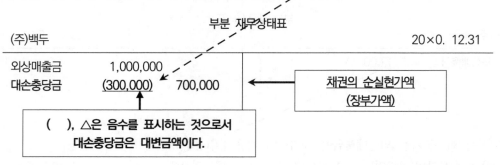

부분 재무상태표

(주)백두　　　　　　　　　　　　　　　　　　　　　　　　　　　20×0. 12.31

외상매출금　　　　1,000,000
대손충당금　　　　(300,000)　　700,000　　←　채권의 순실현가액 (장부가액)

( ), △은 음수를 표시하는 것으로서 대손충당금은 대변금액이다.

그리고 20x1년 5월 1일 대손처리시에는 먼저 인식한 비용인 대손충당금을 우선 상계시키고, 대손충당금이 부족시에는 차액을 비용처리하면 된다.

(차) 대손충당금　　　　　　　300,000원　　　(대) 외상매출금　　　　1,000,000원
　　대손상각비(판관비)　　　700,000원

[충당금설정법 VS 직접상각법]

	직접상각법		충당금 설정법	
	20x0	20x1	20x0	20x1
재무상태표				
– 외상매출금	1,000,000	0	1,000,000	0
대손충당금	0		(300,000)	
	1,000,000		**700,000**	
손익계산서				
1. 매 출 액	1,000,000		**1,000,000**	
9. 대손상각비(판)	0	1,000,000	**300,000**	700,000

충당금설정법이 직접상각법과 비교할 때 다음과 같은 장점을 가지고 있다.

1. 기말 현재 매출채권에 대하여 대손상각비를 비용으로 인식하기 때문에
   수익비용대응원칙에 충실하다.

2. ***매출채권을 회수가능액으로 표현***하기 때문에 더 유용한 정보를 제공한다.

- **대손추산액(대손충당금)** : 기말 채권 잔액 중 회수가 불가능할 것으로 예상하는 금액 결국 기말 대손충당금계정으로 재무상태표에 매출채권을 차감 표시된다.
- **대손상각비** : 대손충당금의 설정으로 인한 당기 비용 설정액

그리고 모든 채권에 대해서 보고기간말 마다 회수가능성을 판단하여 대손충당금을 설정해야 한다.

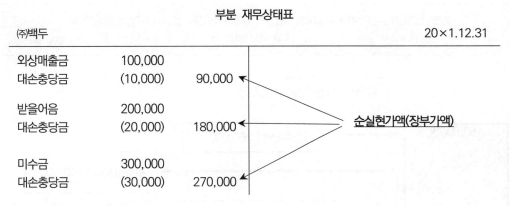

부분 재무상태표

㈜백두 20×1.12.31

외상매출금	100,000	
대손충당금	(10,000)	90,000
받을어음	200,000	
대손충당금	(20,000)	180,000
미수금	300,000	
대손충당금	(30,000)	270,000

순실현가액(장부가액)

(1) 대손확정시 회계처리

① 대손충당금 계정잔액이 충분한 경우

   (차) 대손충당금 ××× (대) 외상매출금(받을어음) ×××

② 대손충당금 계정잔액이 부족한 경우

   (차) **대손충당금** ×××**(우선상계)** (대) 외상매출금(받을어음) ×××
       대손상각비 ×××

(2) 대손처리한 채권의 회수 시 회계처리

대손처리한 채권이 나중에 회수된 경우가 있다. 이 경우에 당기에 대손처리한 경우와 전기 이전에 대손처리 한 매출채권을 현금으로 회수한 경우 모두 동일하게 회계처리하면 된다.

왜냐하면 기말에 대손추산액을 계산 시 보충법으로 대손상각비를 계상하기 때문에 자연스럽게 대손상각비를 감소시키는 효과를 가져 오기 때문이다.

- 대손분개취소

(차) 매~~출~~채~~권~~   ×××   (대) 대손충당금   ×××

- 채권회수분개

(차) 현   금   ×××   (대) 매~~출~~채~~권~~   ×××

상기 두 분개는 하나의 분개로 나타낼 수 있는데,

(차) 현   금   ×××   (대) 대손충당금   ×××

(3) 기말대손충당금의 설정(기말수정분개)

기업회계기준에서는 보충법을 원칙으로 하고 있다. 보충법이란 기말 매출채권잔액에 대손추정율을 추정하여 대손추산액을 구하고 여기에 기 설정된 대손충당금잔액을 뺀 나머지 금액을 추가로 비용처리(대손상각비)하는 것을 말한다.

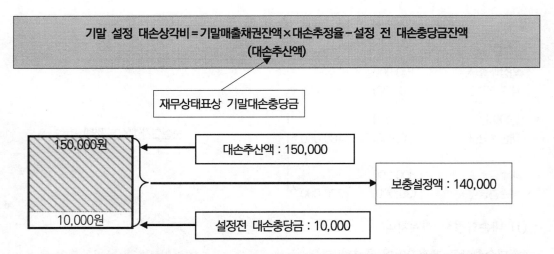

기말 설정 대손상각비 = 기말매출채권잔액 × 대손추정율 − 설정 전 대손충당금잔액
(대손추산액)

재무상태표상 기말대손충당금

	결산수정분개
기말대손추산액 > 설정전 대손충당금잔액	(차) 대손상각비(판관비) ××× (대) 대손충당금 ×××
기말대손추산액 < 설정전 대손충당금잔액	(차) 대손충당금 ××× (대) **대손충당금환입(판관비)** ×××

152

■ T계정 이해

대손충당금

ⓑ대손	7,000	ⓐ전기이월(기초)	10,000
		ⓒ회수(현금)	1,000
ⓓ차기이월(기말)	9,000	ⓔ설정액	5,000
계	16,000	계	16,000

ⓐ 전기이월(기초) : 전년도로부터 이월된 금액으로서 전기재무상태표의 대손충당금과 일치한다.

ⓑ 대손 : 매출채권의 회수 불가능

(차) 대손충당금　　　7,000　　　(대) 외상매출금　　　7,000

ⓒ 회수 : 대손처리한 금액의 회수

(차) 현금　　　1,000　　　(대) 대손충당금　　　1,000

ⓓ 차기이월(기말) : 대손추산액으로 일반적으로 기말매출채권잔액에 대손추정율을 곱하여 계산한다. 이러한 대손충당금 기말 금액은 차기의 기초금액이 된다.

ⓔ 설정액 : 보충법에 의하여 추가로 설정된 대손상각비를 말한다.

(차) 대손상각비(판)　　　5,000　　　(대) 대손충당금　　　5,000

(4) 대손상각비 구분

채권구분		성격	비용구분	계정과목	
				설정	환입
매출 채권	외상매출금	영업거래	판관비	대손상각비(판)	대손충당금환입(판)
	받을어음				
기타 채권	대여금	영업외거래	영업외비용	기타의대손상각비 (영·비)	대손충당금환입 (영·수)
	미수금				

| <예제 2 - 11> 대손회계 |

다음은 ㈜백두의 거래내역이다. 다음의 거래를 분개하고 기말 부분재무상태표와 대손충당금 T계정을 작성하시오. 20×1년 기초 외상매출금에 대한 대손충당금은 100,000원이다.

1. 3월 15일 외상매출금 중 150,000원이 대손 확정되었다.

2. 3월 31일 전기에 대손처리 한 외상매출금중 80,000원이 현금 회수되었다.

3. 4월 30일 외상매출금 중 40,000원이 대손 확정되었다.

4. 12월 31일 기말 외상매출금잔액이 20,000,000원인데 대손추정율을 2%로 추산하였다.

해답

1.	(차) 대손충당금[*1]	100,000원	(대) 외상매출금	150,000원
	대손상각비	50,000원		
	*1. 대손충당금을 우선상계하고 부족한 경우에는 대손상각비로 처리한다.			
2.	(차) 현 금	80,000원	(대) 대손충당금	80,000원
3.	(차) 대손충당금	40,000원	(대) 외상매출금	40,000원
4.	(차) 대손상각비	360,000원[*1]	(대) 대손충당금	360,000원
	*1. 기말 설정 대손상각비 = 기말외상매출금잔액 × 대손추정율 − 설정전 대손충당금 = 20,000,000 × 2% − 40,000 = 360,000			

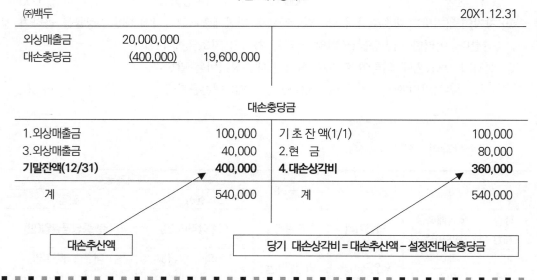

부분 재무상태표

㈜백두   20X1.12.31

외상매출금	20,000,000		
대손충당금	(400,000)	19,600,000	

대손충당금

1.외상매출금	100,000	기 초 잔 액(1/1)	100,000
3.외상매출금	40,000	2.현 금	80,000
기말잔액(12/31)	**400,000**	**4.대손상각비**	**360,000**
계	540,000	계	540,000

대손추산액

당기 대손상각비 = 대손추산액 − 설정전대손충당금

<예제 2 - 12> 대손회계2

다음은 ㈜백두의 기말 수정전시산표를 조회한 결과이다. 기말채권잔액 잔액에 대하여 1%의 대손상각비를 계상하다.

합계잔액시산표
제×기 : 20×1년 12월 31일 현재

차 변		계정과목	대 변	
잔 액	합 계		합 계	잔 액
10,000,000	20,000,000	외 상 매 출 금	10,000,000	
	200,000	대 손 충 당 금	250,000	50,000
20,000,000	35,000,000	받 을 어 음	15,000,000	
	120,000	대 손 충 당 금	450,000	330,000
200,000	1,200,000	미 수 금	1,000,000	
		대 손 충 당 금		

해답

1. 당기 대손상각비 계산

계정과목	기말잔액(A)	대손추산액 (B = A × 1%)	설정전 대손충당금(C)	당기대손상각비 (B − C)
외상매출금	10,000,000	100,000	50,000	50,000
받을어음	20,000,000	200,000	330,000	△130,000
미 수 금	200,000	2,000	0	2,000

2. 기말결산수정분개

외상매출금	(차) 대손상각비	50,000원	(대) 대손충당금(외상)	50,000원
받을어음	(차) 대손충당금(받을)	130,000원	(대) **대손충당금환입(판)**	130,000원
미 수 금	(차) 기타의대손상각비(영)	2,000원	(대) 대손충당금(미수)	2,000원

3. 수정후합계잔액시산표

합계잔액시산표(수정후)
제×기 : 20×1년 12월 31일 현재

차 변		계정과목	대 변	
잔 액	합 계		합 계	잔 액
10,000,000	20,000,000	외 상 매 출 금	10,000,000	
	200,000	대 손 충 당 금	300,000	100,000 ◄
20,000,000	35,000,000	받 을 어 음	15,000,000	
	250,000	대 손 충 당 금	450,000	200,000 ◄
200,000	1,200,000	미 수 금	1,000,000	
		대 손 충 당 금	2,000	2,000 ◄

기말채권잔액의 1%

연/습/문/제

 분개연습

[1] 운동랜드에 상품 5,000,000원을 매출하고 대금 중 3,000,000원은 동점 발행 약속어음(만기일 : 3개월 이내)으로 받고, 잔액은 1개월 후에 받기로 하다.

[2] 보람여행사에 여행사 경품용 가방 5,000,000원을 매출하고 대금은 동점발행어음(만기3개월일)으로 받다. 매출시 발생한 운임 50,000원은 당점이 부담하기로 하고 현금으로 지급하다.

[3] 영우상사에서 받아 보관중인 약속어음(만기 1년) 2,000,000원을 은행에서 할인하고 할인료 150,000원을 차감한 잔액이 보통예금계좌로 입금되다(매각거래로 처리할 것).

[4] 양산기업에 대한 받을어음 20,500,000원이 만기가 도래하여 추심수수료 500,000원을 차감한 금액이 국민은행 보통예금 통장에 입금되다.

[5] 제일문구에서 상품인 아동용 문구 500,000원을 매입하고 대금은 소유하고 있던 삼미상사 발행의 약속어음을 배서양도하다.

[6] 평화상사의 외상매출금 20,000,000원이 법인세법상 대손금처리 요건이 충족되어 당사는 이를 대손처리하기로 하였고, 대손충당금 잔액은 16,000,000원이라 가정한다.(단, 부가가치세는 고려하지 않는다.)

[7] 거래처 (주)서해물산에서 외상매출금 30,000,000원 중 10,000,000원은 (주)서해물산이 발행한 당좌수표로 받고, 나머지는 보통예금 계좌로 송금 받았다.

[8] (주)대마도에 단기대여한 10,000,000원이 동사의 파산으로 인하여 전액 대손처리 하기로 하였다. 대손충당금은 설정되어 있지 않다.

[9] 지난달에 대손이 확정되어 대손충당금과 상계처리 하였던 우리하이마트의 외상매출금 중 일부인 430,000원을 회수하여 보통예금계좌로 입금하였다. (부가가치세는 무시함)

[10] 8월분 국민카드 매출대금 2,500,000원에서 수수료 3%를 제외하고 당사의 보통예금계좌에 입금되었다. 단, 카드매출대금은 외상매출금계정으로 처리하고 있다.

 객관식

01. 다음 외상매출금 계정의 (   )안에 기입될 거래로 옳은 것은?

외상매출금			
전기이월	500,000원	현　금	150,000원
(　　　　　　　)			

① 외상매출금 200,000원을 현금으로 회수하다.
② 상품 100,000원을 매출하고 대금은 20일 후에 받기로 하다.
③ 업무용 비품을 200,000원에 매각 처분하고 대금은 외상으로 하다.
④ 외상으로 매출한 상품 중 파손품이 있어 5,000원이 반품되어 오다.

02. 다음 중 외상매출금 계정의 대변에 기록되는 내용으로 옳지 않은 것은? 단, 모든 거래는 외상거래이다.
① 매출할인액　　　　　　② 외상매출금 회수액
③ 매출환입 및 에누리액　　④ 외상매출금 전기이월액

03. 다음 중 받을어음계정의 차변에 기입해야 하는 것으로 옳은 것은?
① 환어음의 수취　　　　　② 어음의 할인
③ 약속어음의 발행　　　　④ 어음대금의 지급

04. 다음의 대체전표를 보고 추정할 수 있는 거래로 옳은 것은?

대 체 전 표							계	과장	부장

NO. 15   20×3년 10월 20일

계정과목	금 액	계정과목	금 액
외상매출금	5 0 0 0 0 0	매 출	5 0 0 0 0 0
합 계	₩ 5 0 0 0 0 0	합 계	₩ 5 0 0 0 0 0
적요	○○상점 A상품(500개, 개당 1,000원) 매출		

① ○○상점에 A상품(500개, 개당 1,000원)을 현금으로 매출하다.

② ○○상점에 A상품(500개, 개당 1,000원)을 외상으로 매출하다.

③ ○○상점에 A상품(500개, 개당 1,000원)을 매출하고 대금 중 50,000원은 현금으로 받고, 잔액은 외상으로 하다.

④ ○○상점에 A상품(500개, 개당 1,000원)을 매출하고 대금 중 250,000원은 현금으로 받고, 잔액은 외상으로 하다.

05. 다음 거래의 분개로 옳은 것은?(단, 매각거래로 회계처리한다)

> 소지하고 있던 20일 후 만기의 약속어음 500,000원을 거래은행에서 할인하고, 할인료 10,000원을 차감한 실수금을 당좌예입하다.

① (차) 당좌예금   490,000원   (대) 받을어음   490,000원

② (차) 당좌예금   490,000원   (대) 지급어음   500,000원
　　　매출채권처분손실   10,000원

③ (차) 당좌예금   490,000원   (대) 단기차입금   500,000원
　　　이자비용   10,000원

④ (차) 당좌예금   490,000원   (대) 받을어음   500,000원
　　　매출채권처분손실   10,000원

06. 매출채권에 대한 대손충당금계정의 성격으로 옳은 것은?

① 자산계정   ② 부채계정

③ 수익계정   ④ 차감적 평가계정

07. 다음 중 대손으로 처리할 수 없는 계정은?

(가) 외상매입금	(나) 받을어음
(다) 선수금	(라) 단기대여금

① (가), (다)　　　　② (나), (다)　　　　③ (다), (라)　　　　④ (가), (나)

08. 매출채권 20,000원이 회수불능으로 확인되었다. 다음 각 상황별로 계상되어야 할 대손상각비는 얼마인가?

- 상황 1 : 대손충당금 잔액이 15,000원인 경우
- 상황 2 : 대손충당금 잔액이 25,000원인 경우

	상황1	상황2			상황1	상황2
①	15,000원	5,000원		②	5,000원	0원
③	5,000원	5,000원		④	15,000원	0원

09. 다음 자료에 의한 결산정리 분개로 옳은 것은?

총계정원장 계정잔액	• 외상매출금 : 400,000원 • 받을어음 : 600,000원 • 대손충당금 : 15,000원
결산 정리 사항	• 대손 예상액 : 매출채권 잔액의 2%

	차변	대변
①	대손상각비 5,000원	대손충당금 5,000원
②	대손상각비 8,000원	대손충당금 8,000원
③	대손상각비 15,000원	대손충당금 15,000원
④	대손상각비 20,000원	대손충당금 20,000원

10. 기말 결산시 매출채권에 대한 대손충당금을 과대계상한 경우 기업에 미치는 영향으로 옳은 것은?
① 순이익이 과소계상된다.　　　　② 순이익이 과대계상된다.
③ 자산이 과대계상된다.　　　　④ 부채가 과대계상된다.

11. 다음의 대손상각비와 대손충당금계정의 설명으로 옳지 않은 것은?

대손상각비			(원)
12/31 대손충당금	40,000	12/31 손 익	40,000

대손충당금			(원)
4/5 외상매출금	80,000	1/1 전 기 이 월	100,000
12/31 차 기 이 월	60,000	12/31 대손상각비	40,000
	140,000		140,000
		1/1 전 기 이 월	60,000

① 외상매출금에 대한 당기 대손 추산액은 100,000원이다.
② 당기 중 외상매출금에 대한 대손 발생액은 80,000원이다.
③ 당기 말 손익계산서에 기입될 대손상각비는 40,000원이다.
④ 대손상각비계정에 손익 40,000원은 당기순이익을 감소시킨다.

12. 다음 중 대손충당금과 관련된 설명으로 틀린 것은?
① 상거래상 매출채권 외에 미수금에 대해서는 대손충당금을 설정할 수 없다.
② 대손충당금은 수익과 비용의 기간적 대응을 위해 설정한다.
③ 대손충당금은 채권에 대한 차감적 평가계정이다.
④ 실제 대손이 발생하면 대손충당금과 우선상계하고 대손충당금잔액을 초과하는 대손액은 대손상각비로 처리한다.

 주관식

01. 다음 자료에 의하여 매출채권 기말잔액을 계산하면 얼마인가?

• 매출채권 기초잔액 : 30,000원	• 당기 외상매출액 : 150,000원
• 매출채권 회수액 : 80,000원	• 매출채권 회수불능액 : 20,000원

02. 다음 자료에서 외상매출금 기말잔액을 계산한 금액은 얼마인가?(단, 상품 매출은 현금과 외상거래로만 이루어진다)

- 상품 총매출액 : 500,000원
- 외상매출금 전기이월액 : 50,000원
- 당기 외상매출액 중 대손발생액 : 5,000원
- 당기 중 현금매출액 : 300,000원
- 외상매출금 당기 회수액 : 70,000원

03. 다음 자료에 의하여 아래와 같은 결산 후의 약식 재무상태표의 ㉠, ㉡에 들어갈 금액을 계산하시오.

- 매출채권 잔액   : 500,000원
- 대손충당금계정 잔액   :   4,000원
- 대손 예상액   : 매출채권 잔액의 2%

재무상태표

자 산	금 액	
매출채권	500,000원	
대손충당금	(㉠)	(㉡)

04. 다음 자료에서 20×1년 12월 31일 결산시 손익계산서에 기입되는 대손상각비를 계산하시오.

- 9/ 5 외상매출금 200,000원이 회수불능 되다.(단, 대손충당금 잔액 300,000원 있음)
- 10/12 위의 대손 처리한 외상매출금 중 50,000원을 현금으로 회수하다.
- 12/31 결산 시 외상매출금 잔액 10,000,000원에 대하여 2%의 대손을 예상하다.

05. 다음은 (주)예성기업의 당기 중 어음할인과 관련된 거래내역이다. 손익계산서에 비용으로 계상되는 금액은 얼마인가? (단, 매각거래로 회계처리하고 할인료는 월할계산할 것)

20x1. 1. 1 : 상품을 판매하고 고객으로부터 6개월 후 만기인 무이자부 약속어음 1,000,000원을 받았다.
20x1. 3. 1 : 위의 어음을 금융기관으로부터 연 12% 조건으로 할인받았다.
20x1. 6.30 : 금융기관으로부터 위의 어음이 결제되었다는 통지를 받았다.

연/습/문/제 답안

🔑 분개연습

[1] (차) 받 을 어 음(운동랜드) 3,000,000 (대) 상 품 매 출 5,000,000
　　　 외상매출금(운동랜드) 2,000,000

[2] (차) 받을어음(보람여행사) 5,000,000 (대) 상 품 매 출 5,000,000
　　　 운 반 비(판) 50,000 　　　 현　　　금 50,000

[3] (차) 보 통 예 금 1,850,000 (대) 받 을 어 음(영우상사) 2,000,000
　　　 매출채권처분손실(영) 150,000
　☞ 매출채권의 매각거래는 영업외거래에 해당한다.

[4] (차) 보 통 예 금 20,000,000 (대) 받 을 어 음(양산기업) 20,500,000
　　　 수수료비용(판) 500,000
　☞ 매출채권의 추심은 영업거래에 해당되어 추심수수료는 판매비와관리비로 회계처리한다.

[5] (차) 상　　　품 500,000 (대) 받 을 어 음(삼미상사) 500,000

[6] (차) 대손충당금(외상) 16,000,000 (대) 외상매출금(평화상사) 20,000,000
　　　 대손상각비 4,000,000

[7] (차) 현　　　금 10,000,000 (대) 외상매출금(서해물산) 30,000,000
　　　 보 통 예 금 20,000,000

[8] (차) 기타의대손상각비 10,000,000 (대) 단기대여금(대마도) 10,000,000
　☞ 매출채권이 아니므로 영업외비용인 기타의 대손상각비로 처리

[9] (차) 보 통 예 금 430,000 (대) 대손충당금(외상) 430,000

[10] (차) 보 통 예 금 2,425,000 (대) 외상매출금(국민카드) 2,500,000
　　　 수수료비용(판) 75,000

🔑 객관식

1	2	3	4	5	6	7	8	9	10	11	12			
②	④	①	②	④	④	①	②	①	①	①	①			

[풀이 - 객관식]

01. 외상매출금 계정은 자산 계정이므로 증가를 차변에 기입한다. 상품을 매출하고 대금을 20일 후에 받기로 한 것은 분개 시 차변 계정과목이 외상매출금이다. 업무용 비품을 외상으로 매각하면 미수금 계정의 차변에 기입한다.

02. 외상매출금 전기이월액은 차변 항목이다.

03. 상품 매출대금 등으로 약속어음이나 환어음을 받으면 어음상의 채권이 발생하여 받을어음계정의 차변에 기입한다.

04. (차) 외상매출금   500,000   (대) 상품매출   500,000→거래 추정

05. 어음을 할인 받은 경우 어음상의 채권이 소멸하므로 받을어음계정의 대변에 기입하고, **할인료는 매출채권처분손실로 회계처리**한다.

06. 대손충당금은 부채계정이 아니라 **매출채권에서 차감하는 자산의 평가계정**이다. 그러나 부채처럼 생각하시고 문제를 푸시면 됩니다.

07. 외상매입금, 선수금은 부채이므로 대손으로 처리할 수 없다.

08. 상황1 : (차변) 대손충당금   15,000원   (대변) 매출채권   20,000원
       대손상각비   5,000원
       상황2 : (차변) 대손충당금   20,000원   (대변) 매출채권   20,000원

09. 당기 대손 예상액은 20,000원(1,000,000원×0.2), 대손충당금 잔액 15,000원을 차감하면 손익계산서에 기입될 대손상각비는 5,000원이다.

10. **대손충당금을 과대계상을 하면 매출채권이 과소계상되므로 순이익이 과소계상(자산과 이익은 비례관계임.)** 된다.

11. 매출채권에 대한 당기 대손 추산액은 60,000원이다.

12. 상거래상 매출채권이 아닌 **대여금이나 미수금 등에 대해서도 대손충당금을 설정할 수 있다.**

🗝 주관식

01	80,000원	02	175,000원	03	㉠ 10,000원
					㉡ 490,000원
04	50,000원	05	40,000원		

[풀이 - 주관식]

01.

매출채권

기초잔액	30,000	대 손 액	20,000
		회 수 액	80,000
매출(발생액)	**150,000**	*기말잔액(?)*	*80,000*
계	180,000	계	180,000

02.

외상매출금

기초잔액	50,000	대 손 액	5,000
		회 수 액	70,000
외상매출액	**200,000**	*기말잔액(?)*	*175,000*
계	250,000	계	250,000

총매출액 - 현금매출액
= 500,000 - 300,000

03. 당기의 대손 예상액은 "500,000원 × 2% = 10,000원"이므로 분개는 다음과 같이 하지만[(차변)대손상각비 6,000원 (대변)대손충당금 6,000원] ㉠에는 10,000원이 기입되며, ㉡은 이 금액을 차감한 490,000원이 기입된다.

04.

대손충당금

대손(외상매출금)	200,000	기초잔액	300,000
		회수(현금)	50,000
기말잔액	200,000	*설정(대손상각비)*	*50,000*
계	400,000	계	400,000

대손추산액 = 10,000,000 × 2%

10,000,000 × 2% - 150,000 = 50,000

05. 할인료(매출채권처분손실) = 1,000,000 × 12% × 4개월(3.1~6.30)/12개월 = 40,000원

6. 기타의 당좌자산

(1) 미수수익(VS 미지급비용)

발생주의에 따라 인식한 수익의 당기 기간경과분에 대한 수익으로서 아직 현금으로 미수취한 경우에 당기에 수익을 가산하는 동시에 **미수수익(당좌자산)**으로 계상하여야 한다(**인위적인 회계기간이 있기 때문에 발생주의에 따라 비록 현금을 수취하지 않았다 하더라도 당기의 수익으로 인식해야 한다**).

예를 들어 20×1년 10월 1일 만기 1년으로 연 이자율 6%의 조건으로 1,000,000원의 정기예금에 가입하였다고 가정하면, 만기(20×2년 10월 1일)에 정기예금 가입금액 1,000,000원과 이자금액 60,000원을 수취하게 된다.

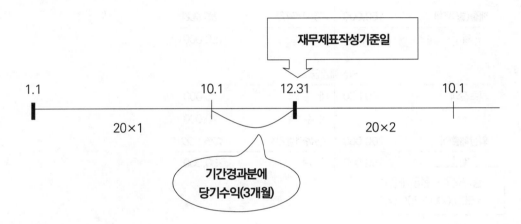

따라서 12월 31일에 기간경과 분(10월 1일부터 12월 31일까지)에 대하여 수익을 인식하여야 한다. 왜냐하면 발생주의 원칙에 따라 올해 발생된 수익을 인식하여야 하기 때문이다.

20×1년 12월 31일 결산수정분개는 다음과 같다.
(차) 미 수 수 익   15,000원   (대) 이 자 수 익   15,000원

경과 분 이자수익은 60,000원×3개월/12개월=15,000원

또한 채무자인 은행도 마찬가지로 발생주의 원칙에 따라 발생된 비용을 인식하여야 한다.
(차) 이 자 비 용   15,000원   (대) 미지급비용   15,000원

<예제 2 - 13> 손익의 발생

㈜백두와 거래상대방(㈜청계, ㈜설악)의 거래내역을 각각 분개하시오.

1. ×1년 12월 31일 거래처인 ㈜청계에 단기대여한 금액에 대하여 당기분 경과이자를 인식하다(대여금액 10,000,000원, 대여일 7월 1일 연이자율 10% 월할계산할 것).
2. ×1년 12월 31일 ㈜설악의 장기차입금에 대하여 당기분 경과이자를 인식하다(차입금액 20,000,000원, 차입일 10월 1일 연이자율 5% 월할계산할 것).
3. ×2년 7월 1일 거래처인 ㈜청계로부터 대여금과 이자를 현금수령하다.
4. ×2년 10월 1일 ㈜설악에게 1년치 이자를 현금지급하다.

해답

1.	㈜백두	(차) 미 수 수 익	500,000원	(대) 이 자 수 익	500,000원
		수익발생 : 10,000,000원×10%×6개월/12개월			
	㈜청계	(차) 이 자 비 용	500,000원	(대) 미지급비용	500,000원
2.	㈜백두	(차) 이 자 비 용	250,000원	(대) 미지급비용	250,000원
		비용발생 : 20,000,000원×5%×3개월/12개월			
	㈜설악	(차) 미 수 수 익	250,000원	(대) 이 자 수 익	250,000원
3.	㈜백두	(차) 현 금	11,000,000원	(대) 단기대여금 미 수 수 익 이 자 수 익	10,000,000원 500,000원 500,000원[1]
		*1. 당기수익발생 : 10,000,000원×10%×6개월/12개월			
	㈜청계	(차) 단기차입금 미지급비용 이 자 비 용	10,000,000원 500,000원 500,000원	(대) 현 금	11,000,000원
4.	㈜백두	(차) 미지급비용 이 자 비 용[1]	250,000원 750,000원	(대) 현 금	1,000,000원
		*1. 당기비용발생 : 20,000,000원×5%×9개월/12개월			
	㈜설악	(차) 현 금	1,000,000원	(대) 미 수 수 익 이 자 수 익	250,000원 750,000원

(2) 선급비용(VS 선수수익)

발생주의에 따라 당기에 선 지급한 비용 중 차기비용으로서 차기 이후로 이연할 금액을 말한다. 즉, **당기에 지출한 비용 중 내년도 비용은 결산일 기준으로 자산에 해당된다.**

예를 들어 20×1년 10월 1일 창고 화재보험료를 1년분 보험료 1,200,000원을 미리 지급한 경우 지급시 회계처리는 다음과 같다.

(차) 보 험 료   1,200,000원   (대) 현   금   1,200,000원

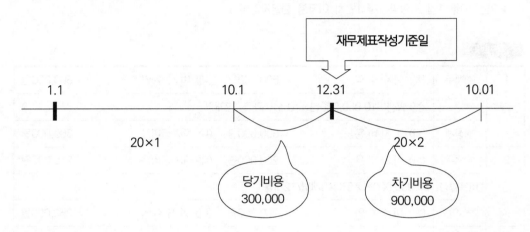

결산일(12월 31일) 시점에서 보면 내년도 보험료 900,000원은 유동자산에 해당한다. 따라서 12월 31일에 기간미경과분에 대한 비용을 자산으로 수정분개 하여야 한다.

20×1년 12월 31일 결산수정분개는 다음과 같다.

(차) 선 급 비 용   900,000원   (대) 보 험 료   900,000원

또한 보험회사의 입장에서 보면,
10월 1일 수령한 현금을 전액 수익(보험료)으로 인식했다면
(차) 현   금   1,200,000원   (대) 수익(보험료)   1,200,000원

12월 31일 올해의 수익(보험료)만 인식하는 결산분개를 행해야 한다.

(차) 수익(보험료)   900,000원   (대) 선 수 수 익   900,000원

<예제 2 - 14> 손익의 이연

㈜백두와 거래상대방((주)청계)의 거래내역을 각각 분개하시오.

1. 10월 1일 건물 중 일부를 (주)청계에 임대(임대기간 1년)하면서 1년분 임대료 1,200,000원을 현금으로 받고 임대료(영·수)로 회계처리하다. ㈜청계는 비용으로 회계처리하다.
2. 11월 1일 창고건물에 대해서 화재보험에 가입하면서 1년치 보험료 600,000원을 현금지급하면서 비용처리 하다.
3. 12월 31일 임대료와 보험료에 대하여 발생기준에 따라 결산수정분개를 하다.

해답

1.	㈜백두	(차) 현 금	1,200,000원	(대) 임대료(영·수)	1,200,000원
	㈜청계	(차) 임 차 료(판)	1,200,000원	(대) 현 금	1,200,000원
2.	㈜백두	(차) 보 험 료(판)	600,000원	(대) 현 금	600,000원
3.	㈜백두	(차) 임대료(영·수)	900,000원	(대) 선 수 수 익	900,000원
	당기수익(임대료) : 1,200,000원×3개월/12개월＝300,000원 수익이연(선 수 수 익) : 1,200,000원×9개월/12개월＝900,000원				
	㈜청계	(차) 선 급 비 용	900,000원	(대) 임 차 료(판)	900,000원
3.	㈜백두	(차) 선 급 비 용	500,000원	(대) 보 험 료(판)	500,000원
	당기비용(보험료) : 600,000원×2개월/12개월＝100,000원 비용이연(선급비용) : 600,000원×10개월/12개월＝500,000원				

㈜백두		당 기	차 기(손익의 이연)	
임대료 (수익)	1,200,000 (x1.10.1~x2.9.30)	300,000(임대료) (x1.10.1~x1.12.31)	900,000(선수수익) (x2. 1.1~x2.9.30)	수익의 이연
보험료 (비용)	600,000 (x1.11.1~x2.10.31)	100,000(보험료) (x1.11.1~x1.12.31)	500,000(선급비용) (x2. 1.1~x2.10.31)	비용의 이연

〈손익의 이연과 발생 : 손익의 결산정리〉

손익의이 연	선급비용	발생주의에 따라 올해 지급한 비용 중 차기 비용	**비용의 이연**
	선수수익	발생주의에 따라 올해 수취한 수익 중 차기 수익	**수익의 이연**
손익의 발생	미수수익	발생주의에 따라 올해 수익 중 받지 못한 수익	**수익의 발생**
	미지급비용	발생주의에 따라 올해 비용 중 지급하지 않은 비용	**비용의 발생**

(3) 선급금(vs 선수금)

일반적 상거래에 속하는 재고자산의 구입 등을 위하여 선 지급한 계약금을 말한다. 장차 재고자산 등이 납품되면 재고자산으로 대체 정리될 잠정적인 재화나 용역에 대한 청구권을 내용으로 하는 채권계정이다.

<예제 2 - 15> 선급금(선수금)

(주)백두와 거래상대방(㈜청계)의 거래내역을 각각 분개하시오.
1. 1월 31일 거래처인 ㈜청계에서 원재료 10,000,000원을 구입하기로 계약하고 대금의 10%를 계약금으로 현금지급하다.
2. 2월 10일 ㈜청계로부터 원재료를 인도받고 나머지 잔금을 보통예금통장에서 이체하다. ㈜청계는 상품매출에 해당한다.

해답

1.	㈜백두	(차) 선 급 금	1,000,000원	(대) 현　　　금	1,000,000원
	㈜청계	(차) 현　　　금	1,000,000원	(대) 선 수 금	1,000,000원
2.	㈜백두	(차) 원 재 료	10,000,000원	(대) 선 급 금 보 통 예 금	1,000,000원 9,000,000원
	㈜청계	(차) 선 수 금 보 통 예 금	1,000,000원 9,000,000원	(대) 상 품 매 출	10,000,000원

(4) 선납세금(VS 예수금)

손익계산서상의 법인세비용이란 기업의 당해 연도에 부담하여야 할 법인세와 지방소득세(법인분)를 말하는데, 선납세금은 중간 예납한 법인세와 기중에 원천징수 된 법인세 등이 처리되는 계정으로서 기말에 법인세비용으로 대체된다.

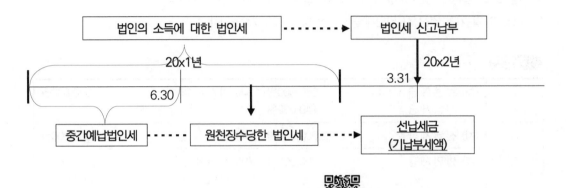

〈원천징수〉

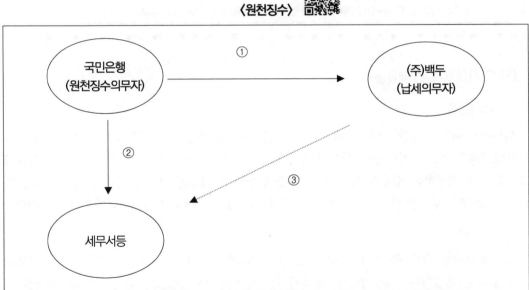

① 국민은행이 (주)백두에게 은행이자 2,000,000원을 지급시 법인세를 차감한 1,860,000원을 지급하다.
② 국민은행은 ㈜백두로부터 예수한 법인세를 관할세무서에 납부하다.
③ 국민은행이 예수한 법인세는 실질적으로 (주)백두가 납부한 것이다.

<예제 2 - 16> 법인세 및 선납세금

다음은 ㈜백두의 거래내역이다. 다음의 거래를 분개하시오.

1. 3월 15일 정기예금의 이자 1,000,000원에 대하여 원천징수 세액을 제외한 860,000원이 보통예금구좌로 입금되다.
2. 8월 31일 법인세 중간예납분 2,000,000원을 강남세무서에 현금납부하다.
3. 12월 31일 기말 결산 시 법인세를 추산한 바 3,000,000원이다.

해답

1.	(차) 보 통 예 금 선 납 세 금	860,000원 140,000원	(대) 이 자 수 익	1,000,000원
2.	(차) 선 납 세 금	2,000,000원	(대) 현　　　금	2,000,000원
3.	(차) 법 인 세 등	3,000,000원	(대) 선 납 세 금[*1] 미지급세금	2,140,000원 860,000원

*1. 기말 합계잔액시산표상의 선납세금 잔액(기납부세액) : 140,000+2,000,000=2,140,000원

(5) 가지급금과 가수금

① 가지급금

회사에서 미리 지급한 금액 중 계정과목이나 금액이 미 확정시 그 내역을 파악할 때까지 일시적으로 처리해두는 계정이다. 회사에서 출장 전에 여비를 미리 개략적으로 계산하여 선 지급하고, 출장 후 정산하는 경우가 있다. 이렇게 출장비를 선 지급한 금액이 어떤 용도에 사용될지, 금액이 얼마나 될지 명확하게 모르기 때문에 일시적인 자산계정인 가지급금계정에 기록한다.

② 가수금

회사에 입금된 금액 중 계정과목이나 금액이 미확정시 그 내역을 파악할 때까지 일시적으로 처리해 두는 계정이다. 추후 입금된 내역이 확정시 해당 본 계정으로 회계처리 하여야 한다.

재무상태표 작성기준 중 이러한 임시계정은 외부에 공시되는 재무상태표에 표시되어서는 안된다.

<예제 2 - 17> 가지급금/가수금

㈜백두의 거래내역을 분개하시오.

1. 3월 15일 사원 홍길동의 대전에 출장을 보내면서 출장비 명목으로 100,000원을 현금 지급하다.

2. 3월 31일 사원 홍길동이 출장 후 출장비를 정산한바 숙박비 40,000원, 교통비 50,000원을 사용하고 나머지 10,000원은 현금으로 반환하다.

3. 4월 15일 당사의 보통예금 계좌에 300,000원이 입금되었는데, 내역을 확인할 수 없다.

4. 4월 30일 300,000원의 내역을 확인한바 (주)한라의 외상매출금 100,000원과 상품매출계약금 200,000 원으로 확인되다.

해답

1.	(차) 가 지 급 금	100,000원	(대) 현　　　　금	100,000원
2.	(차) 여비교통비(판) 현　　　　금	90,000원 10,000원	(대) 가 지 급 금	100,000원
3.	(차) 보 통 예 금	300,000원	(대) 가 　수 　금	300,000원
4.	(차) 가 　수 　금	300,000원	(대) 외상매출금 선 　수 　금	100,000원 200,000원

(6) 소모품

소모성 비품 구입에 관한 비용으로서 사무용품, 소모공구 구입비 등 **회사가 중요성에 따라 자산으로 처리하는 것**을 말한다. 소모품비는 비용이고 소모품은 자산에 해당한다.

중요성

특정회계정보가 정보이용자의 **의사결정에 영향을 미치는 정도**를 말한다.

특정정보가 생략되거나 잘못 표시될 경우 정보이용자의 판단이나 의사결정에 영향을 미칠 수 있다면 그 정보는 중요한 것이다. 이러한 정보는 **금액의 대소로 판단하지 않고 정보이용자의 의사결정에 영향을 미치면 중요한 정보가 되는 것**이다. 예를 들어 어느 기업의 소모품비와 같은 소액의 비용을 자산으로 처리하지 않고 발생즉시 비용으로 처리하는 것은 정보이용자 관점에서 별로 중요하지 않기 때문에 당기 비용화하는 것이다.

<예제 2 - 18> 소모품/소모품비

(주)백두의 거래내역을 분개하시오.

1. 7월 15일 사무용소모품 1,000,000원을 구입하고 대금은 외상으로 하였다.(비용으로 처리하시오)

2. 12월 31일 소모품비로 계상된 금액 중 기말 현재 미사용액은 200,000원이다. 결산수정분개를 하시오.

해답

| 1. | (차) 소모품비(판) | 1,000,000원 | (대) 미지급금 | 1,000,000원 |
| 2. | (차) 소모품(자산) | 200,000원 | (대) 소모품비 | 200,000원 |

〈합계잔액시산표〉

차 변		계 정 과 목	대 변	
잔 액	합 계		합 계	잔 액
200,000	200,000	당 좌 자 산 소 모 품		
800,000	1,000,000	판 매 비 와 관 리 비 소 모 품 비	200,000	

☞ 구입시 자산(소모품)으로 처리했다고 가정하면,

| 7/15 | (차) 소모품 | 1,000,000원 | (대) 미지급금 | 1,000,000원 |
| 12/31 | (차) 소모품비(판) | 800,000원 | (대) 소모품 | 800,000원 |

[최종결과]

구입		당기 비용	자 산
사무용소모품	1,000,000	800,000(소모품비)	200,000(소모품)

연/습/문/제

 분개연습

[1] 상품 배송용 화물차에 대한 자동차 종합보험을 수원화재에 가입하고 1년분 보험료 1,200,000원을 현금으로 지급하다(단, 보험료 지급은 자산으로 처리할 것).

[2] 7월 25일 업무차 출장한 사원의 출장여비로 계산하여 지급하였던 150,000원에 대해 교통비 75,000, 숙박비 50,000, 기타제경비 40,000으로 정산하고, 출장비 초과분은 현금으로 지급하다.

[3] 결산시 임차료 900,000원은 당해년도 9월부터 내년도 2월분까지이다(월할계산하여 비용을 이연하시오).

[4] 결산시 대여금에 대한 이자수익 중 300,000원을 차기로 이연하다.

[5] 결산시 단기대여금에 대한 당기 기간 경과분에 대한 이자미수액 80,000을 계상하다(이자수령일은 다음연도 1월 20일이다).

[6] (주)대여에 빌려주었던 대여금에 대한 이자 1,000,000원에 대해 세금 250,000원을 제외한 금액이 당사의 보통예금에 입금되었다(세금은 자산으로 처리하시오).

[7] (주)정민상사에 원재료를 주문하면서 계약금으로 7,000,000원을 당좌예금에서 이체하였다.

👤 객관식

01. 다음 중 당좌자산에 해당하는 계정과목으로 옳은 것을 모두 고른 것은?

ㄱ. 상품	ㄴ. 보통예금	ㄷ. 이자수익
ㄹ. 외상매출금	ㅁ. 차량운반구	ㅂ. 단기매매증권

① ㄱ, ㄴ, ㄷ   ② ㄱ, ㄹ, ㅁ   ③ ㄴ, ㄹ, ㅂ   ④ ㄴ, ㅁ, ㅂ

02. 결산시 당기분에 해당하는 임대료의 미수분을 계상하였다면 다음 중 어디에 해당하는가?

① 수익의 이연   ② 비용의 이연   ③ 수익의 예상   ④ 비용의 예상

03. 결산시 차기분에 해당하는 이자수익의 선수분을 계상하였다면 다음 중 어디에 해당하는가?

① 수익의 이연   ② 비용의 이연   ③ 수익의 예상   ④ 비용의 예상

04. (주)○○은 20×1년 3월 1일 1년분 화재보험료 120,000원을 현금으로 지급하고 보험료로 회계처리 하였다. 20×1년 12월 31일 결산시 필요한 수정분개를 나타낸 것은?(월할 계산할 것)

	차변		대변	
①	선급보험료	20,000원	보험료	20,000원
②	선급보험료	100,000원	보험료	100,000원
③	보험료	20,000원	선급보험료	20,000원
④	보험료	100,000원	선급보험료	100,000원

05. 다음 연속된 거래의 12월 31일(결산일) 분개로 옳은 것은?

- 20x1. 9. 5. 출장 중인 사원으로부터 내용불명의 우편환증서 50,000원을 받다.
- 20x1.12.31. 위의 우편환증서는 매출처 ○○상점의 상품주문 대금인 것으로 판명되다.

	(차변)	(대변)		(차변)	(대변)
①	현 금 50,000	가수금 50,000	②	현 금 50,000	외상매출금 50,000
③	가수금 50,000	선수금 50,000	④	가수금 50,000	외상매출금 50,000

06. 다음 중 소모품에 대한 결산정리 분개로 옳은 것은?

> • 5월 4일 사무용 소모품 80,000원을 현금으로 구입하다.(소모품은 소모품비계정 차변에 기입하다)
> • 12월 31일 결산일 현재 소모품 미사용액이 20,000원이다.

(차변)		(대변)	
① 소 모 품	20,000원	소모품비	20,000원
② 소모품비	10,000원	소 모 품	10,000원
③ 소 모 품	10,000원	소모품비	10,000원
④ 소모품비	20,000원	소 모 품	20,000원

07. 다음 소모품비계정의 기입 내용을 보고 설명한 내용 중 옳지 않은 것은?

소모품비

3/1 현 금	200,000	12/31 소 모 품	80,000
		12/31 손 익	120,000
	200,000		200,000

① 당기 소모품 구입액은 200,000원이다.

② 당기 소모품 사용액은 120,000원이다.

③ 당기 소모품 미사용액은 80,000원이다.

④ 손익계산서에 계상되는 소모품비는 80,000원이다.

08. 다음 (가)와 (나)를 분개할 때, 차변 계정과목으로 옳은 것은?

> (가) 출장가는 김갑순에게 출장비를 어림잡아 100,000원을 현금 지급하다.
> (나) (주)○○상사에 상품을 주문하고, 계약금으로 50,000원을 현금 지급하다.

① (가) 가수금   (나) 선급금

② (가) 가수금   (나) 선수금

③ (가) 가지급금 (나) 선급금

④ (가) 가지급금 (나) 선수금

09. 다음은 (주)○○이 20×1년 11월 1일에 보험료 6개월분을 현금으로 납부한 것을 기간별로 나타낸 것이다. 이를 자료로 12월 31일 결산 정리 분개로 옳은 것은? (단, 보험료는 매월 균등하며, 지급시 비용계정으로 회계 처리하였다)

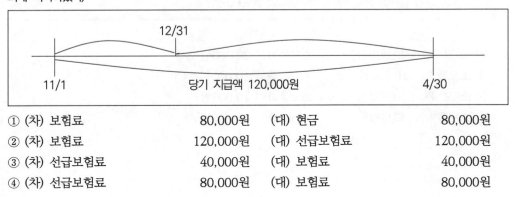

① (차) 보험료   80,000원   (대) 현금   80,000원
② (차) 보험료   120,000원   (대) 선급보험료   120,000원
③ (차) 선급보험료   40,000원   (대) 보험료   40,000원
④ (차) 선급보험료   80,000원   (대) 보험료   80,000원

10. 가지급금으로 회계처리한 400,000원 중 150,000원은 매입 상품의 계약금으로 확인된 경우 회계처리로 올바른 것은?
① (차) 가지급금   150,000원   (대) 선급금   150,000원
② (차) 미지급금   150,000원   (대) 가지급금   150,000원
③ (차) 가지급금   150,000원   (대) 미지급금   150,000원
④ (차) 선급금   150,000원   (대) 가지급금   150,000원

11. 자산총액과 수익총액의 변동을 동시에 발생시키는 결산정리사항으로 옳은 것은?
① 차입금에 대한 이자 선급액은 200,000원이다.
② 보험료 중 기간미경과액은 300,000원이다.
③ 임대료에 대한 미수액은 400,000원이다.
④ 소모품비 중 미사용분은 100,000원이다.

12. 다음 계정과목의 설명으로 틀린 것은?
① 미수금 : 일반적인 상거래 이외의 거래로 발생된 채권으로 유형자산 매각거래 등에서 발생된다.
② 미수수익 : 발생주의에 따라 수익의 당기 기간 경과분에 대한 수익으로서 미수취한 것이다.
③ 선수수익 : 상품매출 또는 제품매출에 대한 계약금으로 미리 받은 금액이다.
④ 선급금 : 상품, 원재료 등의 구입조건으로 미리 지급하는 금액이나 계약금이다.

연/습/문/제 답안

🔑 분개연습

[1]　(차) 선 급 비 용　　　1,200,000　(대) 현　　　금　　　1,200,000

[2]　(차) 여비교통비　　　　165,000　(대) 가 지 급 금　　　　150,000
　　　　　　　　　　　　　　　　　　　　　　현　　　금　　　　　15,000

[3]　(차) 선 급 비 용　　　　300,000　(대) 임 차 료　　　　　300,000
　　☞ 선급비용 : 900,000원×2개월/6개월=300,000원

[4]　(차) 이 자 수 익　　　　300,000　(대) 선수수익　　　　　300,000
　　☞ 이자수익은 수익이므로 내년도로 수익을 이연하라는 문제이다.

[5]　(차) 미 수 수 익　　　　 80,000　(대) 이자수익　　　　　 80,000

[6]　(차) 보 통 예 금　　　　750,000　(대) 이 자 수 익　　　1,000,000
　　　　선 납 세 금　　　　250,000

[7]　(차) 선 급 금(정민상사)　7,000,000　(대) 당 좌 예 금　　　7,000,000

○─ 객관식

1	2	3	4	5	6	7	8	9	10	11	12			
③	③	①	①	③	①	④	③	④	④	④	③			

[풀이 – 객관식]

01. 유동자산 중 판매과정을 거치지 아니하고 즉시 현금화할 수 있는 자산을 당좌자산이라 하며, 현금및현금성자산, 단기대여금, 외상매출금, 받을어음, 단기매매증권, 미수금 등이 해당한다.

02. 당기에 수익이 발생하였으나 현금의 수입이 이루어지지 않은 경우 해당 수익계정의 대변에 기입하여 당기의 수익에 가산함과 동시에 자산에 속하는 미수수익계정 차변에 기입하여 차기로 이월하는 것을 수익의 예상이라 한다.

03. 회계기간 중 이미 계상한 수익 중 차기 이후의 수익이 포함되어 있는 경우 이를 당해 수익에서 차감하고 **선수수익이라는 부채로 계상하는 것을 수익의 이연**이라 한다.

04. 선급보험료 (120,000×2개월/12개월＝20,000원)을 계상하여야 한다.

05. 출장 중인 사원으로부터 내용불명의 우편환증서를 받으면 가수금 계정 대변에 기입하고, 나중에 원인이 판명되면 해당 계정에 대체한다. 그리고 상품 주문대금은 선수금인 부채계정으로 처리한다.

06. 소모품 80,000원을 구입하였으나 미사용액이 20,000원이다. 소모품은 비용처리법으로 하여 구입시 (차변)소모품비 80,000 (대변) 현금 80,000이나 미사용액이 20,000원이므로 (차변) 소모품 20,000 (대변) 소모품비 20,000이다.

07. 손익계산서에 표시되는 소모품비는 당기 사용액이 표시되므로 120,000원이고, 기말 소모품 잔액은 80,000원이다.

3월 1일 (차) 소모품비	200,000	(대) 현 금	200,000
12월 31일 (차) 소 모 품	80,000	(대) 소모품비	80,000
결산 : 손익계정마감 (차) 손 익	120,000	(대) 소모품비	120,000

09. 6개월분이 120,000원이므로 1개월분은 20,000원이며, 결산 일 현재 4개월분이 선급분이므로 80,000원을 보험료에서 차감하고, 선급보험료로 계상한다.

10. 가지급금은 자산계정이므로 차변의 장부가액을 대변으로 상계처리하고, 차변에는 매입 상품의 계약금으로 지급한 것이므로 선급금으로 처리한다.

11. ③ (차) 미수수익(자산의 증가)   400,000원   (대) 임대료(수익의 발생)   400,000원
① 자산의 증가 – 비용의 소멸
② 자산의 증가 – 비용의 소멸
④ 자산의 증가 – 비용의 소멸

12. **선수수익이란 수익 중 당기의 것이 아니고 차기 이후로 귀속되는 수익**을 말한다. 상품매출, 제품매출에 대한 계약금으로 미리 받은 금액은 선수금에 대한 설명이다.

제2절	재고자산

기업이 영업활동과정에서 판매를 위해서 보유하고 있는 자산이다. 재고자산으로 분류되기 위해서는 영업활동과정에서 판매를 목적으로 소유하고 있어야 한다. 예를 들어 TV제조회사가 있는데 TV를 회의실에 사용하고 있다면 비품으로 분류되나 판매를 위하여 제품창고에 있다면 재고자산으로 분류한다.

또한 재고자산은 판매목적으로 보유하고 있는 자산이므로 정상적인 영업주기내에 판매될 것으로 예상되므로 유동자산으로 분류한다.

1. 재고자산의 분류

① 상　품 : 정상적인 영업활동과정에서 판매를 목적으로 구입한 상품
② 제　품 : 판매목적으로 제조한 생산품
③ 반제품 : 자가제조한 중간제품과 부분품으로 **판매가 가능한 것**
④ 재공품 : 제품의 제조를 위하여 제조과정에 있는 것
⑤ 원재료 : 제품을 제조하고 가공할 목적으로 구입한 원료, 재료 등
⑥ 저장품 : 소모품, 수선용 부분품 및 기타 저장품 등
⑦ 미착(상)품 : 운송중에 있어서 아직 도착하지 않은 원재료(상품)를 말한다.

2. 재고자산의 취득원가 결정

자산의 취득원가에는 그 자산을 취득하여 사용하기 까지 투입되는 모든 비용을 포함한다. 따라서 재고자산의 취득원가에는 재고자산을 취득하여 사용하기까지 소요된 모든 지출액(매입부대비용)을 포함한다.

취득원가 = 매입가액 + 매입부대비용 − 매입환출 − 매입에누리 − 매입할인 등

① 매입부대비용

재고자산을 매입할 때 매입가액이외에 추가적으로 발생하는 비용을 말한다.

매입운임, 매입수수료, 매입 시 보험료, 하역비 그리고 만약 해외로부터 수입 시 수입관세 및 통관수수료 등 이렇게 매입부대비용을 매입시점에 비용으로 처리하지 않고 재고자산의 취득원가에 가산하는 것은 수익비용대응원칙에 따른 것이다.

　☞ 수입관세 : 상품 등을 수입시 자국의 산업보호 등을 위하여 국가에서 부과하는 세금
　　통관수수료 : 상품 등을 수입시 수입신고를 하여야 하는바 이에 따른 수수료를 말한다.

② 매입환출과 매입에누리

구매한 재고자산에 하자(불량, 수량부족 등)가 발생하여 매입한 재고자산을 판매처에 반품하는 것을 매입환출이라 하고 상기 사유로 인하여 가격을 할인해 주는 경우를 매입에누리라 한다.

③ 매입할인

구매자가 외상매입금을 조기에 지급한 경우 판매자가 가격을 할인해 주는 것을 말한다.

■ 매출환입, 매출에누리, 매출할인

매출환입이란 판매한 재고자산에 하자가 발생하여 매입자로부터 반품을 받은 것을 말하고 매출에누리란 이러한 하자에 대하여 매입자에게 가격을 할인하여 주는 것을 말한다.

매출할인은 외상으로 판매한 매출채권을 매입자가 조기에 대금을 지불하는 경우 외상대금의 일부를 할인해 주는 것을 말한다.

외상거래에 있어서 매출할인의 조건을 보면 다음과 같다.

(2/10, n/30)의 조건으로 계약을 체결했다면 거래일로부터 10일 이내에 대금을 회수하는 경우 대금의 2%를 할인해주고 30일 이내에 대금회수를 완료해야 한다는 조건이다.

구 분		판매자		구매자	
		총매출액	**100**	**총매입액**	**100**
하 자 발 생	반 품 시	**(−)매출환입**	(5)	**(−)매입환출**	(5)
	가 격 에 누 리	**(−)매출에누리**	(10)	**(−)매입에누리**	(10)
조 기 결 제 에 따 른 할 인		**(−)매출할인**	(10)	**(−)매입할인**	(10)
운임(운반비)		운반비	판관비	**(+)부대비용(운임)**	5
		순매출액	**75**	**순매입액**	**80**

손익계산서상
매출액

재고자산
취득가액

<예제 2 - 19> 재고자산

㈜백두와 거래상대방(㈜청계)의 거래내역을 각각 분개하시오. 부가가치세는 고려하지마세요.

1. 3월 15일 ㈜청계(제조업)에서 원재료 100,000원(개당 10,000원)을 외상매입하고 운반비 2,000원은 배달업체에 자기앞수표로 지급하다. ㈜청계는 제품매출에 해당한다.

2. 3월 20일 ㈜청계에서 구입한 원재료 중 1개가 불량품이 발생하여 반품하다.

3. 3월 25일 ㈜청계의 외상매입금에 대하여 조기결제하여 1%의 할인을 받고 잔액은 보통예금으로 계좌이체하다.

해답

1.	㈜백두	(차) 원 재 료	102,000원	(대) 외상매입금 현 금	100,000원 2,000원
	㈜청계	(차) 외상매출금	100,000원	(대) 제 품 매 출	100,000원
2.	㈜백두	(차) 외상매입금	10,000원	(대) 매 입 환 출	10,000원
		☞ **(차) 원 재 료 △10,000원 (대) 외상매입금 △10,000원도 가능**			
	㈜청계	(차) 매 출 환 입	10,000원	(대) 외상매출금	10,000원
		☞ **(차) 외상매출금 △10,000원 (대) 제품매출 △10,000원도 가능**			
3.	㈜백두	(차) 외상매입금	90,000원	(대) 매 입 할 인 보 통 예 금	900원[*1] 89,100원
	㈜청계	(차) 보 통 예 금 매 출 할 인	89,100원 900원	(대) 외상매출금	90,000원
	*1. 매입(매출)할인 : 90,000원×1%				

3. 기말재고자산의 귀속여부(기말재고자산의 범위)

재무상태표의 기말재고자산에 포함될 항목에는 회사의 창고에 보관하고 있는 재고자산과 비록 창고에 없더라도 회사의 기말재고자산으로 포함될 항목(미착품, 위탁품, 시용품 등)이 있다. 따라서 회사의 재고자산이 판매되었다면 수익을 인식하여야 한다.

① 미착상품(운송중인 상품)

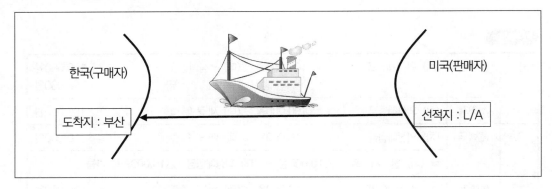

미착상품이란 상품을 주문하였으나 운송 중에 있어 아직 도착하지 않는 상품을 말한다. 이 경우 **원재료라면 미착품이란 계정을 사용**한다.

만약 운송도중에 화재로 인하여 배가 침몰하였을 경우에 누구에게 법적책임이 있을까? 따라서 구매자와 판매자는 협상을 통하여 두 가지 조건(선적지인도조건과 도착지인도조건)으로 계약한다.

㉠ **선적지인도조건**

선적시점(또는 기적시점)에 소유권이 구매자에게 이전되는 조건이다. 따라서 미착상품은 **매입자의 재고자산**에 포함하여야 한다.

㉡ **도착지인도조건**

구매자가 상품을 인수하는 시점에 소유권이 구매자에게 이전되는 조건이다. 따라서 미착상품은 **판매자의 재고자산**에 포함하여야 하고 구매자의 재고자산에 포함되지 않는다. 이 경우 구매자가 대금을 지급한 경우 계약금에 해당되므로 도착시점까지 선급금계정으로 회계처리하여야 한다.

② 위탁품(적송품)

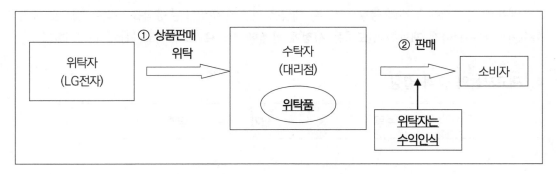

회사(위탁자)의 상품을 타인(수탁자)에게 위탁해서 판매할 때 수탁자에 보관되어 있는 상품을 말한다. 이 경우 위탁상품에 대한 소유권은 위탁자의 재고자산에 포함하여야 하고 **수탁자가 고객에게 판매한 시점에서 위탁자는 수익을 인식하고 재고자산에서 제외시켜야** 한다.

③ 시송품(시용품)

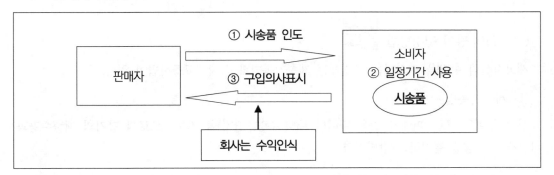

소비자가 일정한 기간 동안 사용해보고 구매를 결정하는 상품을 시송품이라 한다. 따라서 소비자가 매입의사를 표시하기 전까지 판매회사의 소유이므로 재고자산에 포함하고 **소비자가 매입의사를 표시한 날에 회사는 수익을 인식하고** 재고자산에서 제외시켜야 한다.

④ 반품률이 높은 재고자산

반품률이 높은 재고를 판매한 경우에는 과거의 경험 등에 의해 반품률의 합리적 추정가능성 여부에 따라 재고자산 포함여부를 결정한다.

　㉠ **합리적 추정이 가능한** 경우 : 재고자산을 판매한 것으로 보아 판매회사의 재고자산에서 제외한다.

　㉡ **합리적 추정이 불가능한** 경우 : **구매자가 인수를 수락하거나 반품기간이 종료되는 시점**까지 판매회사의 재고자산에 포함한다.

⑤ 할부판매

할부판매란 고객에게 재화 등을 인도 후 대금을 나중에 수령하는 방식을 말하는 것으로 대금 회수여부와 무관하게 **재화를 인도하는 시점에 판매한** 것으로 보아 재고자산에서 제외한다.

4. 재고자산의 금액 결정

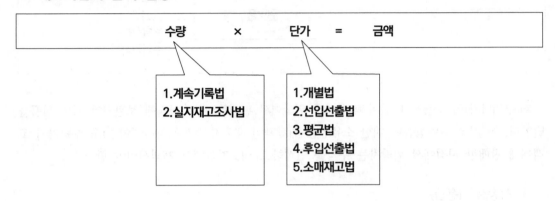

(1) 재고수량의 결정방법

재고자산의 수량을 결정하는 방법에는 계속기록법과 실지재고조사법이 있다.

① 계속기록법

상품의 매입 또는 판매가 있을 때마다 내역(수량, 단가)을 기록함으로써 당기의 매출수량과 기말재고 수량을 결정하는 방법이다.

기초재고수량 + 당기매입수량 – 당기매출수량 = 기말재고수량

즉, 계속기록법을 사용하면 기말재고수량은 장부상의 재고이고 창고 상에 몇 개의 재고가 남아 있는지 알 수 없다.

② 실지재고조사법

기말 창고에 실제 남아있는 상품의 수량을 카운트해서 당기 매출수량을 파악하는 방법이다.

기초재고수량 + 당기매입수량 – 기말재고수량 = 당기매출수량

③ 상호방법 비교

재 고 자 산

기초(1.1)	1,000개	매출수량 ① 9,000개 ② 10,000개 (1.1~12.31)
구입(1.1~12.31)	10,000개	기말재고(12.31) ② 2,000개 ① 1,000개
계(판매가능수량)	**11,000개**	

계속기록법

실지재고
조사법

계속기록법을 적용하면 매출수량이 정확하게 계산되고, 실지재고조사법을 적용하면 기말재고 자산 수량이 정확하게 계산된다.

재고감모란 재고가 분실, 도난, 마모 등으로 인해 없어진 것을 재고감모라 하며 그 수량을 재고감모수량이라 한다.

재고감모수량 = 계속기록법하의 기말재고수량 − 실지재고조사법하의 기말재고수량

따라서 **계속기록법과 재고조사법을 병행하여 사용하는 것이 일반적이며, 이 경우 매출수량과 감모수량을 정확하게 파악할 수 있다.**

④ 재고자산 감모손실(수량부족분)

재고자산의 감모손실은 **정상감모와 비정상감모로** 구분한다.

정상적인 감모란 재고자산을 보관하는 중에 발생하는 증발, 훼손 등으로 불가피하게 발생하는 것이고, 비정상적인 감모란 사고, 도난 등에 의해 발생한 것으로 부주의가 없었다면 회피할 수 있는 것을 말한다.

정상적인 감모는 원가성이 있는 감모로 보아 매출원가에 가산하고, 비정상적인 감모손실은 원가성이 없다고 판단하여 영업외비용(재고자산감모손실)으로 처리한다.

(2) 기말재고단가의 결정(원가흐름의 가정)

기말재고금액은 재고수량에 재고의 단위당 원가로 결정된다.

따라서 기말재고수량에 적용할 단가를 어느 단가로 사용할지 문제가 된다.

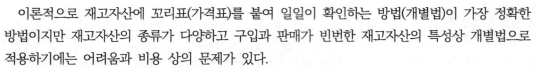

이론적으로 재고자산에 꼬리표(가격표)를 붙여 일일이 확인하는 방법(개별법)이 가장 정확한 방법이지만 재고자산의 종류가 다양하고 구입과 판매가 빈번한 재고자산의 특성상 개별법으로 적용하기에는 어려움과 비용 상의 문제가 있다.

그래서 재고자산의 실제물량흐름과 관계없이 일정한 가정을 통하여 매출원가와 기말재고로 배분하는데, 개별법, 선입선출법, 후입선출법, 평균법 등이 있다.

① 개별법

재고자산이 판매되는 시점마다 판매된 재고자산의 단가를 정확히 파악하여 기록하는 방법으로 **가장 정확한 원가배분방법**이다. 이 배분방법은 재고자산이 고가이거나 거래가 빈번하지 않는 경우(보석, 골동품 등) 적용되어 왔으나, 기술의 발달로 바코드에 의한 재고자산의 관리가 가능하게 되어 대기업 등에서 적용하고 있다.

② 선입선출법(FIFO－first in, first out)

실제물량흐름과 관계없이 먼저 구입한 재고자산이 먼저 판매된 것으로 가정하는 방법이다. 대부분의 기업은 먼저 구입한 재고자산을 먼저 판매하는 것이 일반적이며, **재고자산의 진부화가 빠른 기업은 선입선출법을 적용**한다.

③ 평균법

실제물량흐름과 관계없이 재고자산의 원가를 평균하여 그 평균단가를 기준으로 배분하는 방법이다. 평균법에는 재고자산의 출고시마다 단가를 계속 기록하는 방법(계속기록법)인 이동평균법과 기말에 재고단가를 일괄하여 계산하고 기록(실지재고조사법)하는 방법인 총평균법이 있다. 주유소를 예로 들 수 있다.

④ 후입선출법(LIFO－last in, first out)

실제물량흐름과 관계없이 나중에 구입한 재고자산이 먼저 판매된 것으로 가정하는 방법이다. 대부분의 기업에서의 **실제물량흐름과 거의 불일치되고 일부 특수 업종**에서 볼 수 있다.

고물상, 석탄야적장 등을 예로 들 수 있다.

☞ **한국채택국제회계기준에서는 후입선출법을 인정하지 않는다.**

⑤ 소매재고법(매출가격환원법)

대형할인점의 경우 다양한 종류의 재고자산을 구매하고 판매량도 대량이다. 이런 경우에 재고자산의 취득단가를 각각 계산하는 것이 매우 어렵다. 따라서 기말재고의 매출가격에 원가율을 곱해서 기말재고를 추정하는 방법이 소매재고법이다. 일반적으로 **유통업에서만 인정하는 방법**이다.

⑥ 각방법의 비교

1번째 구입원가가 10원, 2번째 구입원가가 20원, 3번째 구입원가가 30원이고 2개가 개당 50원에 판매되었다고 가정하고, 각 방법에 의하여 매출원가, 매출이익, 기말재고가액, 법인세를 비교하면 다음과 같다.

물가가 상승하는 경우		선입선출법		평균법		후입선출법
구입순서 1.10원 2.20원 3.30원	매출액(2개)	100원(50×2개)		100원		100원
	매출원가(2개)	30원(10+20)	<	40원(20×2개)	<	50원(30+20)
	매출이익 (당기순이익) (법인세)	70원	>	60원	>	50원
	기말재고	30원	>	20원	>	10원

자산 ∝ 이익
(대차평균의 원리)

〈선입선출법과 후입선출법 비교〉

	선입선출법	후입선출법
특징	• 물량흐름과 원가흐름이 대체적으로 일치 • 기말재고자산을 현행원가로 표시 • 수익과 비용 대응이 부적절	• 물량흐름과 원가흐름이 불일치 • 기말재고자산이 과소평가 • 수익과 비용의 적절한 대응

■ 상품T계정 이해

	상	품	
ⓐ전기이월(기초)	1,000,000	ⓒ매출원가	8,000,000
ⓑ순매입액 매입액	10,000,000		
매입운임	30,000		
매입환출	(10,000)		
매입에누리등	(20,000)	ⓓ차기이월(기말)	3,000,000
계	11,000,000	계	11,000,000

판매가능상품 = 판매가능재고

상품매출원가 = 기초상품재고액 + 당기상품매입액 − 기말상품재고액

ⓐ 전기이월(기초) : 전년도로부터 이월된 금액으로서 전기재무상태표의 상품금액이다.

ⓑ 순매입액 등 : **상품 총매입액중 매입환출, 매입에누리, 매입할인을 차감한 금액을 말한다.**
   (차) 상   품   10,000,000   (대) 현 금 등   10,000,000

ⓒ 매출원가 : 상품을 판매하고 상품의 원가를 비용인식한 금액을 말한다.
   (차) 상품매출원가   8,000,000   (대) 상   품   8,000,000

ⓓ 차기이월(기말) : 창고에 남아 있는 상품금액으로 재무상태표 상품계정에 집계되고, 차기의
   기초상품금액이 된다.

<예제 2 - 20> 원가흐름의 가정

㈜백두의 매입과 매출에 관한 자료이다. 선입선출법, 평균법, 후입선출법에 의한 매출원가와 기말재고금액, 매출이익을 계산하시오.

일자	구분	입고		출고		재고수량
		수량	단가	수량	단가	
1.01	기초재고	30	100			30
1.11	상품매입	70	150			100
1.25	상품판매			80	300	20

해답

판매가능재고 = 30개 × 100원 + 70개 × 150원 = 13,500원

구 분	매출액 (A)	판매가능재고		매출이익 (A – B)
		매출원가(B)	기말재고	
선입선출법	24,000원[*1]	10,500원[*2]	3,000원	13,500원
평 균 법		10,800원[*3]	2,700원	13,200원
후입선출법		11,500원[*4]	2,000원	12,500원

*1. 80개×300원
*2. 30개×100원+50개×150원
*3. 80개×[(30×100+70×150)/100개]
*4. 70개×150원+10개×100원

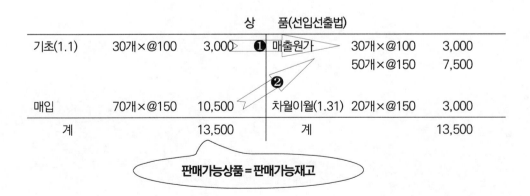

판매가능상품 = 판매가능재고

상　품(후입선출법)

기초(1.1)	30개×@100	3,000 ❷	매출원가	70개×@150	10,500
				10개×@100	1,000
		❶			
매입	70개×@150	10,500	차월이월(1.31)	20개×@100	2,000
계		13,500	계		13,500

상　품(총평균법)

기초(1.1)	30개×@100	3,000	매출원가	80개×@135	10,800
		평균단가			
매입	70개×@150	10,500	차월이월(1.31)	20개×@135	2,700
계	*100개 @135*	13,500	계		13,500

5. 재고자산의 회계처리(상품)

상품의 매매거래가 발생할 때 장부에 기록하는 방법에는

㉠ 상품의 입출고(매입, 매출)를 상품계정으로 단일 계정으로 처리하는 방법

㉡ 상품계정을 상품(이월상품)계정, 매입계정, 매출계정의 3개로 분할하여 회계처리하는 방법이 있다.(3분법)

㉠ 방법은 상품을 판매할 때마다 판매된 상품의 원가를 일일이 확인해야 하는 불편한 점이 있다.

㉡ 3분법은 상품의 매매손익을 기말결산 시 일괄해서 처리하는 방법으로서 상품매입이 발생할 때마다 매입이라는 임시계정에 기록하고, 기말에 상품의 재고금액을 확인하여 매출원가로 일괄 대체시킨다. 매출계정은 당기 상품의 매출을 집계하여 매출액을 계산한다.

	상품단일계정	3분법
매입시	(차) 상　품 ×××　(대) 현　금 ×××	(차) 매　입 ×××　(대) 현　금 ×××
판매시	(차) 현　금 ×××　(대) 매　출 ××× 매출원가 ×××　　상　품 ×××	(차) 현　금 ×××　(대) 매　출 ××× －(분개없음)
결산시	별도의 회계처리 필요 없음	(차) 매　입 ×××　(대) 상품(기초) ××× 상품(기말) ×××　　매　입 ××× 매출원가 ×××　　매　입 ×××
결론	계속기록법으로 상품계정사용	실지재고조사법으로 기중에는 매입이라는 임시계정을 사용하고 기말에 매입잔액을 일괄적으로 매출원가로 대체시킴

소기업은 주로 상품이라는 단일 계정을 사용하다가 매출원가를 계속기록법에 의하여 회계처리하지 않고 기말에 상품재고를 파악해서 매출원가로 일괄대체시키고 있다.

다음 사례를 통하여 3분법으로 회계처리를 해보자.

㈜백두의 기초 상품재고액은 300,000원, 당기매입액은 1,000,000원 매출액은 1,500,000원, 기말상품액은 100,000원일 경우 회계처리는 다음과 같다.

〈기중 회계처리〉

상품구입	(차) 매　입	1,000,000	(대) 현금 등	1,000,000
상품판매	(차) 현금등	1,500,000	(대) 매　출	1,500,000

수정전 시산표

상품(기초)	300,000	매 출	1,500,000
매 입	1,000,000		

〈기말수정분개〉

(차) 매출원가	300,000	(대) 상품(기초)	300,000
(차) 매출원가	1,000,000	(대) 매 입	1,000,000
(차) 상품(기말)	100,000	(대) 매출원가	100,000

수정후 시산표

상품(기말)	100,000	매 출	1,500,000
매출원가	1,200,000		

즉 매출원가 = 기초상품(300,000) + 당기매입(1,000,000) - 기말재고(100,000)
= 1,200,000원이 된다.

〈전기〉

	매 입				매 출		
현금(구입)	1,000,000	매출원가	1,000,000			현금(판매)	1,500,000

	매출원가				상 품		
상품(기초)	300,000	상품(기말)	100,000	상품(기초)	300,000	매출원가	300,000
매 입	1,000,000			매출원가	100,000		

3분법에 관련된 문제가 나오면 '매입'이라는 계정과목 대신 '상품'으로 대체시켜서 문제를 해결해도 무방하다.

<예제 2 - 21> 재고자산1

다음 자료에서 기말상품액과 매출원가 그리고 매출총이익은 얼마인가?

• 당기총매입액	500,000원	• 총매출액	860,000원
• 기초상품재고액	200,000원	• 매입에누리	30,000원
• 매입환출	40,000원	• 기말상품재고액	50,000원
• 매입운임	20,000원	• 매출할인	60,000원

해답

순매출액 = 총매출액 − 매출할인, 에누리, 환입 = 860,000 − 60,000 = 800,000원

상 품

기초상품	200,000	**매출원가**	**600,000** ←
총매입액	500,000		
매입에누리와환출	(70,000)		
매입운임	20,000	**기말상품**	**50,000**
계(판매가능재고)	**650,000**	계	650,000

손익계산서

I. (순)매 출 액	800,000
II. 매 출 원 가	600,000 ←
III. 총매출이익(I − II)	200,000

6. 재고자산의 기말평가(저가법)

재고자산은 기업이 낮은 가액으로 구입 또는 제조하여 이를 취득원가보다 높은 가격으로 판매함으로써 기업의 이익을 얻고자 하는 자산이고, 기업 대부분의 이익활동은 재고자산으로부터 시작된다. 그러나 재고자산은 품질저하, 진부화, 유행경과 등으로 취득원가보다 하락할 수 있다.

기업회계기준에서는 기말재고자산을 공정가액으로 평가하도록 되어 있는데, 저가법에 의하여 평가를 하여야 한다.

저가법이란 취득원가와 공정가액을 비교하여 낮은 가액으로 평가하는 방법이다.

즉, 기말에 공정가액이 취득원가보다 높은 경우에는 **취득원가로 평가**하고, 공정가액이 취득원가보다 낮은 경우에는 **공정가액으로 평가한다.**

따라서 재고자산 가격이 하락하면 즉시 손실을 인식하지만 재고자산 가격이 당초 취득원가보다 높아진 경우에는 평가하지 아니고 이를 판매 시에 이익으로 기록한다.

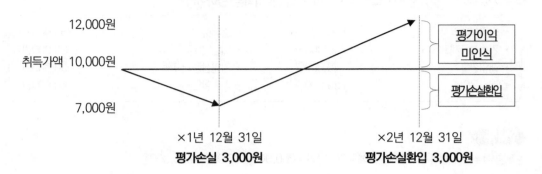

① 적용방법

재고자산을 평가하는 방법에는 **종목별, 조별, 총계기준**이 있다.

종목별기준은 재고자산의 개별항목별로 평가하는 것으로 기업회계기준에서 인정하는 재고자산 평가 원칙이다.

예외적으로 **재고자산들이 서로 유사하거나 관련 있는 경우에는 조별기준으로도 적용할 수 있으나 총계기준은 인정되지 않는다.**

② 재고자산의 공정가액

㉠ **원재료 : 현행대체원가**(원재료의 현행원가 : 매입시 소요되는 금액)

다만, 원재료의 경우 완성될 제품의 원가이상으로 판매될 것으로 예상되는 경우에는 그 생산에 투입하기 위해 보유하는 원재료에 대해서는 저가법을 적용하지 않는다.

㉡ **상품, 제품, 재공품 등 : 순실현가능가치(추정판매가액-추정판매비)**

③ 재고자산평가 회계처리

가격하락시 : (차) 재고자산평가손실　　×××　　(대) 재고자산평가충당금　　　　×××
　　　　　　　　　　(매출원가가산)

가격회복시 : (차) 재고자산평가충당금 ×××　　(대) 재고자산평가충당금환입[1]　×××
　　　　　　　　　　　　　　　　　　　　　　　　　(매출원가차감)

[1]. 당초 평가손실 인식액까지만 환입

④ 재고자산감모손실과 평가손실간의 관계

사례 : 감모수량 : 20개(정상감모 : 15개, 비정상감모 : 5개)

	수량	단가
장부상	100개	1,000원
실 제	80개	800원

■ 선 감모손실 인식 후 평가손실 인식

취득원가 ₩1,000

	매출원가 (재고자산평가손실) 80개 × ₩200 = ₩16,000	매출원가 (정상감모) (15개 × ₩1,000 = ₩15,000)	**영업외비용** **(비정상감모)** (5개 × ₩1,000 = ₩5,000)
순실현가능가치 ₩800	기말재고자산 **80개 × ₩800 = ₩64,000**		

0개   80개   95개   100개

(실지재고)

〈비정상감모분회계처리〉

(차) 재고자산감모손실   5,000원   **(대) 재고자산(타계정대체)**   5,000원
   (영업외비용)

〈평가손실회계처리〉

(차) 재고자산평가손실   16,000원   **(대) 재고자산평가충당금**   16,000원
   (매출원가 가산)

<예제 2 - 22> 재고자산2

기말재고실사 결과 상품재고액은 5,000,000원이다. 기말 결산 수정분개를 하시오.

수정전 합계잔액시산표

제×기 : 20×1년 12월 31일 현재

차 변		계정과목	대 변	
잔 액	합 계		합 계	잔 액
44,500,000	44,500,000	상 품		

해답

상   품(결산전)

기초상품	xxx	**매출원가**	**?**
총매입액	xxx	**기말상품**	**5,000,000**
계	44,500,000	계	44,500,000

매출원가 = 판매가능재고 - 기말상품재고액 = 39,500,000원

기말결산수정분개

(차) 상품매출원가　　　　39,500,000　　　　(대) 상　　　품　　　　39,500,000

분식회계

자산이나 이익을 실제보다 과대하게 하여 재무제표상의 수치를 고의로 왜곡시켜 주주와 채권자들에게 허위 정보를 제공하여 그들에게 손해를 끼치는 것이다.

1. 재고자산의 과대계상
2. 매출액 및 매출채권의 과대계상
3. 대손충당금의 과소계상 등이 주로 이용되고 있다.

특히 재고자산은 이동성이 용이하여, 재고자산의 과대계상을 통하여 분식회계에 자주 이용된다.

재고자산

기초재고		매출원가 ⇩	과소계상 ⇒	이익과대
당기매입		기말재고 ⇧	과대계상	
계		계		

연/습/문/제

 분개연습

[1] 운동사랑에서 8월 30일 매입 계약한 상품을 인수하고, 계약금을 차감한 잔액 1,700,000원을 2개월 후에 지급하기로 하다. 단, 인수운임 20,000원은 현금으로 지급하다. 7월 15일 계약금 300,000원을 보통 예금으로 송금하였다.

[2] 가방닷컴에서 판매용 가방 2,000,000원을 매입하고, 대금 중 500,000원은 소유하고 있던 자기앞수 표로 지급하고, 잔액은 1개월 후에 지급하기로 하다. 단, 인수운임 20,000원은 현금으로 지급하다.

[3] 남대문상사에서 상품판매용 전자기구 3,000,000원을 구입하면서 1개월전에 지급한 계약금(1,000,000원) 을 차감한 잔액을 약속어음을 발행하여 지급하였다.

[4] 원덕상사에서 구입한 상품 중 불량품이 있어 200,000원을 외상대금과 상계처리하기 결정하였다.

[5] 지난달에 구입하여 보관 중인 원재료(원가 200,000원, 시가 300,000원)를 회사 소모품으로 사용하고자 대체하였다(소모품은 자산으로 회계처리 할 것).

[6] 인천세관으로부터 수입한 원재료에 대한 통관수수료 160,000원을 현금지급하였다 (취득원가로 회계처리 할 것).

[7] 창고에 보관 중인 제품 3,000,000원이 화재로 인하여 소실되었다. 당 회사는 화재보험에 가입되어 있 지 않다.

[8] 보유 중인 제품 300,000원(원가)을 공장직원들의 복리를 위하여 공장 내 직원식당에 설치하였다.

[9] 당사에서 생산한 제품(원가 5,000,000원, 시가 6,500,000원)을 관할 구청에 불우이웃돕기목적으로 기탁하였다(적요입력 할 것).

[10] 원재료의 일부를 공장의 기계장치를 수리하는데 사용하였다. 금액은 300,000원이다.
(수익적지출로 처리할 것)

[11] 중국에서 수입한 원재료 20톤을 인천항에서 공장까지 운송하고 운송료 1,200,000원과 이체수수료 2,000원을 당사 보통예금계좌에서 지급하였다.

 객관식

01. 상품을 판매한 후 상품의 파손이나 결함이 발견되어 당초의 판매가격에서 차감하는 것과 관련있는 항목은?
① 매입할인　　② 매출할인　　③ 매출에누리　　④ 매입에누리

02. 다음 중 상품재고장에 관한 설명으로 옳지 않은 것은?
① 상품의 종류별로 인수, 인도 및 잔액을 알 수 있도록 기입하는 보조 원장이다.
② 상품재고장의 인수, 인도 및 잔액란의 모든 단가와 금액은 매입원가로 기입한다.
③ 매출한 상품에 불량품이 있어 에누리하여 준 금액은 인도란에 붉은 글씨로 기입한다.
④ 매입상품 중 불량품이 있어 반품한 경우 인수란에 붉은 글씨로 기입하고 잔액에서 차감한다.

03. 기업회계기준에서 인정하는 재고자산의 단가결정방법으로서 실제 물량의 흐름에 따르며 수익과 비용의 대응이 가장 정확한 원가배분방법은?
① 개별법　　② 선입선출법　　③ 총평균법　　④ 이동평균법

04. 계속기록법에 의하여 재고자산을 평가하는 경우, 장부상의 기말재고액에 영향을 미치는 항목이 아닌 것은?

① 매입할인 　　　② 매입환출 　　　③ 매출할인 　　　④ 매입에누리

05. 다음은 전국상점의 연속된 상품 거래이다. 5월 15일 분개로 옳은 것은? (단, 상품은 3분법으로 처리함)

> • 5월 10일 한국상점에 상품 100개(1개당 5,000원)를 주문하고, 계약금 100,000원을 현금으로 지급하다.
> • 5월 15일 주문한 상품이 도착하여 인수하고, 계약금을 차감한 상품 대금은 당좌수표를 발행하여 지급하다.

차 변	대 변
① 매　입　400,000원	당좌예금　400,000원
② 매　입　500,000원	현　금　100,000원
	당좌예금　400,000원
③ 매　입　500,000원	선 급 금　100,000원
	당좌예금　400,000원
④ 매　입　500,000원	당좌예금　500,000원

06. 다음 받을어음 계정의 기입 내용을 보고 거래 내용을 추정한 것으로 옳지 않은 것은?

받을어음

(단위 : 원)

1/1 전월이월	250,000	2/12 매　입	400,000
1/15 매　출	400,000	3/19 외상매입금	600,000
4/26 외상매출금	500,000		

① 1월 15일 상품 400,000원을 매출하고, 대금은 동점 발행 약속어음으로 받다.

② 2월 12일 상품 400,000원을 매입하고, 대금은 소지하고 있던 약속어음을 배서양도하다. 단, 매각거래로 회계 처리하다.

③ 3월 19일 매입처 ○○상점의 외상매입금 600,000원을 2개월 후 지급의 약속어음을 발행하여 지급하다.

④ 4월 26일 거래처의 외상매출금 500,000원을 동점 발행 △△상점 인수의 환어음으로 받다.

07. 다음과 같은 결과가 매출총이익과 당기순이익에 미치는 영향으로 옳은 설명만을 〈보기〉에서 고른 것은?

> 매입에누리나 매입환출을 당기의 총매입금액에서 차감하지 않고 영업외비용으로 처리하다.

〈보기〉	ㄱ. 매출총이익 과소계상	ㄴ. 매출총이익 과대계상
	ㄷ. 당기순이익 불변	ㄹ. 당기순이익 과대계상

① ㄱ, ㄴ   ② ㄱ, ㄷ   ③ ㄴ, ㄹ   ④ ㄷ, ㄹ

08. 다음 결산 시 재고자산의 과대평가로 인한 회계처리 효과로 바르게 짝지은 것은?

> ○○(주)는 20×2년 결산 시 기말재고자산 10,000원을 과대 계상하다.
>
> •20×2년 순이익 : (가)   •20×3년 순이익 : (나)

	(가)	(나)		(가)	(나)
①	과대계상	과소계상	②	과소계상	과대계상
③	과대계상	변화 없다	④	과소계상	변화 없다

09. 재고자산에 대한 설명으로 틀린 것은?

① 기초재고자산 금액과 당기매입액이 일정할 때, 기말재고자산 금액이 과대계상 될 경우 당기순이익은 과소계상 된다.

② 선입선출법은 기말에 재고로 남아있는 항목은 가장 최근에 매입 또는 생산된 항목이라고 가정하는 방법이다.

③ 계속기록법을 적용하면 특정시점의 재고자산 잔액과 그 시점까지 발생한 매출원가를 적시에 파악할 수 있는 장점이 있다.

④ 선적지 인도기준에 의해서 매입이 이루어질 경우, 발생하는 운임은 매입자의 취득원가에 산입하여야 한다.

10. 기말 재고자산을 과소평가 하였을 때 나타나는 현상으로 옳은 것은?

① 매출원가가 과대 계상된다.

② 판매비와관리비가 과소 계상되다.

③ 영업이익이 과대 계상된다.

④ 당기순이익이 과대 계상된다.

11. 다음 중 재고자산에 포함되지 않는 것은?

① 공장 신축을 위하여 보유중인 공장부지

② 건설회사가 분양목적으로 공사 중인 아파트

③ 컴퓨터 판매점이 판매를 목적으로 보유중인 컴퓨터

④ 부동산매매업자가 판매를 목적으로 소유하고 있는 토지, 건물

12. 기말재고자산이 실제보다 작게 계상된 경우 재무제표에 미치는 영향으로 틀린 것은?

① 당기순이익이 실제보다 감소한다.

② 매출원가가 실제보다 증가한다.

③ 자본총계가 실제보다 증가한다.

④ 매출총이익이 실제보다 감소한다.

13. 당기의 상품 매출원가 260,000원, 당기 상품매입액 300,000원이라면 기말상품재고액은 기초상품재고액에 비해 어떠한가?

① 동일하다.   ② 40,000원 만큼 크다.

③ 40,000원 만큼 작다.   ④ 50,000원 만큼 작다.

14. 다음 중 인플레이션시 기말재고 금액을 가장 크게 만드는 평가방법은?

① 개별법   ② 후입선출법   ③ 이동평균법   ④ 선입선출법

15. 기말 재고실사시 정상적인 재고자산의 감모손실이 발생되었을 경우 올바른 회계처리는?

① 재고자산감모손실로 매출원가에 산입한다.

② 재고자산감모손실로 기타비용으로 처리한다.

③ 재고자산감모손실로 영업외비용으로 처리한다.

④ 재고자산감모손실로 판매비와관리비로 처리한다.

주관식

01. 다음은 ○○상점의 20×3년 매출과 관련된 자료이다. 이들 자료를 토대로 순매출액을 계산하면 얼마인가?

> • 총매출액 : 500,000원 　　　　　• 매출품 환입액 : 50,000원
> • 매출에누리액 : 10,000원 　　　　• 매출할인액 : 20,000원
> • 매출운임 : 5,000원

02. 다음 자료를 이용하여 상품매매업을 영위하고 있는 (주)예성기업의 순매입액은 얼마인가?

> • 당기에 상품 1,000개를 개당 1,000원에 외상으로 매입하였다.
> • 당기에 상품을 매입하면서 운반비 100,000원을 현금으로 지출하였다.
> • 당기에 외상매입대금을 조기에 지급함으로써 10,000원의 매입할인을 받았다.
> • 당기에 외상으로 매입한 상품 1,000개 중에서 100개가 검수과정에서 하자가 발생하여 반품되었고, 200개에 대해서는 결함으로 매입단가를 900원으로 조정하였다.

03. (주)00의 20×1년 기중거래는 다음과 같다. 계속기록법과 선입선출법에 의한 20×1년 매출원가는 얼마인가?

구 분	월 일	수 량	단 가
기초재고	1월 1일	50개	100원
매 입	3월 5일	150개	120원
매 입	5월 10일	100개	150원
매 출	6월 15일	250개	180원

04. 다음과 같은 상품재고장에서 8월 12일 "갑상품 10개를 1개당 400원"에 매출 한 경우 이 상품에 대한 매출원가는 얼마인가?

상 품 재 고 장

(선입선출법)   품명 : 갑상품   (단위 : 개)

20x1		적 요	인 수			인 도			잔 액		
			수량	단가	금액	수량	단가	금액	수량	단가	금액
8	1	전월이월	4	300	1,200				4	300	1,200
	6	매 입	8	320	2,560						
	12	매 출									

05. ○○상점의 5월 중 상품매매와 관련된 자료는 다음과 같다. 계속기록법과 선입선출법에 의한 5월말 상품재고액이 12,000원일 경우 (가)에 해당하는 금액은?

구 분	일 자	수 량	단 가
기초재고	5월 1일	100개	100원
매 입	5월 5일	100개	110원
매 출	5월 15일	100개	120원
매 입	5월 22일	100개	(가)
매 출	5월 25일	100개	140원

06. 다음 자료에 의하여 매출원가를 계산하시오.

- 기초 상품 재고액 : 150,000원
- 당기매입액 : 800,000원
- 기말 상품 재고액 : 80,000원
- 매입환출액 : 20,000원

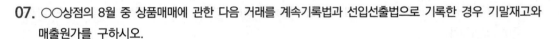

07. ○○상점의 8월 중 상품매매에 관한 다음 거래를 계속기록법과 선입선출법으로 기록한 경우 기말재고와 매출원가를 구하시오.

```
8월  1일 : 전 월 이 월              50개   @180
    10일 : 매       입            120개   @200
    11일 : 매 입 환 출 (10일 매입분    30개)
    20일 : 매       출            140개   @270
    21일 : 매 출 환 입 (20일 매출분    40개)
```

08. 다음 자료에서 총매입액과 매출원가를 구하시오.

- 기초상품재고액 : 60,000원
- 매 출 환 입 액 : 40,000원
- 기말상품재고액 : 80,000원
- 총 매 출 액 : 500,000원
- 매입환출액 : 30,000원
- 매출총이익 : 100,000원

09. 다음의 자료에서 상품의 매출총이익을 계산하시오.

- 기초상품재고액 : 50,000원
- 총매출액 : 400,000원
- 매입환출액 : 5,000원
- 상품매입운임 : 20,000원
- 총매입액 : 300,000원
- 매입에누리액 : 10,000원
- 매출환입액 : 30,000원
- 기말상품재고액 : 80,000원

10. 회사의 재고 관련 자료가 다음과 같을 때 재고자산감모손실은 얼마인가?

- 기말재고 수량 : 2,000개
- 재고자산 취득원가 : 1,000원
- 실사수량 : 1,970개
- 단위당 순실현가능가치 : 950원

11. 다음은 ㈜백두의 20X1회계연도 재고자산 관련 자료이다.

• 기초재고액　　　300,000원	• 당기매입액　　　600,000원
• 당기매출액　1,000,000원	• 매출총이익률　　　30%

기말에 재고자산을 실시한 결과 기말재고액은 150,000원이었다. 경영자는 당기 중 재고자산의 일부가 도난을 당하였다고 의심하고 있다. 이 경우 도난당한 것으로 추정되는 재고자산의 원가는 얼마인가?

연/습/문/제 답안

🔑 분개연습

[1] (차) 상　　　품　　　2,020,000　　(대) 선 급 금(운동사랑)　　300,000
　　　　　　　　　　　　　　　　　　　　　외상매입금(운동사랑)　1,700,000
　　　　　　　　　　　　　　　　　　　　　현　　　금　　　　　　　20,000
　　☞ 계약금지급시 : (차) 선 급 금　　300,000　　(대) 현금 등　　300,000

[2] (차) 상　　　품　　　2,020,000　　(대) 현　　　금　　　520,000
　　　　　　　　　　　　　　　　　　　　　외상매입금(가방닷컴)　1,500,000

[3] (차) 상　　　품　　　3,000,000　　(대) 선 급 금(남대문상사)　1,000,000
　　　　　　　　　　　　　　　　　　　　　지 급 어 음(남대문상사)　2,000,000

[4] (차) 외상매입금(원덕상사)　200,000　　(대) 매입환출및에누리　200,000
　　☞ 상품구입시 : (차) 상　　　품　　　×××　　(대) 외상매입금　　×××

[5] (차) 소 모 품　　　200,000　　(대) 원재료(타계정대체)　200,000

[6] (차) 원 재 료　　　160,000　　(대) 현　　　금　　　160,000

[7] (차) 재 해 손 실　　3,000,000　　(대) 제　　품(타계정대체)　3,000,000

[8] (차) 복리후생비(제)　300,000　　(대) 제　　품(타계정대체)　300,000

[9] (차) 기 부 금　　　5,000,000　　(대) 제　　품(타계정대체)　5,000,000

[10] (차) 수 선 비　　　300,000　　(대) 원재료(타계정대체)　300,000

[11] (차) 원 재 료　　1,202,000　　(대) 보 통 예 금　　1,202,000

객관식

1	2	3	4	5	6	7	8	9	10	11	12	13	14	15
③	③	①	③	③	③	②	①	①	①	①	③	②	④	①

[풀이 - 객관식]

01. 상품을 판매한 후 **상품의 파손이나 결함이 발견**되어 당초의 판매가격에서 차감하는 것은 매출에누리이다.

02. 상품재고장의 모든 단가와 금액은 매입원가로 기입한다. 매출에누리는 판매가격에서 차감하는 금액이므로 상품재고장에는 기입하지 않는다.

04. 매출에누리와 매출할인 및 매출운임은 재고자산에 영향을 미치지 않는다.

05. 3분법의 매입계정은 상품계정과 같다고 생각하셔서 문제를 푸시면 됩니다.
상품을 주문하고, 계약금을 지급한 경우 선급금계정의 차변에 기입하고, 나중에 상품을 인수하면 대변에 기입하고, 매입(상품)계정의 차변에 대체한다.

06. 3월 19일 매입처 ○○상점의 외상매입금 600,000원을 2개월 후 지급의 약속어음을 발행하여 지급한 거래는 어음상의 채무가 발생하므로 지급어음 계정의 대변에 기입한다.

1/15	(차)	받을어음	400,000	(대)	매출	400,000
2/12	(차)	매입(상품)	400,000	(대)	받을어음	400,000
3/19	(차)	외상매입금	600,000	(대)	받을어음	600,000
4/26	(차)	받을어음	500,000	(대)	외상매출금	500,000

07. 매입에누리(대변발생)를 100이라 가정하면

손익계산서	총매입액차감	영업외비용처리
1. (순)매출액	0	0
2. 매출원가	-100	0 매출원가 과대계상
3. 매출이익(1-2)	+100	0 *매출총이익 과소계상*
4. 판관비	0	0
5. 영업이익(3-4)	+100	0 영업이익 과소계상
6. 영업외수익	0	0
7. 영업외비용	0	-100 **매입에누리를 (-)처리**
8. 법인세차감전순이익(5+6-7)	+100	+100 불변
9. 법인세비용	0	0
10. 당기순이익	+100	+100 불변

08. **자산과 이익은 비례관계**이다. 20×2년 기말재고자산 10,000원을 과대계상 한 경우 20×2년 순이익은 10,000원 과대 계상되고, 20x3년 재고자산을 정확하게 평가했다고 가정하면 20×3년 순이익은 과소계상된다.

09. 자산과 이익은 비례관계이다. 따라서 **기말재고자산 금액이 과대계상 되면 당기순이익은 과대계상**된다.

10. **재고자산이 과소계상되면** 매출원가가 과대계상되어 **매출총이익이 과소계상**되고, 영업이익과 당기순이익까지 과소계상된다.

11. 공장 신축을 위한 부지는 유형자산이고 나머지는 모두 재고자산임.

12. **자산과 이익(자본)은 비례관계**이다. 자산의 과소계상은 이익을 적게 계상(①, ④)하고, 자본이 적게 계상(③)된다. 이익이 적다는 것은 그만큼 원가가 많이 계상(②)했다는 것을 의미한다.

13.

상 품			
기초상품	0	매출원가	260,000
순매입액	300,000	*기말상품*	*40,000*
계	300,000	계	300,000

14.

구입순서(인플레이션)	2개 판매시	
1. 10	기말재고(후)	인플레이션은 화폐가치가 하락하여 물가수준이 상승하는 현상을 말한다.(반대의 경우 디플레이션)
2. 20		
3. 30	기말재고(선)	

15. **정상적인 재고자산감모손실은 매출원가에 가산하고 비정상적인 감모손실은 영업외비용으로 처리한다.**

🔑 주관식

01	420,000원	02	970,000원	03	30,500원
04	3,120원	05	120원	06	850,000원
07	기말재고 : 8,000원 매출원가 : 19,000원	08	총매입액 : 410,000원 매출원가 : 360,000원	09	95,000원
10	30,000원	11	50,000원		

[풀이 - 주관식]

01. **순매출액은 총매출액에서 매출품 환입액, 매출에누리액, 매출할인액을 차감하여 계산**한다. 매출운임은 운반비(비용)로 처리한다.

02. 총매입액(매입부대비용인 운반비 포함) = 1,000개×@1,000원 + 100,000원 = 1,100,000원
    매입할인 = 10,000원, 매입환출 = 100개×@1,000원 = 100,000원
    매입에누리 = 200개×(1,000원 - 900원) = 20,000원
    순매입액 = 970,000원

03. (1월 1일 50개×100원 + 3월 5일 150개×120원 + 5월 10일 50개×150원) = 30,500원

04. 선입선출법은 먼저 매입한 상품이 먼저 매출되는 것으로 기입하므로 다음과 같이 계산한다.
    (4개×300원) + (6개×320원) = 3,120원

05. 선입선출법이므로 기말재고는 5월 22일 구입한 것이다.

따라서 100개×(단가) = 12,000원. 그러므로 120원이 된다.

06.

상   품

기초상품	150,000	*매출원가(?)*	*850,000*
총매입액	800,000		
매입환출	(20,000)	기말상품	80,000
계	930,000	계	930,000

07. 선입선출법은 먼저 매입한 상품을 먼저 출고시키는 방법으로 기말재고는 나중에 매입한 상품이 남게 된다.

▶ 기말재고 (40개×@200) = 8,000원

▶ 매출원가 = 기초재고(50개×@180) + 당기총매입(120개×@200)

– 매입환출(30개×@200) – 기말재고(40개×@200) = 19,000원

08. 순매출액 : 총매출액 (500,000원) – 매출환입액(40,000원) = 460,000원

매출원가 : 순매출액 (460,000원) – 매출총이익(100,000원) = 360,000원

상   품

기초상품	60,000	매출원가	360,000
순매입액	380,000	**기말상품(?)**	80,000
계	440,000	계	440,000

순매입액(380,000원) = 총매입액(?) – 매입환출액(30,000원)

총매입액 = 410,000원

09.

상   품

기초상품	50,000	*매출원가*	*275,000*
총매입액	300,000		
매입에누리	(10,000)		
매입환출	(5,000)		
매입운임	20,000	기말상품	80,000
계	355,000	계	355,000

순매출액 : 총매출액 400,000원 – 매출환입액 30,000원 = 370,000원

매출총이익(가) = 매출액 – 매출원가 = 370,000 – 275,000 = 95,000원

10. 감모수량 = 장부상수량(2,000) – 실제수량(1,970) = 30개

재고자산감모손실 = 감모수량(30개) × 취득원가(1,000) = 30,000원

11. 매출원가율 = 1 – 매출총이익율(30%) = 70%

매출원가 = 매출액 × 매출원가율 = 1,000,000 × 70% = 700,000원

재 고 자 산

기초상품	300,000	매출원가	700,000	
순매입액	600,000	기말상품	200,000	≠실지재고 150,000
계	900,000	계	900,000	*도난당한 금액 : 50,000*

비유동자산

1년 이내에 현금화되는 자산을 유동자산이라 하는데, 유동자산 외의 자산을 비유동자산으로 구분한다. 비유동자산은 다시 투자자산, 유형자산, 무형자산, 기타비유동자산으로 구분한다.

제1절   투자자산

기업은 영업활동을 통해서 창출된 수익 중 여유자금에 대하여 더 높은 수익을 얻기 위해서 예금이나 유가증권, 부동산에 투자한다. 이러한 자산을 투자자산이라 한다.

즉, 기업이 정상적인 영업활동과는 관계없이 **투자를 목적(시세차익)으로 보유하는 자산**을 투자자산이라 한다.

1. 종류

① 장기금융상품 : 정기예적금등 재무상태표일(결산일)로부터 만기가 1년 이내에 도래하지 않는 것을 말한다. 정기예적금 중 비유동자산에 해당하는 계정과목은 장기성예금을 선택하면 된다.

② 유가증권(매도가능증권, 만기보유증권) : 보고기간말로부터 만기가 1년 이후에 도래하는 것은 투자자산으로 분류한다.

③ 투자부동산 : **투자목적** 또는 비영업용으로 소유하는 토지나 건물을 말한다.

④ 장기대여금 : 대여금 중 만기가 1년 이내에 도래하지 않는 것

〈자산의 구분 : 부동산 취득시〉

취득목적	구 분
판매목적	재고자산(상품)
영업목적	유형자산(토지, 건물)
투자목적	투자자산(투자부동산)

2. 유가증권

단기매매증권은 단기간 시세차익목적으로 취득하였으므로 단기투자자산이고, 매도가능증권과 만기보유증권은 투자자산에 해당한다. 그러나 매도가능증권과 만기보유증권도 1년 이내 현금화(또는 만기도래)시 유동자산으로 분류한다.

(1) 취득시

취득원가는 **매입가액에 취득부대비용을 합한 금액**으로 한다. 다만 **단기매매증권의 경우에는 매입가액을 취득가액**으로 한다.

(2) 기말평가

	평가액	평가손익
㉠ 단기매매증권	**공정가액**	영업외손익
㉡ 매도가능증권	**공정가액**	자본(기타포괄손익누계액)
	원가법	–
㉢ 만기보유증권	평가하지 않음	–

(3) 보유시 과실(수익)

	이자 또는 배당금 수취시	
㉠ 채무증권	이자수익으로 처리	
㉡ 지분증권	현금배당	배당금수익
	주식배당	회계처리는 하지 않고 수량과 단가를 새로이 계산한다.

214

(4) 처분

유가증권(매도가능증권) 처분시 처분가액과 처분당시 장부가액(매도가능증권의 장부가액과 기타포괄손익누계액을 가감하면 매도가능증권의 취득가액이 된다)을 비교하여 이를 당기손익에 반영한다. 또한 **처분시 발생하는 증권거래 수수료나 증권거래세 등의 부대비용은 처분가액에서 차감하여 회계처리**한다.

연/습/문/제

 분개연습

[1] 만기가 2년 후 6월 30일인 정기적금에 이달분 1,000,000원을 예금하기 위해 보통예금통장에서 이체하다.

[2] 한국상사에 2년 후 회수예정으로 6,000,000원을 대여하고 선이자 600,000원을 공제한 잔액을 보통예금계좌에서 이체하다.(단, 선이자는 수익으로 처리하기로 한다)

[3] ㈜부동산개발로부터 투자목적으로 토지를 300,000,000원에 구입하고, 현금으로 100,000,000원, 나머지는 약속어음을 발행하여 교부하였다. 또한 당일 취득세 10,000,000원은 현금 납부하였다.

[4] 장기투자목적으로 토지를 38,000,000원에 취득하고 대금은 당좌수표를 발행하여 지급 하였다.

[5] 공장 건물을 신축하기 위해 외부로부터 취득한 토지 50,000,000원에 대해 건물 신축을 포기하게 되어, 토지의 보유목적을 지가상승을 목적으로 하는 투자자산으로 변경하였다.

[6] ㈜서울에서 발행한 채권(만기는 20x3년 3월 31일이고, 시장성은 없다.) 10,000,000원을 만기까지 보유할 목적으로 당좌수표를 발행하여 취득하였다. 단, 채권을 취득하는 과정에서 발생한 수수료 50,000원은 현금으로 지급하였다.

객관식

01. 다음 중 일반기업회계기준상 투자자산에 해당되지 않는 것은?

① 장기대여금   ② 만기보유증권   ③ 투자부동산   ④ 단기매매증권

02. 다음의 계정과목은 재무상태표 작성시 통합계정과목으로 쓸 수 있는 것이다. 잘못된 것은?

① 현금및현금성자산 : 당좌예금, 보통예금

② 매　출　채　권 : 외상매출금, 받을어음

③ 매　입　채　무 : 외상매입금, 지급어음

④ 투　자　자　산 : 단기금융상품, 정기예금(만기 6개월)

03. 다음에서 설명하는 자산의 분류를 바르게 나타낸 것은?

> (가) 전자제품 유통업을 운영하는 회사가 상품 운반용으로 사용하는 자동차
> (나) 자동차를 생산하여 판매하는 회사가 투자를 목적으로 보유하고 있는 토지
> (다) 건물을 신축하여 판매하는 부동산 개발 회사가 판매용으로 보유하고 있는 건물

	(가)	(나)	(다)
①	재고자산	투자자산	유형자산
②	투자자산	유형자산	재고자산
③	유형자산	투자자산	재고자산
④	유형자산	재고자산	투자자산

04. 다음 중 투자자산에 해당하는 계정과목이 발생하지 않는 거래는?

① 거래처에 현금 700,000원을 대여하고, 6개월 후에 받기로 하다.

② 거래 은행에 2년 만기의 정기예금에 가입하고, 현금 3,000,000원을 예입하다.

③ 투자를 목적으로 대지 500평을 100,000,000원에 취득하고, 수표를 발행하여 지급하다.

④ 만기까지 보유할 목적으로 2년 만기의 ○○건설(주) 발행의 사채 5,000,000원을 취득하고, 수표를 발행하여 지급하다.

05. 다음 거래를 회계처리할 때 차변 계정과목을 투자자산으로 분류할 수 없는 거래는?

　① 거래처에 상품 500,000원을 매출하고, 2개월 후 만기의 약속어음을 받다.

　② 거래은행에 3년 만기의 정기예금에 가입하고, 현금 10,000,000원을 예입하다.

　③ 투자를 목적으로 건물 1동을 300,000,000원에 취득하고, 당좌수표를 발행하여 지급하다.

　④ 만기까지 보유할 목적으로 3년 만기의 (주)○○건설 발행의 사채 10,000,000원을 구입하고, 당좌
수표를 발행하여 지급하다.

06. 다음 계정과목 중 투자자산으로만 짝지어진 것은?

　① 단기대여금, 투자부동산

　② 장기대여금, 장기매출채권

　③ 장기대여금, 투자부동산

　④ 단기대여금, 산업재산권

07. 다음 거래의 분개시 차변 계정과목을 투자자산으로 분류할 수 없는 것은?

　① 거래처에 현금 100,000원을 대여하고, 4개월 후에 받기로 하다.

　② 거래은행에 2년 만기의 정기예금을 가입하고, 현금 1,000,000원을 예입하다.

　③ 투자를 목적으로 대지 500평을 500,000,000원에 취득하고, 수표를 발행하여 지급하다.

　④ 3년 만기의 사채 10,000,000원을 만기까지 보유할 목적으로 당점수표를 발행하여 취득하다.

08. 다음 중 투자자산으로 분류되는 것은?

　① 재무부서에서 사용하기 위하여 구입한 사무용 컴퓨터

　② 부동산매매업자가 판매용으로 보유중인 토지

　③ 투자차익목적으로 구입한 유가증권

　④ 사원 기숙사로 사용하기 위하여 구입한 건물

09. 다음에서 설명하는 자산의 분류로 옳은 것은?

> 기업 고유의 목적과 관계없이 타 회사를 지배할 목적이나 장기적인 투자 이윤을 얻을 목적으로 장기
> 적으로 투자된 자산이다.

　① 당좌자산　　　　② 무형자산　　　　③ 유형자산　　　　④ 투자자산

연/습/문/제 답안

🔑 분개연습

[1] (차) 장기성예금(비유동)   1,000,000   (대) 보통예금   1,000,000
☞ 정기예적금은 유동자산(당좌자산), 장기성예금은 비유동자산(투자자산)에 해당한다. 만기가 보고기간말로부터 1년 후이므로 비유동자산에 해당한다.

[2] (차) 장기대여금(한국상사)   6,000,000   (대) 이자수익   600,000
                                          보통예금   5,400,000

[3] (차) 투자부동산   310,000,000   (대) 현   금   110,000,000
                                       미지급금   200,000,000
                                       ((주)부동산개발)

[4] (차) 투자부동산   38,000,000   (대) 당좌예금   38,000,000

[5] (차) 투자부동산   50,000,000   (대) 토   지   50,000,000

[6] (차) 만기보유증권(투자)   10,050,000   (대) 당좌예금   10,000,000
                                            현   금   50,000

☞ 보고기간말로부터 만기가 1년 이후이므로 투자자산중 만기보유증권으로, 그리고 취득부대비용은 유가증권의 취득가액에 가산한다.

🔑 객관식

1	2	3	4	5	6	7	8	9					
④	④	③	①	①	③	①	③	④					

[풀이 - 객관식]

01. **단기적 시세 차익을 얻을 목적으로 구입한 주식 또는 사채를 단기매매증권**이라 하며, 이는 유동자산으로 분류한다.

02. 투자자산은 **결산일로부터 1년 이내에 만기가 도래하지 않는 장기적인 금융자산**이다.

03. 영업활동에 사용되는 자동차는 유형자산이며, 판매용으로 보유하고 있는 경우는 상품이므로 재고자산으로 분류하고, **투자 목적으로 보유하고 있는 토지는 투자자산으로 분류**한다.

04. 회수 기간이 1년 이하인 단기대여금은 유동자산으로 분류한다.

05. 상품 매출 대금으로 받은 2개월 후 만기의 약속어음은 차변 계정과목이 받을어음이므로 유동자산으로 분류한다.

07. 회수 기간이 1년 이하인 단기대여금은 유동자산으로 분류한다.

08. 영업활동사용목적의 사무용 컴퓨터와 사원 기숙사목적의 건물은 유형자산으로 분류되며 부동산매매업자의 **판매용 토지는 재고자산으로 분류**된다.

09. **장기적인 투자이윤을 목적으로 취득한 자산은 투자자산**으로 분류한다.

유형자산

유형자산이란 재화나 용역의 생산이나 제공 또는 판매, 관리 활동에 사용할 목적으로 보유하는 물리적 실체가 있는 자산이다.

즉, ① **물리적 실체가 있어야 한다.**

  ② **1년 초과 하여 사용할 것으로 예상되는 자산이다**

  ③ **기업의 영업활동 목적에 사용하여야 할 자산이다.**

위의 세 가지 조건을 충족하면 유형자산으로 분류한다.

1. 종류

① 토지

영업활동에 사용하고 있는 대지, 임야, 전·답을 말한다.

또한 토지는 가치가 하락하지 않으므로 **감가상각대상자산이 아니다.** 투자목적으로 보유하고 있는 토지는 투자부동산(투자자산)으로 분류하고, 부동산매매업자가 매매목적으로 보유한 토지는 재고자산으로 분류한다.

② 건물

사옥이나 공장, 창고 등 회사의 영업목적으로 보유하고 있는 자산을 말한다.

투자목적으로 보유하고 있는 건물은 투자부동산으로 분류하고, 부동산매매업자가 매매목적으로 보유한 건물, 상가 등은 재고자산으로 분류한다.

③ 구축물

건물이외 구조물을 말하며, 교량, 갱도, 정원설비 등이 포함된다.

④ 기계장치

제조업의 경우 가장 기본적인 자산으로서 제품을 생산하기 위한 각종 기계설비 등을 말한다.

⑤ 차량운반구

영업활동을 위해 사용하는 승용차, 트럭, 버스 등을 말한다.

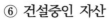

⑥ 건설중인 자산

유형자산을 건설하기 위하여 발생된 원가를 집계하는 임시계정으로서 유형자산이 완성되어 영업에 사용될 때 건설중인자산의 금액을 해당 유형자산 계정과목으로 대체한다.

건설중인자산은 미완성상태의 자산으로서 **아직 사용하지 않으므로 감가상각대상자산이 아니다.**

⑦ 비품

사무용 비품으로 책상, 의자, 복사기, 컴퓨터 등을 말한다.

☞ 건물, 구축물, 기계장치 등은 설비자산으로 통합표시할 수 있다.

2. 유형자산의 취득원가

유형자산을 취득하여 **회사가 영업목적으로 사용하기 전까지 소요되는 모든 부대비용을 포함**한다. 당연히 매입 시 할인 받은 경우(매입할인)는 차감한다.

취득원가＝매입가액＋취득부대비용－매입할인 등

구입대금에 유형자산이 **본래의 기능을 수행하기까지 발생한 모든 부대비용을 포함**한다. 부대비용에는 설치장소 준비를 위한 지출, 운송비, 설치비, 설계와 관련하여 전문가에게 지급하는 수수료, 시운전비, 취득세 등 유형자산의 취득과 직접 관련되는 제세공과금 등이 포함된다.

☞ 시운전비 : 자동차나 기계 따위를 새로 만들거나 고쳐서 사용하기 전에 시험 삼아 운전할 때 드는 비용

자산의 취득 및 보유에 따른 세금

1. 취득세 : 부동산 및 차량 등 과세물건의 취득에 대하여 그 취득자에게 과세하는 지방세

2. 등록면허세 : 재산권 등의 설정 사항 등을 공부에 등록하는 자에게 과세하는 지방세

3. 재산세 : 부동산등을 소유한 자에게 매년 부과하는 지방세

4. 자동차세 : 차량의 보유에 대해서 매년 부과하는 지방세

지방세	부과시점	회계처리
취득세/등록면허세	취득시점에 한번	자산(토지, 건물, 차량운반구)
재산세	매년	비용(세금과공과)
자동차세	매년	비용(세금과공과)

3. 유형자산 취득 이후의 지출

기업이 유형자산을 취득하여 사용하는 기간 중에 해당 유형자산과 관련하여 각종 수선·유지를 위한 지출이 발생한다. 이 경우 기업회계기준에서는 자본적지출과 수익적지출로 분류하여 회계처리한다.

수익적지출은 수선비등의 적절한 계정과목으로 비용처리하며, 자본적 지출은 해당 유형자산의 취득원가를 구성하게 된다.

	자본적지출	수익적지출
정 의	① 미래의 경제적 효익을 증가 (자산가치 증가)시키거나 ② 내용연수를 연장시키는 지출	자본적지출 이외
회계처리	해당 자산가액	**수선비등 비용처리**
예	(중앙)냉난방장치설치, 건축물의 증축, 엘리베이터의 설치, 자동차 엔진교체 등	부속품의 교체, 건물의 도색, 건물의 유리교체, 자동차 타이어·배터리 교체, 에어컨 수리 등

| <예제 3 - 2> 유형자산 |

㈜백두의 다음 거래를 분개하시오. 다음의 자산은 영업목적으로 취득하였다.

1. 10월 1일   공장용 건물을 1,000,000원에 취득하고 다음달에 지급하기로 하다. 매입 시 공인중개사 수수료 10,000원과 취득세 20,000원을 현금지급하다.

2. 10월 3일   기계장치를 2,000,000원에 구입하고 대금은 만기가 3개월인 어음을 발행하여 주고, 시운전비 20,000원은 현금으로 지급하다.

3. 10월 31일   공장 제품창고를 건설하기로 하고 공사비 3,000,000원을 현금 지급하다.

4. 11월 1일   공장용 건물의 외벽에 도색공사비와 파손된 유리를 교체하기 위하여 4,000,000원의 현금을 지급하다.

5. 11월 5일   본사 사옥의 건물의 에스컬레이터와 냉난방시설을 위한 공사비 5,000,000원을 현금지급하다 (자본적지출로 처리하세요).

6. 11월 15일   공장 제품창고의 공사비 6,000,000원을 현금 지출하고 공사를 완료하고, 취득세 200,000원을 현금지급하다.

해답

1.	(차) 건　　　물	1,030,000	(대) 미 지 급 금		1,000,000
			현　　　금		30,000
2.	(차) 기 계 장 치	2,020,000	(대) 미 지 급 금		2,000,000
			현　　　금		20,000
3.	(차) 건설중인자산	3,000,000	(대) 현　　　금		3,000,000
4.	(차) 수 선 비	4,000,000	(대) 현　　　금		4,000,000
5.	(차) 건　　　물	5,000,000	(대) 현　　　금		5,000,000
6.	(차) 건설중인자산	6,000,000	(대) 현　　　금		6,000,000
	(차) 건　　　물	9,200,000	(대) 건설중인자산		9,000,000
			현　　　금		200,000

4. 유형자산의 감가상각

감가란 자산의 가치감소를 뜻하는 것이며, 유형자산의 감가상각이란 해당 유형자산의 **취득원가를 효익을 제공받은 기간(내용연수)동안 체계적·합리적으로 비용 배분**하는 것을 의미한다.

① 감가상각의 3요소

　㉠ 취득원가

　　유형자산의 취득원가는 매입가액과 그 부대비용을 말한다.

　㉡ 잔존가액

　　유형자산의 경제적 효익이 끝나는 기간에 자산을 폐기하거나 처분할 때 획득될 것으로 추정되는 금액을 말한다.

　　여기에서 **(취득원가 – 잔존가치)를 감가상각대상금액**이라고 한다.

　㉢ 추정내용연수

　　유형자산이 영업활동에 사용될 것으로 기대되는 기간을 의미한다.

　　여기서 내용연수란 유형자산의 물리적 사용연수를 의미하는 것이 아니라, 기업이 수익획득과정에서 사용될 것으로 기대되는 기간으로 **경제적 내용연수**를 의미한다.

② 감가상각방법

㉠ 정액법

시간의 경과에 따라 감가상각대상금액(취득가액 – 잔존가치)을 경제적 내용연수 동안 매년 균등하게 비용으로 인식하는 방법이다.

> **감가상각비 = (취득가액 – 잔존가치)/내용연수**

정액법은 계산이 단순하고 사용하기 간편해서 실무에서 가장 많이 사용하는 방법이다.

㉡ 정률법

일반적으로 유형자산의 취득 초기에는 수선유지비가 적게 발생하고 사용기간이 경과할수록 수선유지비가 많이 발생한다.

즉, 취득초기에는 자산의 효율성이 높아 수선비가 적게 발생되며, 취득 후반기에는 자산의 효율성이 떨어지고 수선비가 많이 발생한다.

따라서, 정률법은 취득 초기에 감가상각비를 많이 계상하고 후기에는 감가상각비를 적게 계상함으로써 수익 · 비용대응원칙에 부합된 방법이다.

> **감가상각비 = 장부가액(취득가액 – 감가상각누계액) × 상각율**

$$상각율 = 1 - \sqrt[n]{\frac{잔존가치}{취득가액}} \quad (n : 내용년수)$$

㉢ 연수합계법

정률법과 마찬가지로 상각비가 체감하는 방법이며 아래와 같이 감가상각비를 계산한다.

> **감가상각비 = (취득가액 – 잔존가치) × 잔여내용연수/내용연수의 합계**

내용연수가 4년인 자산의 내용연수 합계는 4+3+2+1 = 10년이 된다.

또한 잔여내용연수란 전체 내용연수에서 경과된 내용연수를 차감한 것으로서 내용연수가 4년인 경우 2차 연도의 잔여내용연수는 3년이 된다.

㉣ 생산량비례법

생산량비례법은 생산 또는 채굴량에 비례하여 가치가 소멸하는 유형자산에 적용하는 방법이다.

> **감가상각비 = (취득가액 – 잔존가치) × 당기생산량/총생산가능량(추정생산량)**

ⓜ 각 방법 하의 감가상각비 계산

취득가액을 1,000,000원 잔존가치를 100,000원으로 추정하고 추정 내용연수를 3년이라 가정하면 다음과 같이 감가상각비가 계산된다.

<정액법>

연간감가상각비 = (1,000,000 - 100,000)/3년

연도	감가상각비	감가상각누계액 (A)	기말장부금액 (취득가액 - A)
취득시(연초)			1,000,000
1차년도	300,000	300,000	700,000
2차년도	300,000	600,000	400,000
3차년도	300,000	900,000	100,000

<정률법>

$$상각율 = 1 - \sqrt[n]{\frac{잔존가치}{취득가액}} = 53.6\%$$

연도	감가상각비 계산근거 (B×상각율)	감가상각비	감가상각누계액 (A)	기말장부금액 (B = 취득가액 - A)
취득시(연초)				1,000,000
1차년도	1,000,000×0.536	536,000	536,000	464,000
2차년도	464,000×0.536	248,704	784,704	215,296
3차년도	215,296×0.536	115,296[1]	900,000	100,000

*1. 단수차이 조정

<내용년수합계법> 내용년수의 합계 = 3 + 2 + 1 = 6년

연도	감가상각비 계산근거	감가상각비	감가상각누계액(A)	기말장부금액 (취득가액 - A)
취득시(연초)				1,000,000
1차년도	(1,000,000 - 100,000)×3/6년	450,000	450,000	550,000
2차년도	(1,000,000 - 100,000)×2/6년	300,000	750,000	250,000
3차년도	(1,000,000 - 100,000)×1/6년	150,000	900,000	100,000

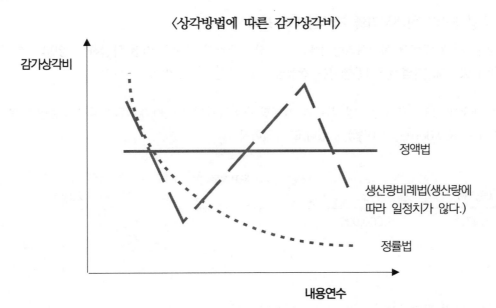

〈상각방법에 따른 감가상각비〉

〈정액법 VS 연수합계법 VS 정률법〉

	정액법	연수합계법	정률법
이론적 근거	취득가액법		장부가액법
계산식	(취득가액 - 잔존가치) ÷내용연수	(취득가액 - 잔존가치) ×잔여내용연수/내용연수 합계	**(취득가액 - 감가상각** **누계액)×상각율**
초기 감가상각비	<u>정률법＞내용연수합계법＞정액법</u>		
초기 장부가액 (취득가액 - 감가상각누계액)	정액법＞내용연수합계법＞정률법		

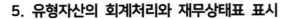

5. 유형자산의 회계처리와 재무상태표 표시

감가상각에 대해서 회계처리방법에는 직접상각법(해당 자산을 직접 차감하는 방법)과 간접상 각법이 있는데, **기업회계기준에서는 간접상각법을 인정**하고 있다.

㈜ 백두의 20x1년 1월 1일 취득한 기계장치(취득가액 1,000,000원 ; 추정내용연수 3년 ; 잔존가치 100,000원 : 정액법)가 있다고 가정하자.

부분 재무상태표(취득시)

(주)백두		20×1. 1. 1
기계장치	1,000,000	

12월 31일 감가상각비는 300,000원이 계산된다.
직접상각법으로 회계처리하면 다음과 같고, 기말재무제표는 다음과 같이 표시된다.
(차) 감가상각비   300,000원   (대) 기계장치   300,000원

부분 재무상태표(직접상각법)

(주)백두		20×1. 12.31
기계장치	700,000	

간접상각법은 감가상각누계액이란 계정으로 회계처리하고, 감가상각누계액은 해당 자산을 차감하는 계정이다.
(차) 감가상각비   300,000원   (대) **감가상각누계액(기계차감)** 300,000원

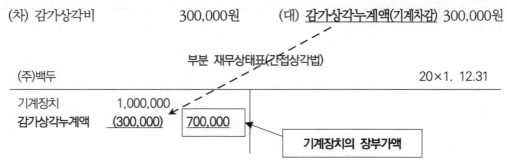

부분 재무상태표(간접상각법)

(주)백두		20×1. 12.31
기계장치	1,000,000	
감가상각누계액	(300,000)	700,000

기계장치의 장부가액

이러한 간접상각법은

재무상태표상에서 **유형자산의 취득원가, 감가상각누계액, 장부가액을 모두 파악할 수 있는 장점**이 있다.

또한 기중에 유형자산을 취득시에 감가상각은 **월할상각**하게 되어 있다.

6. 유형자산의 처분

유형자산을 처분 시 처분가액과 장부가액을 비교해서 처분가액이 장부금액보다 많은 경우에는 유형자산처분이익(영업외수익)으로 반대로 처분가액이 장부금액보다 적은 경우에는 유형자산 처분손실(영업외비용)로 회계처리 한다.

이 경우 **해당 자산의 취득가액과 감가상각누계액을 전액 제거하는 회계처리를 하여야** 한다.

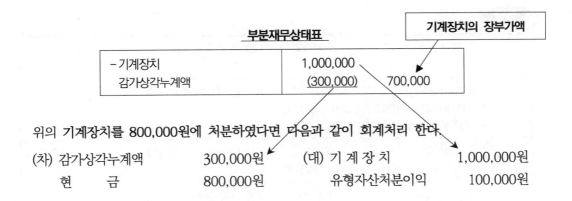

위의 기계장치를 800,000원에 처분하였다면 다음과 같이 회계처리 한다.

(차) 감가상각누계액	300,000원	(대) 기 계 장 치	1,000,000원
현　　　금	800,000원	유형자산처분이익	100,000원

여기서 기계장치의 장부가액(취득가액 – 감가상각누계액) 700,000원을 800,000원에 처분하였으므로 유형자산처분이익 100,000원이 계산된다.

☞ 처분손익 = 처분가액 – 장부가액 = 800,000 – 700,000 = 100,000(처분이익)

〈유형자산 처분손익〉

처분가액〉장부가액(취득가액 – 감가상각누계액)	유형자산처분이익(영업외수익)
처분가액〈장부가액	유형자산처분손실(영업외비용)

<예제 3-3> 감가상각 및 유형자산 처분

㈜백두의 다음 거래를 분개하시오.

1. 20×1년 10월 1일 기계장치A를 1,000,000원에 취득하고 다음 달에 지급하기로 하다. 설치비 100,000원은 현금지급하다

2. 20×1년 12월 31일 기계장치A의 내용년수 5년, 잔존가치 100,000원으로 추정하고 정액법으로 감가상각하다.

3. 20×2년 6월 30일 기계장치A를 1,000,000원에 현금처분하다.

4. 20×2년 12월 31일 년초에 취득한 차량B(취득가액 2,000,000원)에 대해서 감가상각비를 계상하다 (내용년수 5년, 잔존가치 0원, 정률법, 상각율 40%라 가정한다.).

5. 20×3년 12월 31일 차량B에 대해서 감가상각비를 계상하다.

해답

1.	(차) 기 계 장 치	1,100,000	(대) 미 지 급 금		1,000,000
			현 금		100,000
2.	(차) 감가상각비	50,000[*1]	(대) 감가상각누계액(기계)		50,000
	*1. (1,100,000-100,000)/5년×3월/12월				
	☞ 감가상각은 **월할상각**해야 한다.				
3.	(차) 감가상각비	100,000[*1]	(대) 감가상각누계액(기계)		100,000
	*1. (1,100,000-100,000)/5년×6월/12월				
	(차) 감가상각누계액(기계)	150,000	(대) 기 계 장 치		1,100,000
	현 금	1,000,000	유형자산처분익		50,000[*1]
	*1. 처분손익=처분가액-장부가액=1,000,000-(1,100,000-150,000)				
4.	(차) 감가상각비	800,000원[*1]	(대) 감가상각누계액(차량)		800,000
	*1. 1차년도 감가상각비=2,000,000×40%=800,000원				
5.	(차) 감가상각비	480,000원[*1]	(대) 감가상각누계액(차량)		480,000
	*1. 2차년도 감가상각비=(<u>2,000,000-800,000</u>)×40%=480,000원				
	장부가액(취득가액-감가상각누계액)				

연/습/문/제

 분개연습

[1] 매장 건물을 신축하기 위하여 토지를 취득하고 그 대금 30,000,000원을 당좌수표를 발행하여 지급하다. 또한 부동산 중개수수료 500,000원과 취득세 600,000원은 현금으로 지급하다.

[2] 사용 중인 업무용자동차를 부흥중고차매매센터에 7,000,000원에 판매하고 대금 중 2,000,000은 현금으로 받고 나머지는 3개월 후에 받기로 하다(취득원가 13,000,000원, 처분일까지의 감가상각누계액 6,500,000원).

[3] 당기분 차량운반구에 대한 감가상각비 600,000원과 비품에 대한 감가상각비 500,000원을 계상하다.

[4] 영업용승용차 1대를 (주)자동차나라 중부영업소에서 10,000,000원에 구입하고, 대금 중 1,000,000원은 당좌수표를 발행하여 지급하고, 잔액은 12개월 할부로 지급하기로 하다.

[5] 동성상회로부터 사옥건축용 토지를 100,000,000원에 매입하고, 토지대금 중 30,000,000원은 당좌수표를 발행하여 결제하고, 나머지는 외상으로 하였다. 토지매입에 따른 취득세 1,000,000원은 보통예금에서 인출하여 지급하였다.

[6] 재작년 7월 1일에 기계장치를 취득하였다. 기계장치 취득 후 2년이 지난 현재 주요수선 및 설비증설을 위한 자본적지출로 6,000,000원을 현금 지출하였다.

객관식

01. 다음 중 유형자산에 대한 설명으로 옳은 것은?

① 유형자산은 판매 목적으로 구입한 자산이다.

② 유형 자산을 취득할 때 소요된 취득부대비용은 당기의 비용으로 처리한다.

③ 1년 이상 장기에 걸쳐 사용되는 자산으로 물리적인 형태가 없는 자산이다.

④ 업무용 토지, 건물, 차량운반구, 구축물 등은 회계상 유형자산에 속한다.

02. 감가상각을 하지 않는 자산을 〈보기〉에서 고른 것은?

ㄱ. 토지	ㄴ. 기계장치	ㄷ. 차량운반구	ㄹ. 건설중인자산

① ㄱ, ㄴ   ② ㄱ, ㄹ   ③ ㄴ, ㄷ   ④ ㄷ, ㄹ

03. 다음 계정과목 중 감가상각대상자산은 어느 것인가?

① 투자부동산   ② 토지   ③ 건설중인자산   ④ 기계장치

04. 일반기업회계기준상 재무상태표 작성시 건물, 기계장치, 구축물 등의 통합계정과목으로 옳은 것은?

① 설비자산   ② 매출채권   ③ 재고자산   ④ 유동자산

05. 다음 중 유형자산의 취득원가에 해당되지 않는 것은?

① 유형자산 취득 시 지출한 설치비   ② 유형자산 취득 시 지급한 취득세

③ 유형자산 취득 후 지출한 화재보험료   ④ 유형자산 취득 시 지출한 시운전비

06. 다음 (가), (나)의 거래를 분개할 때 차변 계정과목에 해당하는 것을 바르게 짝지은 것은?

(가) 건물 신축 계약을 맺고, 계약금 10,000,000원을 현금으로 지급하다.
(나) ㈜○○은 투자 목적으로 토지를 1억원에 취득하고 대금은 당좌수표를 발행하여 지급하다.

	(가)	(나)		(가)	(나)
①	건 물	토지	②	건물	투자부동산
③	건설중인자산	토지	④	건설중인자산	투자부동산

07. ○○상점의 업무용 건물에 대하여 발생한 다음과 같은 지출의 분개시 (가)에 해당하는 계정과목으로 옳은 것은?

> 업무용 건물의 리모델링을 실시하고 그 비용 5,000,000원을 수표를 발행하여 지급하였다. 건물의 가치가 실질적으로 5,000,000원 증대 되었으며, 내용연수도 2년 연장되었다.
> (차변) (가) 5,000,000원 (대변) 당좌예금 5,000,000원

① 건물 ② 수선비 ③ 감가상각비 ④ 유형자산처분손실

08. 다음 거래의 회계처리시 (가), (나)의 차변 계정과목으로 옳은 것은?

> 당좌수표를 발행하여 현금 8백만원을 인출한 후 ○○상점에 (가)상품 매입을 위한 계약금으로 3백만원을 지급하였고, △△건설회사에 (나)신축중인 건물의 중도금으로 5백만원을 지급하였다.

	(가)	(나)		(가)	(나)
①	선 급 금	건 물	②	선 급 금	건설중인자산
③	외상매입금	건 물	④	외상매입금	건설중인자산

09. 유형자산의 사용 중 발생한 지출이다. 회계처리의 성격이 다른 하나는?

① 노후된 건물 외관의 도색작업 ② 계단식 5층 건물의 엘리베이터 설치
③ 업무용 승용자동차의 파손된 유리교체 ④ 건물 내부의 조명기구 교환

10. 다음 거래를 분개한 것으로 옳은 것은?

> 신축중인 영업용 건물이 완공되어 인수하고, 공사비 잔액 5,000,000원을 당좌수표를 발행하여 지급하다. 단, 지금까지 건물의 신축을 위하여 지급된 공사비 2,000,000원이 있다.

① (차) 건 물 5,000,000원 (대) 당좌예금 3,000,000원
　　　　　　　　　　　　　　　　　　 건설중인자산 2,000,000원

② (차) 건 물 7,000,000원 (대) 당좌예금 5,000,000원
　　　　　　　　　　　　　　　　　　 건설중인자산 2,000,000원

③ (차) 건 물 5,000,000원 (대) 당좌예금 5,000,000원
　　　 건설중인자산 2,000,000원 　　 미지급금 2,000,000원

④ (차) 건 물 7,000,000원 (대) 당좌예금 7,000,000원
　　　 외상매입금 2,000,000원 　　 건설중인자산 2,000,000원

11. 다음 거래의 내용을 보고 4월 6일과 4월 7일의 거래를 분개할 경우 차변 계정과목으로 옳은 것은?

> 4월 3일 : 신제품의 제작에 사용하기 위하여 기계장치 1대를 2,000,000원에 구입하고,
> 　　　　　운반비 200,000원을 포함하여 수표를 발행하여 지급하다.
> 4월 6일 : 전문가를 초청하여 기계의 시험운전을 시행하고, 그 비용 300,000원을 현금으로 지급하다.
> 4월 7일 : 기계장치를 화재보험에 가입하고, 보험료 20,000원을 현금으로 납입하다.

	4월 6일	4월 7일		4월 6일	4월 7일
①	수선비	보험료	②	수선비	기계장치
③	기계장치	보험료	④	기계장치	기계장치

12. 업무용 건물을 수리하고 수익적 지출을 자본적 지출로 잘못 회계 처리한 경우 나타나는 결과로 옳은 것을 모두 고른 것은?

> ㄱ. 비용이 과대 계상된다.　　　　　　ㄴ. 순이익이 과대 계상된다.
> ㄷ. 비유동자산이 과대 계상된다.　　　ㄹ. 유동자산이 과소 계상된다.

① ㄱ, ㄴ　　　　② ㄱ, ㄷ　　　　③ ㄴ, ㄷ　　　　④ ㄴ, ㄹ

13. 회계 담당자의 실수로 자본적 지출을 수익적 지출로 잘못 회계처리한 경우 나타나는 현상으로 옳은 것은?
① 자산이 과대계상 된다.
② 비용이 과대계상 된다.
③ 이익이 과대계상 된다.
④ 부채가 과대계상 된다.

14. 다음 중 일반기업회계기준상 유형자산의 감가상각에 대한 설명으로 틀린 것은?
① 수익·비용 대응의 원칙에 따라 기업의 수익창출 활동에 기여한 기간 동안 유형자산의 취득원가를 비용으로 인식하는 과정이다.
② 감가상각으로 계상되는 비용을 차변에 감가상각비로 기록하고, 대변에 감가상각누계액으로 기록하여 해당 계정과목에서 차감하여 표시한다.
③ 감가상각방법을 어떻게 선택하는가에 따라 동일한 상황의 기업이라도 당기순이익이 달라질 수 있다.
④ 다른 요건이 동일하다면 유형자산의 취득 초기에는 정액법에 의한 감가상각비가 정률법에 의한 감가상각비 보다 많다.

15. 다음 계정 기입에 대한 설명으로 틀린 것은?

건 물			
1/ 1 전기이월	800,000원	12/31 차기이월	800,000원
	800,000원		800,000원

건물감가상각누계액			
12/31 차기이월	160,000원	1/ 1 전기이월	80,000원
		12/31 감가상각비	80,000원
	160,000원		160,000원

① 당기말 현재 건물의 장부가액은 960,000원이다.
② 당기의 감가상각비는 80,000원이다.
③ 건물의 취득원가는 800,000원이다.
④ 건물감가상각누계액 합계는 160,000원이다.

16. 다음 건물과 관련된 자료를 통해 알 수 있는 것으로 틀린 것은?(단, 제공된 자료의 건물외 다른 유형자산은 없다고 가정한다.)

공사착수일	건물완공일	건물사용일	감가상각비
20x1.3.1.	20x1.12.31.	20x2.1.1.	매년 일정액으로 계상
착수금 300,000원 지급	잔금 700,000원 지급		

① 20x1년 결산 후 재무상태표에 표시되는 유형자산의 취득원가는 1,000,000원이다.
② 20x1년 3월 1일 거래를 분개할 때 차변계정과목은 건설중인자산이다.
③ 20x1년에는 유형자산의 감가상각을 하지 않는다.
④ 감가상각방법은 정률법이다.

17. 다음 중 유형자산의 감가상각에 대한 이론적 근거를 가장 잘 설명하고 있는 것은?

① 계속성   ② 비교가능성
③ 수익 · 비용의 대응   ④ 적시성

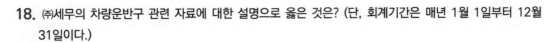
로그인 기업회계3급 Part Ⅱ. 계정과목이해

18. ㈜세무의 차량운반구 관련 자료에 대한 설명으로 옳은 것은? (단, 회계기간은 매년 1월 1일부터 12월 31일이다.)

> [차량운반구 자료]
> • 취득일 : 20x1년 1월 1일
> • 차량가격 : 38,000,000원
> • 차량 취득시 운반비용 : 2,000,000원
> (내용연수 10년, 잔존가치 0, 상각방법은 정액법, 기장방법은 간접법을 채택하고 있음)

① 취득시 취득원가는 38,000,000원이다.
② 20x1년 결산시 감가상각비는 3,800,000원이다.
③ 20x1년 결산 후 장부금액은 36,000,000원이다.
④ 20x2년 결산 후 감가상각누계액은 7,600,000원이다.

 주관식

01. 다음 거래의 내용을 자료로 기계장치의 취득원가를 계산하면 얼마인가?

> • 3/1 : 기계장치 1대를 5,000,000원에 구입하고, 운반비 300,000원과 함께 당좌수표를 발행하여 지급하다.
> • 3/3 : 기계장치의 시험 운전비용 200,000원을 현금으로 지급하다.
> • 3/5 : 기계장치의 화재보험에 가입하고, 보험료 200,000을 현금으로 납입하다.

02. 다음 거래 내용을 자료로 건물의 취득원가를 계산하시오.

> • 7/1 : 창고용 건물 1동을 8,000,000원에 구입하고, 취득세 및 등기비용 500,000원과 함께 당좌수표를 발행하여 지급하다.
> • 7/2 : 사용 전 수리비 700,000원을 현금으로 지급하다.□
> • 7/5 : 건물의 화재보험에 가입하고, 보험료 600,000원을 현금으로 납입하다.

236

03. 20x1년 1월 1일에 취득하여 매년 정상적으로 감가상각한 비품에 대하여 20x3년 말 감가상각비를 계산하면 얼마인가?

• 취득원가 : 1,000,000원	• 내용연수 : 10년
• 상각률(정률) : 연 30%	• 감가상각 방법 : 정률법
• 결산 : 연 1회	

---

04. 다음과 같은 업무용 자동차에 대하여 20x1년 12월 31일 결산시 재무상태표에 표시될 차량운반구에 대한 감가상각누계액을 계산하시오.

• 취득일 : 20x0년 1월 1일	• 취득원가 : 5,000,000원	
• 내용연수 : 5년	• 정률(상각률) : 연 40%	• 상각방법 : 정률법
• 단, 결산은 연 1회이며 매년 정상적으로 상각함.		

---

05. ㈜OO이 20x1년 1월 1일에 400,000원에 취득한 기계장치(내용연수 3년, 잔존가치액 40,000원)를 20x3년 6월 30일에 140,000원에 처분하였다. ㈜OO이 정액법에 의해 기계장치를 월할 감가상각하였다면 동 기계장치의 처분과 관련된 처분손익을 계산하시오?

06. 다음은 제조업을 영위하는 ㈜삼일이 보유하고 있는 20X1년 말 자산의 일부내역이다. 이 중 유형자산으로 분류해야 할 자산들의 합계로 옳은 것은(단, 감가상각누계액은 고려하지 않는다)?

20X1 년 12 월 31 일

내역	금액
투자목적으로 보유중인 토지	323,000,000원
자가사용목적으로 보유중인 건물	144,000,000원
영업활동 목적으로 사용하는 공기구 및 비품	78,000,000원
건설중인 공장건물	103,000,000원
합 계	648,000,000원

07. 다음 자료에서 기계장치의 유형자산처분손익을 계산하시오.

> • 취득 : 20×0년 1월 1일(기계장치 취득원가 1,000,000원) • 내용연수 : 5년
> • 감가상각 : 정률법(정률 40%)에 의하여 매년 정상적으로 상각함 • 결산 : 연 1회(매년 12월 31일)
> • 처분 : 20×1년 12월 31일(처분금액 300,000원)

08. 다음은 세무상사의 유형자산의 처분내역이다. 처분전 유형자산의 감가상각누계액은?

> 세무상사는 10,000,000원에 취득하여 업무에 사용하던 기계장치를 5,000,000원에 처분하였다. 처분대금은 현금으로 1,000,000원을 수령하고 나머지는 3개월 동안 나눠 수령하기로 하였다. 처분시 회사가 인식한 유형자산처분손실은 1,000,000원이다.

09. 다음 ㈜세무상사의 20x1년 결산 후 기계장치 감가상각누계액 계정과 [기계장치 관련 자료]에 의해 계산한 유형자산처분손익은 얼마인가?(단, ㈜세무상사의 유형자산은 기계장치만 있다고 가정한다.)

기계장치감가상각누계액			
12월 31일 차기이월	640,000원	1월 1일 전기이월	400,000원
		12월 31일 감가상각비	240,000원

[기계장치 관련 자료]
• 취득일 : 20x0년 1월 1일, 감가상각비 계산방법 : 정률법(연 40%)
• 처분일 : 20x2년 1월 1일, 처분금액 : 280,000원

연/습/문/제 답안

🔑 분개연습

[1] (차) 토　　　지　　　　31,100,000　(대) 당좌예금　　　30,000,000
　　　　　　　　　　　　　　　　　　　　　　현　　　금　　　1,100,000

[2] (차) 현　　　금　　　　　2,000,000　(대) 차량운반구　　　13,000,000
　　　　감가상각누계액(차량)　6,500,000　　　유형자산처분이익　　500,000
　　　　미수금(부흥중고차매매센터)　5,000,000

[3] (차) 감가상각비　　　　　1,100,000　(대) 감가상각누계액　　　600,000
　　　　　　　　　　　　　　　　　　　　　(차량운반구)
　　　　　　　　　　　　　　　　　　　　　감가상각누계액(비품)　500,000

[4] (차) 차량운반구　　　　10,000,000　(대) 당좌예금　　　　1,000,000
　　　　　　　　　　　　　　　　　　　　　미지급금　　　　9,000,000
　　　　　　　　　　　　　　　　　　　　　((주)자동차나라)

[5] (차) 토　　　지　　　101,000,000　(대) 당좌예금　　　30,000,000
　　　　　　　　　　　　　　　　　　　　　미지급금(동성상회)　70,000,000
　　　　　　　　　　　　　　　　　　　　　보통예금　　　　1,000,000

[6] (차) 기계장치　　　　　6,000,000　(대) 현　　　금　　　6,000,000

객관식

1	2	3	4	5	6	7	8	9	10	11	12	13	14	15
④	②	④	①	③	④	①	②	②	②	③	③	②	④	①

16	17	18												
④	③	③												

[풀이 - 객관식]

01. ①은 재고자산, ②는 유형자산 취득 시 취득부대비용은 취득원가에 가산한다. ③는 무형자산이다.

02. 토지와 건설중인자산은 감가대상이 아니다.

03. 투자부동산, 토지, 건설중인자산은 비감가상각자산이다.

04. 건물, 기계장치, 구축물 등은 설비자산으로 처리한다.

05. 유형자산의 취득원가에는 본래의 취득가액뿐만 아니라, 그 부대비용도 포함된다. **보험료는 유형자산을 보유함으로써 발생된 당기비용**이다.

06. 영업용 건물의 신축 계약을 맺고, 계약금을 현금으로 지급하면 건설중인자산계정 차변에 기입하고, 투자 목적으로 토지를 취득하면 투자부동산계정 차변에 기입한다.

07. 유형자산의 사용도중 발생한 지출로 인하여 **내용연수가 연장되거나 가치가 증가된 지출은 자본적 지출**로 해당 자산의 원가에 포함한다.

08. 상품 매입을 위한 계약금을 지급한 경우 선급금계정의 차변에 기입하고, 신축중인 건물의 중도금 지급 등 건물이 완성시까지 지출되는 금액은 건설중인자산계정의 차변에 기입한다.

09. 자본적 지출은 자산가액을 증가시키거나 내용연수를 증가시키는 지출은 말한다.
엘리베이터 설치는 자본적 지출이고, 나머지는 수익적 지출이다.

10. 건물의 취득원가(7,000,000원)는 지금까지 지출한 건설중인자산 2,000,000원과 건물을 인수하면서 지출하는 5,000,000원이다. 그리고 지금까지 지출한 건설중인 자산은 건물을 인수하면서 소멸하는 계정이다.

11. 유형자산의 취득원가에는 **구입가격과 운반비, 시운전비, 취득세 등의 부대비용을 포함**한다. 기계장치에 대한 보험료는 보험료 계정으로 처리한다.

12. 수익적 지출(비용)을 자본적 지출(자산)으로 잘못 회계 처리한 경우 비용이 과소 계상되고 비유동자산이 과대 계상되어 순이익이 과대 계상된다.

13. 자산을 비용으로 처리하였으므로 자산이 과소계상되고, 비용이 과대계상되며, 이익이 과소계상된다.

14. 다른 요건이 동일하다면 유형자산의 취득 초기에는 **정률법에 의한 감가상각비가 정액법에 의한 감가상각비 보다 많다.**

15.

재무상태표

자 산	금 액	
건 물	800,000원	
감가상각누계액	(160,000원)	(640,000원)

16. **감가상각비가 매년 일정하다는 것은 정액법**을 의미한다.

17. 감가상각은 **기간별 수익 · 비용의 적절한 대응을 위해 기간별로 배분하는 과정**이다.

18. 취득원가 = 차량가격(38,000,000) + 취득시 운반비용(2,000,000) = 40,000,000원

감가상각비 = 취득원가(40,000,000) ÷ 내용연수(10년) = 4,000,000원/년

x1년 장부가액 = 취득원가(40,000,000) − 감가상각누계액(4,000,000) = 36,000,000원

🔑 주관식

1	5,500,000원	2	9,200,000원	3	147,000원
4	3,200,000원	5	처분이익 40,000원	6	325,000,000원
7	처분손실 60,000원	8	4,000,000원	9	처분손실 80,000원

[풀이 - 주관식]

01. 유형자산의 취득 시 발생하는 **운반비와 시험 운전비용은 취득원가에 가산**하며 보험료는 비용으로 처리한다.

02. 건물의 취득 시 발생하는 **취득세 및 등기비용과 사용 전 수리비는 취득원가에 포함**하며, 보험료는 비용으로 처리한다.

03. 정률법은 미상각잔액(취득원가 − 감가상각누계액)에 정률을 곱하여 계산하는 방법이다.

연도	감가상각비 계산 (장부가액×상각율)	감가상각비	감가상각누계액 (A)	기말장부금액 (취득가액−A)
취득시(연초)				1,000,000
20×1년	1,000,000×0.3	300,000	300,000	700,000
20×2년	700,000×0.3	210,000	510,000	490,000
20×3년	490,000×0.3	**147,000**	657,000	343,000

04. 정률법은 미상각잔액(장부금액)에 정률을 곱하여 계산하며, 2년분의 감가상각액은 다음과 같이 계산되어 감가상각누계액은 3,200,000원이 된다.

- 20x0년 12월 31일 : 5,000,000원×0.4 = 2,000,000원
- 20x1년 12월 31일 : (5,000,000원 − 2,000,000원)×0.4 = 1,200,000원

05. 처분 전 감가상각누계액(400,000원 − 40,000원)×1/3×2.5(2년 6개월) = 300,000원

처분손익 = 처분가액 − 장부가액 = 140,000원 − 100,000원[400,000 − 300,000] = 40,000원 처분이익

06. 투자목적으로 보유중인 토지는 투자자산인 투자부동산에 해당한다.

07. 정률법은 미상각잔액(취득원가 - 감가상각누계액)에 정률을 곱하여 계산하는 방법이다.

	정률법			
연도	감가상각비 계산 (장부가액×상각율)	감가상각비	감가상각누계액 (A)	기말장부금액 (취득가액 - A)
취득시				1,000,000
20×0년	1,000,000×0.4	400,000	400,000	600,000
20×1년	600,000×0.4	240,000	640,000	360,000

처분손익 = 처분가액 - 장부가액 = 300,000 - 360,000 = △60,000원(처분손실)

08. 처분손실(△1,000,000) = 처분가액(5,000,000) - 장부가액(6,000,000)

장부가액(6,000,000) = 취득가액(10,000,000) - 감가상각누계액(4,000,000)

(차) 현 금	1,000,000원	(대) 기계장치	10,000,000원
미수금	4,000,000원		
감가상각누계액	4,000,000원		
유형자산처분손실	1,000,000원		

09. 20x0.1.1 취득원가 = 1,000,000원(20x0.12.31 감가상각비 400,000/40% = 1,000,000원)

20x1.12.31 결산시 감가상각누계액 = 640,000원

20x2.1.1 처분시 장부가액 = 취득원가(1,000,000) - 감가상각누계액(640,000) = 360,000원

처분손익 = 처분가액(280,000) - 장부가액(360,000) = △80,000원(처분손실)

무형자산이란 재화의 생산이나 용역의 제공, 타인에 대한 임대 또는 관리에 사용할 목적으로 기업이 보유하고 있으며, 물리적 형체가 없지만 식별가능하고 기업이 통제하고 있으며 미래 경제적 효익이 있는 비화폐성자산을 말한다.

즉, ① **물리적 실체가 없지만 식별가능하고,**

② **기업이 통제하고 있으며**

③ **미래 경제적 효익이 있는 자산을 말한다.**

위의 세 가지 조건을 충족하면 무형자산으로 분류한다.

☞ 화폐성 항목 : 미래에 확정되었거나 결정가능할 수 있는 화폐단위의 수량으로 받을 권리 또는 지급할의무가 있는 자산과 부채를 말한다(예 : 예금, 매출채권, 매입채무, 대여금, 차입금 등).

☞ 비화폐성 항목 : 화폐성 이외의 자산과 부채를 말한다(예 : 선급금, 재고자산, 유무형자산, 선수금 등).

1. 종류

(1) 영업권

영업권이란 기업의 우수한 종업원, 고도의 경영능력, 영업상 또는 제조상의 비법, 양호한 노사관계, 우수한 인재나 자원의 확보 등으로 미래에 그 기업에 경제적 이익으로 공헌하리라고 기대되는 초과 수익력이 있는 경우 그 미래의 초과수익력을 말한다.

영업권이 자산으로 인식되기 위해서는 외부구입영업권이어야 하고, 내부창설 영업권의 자산계상은 인정하지 않는다. 왜냐하면 내부창설영업권은 그 자산의 취득원가를 신뢰성 있게 측정할 수 없고, 자산의 식별이 불가능하기 때문이다.

따라서 다른 기업을 취득·인수·합병할 경우에 취득한 순자산의 공정가액을 초과하는 경우 그 차액을 외부구입영업권이라 하는데 기업회계기준에서는 외부구입영업권만 인정한다.

(2) 내부적으로 창출된 무형자산(개발비)

개발비란 **신제품, 신기술 등의 개발과 관련하여 발생한 비용**(소프트웨어의 자체 개발과 관련된 비용을 포함)으로 **개별적으로 식별가능하고 미래의 경제적 효익을 기대할 수 있는 것**을 말한다. 개발비는 연구개발활동에 투입된 지출 중에서 무형자산의 인식요건에 부합하면 자산으로 계상한다는 의미이며, 법률상의 권리는 아니다. 또한 개발비와 유사한 지출로서 연구비가 있는데, 연구비란 새로운 과학적 지식을 얻고자하는 활동, 제품 등에 대한 여러 가지 대체안을 탐색하는 활동에 지출하는 비용을 말한다.

이러한 연구비는 미래 경제적 효익이 불투명하기 때문에 발생 즉시 판매비와 관리비로 당기

비용 처리한다.

기업의 내부개발프로젝트를 연구·개발단계, 생산단계로 구분하여 회계처리를 보면 다음과 같다.

〈연구·개발 및 생산단계〉

연구단계		개발단계		생산단계	
발생시점 비용처리 (판매비와 관리비)	→	무형자산 인식조건을 충족시 개발비로 무형자산 계상	→	**무형자산상각비**	
		요건을 미충족시 경상연구개발비의 과목으로 발생시점에 비용처리 (판매비와 관리비)		**제조와 관련**	제조경비
				제조와 미관련	판관비

(3) 산업재산권

일정기간 독점적·배타적으로 이용할 수 있는 권리로서 특허권·실용신안권·상표권 등을 말한다.

☞ 특허권 : 새로 발명한 것(창작물)을 일정기간 독점적으로 소유 또는 이용할 수 있는 권리

실용신안권 : 산업상 이용할 수 있는 물품 등에 대한 고안으로서 법에 따라 출원하여 부여받은 권리

상표권 : 타 상품과 식별하기 사용하는 기호등을 상표라 하는데 이를 독점적으로 사용할 수 있는 권리

(4) 라이선스

특허권자가 자신의 권리를 사용하고자 하는 특허사용자와 계약하여 권리실시를 허용하는 계약을 말한다.

(5) 소프트웨어

컴퓨터 프로그램과 그와 관련된 문서들을 총칭하며, 자산인식요건을 충족하는 소프트웨어를 구입하여 사용하는 경우의 구입대가를 말한다.

그러나 컴퓨터를 구입시 부수되는 OS는 별도의 소프트웨어라는 무형자산으로 인식하는 것이 아니라, 컴퓨터의 취득부대비용으로 인식하여 유형자산으로 회계처리 한다.

(6) 기타 : 프랜차이즈, 저작권, 임차권리금 등이 있다.

☞ 프랜차이즈 : 제조업자 등이 자기의 상호등을 사용케하여 독립적인 소매점을 가맹점을 하여 하는 영업활동을 하게 하는 것

임차권리금 : 임차인이 상가를 다른 세입자에게 매도함으로써 포기해야 하는 시설비와 영업권을 말한다.

2. 무형자산의 취득원가

매입가액에 취득 부대비용을 가산하여 무형자산의 취득원가로 하고, 일반적으로 유형자산의 취득원가와 동일하다.

3. 무형자산의 상각

(1) 상각대상금액

무형자산의 잔존가치는 원칙적으로 "0"으로 한다. 그러므로 취득원가가 무형자산의 상각대상금액이 된다.

(2) 내용연수

무형자산의 내용연수(상각기간)는 독점적 · 배타적인 권리를 부여하고 있는 관계법령이나 계약에 정해진 경우를 제외하고는 20년을 초과할 수 없다. 또한, 상각시점은 무형자산이 **사용가능한 시점부터 상각**하도록 하고 있다.

(3) 상각방법

유형자산과 마찬가지로 정액법, 정률법, 생산량비례법 등 기업회계기준이 정하는 방법 중에서 기업이 합리적인 방법을 선택하여 상각한다.

그러나 **합리적인 상각방법을 정할 수 없는 경우에는 정액법을 사용하도록 하고 있다.**

(4) 무형자산상각비

무형자산상각비 = [취득가액 − 0(잔존가치는 원칙적으로 "0")]/내용연수

= 미상각잔액(장부가액)/잔여내용연수

4. 재무제표 표시

유형자산은 감가상각이라고 표현하는데, 무형자산은 상각이라고 표현하며 유형자산과 달리 상각누계액 계정을 별도로 설정하지 않고 직접 차감하는 방법(직접상각법)을 사용할 수 있다.

일반적으로 유형자산은 간접상각법을 무형자산은 직접상각법을 사용한다.

(차) 무형자산상각비 　　　　　×××　　　　(대) 무 형 자 산 　　　　　×××

　　(제조원가/판관비)　　　　　　　　　　　　(또는 상각누계액)

〈부분재무상태표 - 직접상각법〉

- 개발비	1,000,000

장부가액
(미상각잔액)

<예제 3 - 4> 무형자산

㈜백두의 다음 거래를 분개하시오.

1. 20×1년 10월 1일 고려대학에 의뢰한 신제품개발에 따른 용역비 10,000,000원을 보통예금에세 이체하여 지급하다. 본 용역은 자산요건을 충족한다.

2. 20×1년 12월 31일 현재 특허권 미상각잔액이 4,500,000원이 있다. 특허권은 2년간 상각하였고, 회사는 특허권 상각에 대해서 사용가능시점부터 5년간 직접 상각한다.

해답

1.	(차) 개 발 비	10,000,000원	(대) 보 통 예 금	10,000,000원
2.	(차) 무형자산상각비	1,500,000원[*1]	(대) 특 허 권	1,500,000원
	*1. 당기 상각비 = 미상각잔액/잔여내용연수 = 4,500,000/3년 = 1,500,000원			

〈유형자산 VS 무형자산〉

	유형자산	무형자산
취득가액	매입가액 + 부대비용	좌동(간접지출도 포함가능)
잔존가액	처분시 예상되는 순현금유입액	**원칙적으로 "0"**
내용년수	경제적 내용연수	좌동 **원칙 : 20년 초과 불가**
상각방법	정액법, 정률법, 내용연수합계법, 생산량비례법 등	좌동 **다만 합리적인 상각방법이 없는 경우 "정액법"**
재무제표 표시	간접상각법	**직접상각법, 간접상각법 가능**

제4절 기타비유동자산

비유동자산 중 투자자산 및 유형자산, 무형자산에 속하지 않는 자산을 의미한다.

1. 임차보증금(VS 임대보증금)

타인소유의 부동산이나 동산을 사용하기 위하여 임대차계약을 체결하는 경우에 월세 등을 지급하는 조건으로 임차인이 임대인에게 지급하는 보증금을 말한다.

2. 전세권

전세금을 지급하고 타인의 부동산을 그 용도에 따라 사용, 수익하는 권리이다.

3. 장기매출채권

유동자산에 속하지 아니하는 일반적 상거래에서 발생한 장기의 외상매출금 및 받을어음을 말한다.

4. 부도어음과수표

어음소지인이 어음대금 청구시 **어음금액의 지급을 거절당한 경우 어음의 부도라 하고, 지급이 거절된 어음을 부도어음**이라 한다. 어음이 부도되면 어음소지인은 어음발행자에게 어음금액을 청구할 수 있으며, 이때 어음소지인은 어음금액과 법정이자, 공증인에 의한 지급거절증서 작성비용 등을 청구한다.

  ☞ 공증인 : 당사자의 촉탁에 따라 법률행위나 그 밖의 개인적인 권리에 관한 사실에 대한 공정증서의 작성 등의 사무를 처리하는 자를 말하는데, 변호사 등 일정 자격을 가진 자 중 법무부장관이 임명한다.

회사는 관리목적상 정상적인 어음과 구분하기 위하여 부도어음과수표계정(청구비용 등 포함)을 사용하고, **추후 회수가능성을 판단하여 대손처리한다.**

5. 기타 이외에 이연법인세자산, 장기미수금 등이 있다.

 분개연습

[1] 본점 이전을 위하여 한성빌딩 101호를 임차하기로 하였으며 임차보증금 30,000,000원을 보통예금 통장에서 송금하였다.

[2] 서울대학에 의뢰한 신제품 개발에 따른 연구용역비 12,000,000원을 보통예금에서 폰뱅킹 이체하여 지급하다(무형자산으로 처리할 것).

[3] 4월 10일에 제품을 매출하고 (주)암석으로부터 수취한 어음 5,000,000원이 부도처리되었다는 것을 7월 10일에 국민은행으로부터 통보받았다.

[4] 영업점을 이전하면서 임대인(대성빌딩)으로부터 임차보증금 중 임차료 미지급액 6,000,000원을 차감한 나머지 194,000,000원을 보통예금으로 반환받았다.(미지급비용 계정과목을 사용하시오)

[5] 무형자산으로 처리된 개발비의 당기 무형자산상각액은 12,000,000원이다.
    (단, 판매관리비로 처리하고 직접법으로 상각함)

객관식

01. 비유동자산에 해당하는 계정과목만을 〈보기〉에서 고른 것은?

| ㄱ. 상품 | ㄴ. 기계장치 | ㄷ. 받을어음 |
| ㄹ. 단기대여금 | ㅁ. 산업재산권 | ㅂ. 임차보증금 |

① ㄱ, ㄴ, ㄷ   ② ㄱ, ㄹ, ㅁ   ③ ㄴ, ㄷ, ㄹ   ④ ㄴ, ㅁ, ㅂ

02. 다음에서 무형자산에 속하는 것끼리 묶어 놓은 것은?

① 영업권 – 산업재산권 – 건설중인자산   ② 장기대여금 – 상장주식 – 저작권
③ 특허권 – 임차보증금 – 실용신안권   ④ 산업재산권 – 라이선스 – 소프트웨어

03. 다음 중 무형자산이 아닌 것은?

① 저작권   ② 라이선스와 프랜차이즈
③ 임차보증금   ④ 임차권리금

04. 무형자산에 해당하는 것을 모두 고른 것은?

| ㄱ. 영업권 | ㄴ. 산업재산권 |
| ㄷ. 임차보증금 | ㄹ. 건설중인자산 |

① ㄱ, ㄴ   ② ㄱ, ㄹ   ③ ㄴ, ㄷ   ④ ㄷ, ㄹ

05. 다음 중 무형자산에 대한 설명으로 옳지 않은 것은?

① 물리적인 형태가 있는 자산으로 화폐성 자산이다.
② 무형자산은 미래의 경제적 효익을 제공하는 경우가 많다.
③ 기업 내부적으로 창출된 영업권은 무형자산으로 인식할 수 없다.
④ 무형자산에는 산업재산권이 있으며, 산업재산권의 종류로는 특허권, 실용신안권, 상표권 등이 있다.

06. 다음 중 무형자산에 대한 설명으로 적합하지 않는 것은?

① 기업 내부적으로 창출된 영업권은 무형자산으로 인식할 수 있다.

② 무형자산 중 산업재산권이 있으며, 산업재산권의 종류로는 특허권, 실용신안권, 상표권 등이 있다.

③ 무형자산은 물리적 실체는 없지만 식별가능하고 기업이 통제하고 있으며 미래경제적효익이 있는 자산이다.

④ 무형자산은 시간이 경과하거나 사용을 통해서 가치가 감소하므로 내용연수가 유한한 무형자산은 가치감소액을 합리적인 방법으로 내용연수동안 상각해야 한다.

07. 다음 거래의 분개시 (가)에 해당하는 계정과목의 자산 분류 항목으로 옳은 것은?

상품 보관용 창고로 사용하기 위하여 (주)○○건설과 건물 1동을 2년간 임차계약을 맺고, 보증금 20,000,000원과 1개월분 임차료 500,000원을 현금으로 지급하다.
(차변)(가)   20,000,000원   (대변)현   금   20,500,000원   임 차 료   500,000원

① 유형자산   ② 무형자산   ③ 투자자산   ④ 기타비유동자

08. 다음 중 무형자산에 대한 설명이다. 옳지 않은 것은?

① 물리적 형태가 없는 화폐성 자산이다.

② 무형자산은 상각누계액과 손상차손누계액을 취득원가에서 직접 차감한 잔액으로 표시한다.

③ 지식재산권, 개발비, 컴퓨터소프트웨어, 광업권은 무형자산에 해당한다.

④ 미래의 경제적효익을 가져다 줄 수 있는 자산이다.

    ☞ 회폐성자산 : 화폐가치의 변동에 상관없이 일정액의 화폐금액으로 표시되는 자산(예 : 매출채권, 대여금, 차입금등)

09. 다음 중 기업회계기준상 무형자산에 해당하는 것은?

가. 영업권	나. 특허권	다. 연구비
라. 개업비	마. 개발비	바. 창업비

① 가, 마, 바   ② 가, 나, 라   ③ 가, 나, 마   ④ 가, 나, 바

10. 무형자산의 상각에 대한 설명 중 틀린 것은?

① 무형자산의 잔존가치는 없는 것을 원칙으로 한다.

② 무형자산의 상각은 자산이 식별가능한 때부터 시작한다.

③ 일반기업회계기준에서는 무형자산의 상각기간은 독점적·배타적인 권리를 부여하고 있는 특수한 경우를 제외하고는 20년을 초과할 수 없다.

④ 무형자산이 소비되는 형태를 신뢰성 있게 결정할 수 없는 경우에는 정액법을 이용한다.

11. 다음 ㈜세무상사가 취득한 특허권과 관련된 회계 처리 내용으로 옳은 것은?

• 20X1년 1월 1일 특허권을 제비용 포함하여 1,000,000원에 현금 지급하고 취득하였다.
• 내용연수 : 5년   • 잔존가치 : 0원
• 상각방법 : 정액법   • 기장방법 : 직접법

① 20X1년 결산시 영업외비용 200,000원이 발생한다.

② 20X2년 1월 1일 특허권의 장부금액은 600,000원이다.

③ 20X1년 결산 후 재무상태표에 표시되는 특허권은 600,000원이다.

④ 20X1년 결산 후 손익계산서에 표시되는 무형자산상각비는 200,000원이다.

12. 다음 무형자산과 관련된 회계처리 중 옳지 않은 것은?

① 무형자산의 취득 후 지출은 무형자산의 취득원가에 포함하지 않고 당기 비용으로 인식한다.

② 내부적으로 창출된 영업권은 자산으로 인식하지 않는다.

③ 개발단계에서 발생된 지출에 대하여 미래 경제적 효익이 확실히 기대되지 않는 경우에도 무형자산으로 인식한다.

④ 무형자산은 합리적인 상각방법을 정할 수 없는 경우에는 정액법을 사용하여야 한다.

13. 산업재산권 통합계정에 해당되지 않는 것은?

① 디자인권   ② 특허권   ③ 상표권   ④ 소프트웨어

14. 다음 거래를 분개할 때 차변에 기입되는 계정과목과 같은 항목으로 분류되는 계정과목이 아닌 것은?

> • ㈜세무상사는 업무용 Office프로그램 10세트를 1,000,000원에 구입하고 대금은 신용카드로 결제 하였다.

① 라이선스　　　　② 산업재산권　　　　③ 구축물　　　　④ 프랜차이즈

 주관식

01. 자산의 분류 항목 중 기타비유동자산에 해당하는 금액을 계산하면 얼마인가?

> • 임대보증금 : 1,000,000원　　　　• 보통예금 : 500,000원
> • 특허권 : 500,000원　　　　• 장기매출채권 : 1,000,000원
> • 임차보증금 : 1,500,000원　　　　• 장기미수금 : 500,000원

02. 다음 자료에서 20x1년 말 재무상태표의 특허권 장부가액은 얼마인가?

> 20x1년 10월 1일 ㈜○○은 2,900,000원에 특허권을 취득하면서 특허등록비 100,000원을 지급하 였다. (단, 내용연수 10년, 정액법으로 직접 상각하고 잔존가치는 없다. 특허권 감가상각은 월할 계 산하고, 결산은 매년 12월 31일임)

연/습/문/제 답안

🔑 **분개연습**

[1] (차) 임차보증금(한성빌딩)　　30,000,000　(대) 보 통 예 금　　30,000,000

[2] (차) 개 발 비　　12,000,000　(대) 보 통 예 금　　12,000,000

[3] (차) 부도어음과수표((주)암석)　5,000,000　(대) 받을어음((주)암석)　5,000,000
☞ 부도가 났다고 대손처리하면 안된다. 부도났다고 모든 매출채권이 회수가 불가능하지 않으므로 우선적으로 비유동자산으로 분류하고 추후 대손시 대손처리하면 된다.

[4] (차) 보통예금　　194,000,000　(대) 임차보증금(대성빌딩)　200,000,000
　　　미지급비용(대성빌딩)　6,000,000

[5] (차) 무형자산상각비(판0　12,000,000　(대) 개 발 비　　12,000,000

객관식

1	2	3	4	5	6	7	8	9	10	11	12	13	14	
④	④	③	①	①	①	④	①	③	②	④	③	④	③	

[풀이 - 객관식]

01. 상품, 받을어음, 단기대여금은 유동자산에 해당한다.

02. **무형자산은 물질적인 형태가 없는 자산**을 말한다.

03. 임차보증금은 기타비유동자산에 해당한다.

04. 구체적인 형체는 없지만 기업이 소유하고 미래 경제적 효익이 기대되는 자산을 무형자산이라 하며 영업권과 산업재산권이 해당된다.

05. **무형자산은 형태가 없는 비화폐성 자산**이다.

06. 내부적으로 창출된 영업권은 취득원가를 신뢰성 있게 측정할 수 없을 뿐만 아니라 기업이 통제하고 있는 식별가능한 자원도 아니기 때문에 자산으로 인식하지 않는다.

07. (가)는 임차보증금이며, 기타비유동자산으로 분류한다.

08. 무형자산은 비화폐성 자산이다.

09. • 무형자산 : 영업권, 특허권, 개발비,   • 비용 : 연구비, 개업비, 창업비

10. **무형자산의 상각은 자산이 사용가능한 때부터 시작**한다.

11. 무형자산상각비(판매비와관리비) = 1,000,000원/5년 = 200,000원

20X2년 1월 1일 특허권 장부가액 : 800,000원,   20X1년 결산 후 특허권 : 800,000원

12. 개발비는 **미래 경제적 효익이 확실히 기대되는 경우에 무형자산으로 인식**한다.

13. 산업재산권은 지식재산권으로 산업에 관련된 발명이나 창작의 결과물로 별도의 재산권으로 보호하는 권리를 말한다. **산업재산권의 종류 : 특허권, 실용신안권, 상표권, 디자인권**

14. 구축물은 유형자산이고, 나머지는 무형자산이다.

주관식

01	3,000,000원	02	2,925,000원	

[풀이 - 주관식]

01. 임차보증금(1,500,000) + 장기매출채권(1,000,000) + 장기미수금(500,000) = 3,000,000원

임대보증금 - 비유동부채,   특허권 - 무형자산,   보통예금 - 당좌자산

02. 취득가액 = 2,900,000 + 100,000(등록비) = 3,000,000원

무형자산상각비(월할상각) = 3,000,000/10년 × 3개월/12개월 = 75,000원

장부가액 = 취득가액(3,000,000) - 무형자산상각비(75,000) = 2,925,000원

부채는
① **과거 거래나 사건의 결과로서**
② **현재 기업이 부담하고**
③ **그 이행에 대하여 회사의 경제적 가치의 유출이 예상되는 의무이다.**
부채는 원칙적으로 1년 기준에 의하여 유동부채와 비유동부채로 구분된다.

제1절   유동부채

재무상태표일로부터 만기가 1년 이내에 도래하는 부채를 유동부채라 하고, 그 이외는 비유동부채라 한다.

1. 종류

(1) 매입채무 – 외상매입금과 지급어음(VS 매출채권 – 외상매출금과 받을어음)

회사의 영업활동과 관련(상거래)하여 발생한 채무를 말한다.

(2) 미지급금(VS 미수금)

상거래 이외의 거래에서 발생한 채무로서 1년 이내에 지급할 것

(3) 단기차입금(VS 단기대여금)

금융기관으로부터 1년 이내에 상환할 차입금(금융기관으로부터 당좌차월액 포함)

(4) 미지급비용(VS 미수수익)

발생주의에 따라 당기에 발생된 비용으로서 지급되지 아니한 것

(5) 선수수익(VS 선급비용)

대금은 수령하였으나 수익실현시점이 차기 이후에 속하는 수익

(6) 선수금(VS 선급금)

상거래에서 미리 계약금의 명목으로 선수한 금액

(7) 예수금(VS 선납세금)

일반적인 상거래 이외에서 발생하는 현금 지급액 중 일부를 일시적으로 보관하였다가 바로 제 3자에게 지급해야 하는 금액

(8) 부가세예수금(VS 부가세대급금)

부가가치세 과세대상 재화나 용역을 공급하고 공급받는 자로부터 거래징수한 부가가치세액을 말한다.

(9) 미지급세금

국가나 지방자치단체에 납부해야 할 세금

(10) 미지급배당금

주주총회에서 현금 배당 결의시 미지급된 배당액을 말한다.

(11) 유동성장기부채

비유동부채 중 결산일 현재 1년 이내에 상환하여야 할 금액

2. 매입채무(VS 매출채권)

상품이나 원재료를 외상으로 매입(상거래)한 경우 나중에 지급해야 하는 의무를 말한다. 이렇게 상품대금을 구두로 지급약속을 하는 경우에는 외상매입금을 쓰지만, 매입자 측에서 대금지급 조건으로 어음을 발행하는 경우 지급어음이라는 계정을 사용한다.

회사에서는 관리목적상 외상매입금과 지급어음이라는 계정으로 기중에 회계처리 하지만, 재무상태표에 공시할 때에는 매입채무로 통합표시하도록 하고 있다.

3. 미지급금(VS 미수금)

회사의 상거래 이외의 활동에서 발생한 지급의무로 결산일로부터 1년 이내에 상환해야 하는 부채를 말한다.

즉, 유형자산의 구입을 외상으로 매입하는 과정에서 발생된 단기채무와 비용발생시 외상으로 하는 경우 미지급금으로 분류한다.

또한 회사가 상거래 이외의 활동에서 어음을 제공하였다 하더라도 지급어음 계정을 사용해서는 안되고 미지급금계정을 사용해야 한다.

신용카드 및 직불카드

- 신용카드 : 상품이나 서비스 대금의 지급을 은행이 보증하여 일정 기간이 지난 뒤에 그 대금을 결제하는 신용 판매에 이용되는 카드

- 직불카드 : 상품 등을 구입한 소비자가 대금 결제를 위해 카드를 제시하면 가게에 설치된 단말기를 통해 고객의 은행계좌에서 가게의 은행계좌로 대금이 직접 이체되도록 하는 카드(체크카드는 직불카드의 일종으로서 신용카드가맹점에서 사용할 수 있는 카드를 말한다.)

[신용카드]

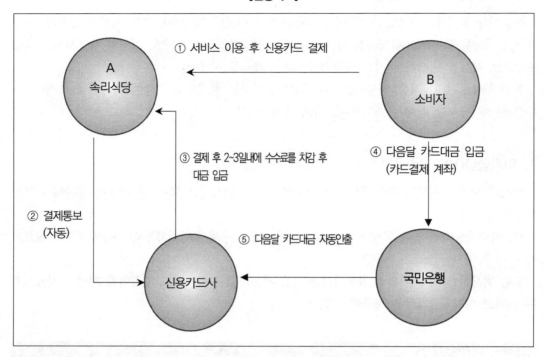

[직불카드(체크카드)]

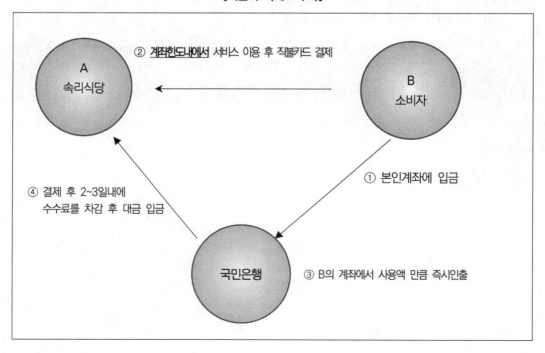

<예제 4 - 1> 매입채무와 미지급금

㈜백두의 다음 거래를 분개하시오.

1. 10월 5일 상품을 100,000원에 구입하고 약속어음(만기 3개월)을 발행하여 주다.
2. 10월 7일 기계장치를 200,000원에 취득하고 대금은 약속어음(만기 3개월)으로 발행하여 주다.
3. 10월 9일 경리과 직원들이 회식을 하고 식사대금 300,000원을 다음달 10일 주기로 하다.

해답

1.	(차) 상 품	100,000	(대) 지급어음	100,000
2.	(차) 기계장치	200,000	(대) 미지급금	200,000
3.	(차) 복리후생비	300,000	(대) 미지급금	300,000

4. 단기차입금(VS 단기대여금)

차용증서에 의하여 금전을 빌리고 상환기한이 1년 이내인 채무를 단기차입금이라 한다. 주로 기업이 금융기관 등에서 자금을 빌리고 1년 이내 갚아야 되는 금액을 말한다.

그리고 기업이 당좌거래를 하고 있다면 당좌차월에 대해서도 기말에 단기차입금으로 계상하여야 한다.

<예제 4 - 2> 단기차입금

㈜백두의 다음 거래를 분개하시오.

1. 10월 3일 국민은행으로부터 10,000,000원을 현금 차입하였다(만기 1년 이내).
2. 12월 31일 국민은행으로부터 차입한 금액에 대하여 이자 200,000원을 현금 지급하다.
3. 12월 31일 신한은행의 당좌예금 잔액을 조회하니 -3,000,000원이다. ㈜백두는 신한은행과 당좌차월 약정을 체결하고 있다.

해답

1.	(차) 현 금	10,000,000	(대) 단기차입금	10,000,000
2.	(차) 이자비용	200,000	(대) 현 금	200,000
3.	(차) 당좌예금	3,000,000	(대) 단기차입금	3,000,000

5. 미지급비용(VS 미수수익)

당기에 속하는 비용으로서 미지급된 것을 말한다. 대표적인 항목에는 미지급급여, 미지급이자, 미지급임차료 등이 있고 이를 총괄하여 미지급비용으로 계상한다. 해당 비용을 차변에 비용의 증가로, 미지급분에 해당하는 비용을 부채의 증가로 표시한다.

6. 선수수익(VS 선급비용)

당기에 수익으로서 이미 대가로 받은 금액 중 차기 이후에 속하는 부분에 대해서는 선수수익으로 부채로 계상하여야 한다.

예를 들어 10월 1일에 회사가 1년 치 임대료를 240,000원 현금으로 수령하였다고 가정하자.

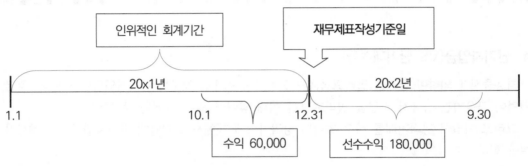

그러므로 재무상태표에는 선수수익(180,000원)과 손익계산서에는 영업외수익 임대료(60,000원)이 표시되어야 한다.

	수취시점에 전액 수익계상	수취시점에 전액 부채 계상

10.01	(차) 현 금 240,000
	  (대) 임 대 료 240,000
		(차) 현 금 240,000
		  (대) 선 수 수 익 240,000

12.31	(차) 임 대 료 180,000
	  (대) 선 수 수 익 180,000
		(차) 선 수 수 익 60,000
		  (대) 임 대 료 60,000

재무 제표	손익계산서 : 임대료(x1.10.1~x1.12.31) 60,000 재무상태표 : 선수수익(x2.1. 1~x2.9.30) 180,000	

260

7. 선수금(VS 선급금)

기업 간의 거래에 있어서 상품 등을 매매할 때 거래의 이행을 명확하게 하기 위하여 계약금을 수수하는 경우가 있는데 상품거래금액에 일부를 미리 받은 경우 선수금으로 처리한다.

선수금은 아직 상품 등을 인도하지 않았으므로 매출로 기록하지 않고 회사의 상품 등을 매입자에게 인도할 의무가 존재하므로 부채로 인식하여야 한다.

8. 예수금

기업이 거래처나 종업원이 제3자(주로 국가 등)에게 납부해야 할 금액을 일시적으로 보관하였다가 제 3자에게 지급해야 하는 금액을 말한다.

예를 들면, 기업이 종업원에게 급여 지급 시 종업원이 국가에 납부해야 할 소득세, 국민연금, 건강보험료 등을 차감하여 지급하고, 이렇게 예수한(차감한) 금액은 기업이 종업원을 대신하여 해당 기관(세무서 등)에 납부하는 것을 원천징수라 한다. 이때 사용하는 계정이 예수금이다.

국민연금과 건강보험료는 종업원이 예수한 금액(50%)과 사업주부담분(50%)을 동시에 납부하여야 한다.

사업주 부담분인 국민연금은 세금과공과금, 건강보험료는 복리후생비라는 비용계정을 사용한다.

[원천징수]

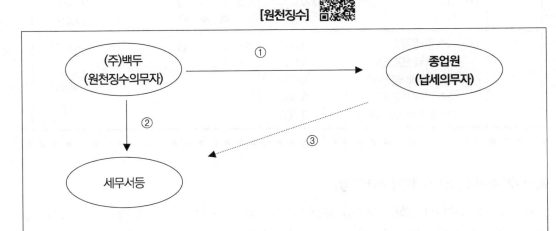

① ㈜백두가 종업원에게 급여 2,000,000원을 지급시 소득세, 지방소득세와 국민연금, 건강보험료, 고용보험료를 차감한 1,800,000원을 지급한다.
② ㈜백두은 다음달 종업원으로부터 예수한 소득세 등을 관할관청에 납부한다.
③ 이러한 예수금(소득세등)은 실질적으로 종업원이 납부한 것이다.

☞ 소득세 : 개인의 1년간 소득에 부과하는 세금

지방소득세 : 소득세 납세의무가 있는 개인 등에 대하여 지방자치단체가 부과하는 지방세(일반적으로 소득세의 10%이다.)

국민연금 : 근로자등 가입자가 나이가 들어 퇴직하거나 질병 등으로 인해 소득이 없을 경우 일정한 소득으로 노후를 보장해주는 사회보장제도

건강보험 : 질병 등으로 인해 발생한 고액의 진료비로 가계에 과도한 부담이 되는 것을 방지하기 위하여, 국민들이 평소에 보험료를 내고 보험자인 국민건강보험공단이 이를 관리·운영하다가 필요시 보험급여를 제공함으로써 국민 상호간 위험을 분담하고 필요한 의료서비스를 받을 수 있도록 하는 사회보장제도

고용보험 : 근로자가 실직할 경우를 대비하기 위하여 실직근로자의 생활안정과 재취업을 대비하기 위한 사회보험

│ <예제 4 - 3> 예수금│

㈜백두의 다음 거래를 분개하시오.

1. 10월 25일 종업원 급여 1,000,000원을 지급하면서 소득세 10,000원, 국민연금 9,000원 건강보험료 8,000원을 차감한 973,000원을 현금지급하다

2. 11월 10일 종업원에게 예수한 소득세 10,000원, 국민연금 9,000원, 건강보험료 8,000원과 사업주 부담분 국민연금 9,000원, 건강보험료 8,000원 총 44,000원을 현금납부하다.

해답

1.	(차) 급 여	1,000,000	(대) 현 금 예 수 금	973,000 27,000
2.	(차) 예수금(세무서) 예수금(국민연금공단) 세금과공과(국민연금공단) 예수금(건강보험공단) 복리후생비(건강보험공단)	10,000 9,000 9,000 8,000 8,000	(대) 현 금	44,000

9. 부가세예수금(VS 부가세대급금)

부가가치세 과세대상 재화나 용역을 공급하고 공급받는 자로부터 거래 징수한 부가가치세액을 말하는 것으로, 부가가치세 신고시 부가세 예수금계정금액에서 부가세대급금계정을 차감한 금액이 부가가치세 신고시 납부 또는 환급세액이 된다.

10. 미지급세금

기업도 이익이 발생하면 개인과 마찬가지로 국가에 세금(법인세)을 납부하게 된다. 일반적으로 법인세는 회계기간말로부터 3개월 이내에 납부하게 되어 있다. 그러므로 유동부채로 회계처리 하여야 한다. 또한 미지급세금대신 보다 명확하게 하기 위해서 미지급법인세라는 계정과목을 사용하기도 한다.

11. 유동성장기부채

일반적으로 장기차입금의 이자율은 단기차입금의 이자율보다 더 높다. 기업회계기준에서는 이러한 차입금을 구분하기 위해서 장기차입금으로 계정 처리한 금액 중 **상환기일이 1년 이내에 도래하는 금액을 단기차입금과 구분표시하기 위해서 유동성장기부채라는 계정으로 재분류하여야 한다.**

12. 미지급배당금

배당결의일 현재 미지급된 현금배당액을 말한다.

13. 가수금(VS 가지급금)

현금 등을 수취하였으나 계정과목이나 금액이 미확정 되었을 경우 임시적으로 처리하는 계정과목이다.

기업회계기준의 재무상태표 작성 기준을 보면 이러한 가계정은 재무상태표에 나타내지 말아야 하므로 그 계정의 내역을 밝혀내어 해당 계정과목으로 재무상태표에 표시하여야 한다.

연/습/문/제

 분개연습

[1] 기업은행의 단기차입금 5,000,000원과 상환시까지의 이자 275,000원을 수표발행하여 지급하다.

[2] 단기차입금에 대한 미지급이자 120,000원을 계상하다.

[3] 동문전기에 상품 1,000,000원을 판매하고 선수금 100,000원을 제외한 900,000원을 현금으로 받다.

[4] 일공상사에 상품 5,000,000원을 판매하고 판매대금 중 3,000,000원은 일공상사에 대한 외상매입금과 상계하고 나머지는 외상으로 하다.

[5] 상수산업에서 5,000,000원을 3개월간 차입하기로 하고, 선이자 100,000원을 공제한 잔액이 당사 보통예금통장에 계좌이체 되었다.

[6] 우주전자에 전자기구 10,000,000원 상당액을 판매하기로 계약하고, 계약금으로 판매액의 10%를 보통예금으로 입금 받았다.

[7] 지난 달에 미지급비용으로 회계처리한 직원급여 18,000,000원을 지급하면서 근로소득세 등 1,200,000원을 원천징수하고 보통예금 계좌에서 이체하다.

[8] 생산라인에 필요한 외국기술서적의 번역을 의뢰한 프리랜서에게 번역비 1,000,000원에서 원천징수세액 33,000원을 차감한 금액을 자기앞수표로 지급하였다(수수료비용으로 회계 처리할 것).

[9] 대한은행으로부터 차입한 단기차입금 30,000,000원을 상환함과 동시에 이자 3,000,000원 (미지급비용 1,500,000원 포함)을 보통예금에서 이체하여 지급 하였다.

[10] 가수금 1,000,000원의 내역을 확인한 결과 (주)용인전자에 대한 거래로 300,000원은 제품을 매출하기로 하고 받은 계약금이며, 700,000원은 기존에 외상대금 중 일부를 회수한 것이다.

[11] 다음과 같이 산출된 급여를 보통예금에서 직원의 보통예금계좌로 이체 지급하다.

구 분	관리직	생산직	합 계
급 여 총 액	2,800,000원	3,600,000원	6,400,000원
소 득 세	114,700원	231,740원	346,440원
지 방 소 득 세	11,470원	23,170원	34,640원
국 민 연 금	126,000원	162,000원	288,000원
건 강 보 험	66,780원	85,860원	152,640원
고 용 보 험	12,600원	16,200원	28,800원
공 제 액	331,550원	518,970원	850,520원
차 인 지 급 액	2,468,450원	3,081,030원	5,549,480원

 객관식

01. 다음 중 부채의 특징 및 그 인식조건에 관한 설명으로 옳은 것은?
① 부채는 과거의 거래나 경제적 사건의 결과로서 관련의무가 현재의 시점에 존재하고 있어야 한다.
② 부채의 지급시기가 현재의 시점에서 반드시 확정되어 있어야 한다.
③ 부채의 채권자가 현재의 시점에서 구체적으로 확정되어 있어야 한다.
④ 부채의 채무액이 현재의 시점에서 반드시 확정되어 있어야 한다.

02. 다음 중 유동부채에 해당하는 것은?
① 퇴직급여충당부채   ② 예수금   ③ 감가상각누계액   ④ 대손충당금

03. 다음 외상매입금 계정의 (   )안에 기입될 거래 내용으로 옳은 것은?

외상매입금			
당좌예금	500,000원	전기이월	150,000원
		(?)	

① 상품 500,000원을 매입하고 대금은 외상으로 하다.

② 외상매입금 100,000원을 현금으로 지급하다.

③ 외상으로 매입한 상품 중 불량품이 있어 50,000원을 반품하다.

④ 업무용 비품 200,000원을 매입하고 대금은 10일 후에 지급하기로 하다.

04. 다음 계정의 기입 내용을 보고 10월 14일의 거래를 추정한 것으로 가장 알맞은 것은?

외상매입금			
10/14 현금	50,000	10/1 매입	100,000

① 상품 50,000원을 외상으로 매입하다.

② 상품 100,000원을 외상으로 매입하다.

③ 외상매입금 50,000원을 현금으로 지급하다.

④ 외상매입금 100,000원을 현금으로 지급하다.

05. 다음 계정에 기입된 금액의 내용으로 보아 (   )안에 해당하는 계정과목으로 옳은 것은?

( )			
6/30 당좌예금	500,000	6/2 상 품	800,000

① 임 차 료   ② 가지급금   ③ 배당금수익   ④ 지급어음

06. 다음은 10월 중 00상점의 장부기록 내용 중 거래처인 A, B상점의 매입처원장 기입내용이다. 설명으로 옳지 않은 것은?

A상점			(단위 : 원)
10/22 현금지급	130,000	10/1 전월이월	30,000
10/31 차월이월	70,000	10/15 상품매입	170,000
	200,000		200,000

B상점			(단위 : 원)
10/ 7 현금지급	150,000	10/1 전월이월	100,000
10/31 차월이월	100,000	10/5 상품매입	150,000
	250,000		250,000

① 10월 중에 외상매입금 지급총액은 280,000원이다.
② 10월말 외상매입금 잔액은 100,000원이다.
③ 10월 중 외상으로 매입한 상품총액은 320,000원이다.
④ 외상매입금 10월초 잔액은 130,000원이다.

07. 다음 거래의 분개로 가장 알맞은 것은?

단기차입금 100,000원과 이자 20,000원을 합한 총 120,000원을 현금으로 지급(또는 상환)하다.

	차변		대변	
①	단기차입금	100,000원	현 금	120,000원
	이 자 비 용	20,000원		
②	현 금	120,000원	단기차입금	100,000원
			이 자 비 용	20,000원
③	단기차입금	120,000원	현 금	120,000원
④	단기차입금	100,000원	현 금	120,000원
	이 자 수 익	20,000원		

08. 다음 계정 기입에 대한 설명으로 옳은 것은?

	선 수 금
	9/25 현 금 200,000

① 거래처에 상품을 주문하고 계약금 200,000원을 현금으로 지급하다.

② 업무용으로 사용하던 컴퓨터를 200,000원에 매각하고 대금은 10일 후에 받기로 하다.

③ 출장 중인 사원으로부터 원인 불명의 송금수표 200,000원이 송금되어 오다.

④ 상품을 매출하기로 하고 계약금 200,000원을 자기앞수표로 받다.

09. 다음 거래에 대한 분개의 (   )안에 기입될 계정과목으로 옳은 것은?

> 종업원의 급여 1,000,000원 중 종업원이 부담할 소득세 50,000원을 차감하고 현금으로 지급하다.
> (차변) 급   여   1,000,000원   (대변) 현   금   950,000원
>   (   )   50,000원

① 소득세   ② 미지급금   ③ 세금과공과   ④ 소득세예수금

10. 종업원의 급여 1,000,000원을 지급할 때 종업원이 부담할 건강보험료 30,000원을 차감하고 현금으로 지급하였으나 다음과 같이 분개 하였다면 수정분개로 옳은 것은?

> (차변) 급여   970,000원   (대변) 현금   970,000원

	(차 변)		(대 변)	
①	급여	30,000원	현금	30,000원
②	급여	30,000원	건강보험료예수금	30,000원
③	건강보험료	30,000원	건강보험료예수금	30,000원
④	건강보험료예수금	30,000원	현금	30,000원

11. 다음 중 서로 상대적인 개념(차변에 자산 - 대변에 부채)을 가진 계정과목으로 묶인 것 중 잘못된 것은?

	차변	대변		차변	대변
①	선 급 금	선 수 금	②	가지급금	가 수 금
③	감가상각비	감가상각누계액	④	미 수 금	미지급금

12. 다음 중 유동부채가 증가하는 거래에 해당하는 것은?

　① 용역을 제공하고 받은 금액 500,000원 중 100,000원은 차기에 속하는 금액이다.

　② 상품을 주문하고 계약금 50,000원을 현금으로 지급하였다.

　③ 근로소득을 지급하면서 원천징수하였던 세금 10,000원을 납부하였다.

　④ 기말에 3년 만기로 300,000원을 은행으로부터 차입하였다.

13. 기업의 자금운용과 관련된 기사이다. 이에 나타난 부채와 분류항목이 같은 계정과목을 〈보기〉에서 고른 것은?

> 최근 현금흐름이 악화된 △△㈜는 단기자금 운용에 대한 부담을 느끼고 있다. 특히 올해 상반기까지 만기가 돌아오는 국내 금융권 단기차입금이 3,000,000,000원에 이르는 것으로 나타나 이런 부채 부담이 유동성 위기로 이어질지 주목된다.

〈보기〉

ㄱ. 가지급금　　　ㄴ. 미지급금　　　ㄷ. 외상매입금　　　ㄹ. 퇴직급여충당금

① ㄱ, ㄴ　　　　② ㄱ, ㄷ　　　　③ ㄴ, ㄷ　　　　④ ㄷ, ㄹ

 주관식

01. 다음의 자료에 의하여 당기의 외상매입금 지급액을 계산하면 얼마인가?

> • 기초잔액 : 200,000원　　　• 당기 외상매입액 : 300,000원　　　• 기말잔액 : 250,000원

02. 다음은 9월 중 매입처 원장의 각 계정 기입 내용이다. 이를 보고 9월말 현재 외상매입금의 잔액을 계산하면 얼마인가?

갑상점

9/10 매　입	50,000	9/1 전월이월	20,000
		9/15 매　입	100,000

을상점

9/25 당좌예금	100,000	9/1　전월이월	10,000
		9/20 매　입	200,000

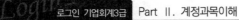

03. ○○상점의 다음 자료를 보고 기중에 외상매입금 지급액을 계산하시오. (단, 상품 매입은 현금과 외상 매입 이외의 거래는 없다)

외상매입금계정	• 전기이월액 : 30,000원	• 차기이월액 : 50,000원
상품 관련 자료	• 기초상품재고액 : 40,000원 • 당기의 순매출액 : 300,000원 • 당기 중 상품 현금매입액 : 70,000원	• 기말상품재고액 : 20,000원 • 당기의 매출총이익 : 50,000원

04. ㈜○○의 20X0년 말과 20X1년 말 현재 재무상태표에 나타난 선수임대료는 다음과 같다. 20X1년도 중에 현금으로 받은 임대료가 100,000원일 경우 20X1년도 손익계산서에 계상될 임대료를 계산하시오.

구 분	20X0년 말	20X1년 말
선수임대료	50,000원	30,000원

05. 다음은 ㈜삼일의 재고자산과 관련된 자료이다. 당기말 ㈜삼일의 재고자산 금액은 얼마인가?

> ㄱ. 기초 재고액 : 200,000원
> ㄴ. 당기 현금매입액 : 200,000원
> ㄷ. 당기 외상매입액 : 300,000원
> ㄹ. 당기 판매액 : 원가 300,000원에 해당하는 재고자산을 500,000원에 외상판매함

06. 다음 거래를 통제계정에 의해 분개하여 매입처 원장에 기입할 경우 서울상점의 외상매입금 차월이월액은 얼마인가?

> 4월 1일 : 전월 이월 매입처(서울상점 30,000원, 강원상점 10,000원)
> 4월 12일 : 강원상점으로부터 상품 70,000원을 외상으로 매입하고, 매입운임 3,000원은 현금으로 지급하다.
> 4월 18일 : 서울상점에서 상품 200,000원을 매입하고, 대금 중 80,000원은 현금으로 지급하고 나머지는 외상으로 하다.
> 4월 29일 : 강원상점의 외상매입금 50,000원을 현금으로 지급하다.
> 4월 30일 : 서울상점의 외상매입금 130,000원을 수표를 발행하여 지급하다.

07. 다음 중 유동부채에 해당하는 금액을 모두 합하면 얼마인가?

- 외상매입금 : 100,000원
- 퇴직급여충당부채 : 50,000원
- 단기차입금 : 200,000원
- 임대보증금 : 80,000원

08. 다음은 ㈜부산의 20x1년도 자료이다. 기말 재무상태표에 계상될 지급어음은 얼마인가?

- 당기 지급어음 발생액 : 25,000,000원
- 당기 지급어음 지급액 : 9,000,000원
- 지급어음 기초잔액 : 10,000,000원

연/습/문/제 답안

🔑 분개연습

[1] (차) 단기차입금(기업은행) 5,000,000 (대) 당 좌 예 금 5,275,000
       이 자 비 용 275,000

[2] (차) 이 자 비 용 120,000 (대) 미지급비용 120,000

[3] (차) 현   금 900,000 (대) 상 품 매 출 1,000,000
       선 수 금(동문전기) 100,000

[4] (차) 외상매입금(일공상사) 3,000,000 (대) 상 품 매 출 5,000,000
       외상매출금(일공상사) 2,000,000

[5] (차) 보 통 예 금 4,900,000 (대) 단기차입금(상수산업) 5,000,000
       이 자 비 용 100,000

[6] (차) 보 통 예 금 1,000,000 (대) 선 수 금(우주전자) 1,000,000

[7] (차) 미지급비용 18,000,000 (대) 보 통 예 금 16,800,000
                        예 수 금 1,200,000

    ☞ 전월회계처리 : (차) 급 여 18,000,000원 (대) 미지급비용 18,000,000원

[8] (차) 수수료비용(제) 1,000,000 (대) 현   금 967,000
                       예 수 금 33,000

[9] (차) 단기차입금(대한은행) 30,000,000 (대) 보 통 예 금 33,000,000
       미지급비용 1,500,000
       이 자 비 용(판) 1,500,000

[10] (차) 가 수 금 1,000,000 (대) 선 수 금((주)용인전자)) 300,000
                      외상매출금((주)용인전자)) 700,000

[11] (차) 급 여(판) 2,800,000 (대) 예 수 금 850,520
       임 금(제) 3,600,000 보 통 예 금 5,549,480

    ☞ 공장에서 발생된 인건비는 임금으로 회계처리하기도 한다.

◉━ 객관식

1	2	3	4	5	6	7	8	9	10	11	12	13		
①	②	①	③	④	②	①	④	④	②	③	①	③		

[풀이 - 객관식]

01. **제품보증충당부채는 현재의 시점에서 지급시기, 채권자, 채무액이 확정되어 있지 않아도** 부채로 추산하여 계상한다.

02. 예수금은 유동부채이다. **감가상각누계액, 대손충당금은 자산의 평가계정**이다. 퇴직급여충당부채는 비유동부채이다.

03. 외상매입금 계정은 부채 계정이므로 증가를 대변에 기입한다. 외상매입금을 현금으로 지급하거나, 외상 매입한 상품을 반품하면 부채가 감소하므로 차변에 기입한다. 업무용 비품을 외상으로 매입하면 미지급금 계정의 대변에 기입한다.

04. 10월 1일 (차) 매입(상품)   100,000원   (대) 외상매입금   100,000원
10월 14일 (차) 외상매입금   50,000원   (대) 현   금   50,000원

05. 계정의 잔액이 대변 잔액이므로 부채에 해당하는 계정이며, 부채 계정은 지급어음 뿐이다.

06.

외상매입금(A+B)

현금지급	280,000	기초잔액	130,000
기말잔액	**170,000**	상품매입	320,000
계	450,000	계	450,000

따라서 10월말 외상매입금 잔액은 170,000원이다.

08. 계정 기입 내용을 분개하면 "(차변)현금 200,000원 (대변)선수금 200,000원"이며, 상품을 매출하기로 하고 계약금을 자기앞수표로 받은 경우의 분개이다.

09. 종업원이 납부할 소득세를 급여에서 차감한 경우 소득세예수금계정의 대변에 기입한다.

10. 급여에서 차감한 종업원 부담의 건강보험료는 급여에 가산하고, 건강보험료예수금 계정 대변에 기입하여야 한다.

11. (차) 감가상각비 (비용) - (대)감가상각누계액(자산의 평가계정)임.

12. ① (차) 용역수익(수익)   100,000 (대) 선수수익(유동부채)   100,000
② (차) 선급금(유동자산)   50,000 (대) 현금(유동자산)   50,000
③ (차) 예수금(유동부채)   10,000 (대) 현금외(유동자산)   10,000
④ (차) 현금외(유동자산)   300,000 (대) 장기차입금(비유동부채)   300,000

13. 관련기사의 내용은 단기차입금으로 유동부채에 해당한다. 보기에서 미지급금과 외상매입금이 유동부채에 해당된다.

❶━ 주관식

01	250,000원	02	180,000원	03	140,000원
04	120,000원	05	400,000원	06	20,000원
07	300,000원	08	26,000,000원		

[풀이 - 주관식]

01.

외상매입금

지 급(?)	250,000	기초잔액	200,000
기말잔액	250,000	외상매입	300,000
계	500,000	계	500,000

02. 매입처 원장은 외상매입금을 거래처별로 기입하는 보조원장이다.

외상매입금(갑+을)

지 급	100,000	기초잔액	30,000
매입환출	50,000		
기말잔액(?)	180,000	외상매입	300,000
계	330,000	계	330,000

각 상점 계정의 대변합계에서 차변합계를 차감한 금액이 외상매입금의 잔액을 나타낸다.

03.

상 품

기초상품	40,000	매출원가	250,000
순매입액	230,000	기말상품	20,000
계	270,000	계	270,000

순매입액(230,000) = 현금매입액(70,000) + 외상매입액 따라서 외상매입액 160,000원이다.

외상매입금

지 급(?)	140,000	기초잔액	30,000
기말잔액	50,000	외상매입	160,000
계	190,000	계	190,000

04.

선수임대료(선수수익)

임대료(?)	*120,000*	기초	50,000
기말	30,000	현금	100,000
계	150,000	계	150,000

05.

재고자산

기　초	200,000	매출원가	300,000
총매입액	500,000	*기　말(?)*	*400,000*
계	700,000	계	700,000

06.

외상매입금(서울상점)

4/30	당좌예금	130,000	4/1	전월이월	30,000
4/30	**차월이월**	**20,000**	4/18	상품	120,000

07. 유동부채에 해당하는 계정과목은 외상매입금(100,000)과 단기차입금(200,000)이다.

08.

지급어음

지급액	9,000,000원	기초	10,000,000원
기말	*26,000,000원*	발생액	25,000,000원
	35,000,000원		35,000,000원

제2절   비유동부채

부채 중 보고기간말로부터 만기가 1년 이후에 도래하는 부채를 비유동부채라 한다.

1. 종류

① 장기차입금

② 퇴직급여충당부채

③ 사채 : 회사가 불특정다수인에게 자금을 조달할 목적으로 발행하는 확정채무표시 증권을 말한다.

④ 임대보증금

2. 장기차입금

실질적으로 이자를 부담하는 차입금으로서 만기가 재무상표일로부터 1년 이후에 도래하는 것을 말한다.

또한 장기차입금 중 만기가 **재무상태표일로부터 1년 이내에 도래 시 유동성장기부채라는 계정과목으로 하여 유동성 대체**를 하여야 한다.

<예제 4 - 4> 장기차입금

㈜백두의 다음 거래를 분개하시오.

1. 20×1년 10월 1일 국민은행으로부터 10,000,000원(이자율 10%, 만기가 2년)을 현금차입하다.

2. 20×1년 12월 31일 당기 분 이자발생액을 월할 계산하여 회계처리하다.

3. 20×2년 10월 1일 국민은행에게 1년분 이자를 현금지급하다.

4. 20×2년 12월 31일 당기 분 이자발생액을 월할 계산하여 회계처리 하고, 만기가 1년 이내인 차입금을 유동성 대체하다.

5. 20×3년 10월 1일 국민은행 차입금 전액과 이자를 현금 상환하다.

1.	(차) 현　　　　금	10,000,000	(대) 장기차입금	10,000,000
2.	(차) 이 자 비 용	250,000	(대) 미지급비용	250,000
	이자비용 = 10,000,000×10%×3개월/12개월			
3.	(차) 미지급비용 　　　이 자 비 용	250,000 750,000	(대) 현　　　　금	1,000,000
4.	(차) 이 자 비 용	250,000	(대) 미지급비용	250,000
	(차) 장기차입금	10,000,000	(대) 유동성장기부채	10,000,000
5.	(차) 유동성장기부채	10,000,000	(대) 현　　　　금	10,000,000
	(차) 미지급비용 　　　이 자 비 용	250,000 750,000	(대) 현　　　　금	1,000,000

3. 퇴직급여충당부채

퇴직금은 종업원이 입사 시부터 퇴직 시까지 근로를 제공한 대가로 퇴직 시 일시에 지급받는 급여를 말한다.

근로자퇴직급여보장법에 의하면 기업은 계속 근로기간 1년에 대하여 30일분 이상의 평균임금을 퇴직금으로 지급하여야 한다.

즉 **퇴직금은 평균임금 × 근속년수의 계산구조**를 가진다.

또한 발생주의에 따라 퇴직금을 지급 시 전액 비용으로 처리하면 안되고 근로를 제공한 각 회계연도의 비용으로 처리하여야 한다.

퇴직급여추계액이란 결산일 현재 전 임직원이 퇴사할 경우 지급하여야 할 퇴직금 예상액을 말하는데 회사는 퇴직급여추계액 전액을 부채로 인식하여야 한다.

퇴직급여충당부채

지 급 액	1,000,000	기초잔액	20,000,000
기말잔액	25,000.000	설정액(퇴직급여)	6,000,000
퇴직급여추계액　　계	26,000,000	계	26,000,000

$$\text{당기 퇴직급여} = \text{퇴직급여추계액} - \text{설정 전 퇴직급여충당부채 잔액}$$
$$= \text{퇴직급여추계액} - [\text{퇴직급여충당부채기초잔액} - \text{당기 퇴직금지급액}]$$

회계처리는 대손충당금설정처럼 보고기간말 마다 퇴직급여추계액을 부채로 인식하여야 하고 부족분은 보충법으로 비용처리하면 된다.

또한 퇴사시 퇴직급여충당부채를 우선상계하고, 부족시 퇴직급여로 비용인식하면 된다.

|<예제 4 - 5> 퇴직급여충당부채 |

㈜백두의 다음 거래를 분개하시오.

20×1년 1월 1일 기초 퇴직급여충당부채 잔액은 20,000,000원이다.

1. 20×1년 1월 31일 홍길동이 퇴사하여 퇴직금 1,000,000원을 현금지급하다.

2. 20×1년 12월 31일 전 임직원이 퇴직한다고 가정할 경우 퇴직급여추계액은 25,000,000원이다.

해답

1.	(차) 퇴직급여충당부채	1,000,000	(대) 현 금	1,000,000
2.	(차) 퇴 직 급 여(판)	6,000,000	(대) 퇴직급여충당부채	6,000,000

퇴직급여충당부채

지 급 액	1,000,000	기초잔액	20,000,000
기말잔액	25,000,000	설 정 액(퇴직급여)	6,000,000
계	26,000,000	계	26,000,000

퇴직급여추계액

[퇴직연금]

　종업원 등의 퇴직 등을 퇴직급여의 지급사유로 하고 종업원을 수급자로 하는 연금으로서 법인이 퇴직연금사업자(보험회사 등)에게 납부하는 것을 퇴직연금이라 한다. **퇴직연금은 운용책임을 누가 지느냐에 따라서 확정기여형과 확정급여형으로 분류된다.**

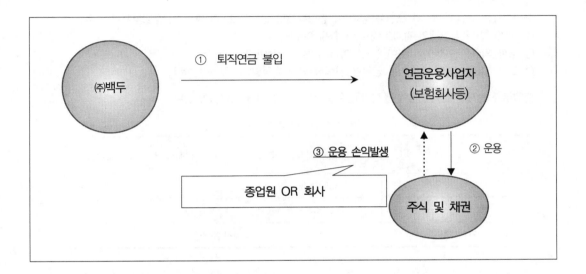

퇴직연금의 회계처리를 요약하면 다음과 같다.

	확정기여형	확정급여형
운용책임	**종업원 등**	**회사**
설정	–	(차) 퇴직급여 　　　　　××× 　(대) 퇴직급여충당부채　×× ×
납부시	(차) 퇴직급여　　　　××× 　(대) 현　금　　　　　×××	(차) **퇴직연금운용자산**　××× 　**(퇴직급여충당부채 차감)** 　(대) 현　금　　　　×××
운용수익	회계처리 없음	(차) 퇴직연금운용자산　××× 　(대) 이자수익(운용수익)　×××

충당부채와 우발부채

부채란 과거사건에 의하여 발생하였으며, 경제적 자원이 유출될 것으로 예상되는 현재 의무를 말한다.

즉, 확정부채는 ①지출시기와 ② 지출금액이 확정된 것을 말하나, 충당부채나 우발부채는 ① 또는 ②가 불확실한 부채를 말한다.

충당부채는 다음의 3가지 요건을 충족 시 충당부채로 인식하고, 미 충족 시 우발부채로 분류한다.

① 과거사건이나 거래의 결과로 인하여 현재 의무(법적의무)가 존재

② 당해 의무를 이행하기 위하여 자원이 유출될 가능성이 매우 높다

③ 그 의무의 이행에 소요되는 금액을 신뢰성 있게 추정할 수 있어야 한다.

충당부채는 재무제표 본문에 표시하고 우발부채는 주석에 표시하여야 한다.

(충당부채와 우발부채 비교)

가능성 \ 금액추정	신뢰성 있게 추정가능	신뢰성 있게 추정불가능
매우 높음	충당부채로 인식	우발부채 – 주석공시
어느 정도 있음	우발부채 – 주석공시	
거의 없음	공시하지 않음	

4. 사채(VS 만기보유증권, 매도가능증권, 단기매매증권)
⇒ 기업회계3급에서는 거의 출제가 되지 않습니다.

사채란 기업이 회사의 의무를 나타내는 유가증권을 발행해주고 일반투자자들로부터 거액의 자금을 조달하는 방법이다.

장기차입금은 금융기관으로부터 빌리는 것이 일반적이지만, 사채는 작은 단위로 나누어 발행할 수 있기 때문에 일반투자자로부터 널리 자금을 조달할 수 있다는 장점이 있다.

기업이 일반인들에게 자금을 조달하는 방법에는 주식을 발행하는 방법과 사채를 발행하는 방법이 있다.

(1) 사채 가격 결정요인

① 액면가액 : 만기일에 상환하기로 기재한 금액
② 액면이자율(표시이자율) : 발행회사에서 사채의 액면가액에 대해 지급하기로 약정한 이자율
③ 이자지급일 및 만기일

이러한 것이 결정되면 사채를 발행한 회사는 사채투자자에게 미래에 지급할 현금의무(상환의무)가 확정된다.

예를 들어 20×1년 1월 1일 액면가액 1,000,000원, 액면이자율 8%, 만기 3년, 이자지급일이 매년 12월 31일인 사채를 발행한 경우 다음과 같이 현금을 지급할 의무가 사채발행회사에게 있다.

☞ 액면금액 : 주식이나 회사채의 권면에 기재된 금액을 말한다.

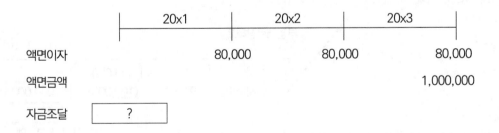

위와 같이 사채발행회사가 지급해야 할 현금의무를 나타내고 일반 대중으로부터 거액의 장기자금을 조달하는 것이다.

자금조달시 신용도가 높은 회사는 투자자들로부터 큰 호응도가 있어 경쟁적으로 서로 이 사채에 투자하려 할 것이고, 이 경우 사채의 가격은 액면가액보다 더 높아진다. 이와 같이 사채의 발행가격이 액면가액보다 높은 경우를 사채의 할증발행이라 한다.

반대로 신용도가 낮은 회사는 투자자들로부터 외면을 받을 것이고, 이 경우 회사는 투자자들을 유치하기 위하여 사채의 가격을 낮추어 발행하게 되며, 이러한 경우 사채의 발행가격이 액면가액보다 낮아지며 이를 사채의 할인발행이라 한다.

이렇게 사채가 시장에서 거래되는 이자율을 시장이자율(유효이자율)이라 하고 신용도가 높은 회사는 낮은 이자율만 부담해도 투자자들이 사채를 구입할 것이고 신용도가 낮은 회사는 높은 이자율을 부담해야만 사람들이 사채를 구입할 것이다.

$$시장이자율 = 무위험이자율^{*1} + 신용가산이자율(risk\ premium)$$

*1. 위험이 전혀 내포되지 않는 순수한 투자의 기대수익율로서 국채 등의 이자율로 보시면 된다.

즉 시장이자율과 회사의 신용도는 반비례관계를 갖는다.

① **액면발행** : 사채의 발행가액과 액면가액이 같은 경우를 말한다.

(차) 현　　　　금　　　1,000,000　　　(대) <u>사　　　　채</u>　　　<u>1,000,000</u>

액면가액

② **할인발행** : 사채의 발행가액이 액면가액 보다 적은 경우를 말한다.

(차) 현　　　　금　　　900,000　　　(대) <u>사　　　　채</u>　　　<u>1,000,000</u>
　　　사채할인발행차금　　100,000

액면가액

그리고 이를 사채 발행시점의 재무상태표를 보면 다음과 같다.

부분재무상태표

㈜백두　　　　　　　　　　　　　　　　　　　　20X1.1.01

사　　　채	1,000,000	
사채할인발행차금	<u>(100,000)</u>	900,000

사채 장부가액

이러한 사채할인발행차금은 **유효이자율법으로 상각**하는데,

(차) 이자비용　　　　　XXX　　　(대) 현금(액면이자지급액)　　XXX
　　　　　　　　　　　　　　　　　　　　<u>사채할인발행차금</u>　　XXX

사채발행기간동안 **이자비용을 증가시키는 역할**을 한다.

282

③ 할증발행 : 사채의 발행가액이 액면가액보다 큰 경우를 말한다.

(차) 현   금   1,100,000   (대) 사   채   1,000,000
                                   사채할증발행차금   **100,000**

이 된다. 그리고 이를 사채 발행시점의 재무상태표를 보면 다음과 같다.

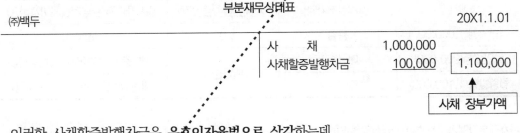

부분재무상태표

㈜백두   20X1.1.01

	사 채	1,000,000	
	사채할증발행차금	100,000	1,100,000

사채 장부가액

이러한 사채할증발행차금은 **유효이자율법으로 상각**하는데,

(차) 이자비용   XXX   (대) 현금(액면이자지급액)   XXX
      사채할증발행차금   **XXX**

사채발행기간동안 **이자비용을 감소시키는 역할**을 한다.

사채에 대해서 요약해 보면 다음과 같다.

발 행	액면발행	액면가액 = 발행가액	액면이자율 = 시장이자율
	할인발행	액면가액 > 발행가액	액면이자율 < 시장이자율
	할증발행	액면가액 < 발행가액	액면이자율 > 시장이자율
회계처리	할인발행	(차) 예금등 ××× 　　　사채할인발행차금 ××× 　　　(선급이자성격)	(대) 사 채 ×××
	할증발행	(차) 예금등 ×××	(대) 사 채 ××× 　　　사채할증발행차금 ××× 　　　(선수이자성격)

(2) 사채발행비

사채발행비란 사채발행과 관련하여 직접 발생한 사채발행수수료 등(인쇄비, 제세공과금 등)을 말하는데 **사채발행가액에서 직접 차감한다.**

(3) 상각

기업회계기준에서는 **사채할인발행차금과 사채할증발행차금을 유효이자율법에 따라 상각**한다. 이러한 발행차금은 사채발행기간 동안 이자비용을 증가시키거나 감소시킨다. 그러나 **상각액은 할인발행이나 할증발행에 관계없이 사채발행기간 동안 매년 증가한다.**

발행유형	사채장부가액	사채발행차금상각	총사채이자(손익계산서이자비용)
액면발행(1,000,000)	동일	0	액면이자
할인발행(900,000)	매년증가	**매년증가**	매년증가(액면이자＋할인차금)
할증발행(1,100,000)	매년감소		매년감소(액면이자－할증차금)

[사채장부가액과 사채발행차금상각(환입)액]

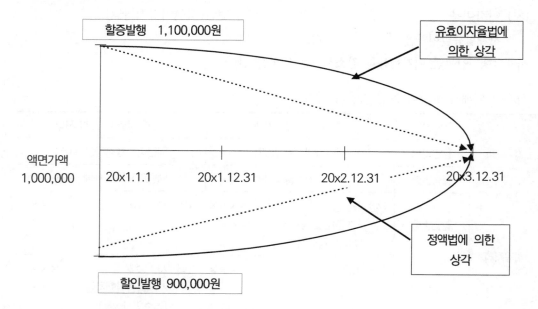

〈자산·부채의 차감 및 가산항목〉

	자산	부채
차감항목	대손충당금(채권) 재고자산평가충당금(재고자산) 감가상각누계액(유형자산) 현재가치할인차금*1(자산)	사채할인발행차금(사채) 퇴직연금운용자산(퇴직급여충당부채) － 현재가치할인차금*1(부채)
가산항목	－	**사채할증발행차금(사채)**

*1. 장기성 채권(채무)의 미래에 수취(지급)할 명목가액을 유효이자율로 할인한 현재가치와의 차액을 말한다.
　현재가치할인차금＝채권(채무)의 명목가액 － 채권(채무)의 현재가치

제3절	금융상품(금융자산·부채)

앞에서 자산과 부채 중 금융상품에 대해서 계정과목별로 공부했는데, 여기서는 최종 요약해 보기로 한다.

1. 금융상품의 종류

① 금융자산 : 매출채권, 미수금, 대여금, 투자채권 및 투자주식 등
② 금융부채 : 매입채무, 미지급금, 차입금, 사채 등

선급비용, 선급금, 선수수익, 선수금은 현금이나 다른 금융자산의 수취·지급이 아닌 재화 등의 수취·제공을 가져오게 되므로 금융상품이 아니다.

2. 금융상품의 최초인식

금융자산이나 금융부채는 금융상품의 계약당사자가 되는 때에만 재무상태표에 인식한다.
① 원칙 : 금융자산이나 금융부채는 최초 인식시 공정가치로 측정한다.
② 인식시기 : 일반적으로 설정된 기간 내에 해당 금융상품을 인도하는 계약조건에 따라 금융자산을 매입하거나 매도하는 정형화된 거래의 경우 매매일에 해당 거래를 인식한다.

3. 금융상품(자산)의 제거

① 금융자산으로부터 현금흐름에 대한 계약상 권리가 소멸하거나 결제된 경우
② 금융자산과 관련된 유의적인 위험과 보상 모두를 상대방에게 양도한 경우 등

연/습/문/제

  분개연습

[1] 사업확장을 위해 영흥저축은행에서 4,000,000원을 차입하여 즉시 당사 보통예금에 이체하다(상환예정일 : 3년만기, 이자지급일 : 매월 말일, 이자율 : 연 6%).

[2] 당사는 기업회계기준에 의하여 퇴직급여충당부채를 설정하고 있으며, 기말 현재 퇴직급여추계액 및 당기 퇴직급여충당부채 설정 전의 퇴직급여충당부채 잔액은 다음과 같다. 결산시 회계처리를 하시오.

부 서	퇴직급여추계액	퇴직급여충당부채잔액
생산부	30,000,000원	25,000,000원
관리부	50,000,000원	39,000,000원

[3] 생산직원 나이직씨가 개인적인 이유로 퇴직하여 다음과 같이 퇴직금을 지급하였다. 현재 당사는 퇴직금을 지급하기 위한 퇴직급여충당부채가 충분하다.

내 역	금액 및 비고
퇴직급여	30,000,000원
퇴직관련세금(소득세 및 지방소득세)	1,000,000원
차감지급액	29,000,000원
지급방법	당사 보통예금에서 지급

[4] 우리은행으로부터 차입한 장기차입금(100,000,000원, 만기가 내년)이 있다. 동 차입금은 만기에 상환할 예정이다.

[5] 사채 액면 총액 6,000,000원, 상환기한 5년, 발행가액은 5,800,000원으로 발행하고 납입금은 보통예금하다. 그리고 사채발행비 100,000원은 현금으로 지급하다.

[6] 다음과 같은 조건의 사채를 발행하고 수취한 금액은 당좌예금에 입금하였다.

액면가액 : 100,000,000원	만기 : 3년
약정이자율 : 액면가액의 5%	발행가액 : 96,300,000원
이자지급기준일 : 12월 31일	

[7] 영업부 직원에 대하여 확정기여형 퇴직연금에 가입하고 10,000,000원을 보통예금에서 지급하였다. 이 금액에는 연금운용에 대한 수수료 500,000원이 포함되어 있다.

객관식

01. 다음 중 유동부채와 비유동부채의 분류가 올바르게 짝지어진 것은?

유동부채	비유동부채
① 장기차입금	퇴직급여충당부채
② 퇴직급여충당부채	미지급금
③ 판매보증충당부채	선수수익
④ 선수금	장기차입금

02. 주식회사가 회사의 채무임을 표시하는 증서를 발행해 주고 증권시장의 일반투자자들로부터 거액의 장기자금을 조달한 경우, 분개할 때 대변에 기입할 계정과목으로 옳은 것은?

① 자본금　　　　② 사채　　　　③ 장기차입금　　　　④ 장기성매입채무

03. 다음 개인기업인 세무상점의 재무상태표에 대한 설명으로 맞는 것은?

재무상태표

세무상점		20x1년 12월 31일		(단위 : 원)
현금및현금성자산	100,000	매 입 채 무		600,000
매 출 채 권	400,000	장 기 차 입 금		100,000
상 품	600,000	자 본 금		900,000
토 지	500,000			
	1,600,000			1,600,000

① 자본합계액이 부채 합계액보다 많다.
② 당좌자산 합계액이 재고자산 합계액보다 많다.
③ 유동자산 합계액이 비유동자산 합계액보다 적다.
④ 유동부채 합계액이 비유동부채 합계액보다 적다.

04. 다음 항목들 중 유동부채와 비유동부채로 표시될 금액으로 올바른 것은?

• 매입채무	: 300,000원	• 장기차입금	: 500,000원
• 퇴직급여충당부채	: 400,000원	• 선수수익	: 200,000원
• 단기차입금	: 200,000원	• 미지급비용	: 100,000원

	유동부채	비유동부채		유동부채	비유동부채
①	1,300,000원	400,000원	②	1,200,000원	500,000원
③	1,000,000원	700,000원	④	800,000원	900,000원

05. 다음 중 비유동부채의 감소를 가져오는 거래로 옳은 것은?
① 2년 후 상환약정인 은행대출금 2,000,000원을 조기상환하다.
② 기계장치를 1,000,000원에 구입하고 대금은 3개월 후에 지급하기로 하다.
③ 받을어음 3,000,000원을 은행에 할인매각하였다.
④ 사무실 임차계약기간이 만료되어 임차보증금 600,000원을 임대인으로부터 돌려받다.

06. 다음 중 만기보유목적으로 보유하는 사채의 계정과목은?

① 단기매매증권　　② 만기보유증권　　③ 관계기업투자주식　　④ 장기차입금

07. 자산 또는 부채계정에서 차감하는 형식으로 표시되지 않는 계정은?

① 대손충당금　　　　　　　　　② 주식할인발행차금

③ 사채할인발행차금　　　　　　④ 감가상각누계액

 주관식

01. ○○상점의 퇴직급여충당부채에 관한 자료이다. 기말에 추가로 설정해야 할 퇴직급여충당부채를 계산하시오.

• 퇴직급여충당부채 기초잔액	: 5,000,000원
• 기중 퇴직급여지급액	: 3,000,000원
• 기말 현재 종업원의 퇴직으로 인해 지급해야 할 퇴직금추계액	: 3,000,000원

02. 다음 자료를 이용하여 재무상태표에 표시되는 비유동부채 금액을 구하시오. (단, 사채는 3년 만기로 발행한 것이다)

• 사채	10,000,000원	• 사채할인발행차금	1,500,000원
• 장기차입금	30,000,000원	• 매입채무	800,000원
• 퇴직급여충당부채	12,200,000원	• 유동성장기부채	1,000,000원

03. 다음 중 유동부채에 해당하지 않는 것을 모두 고르시오.

가. 외상매입금	나. 단기차입금	다. 장기차입금
라. 미지급세금	마. 예수금	바. 퇴직급여충당부채
사. 미지급비용	아. 선수수익	

연/습/문/제 답안

O★ 분개연습

[1] (차) 보통예금 4,000,000 (대) 장기차입금 4,000,000
(영흥저축은행)

[2] (차) 퇴직급여(제) 5,000,000 (대) 퇴직급여충당부채 16,000,000
퇴직급여(판) 11,000,000

[3] (차) 퇴직급여충당부채 30,000,000 (대) 예 수 금 1,000,000
보통예금 29,000,000

[4] (차) 장기차입금(우리은행) 100,000,000 (대) 유동성장기부채(우리은행) 100,000,000

[5] (차) 보통예금 5,800,000 (대) 사 채 6,000,000
사채할인발행차금 300,000 현 금 100,000

[6] (차) 당좌예금 96,300,000 (대) 사 채 100,000,000
사채할인발행차금 3,700,000

[7] (차) 퇴직급여(판) 9,500,000 (대) 보통예금 10,000,000
수수료비용(판) 500,000

☞ 확정기여형이므로 비용(퇴직급여)으로 처리하고, 확정급여형일 경우 부채 차감항목(퇴직연금운용자산)으로 처리한다.

객관식

1	2	3	4	5	6	7								
④	②	①	④	①	②	②								

[풀이 - 객관식]

01. 미지급금, 선수수익, 선수금, 단기차입금은 유동부채이고, 퇴직급여충당부채, 판매보증충당부채, 장기차입금은 비유동부채이다.

02. 주식회사가 증서를 발행하고, 거액의 장기자금을 조달한 경우 비유동부채에 속하는 사채계정의 대변에 기입한다.

03. 당좌자산 = 현금및현금성자산(100,000) + 매출채권(400,000) = 500,000원
재고자산(상품) 600,000원
유동자산 = 당좌자산(500,000) + 재고자산(600,000) = 1,100,000원
비유동자산(토지) = 500,000원, 유동부채(매입채무) = 600,000원,
비유동부채(장기차입금) 100,000원
부채[매입채무(600,000) + 장기차입금(100,000)] > 자본금(900,000)

04. 유동부채 = 매입채무(300,000) + 선수수익(200,000) + 단기차입금(200,000) + 미지급비용(100,000)
= 800,000원
비유동부채 = 장기차입금(500,000) + 퇴직급여충당부채(400,000) = 900,000원

05. 만기가 1년 이상인 대출금은 비유동부채에 해당하고 상환하는 경우 비유동부채가 감소한다.

06. **만기보유증권은 만기가 고정되어있고 지급금액이 확정되었거나 확정될 수 있는 것**으로서 만기까지 보유할 적극적인 의도와 능력이 있는 경우의 금융자산이다.

07. 자산(①④)과 부채(③)계정에서 차감하는 형식으로 표시되는 차감적 평가계정이지만 ②는 자본에 대한 계정이다.

◉⟶ 주관식

| 01 | 1,000,000원 | 02 | 50,700,000원 | 03 | 다,바 |

[풀이 - 주관식]

01.

퇴직급여충당부채

지 급	3,000,000	기초잔액	5,000,000
기말잔액 **(퇴직급여추계액)**	3,000,000	*설 정 액*	*1,000,000*
계	6,000,000	계	6,000,000

02. 비유동부채 = 사채(사채할인발행차금 차감) + 장기차입금 + 퇴직급여충당부채
　　　 = (10,000,000 − 1,500,000) + 30,000,000 + 12,200,000

자 본

Chapter

로그인 기업회계3급

기업은 크게 두 가지 원천으로 자금을 조달하여, 기업의 자산을 구성한다.

부채는 타인자본으로서 채권자 지분이고, 자본은 자기자본으로서 소유주 지분이다.

자산 = 부채(채권자지분) + 자본(소유주지분)
자산 - 부채 = 자본(순자산)

---

1. 자본금

개인기업의 자본금은 기업주의 순자산액을 표시한다.

즉, 개인기업의 자본금은 다음과 같다.

기말자본금 = 기초자본금 ± 당기순손익 - (기업주)인출금 + (기업주)출자금

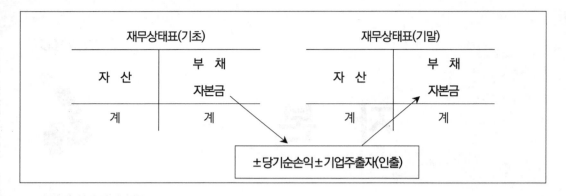

(1) 자본금 현금 납입시(기업주 출자)

(차) 현　　　금　　　　　×××　　　(대) 자　본　금　　　　　×××

(2) 자본금 현금 인출시(기업주 인출)

(대) 자　본　금　　　　　×××　　　(대) 현　　　금　　　　　×××

2. 인출금

　기업주가 자본을 추가출자하거나 개인적인 용도로 개인기업의 현금이나 상품을 인출시, 별도로 인출금 계정을 설정하여 처리하였다가 기말에 인출금 계정잔액을 자본금 계정에 대체한다.

<예제 5 - 1> 개인기업의 자본금

다음 거래를 분개하고, 기말자본금을 산출하시오.

회사의 기초자본금은 100,000원이고, 기중에는 인출금계정을 사용하다가, 기말에 일괄적으로 자본금에 대체한다. 당기순이익은 50,000원이 발생하다.

1. 3월　1일 사업주가 회사자금이 부족하여 300,000원을 보통예금계정에 입금하다.

2. 3월 10일 상품 200,000원을 사업주가 개인적인 용도로 사용하다.

3. 12월 31일 인출금계정 잔액을 자본금으로 대체하다.

해답

1.	(차) 보통예금	300,000	(대) 인 출 금	300,000
2.	(차) 인 출 금	200,000	(대) 상　　품	200,000
3.	(차) 인 출 금	100,000	(대) 자 본 금	100,000

기말자본금 = 기초자본금 + 당기순손익 + 기업주 출자 − 기업주 인출
= 100,000 + 50,000 + 300,000 − 200,000 = 250,000원

자 본 금

		전기이월(기초)	100,000
		인 출 금	100,000
차기이월(기말)	250,000	손익(당기순이익)	50,000
계	250,000	계	250,000

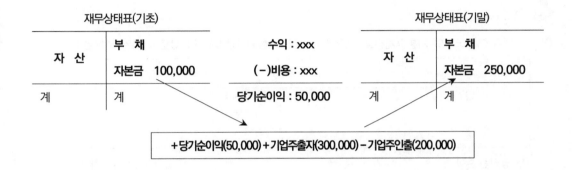

연/습/문/제

 객관식

01. 다음은 ○○상점의 자본금계정을 나타낸 것이다. 차변과 대변계정이 잘못 기재된 부분은?

자본금	
당기순손실	기초자본금 추가출자액 인출액

① 당기순손실   ② 기초자본금   ③ 인출액   ④ 추가출자액

02. 다음 거래를 분개할 때 나타나는 거래요소만을 〈보기〉에서 고른 것은?

〈거래〉	개인기업인 ○○상점의 사장이 회사 거래처의 외상매출금 50,000원을 현금으로 회수하여 개인 용도로 사용하다.
〈보기〉	ㄱ. 부채의 증가 ㄴ. 자산의 감소 ㄷ. 비용의 발생 ㄹ. 자본의 감소

① ㄱ, ㄴ   ② ㄱ, ㄷ   ③ ㄷ, ㄹ   ④ ㄴ, ㄹ

03. 개인기업인 ○○상점에서 다음 거래를 분개할 때 사용할 차변 계정과목인 (가)와 동일한 계정과목이 발생하는 거래를 〈보기〉에서 있는 대로 고른 것은?

〈거래〉	업무용 건물의 재산세 40,000원을 현금으로 납부하다. 　(차변) (가) 40,000원　　　　(대변) 현　금 40,000원
〈보기〉	ㄱ. 업무용 차량에 대한 자동차세 150,000원을 현금으로 납부하다. ㄴ. 건물 취득 시 지급한 등기 비용 600,000원을 현금으로 지급하다. ㄷ. 기업주 개인 소유 주택에 대한 재산세 150,000원을 현금으로 납부하다.

① ㄱ   ② ㄴ   ③ ㄱ, ㄴ   ④ ㄱ, ㄴ, ㄷ

04. 다음의 분개로 알 수 있는 거래 내용은 무엇인가?

> (차변) 인출금 1,000,000원   (대변) 현금 1,000,000원

① 기업주가 현금 1,000,000원을 추가로 출자하다.

② 상품을 매입하고 대금 결제를 위해 현금 1,000,000원을 인출하다.

③ 종업원의 복리후생비로 사용하기 위해 현금 1,000,000원을 인출하다.

④ 기업주가 개인적인 용도로 현금 1,000,000원을 인출하다.

05. 인출금계정을 사용하는 거래가 아닌 것은?

① 기업주 개인의 의료비 지출   ② 기업주 가족의 보장성보험료 납부

③ 사업과 관련된 건물재산세 납부   ④ 기업주 지인의 경조사비 지출

06. 다음 개인기업인 세무상점이 (가), (나)와 같은 세금 납부 내역을 분개할 때 차변 계정과목을 바르게 짝지은 것은?

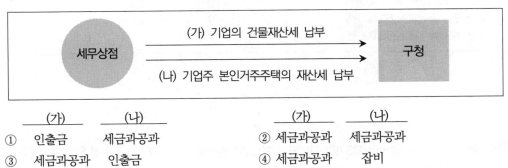

	(가)	(나)		(가)	(나)
①	인출금	세금과공과	②	세금과공과	세금과공과
③	세금과공과	인출금	④	세금과공과	잡비

07. 다음 거래에 대한 분개로 옳은 것은?

> 개인기업인 ○○가구점은 사업용 건물에 대한 재산세 100,000원과 사장 자택의 재산세 20,000원을 당좌수표를 발행하여 은행에 납부하다.

① (차변) 재 산 세   120,000   (대변) 당좌예금   120,000

② (차변) 인 출 금   120,000   (대변) 당좌예금   120,000

③ (차변) 세금과공과   100,000   (대변) 당좌예금   120,000
        인 출 금   20,000

④ (차변) 세금과공과   20,000   (대변) 당좌예금   120,000
        인 출 금   100,000

 주관식

01. 다음 자료에 의하여 기말 자본금을 계산하면 얼마인가?

> - 기초자본금 : 800,000원   • 추가출자액 : 100,000원
> - 인 출 액 : 60,000원   • 총 수 익 : 380,000원
> - 총 비 용 : 250,000원

02. 개인기업인 ○○상점의 제3기말 자본금이 200,000원이며, 제4기와 제5기의 경영성과는 다음과 같다. 이를 자료로 제5기말의 자본금을 계산하시오.

제4기말	• 손익계정 대변 잔액 : 55,000원 • 인출금계정 차변 잔액 : 30,000원
제5기말	• 수익 총액 : 750,000원 • 비용 총액 : 620,000원 • 추가출자액 : 20,000원

03. 다음은 개인기업인 ○○상점의 20×1년도 재무상태와 경영성과를 나타낸 것이다. 기말부채(a)와 기말자본(b)을 구하시오.

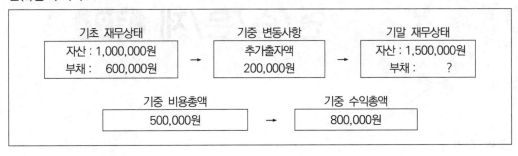

04. 개인기업인 ○○상점의 다음 자료를 보고 (가)~(다)에 들어갈 금액을 구하시오.

구 분		회계연도 제3기(20x0년)	제4기(20x1년)
기초 자산		500,000원	(나)
기초 부채		200,000원	300,000원
자본	기초	300,000원	?
	기말	(가)	390,000원
수익 총액		100,000원	200,000원
비용 총액		60,000원	(다)

연/습/문/제 답안

🔑 객관식

1	2	3	4	5	6	7							
③	④	①	④	③	③	③							

[풀이 - 객관식]

01. **인출액은 자본금 항목의 차변 항목**이다.

02. 개인 기업에서 기업주(사장)가 기업의 자산을 개인 용도로 사용하면 자산이 감소하고, 자본이 감소한다.

03. 업무용 건물의 재산세 및 업무용 차량의 자동차세는 세금과공과로 처리하며, 건물 취득 시 지급한 등기 비용은 취득원가에 가산하고, 기업주 개인 소유 주택에 대한 재산세는 인출금 계정으로 처리한다.

04. 인출금은 자본금 계정에 대한 평가 계정으로 기업주의 인출금 반환, 추가 출자 등도 인출금 계정으로 처리하므로 잔액은 차변이나 대변 어느 쪽에도 발생할 수 있다. 자본을 인출하는 경우에는 **인출금 계정 차변에, 추가 출자 및 반환의 경우 인출금 계정 대변에 회계처리**한다.

05. **사업과 관련된 건물재산세**는 인출금계정이 아닌 **세금과공과(비용)계정**이다.

06. 개인기업의 세금은 세금과공과라는 비용계정을 처리하고, 개인기업의 기업주의 세금은 인출금계정으로 처리한다.

07. 사업용 건물에 대한 재산세는 세금과공과, 사장 자택에 대한 재산세는 인출금으로 처리한다.

주관식

1	970,000원	2	375,000원	3	a : 600,000원
					b : 900,000원

4	가 : 340,000원　　나 : 640,000원　　다 : 150,000원

[풀이 - 계산]

01.

재무상태표(기초)

자 산	부 채
	자본금　800,000

수익 : 380,000
(－)비용 : 250,000
당기순이익 : 130,000

재무상태표(기말)

자 산	부 채
	자본금(?)　970,000
계	계

기초자본＋당기순이익(130,000)＋기업주출자(100,000)－인출액(60,000)＝기말자본

02.

재무상태표(4기 기초)

자 산	부 채
	자본금　　200,000
계	계

수익 :
(－)비용 :
당기순이익 : 55,000

재무상태표(4기 기말)

자 산	부 채
	자본금　　225,000
계	계

당기순이익 － 사업주인출(30,000) ＋ 사업주출자

5기말 자본금＝225,000＋(750,000－620,000)＋20,000＝375,000원

03.

재무상태표(기초)

자 산　1,000,000	부 채　600,000
	자본금　　400,000
계	계

수익 : 800,000
(－)비용 : 500,000
당기순이익 : 300,000

재무상태표(기말)

자 산 1,500,000	*부 채　600,000*
	자본금　900,000
계	계

＋당기순이익＋추가출자액(200,000)

04.

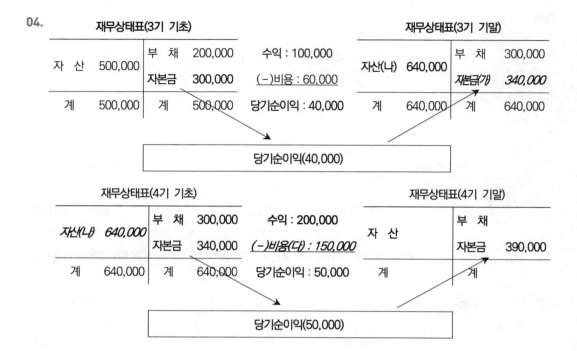

재무상태표(3기 기초)

자 산	500,000	부 채	200,000
		자본금	300,000
계	500,000	계	500,000

수익 : 100,000
(-)비용 : 60,000
당기순이익 : 40,000

재무상태표(3기 기말)

자산(나)	640,000	부 채	300,000
		자본금(가)	*340,000*
계	640,000	계	640,000

당기순이익(40,000)

재무상태표(4기 기초)

자산(나)	*640,000*	부 채	300,000
		자본금	340,000
계	640,000	계	640,000

수익 : 200,000
(-)비용(다) : 150,000
당기순이익 : 50,000

재무상태표(4기 기말)

자 산		부 채	
		자본금	390,000
계		계	

당기순이익(50,000)

302

제3절 자본(법인기업)

법인기업의 자본은 다음과 같이 분류한다.

1. 자본금	기업이 발행한 총발행주식수에 주식 1주당 액면가액을 곱하여 계산하고, **보통주자본금과 우선주자본금은 구분표시한다.**			
2. 자본잉여금	영업활동 이외 자본거래(주주와의 자본거래)에서 발생한 잉여금으로서 **주식발행초과금과 기타자본잉여금으로 구분표시한다.**			
	주식발행초과금	**감자차익**	**자기주식처분익**	–
3. 자본조정	자본거래 중 자본금, 자본잉여금에 포함되지 않지만 자본항목에 가산되거나 차감되는 임시적인 항목으로서, **자기주식은 별도항목으로 구분하여 표시한다.**			
	주식할인발행차금	**감자차손**	**자기주식처분손**	자기주식
4. 기타포괄손익누계액	손익거래 중 손익계산서에 포함되지 않는 손익으로 **미실현손익**			
5. 이익잉여금	영업활동에 의해 발생한 순이익 중 주주에게 배당하지 않고 회사 내에 유보시킨 부분			
	(1) 기처분이익잉여금	㉠ **법정적립금** ㉡ **임의적립금**		
	(2) 미처분이익잉여금			

1. 자본금

주식회사의 자본금은 상법의 규정에 따라 발행주식총수에 주당액면금액을 곱한 금액으로 법정자본금이라 한다. 상법에서는 무액면주식도 허용된다.

> **자본금 = 발행주식총수 × 주당액면금액**

(1) 자본금의 종류

자본금은 **보통주 자본금과 우선주 자본금**으로 나뉘는데 이익배당의 보장여부와 의결권의 존재여부에 따라 구분한다.

보통주란 이익 및 잔여재산분배 등에 있어서 표준이 되는 주식을 말한다.

보통 주식회사가 한 종류의 주식만 발행한 경우에는 그 주식 모두가 보통주가 된다.

보통주는 지분비율에 비례하여 일반적으로 의결권을 행사 할 수 있고(보통주에도 의결권이 없는 주식도 있다.), 또한 이익배당을 받을 권리가 있다.

우선주는 보통주에 비하여 이익배당 등 특정사항에 대해 보통주보다 우선권이 주어지는 주식으로서 일반적으로 주주총회에서의 의결권은 없다.

(2) 주식의 발행(자본금의 증가)

회사 설립 후에 사업 확장 또는 부채의 상환을 위하여 자금이 필요할 때 주식을 추가로 발행하여 자금을 조달하는데, 이것을 신주발행 또는 유상증자라 한다.

이 경우 자본금이 증가하는 동시에 자산도 증가하게 되므로 이를 실질적 증자라고 한다.

주식발행은 주식의 액면가액과 발행가액의 차이에 따라 액면발행, 할인발행, 할증발행으로 나누어진다.

여기서 **발행가액은 주식대금납입액에서 신주발행비 등을 차감한 후의 금액**으로 계산된다.

신주발행비란 주식 발행 시 각종 발행 수수료 및 제세공과금, 인쇄비 등을 말한다.

① **액면발행 : 발행가액과 액면가액이 일치하는 것**
② **할증발행 : 주식발행가액이 액면가액보다 초과하여 주식을 발행하는 것을 말하고 이때 초과금액은 주식발행초과금(자본잉여금)으로 회계처리 한다.**
③ **할인발행 : 주식발행가액이 액면가액보다 미달하게 주식을 발행하는 것을 말하고, 이때 미달금액은 주식할인발행차금(자본조정)으로 회계처리 한다.**

| <예제 5 - 2> 주식발행1 |

㈜백두는 액면가액 10,000원인 주식 1,000주를 신주발행하면서 현금 납입받다. 주당 발행가액이 10,000원, 12,000원, 9,000원일 경우 분개하시오. 각각의 사항은 별개의 거래로 본다.

해답

1. 액면발행 (발행가액 : 10,000원)	(차) 현　　　금	10,000,000	(대) **자 본 금**		10,000,000
2. 할증발행 (발행가액 : 12,000원)	(차) 현　　　금	12,000,000	(대) **자 본 금** 주식발행초과금 (자본잉여금)		10,000,000 2,000,000
3. 할인발행 (발행가액 : 9,000원)	(차) 현　　　금 주식할인발행차금 (자본조정)	9,000,000 1,000,000	(대) **자 본 금**		10,000,000

항상 **자본금＝발행주식총수×주당액면금액**

<예제 5 - 3> 현물출자

㈜백두의 다음거래를 분개하시오.

㈜백두는 액면가액 10,000원인 주식 1,000주를 발행하고 토지(공정가액 25,000,000원)를 취득하다.

해답

현물출자	(차) 토　　지	25,000,000	(대) 자본금	10,000,000
			주식발행초과금	15,000,000

☞ 현물출자 : 기업이 주식을 발행하여 교부하고 유형자산을 취득하는 경우를 말한다. 이 경우 유형자산의 취득가액은 발행 주식의 공정가치(시가)로 하며, 시가가 불분명시 유형자산의 공정가치와 발행한 주식의 공정가치 중 보다 명확한 것으로 한다.

(3) 무상증자

주주와의 거래로 인한 자본잉여금이나 이익잉여금 중 배당이 불가능한 법정적립금을 자본전 입함에 따라 자본금을 증가시키는 것을 말한다. 따라서 회사의 자본구성의 내용에 변동을 가져 올 뿐 **기업의 순자산액에는 전혀 증감이 없다.**

[무상증자와 주식배당]

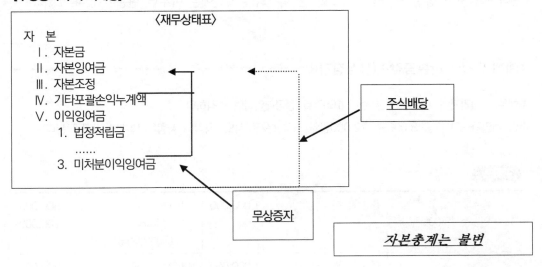

<예제 5 - 4> 무상증자

㈜백두의 다음 거래를 분개하시오.
주식발행초과금을 재원으로 하여 무상증자를 결의하고 신주 100주(액면가액 10,000원/주당)를 발행하여 주주에게 무상교부하다.

해답

무상증자	(차) 주식발행초과금	1,000,000	(대) 자 본 금	1,000,000

(4) 자본금의 감소

① 유상감자(실질적 감자)

회사의 사업규모 축소 등으로 인하여 자본금이 과잉된 때 이미 발행한 주식을 매입하고, 주식대금을 주주에게 지급함으로써 실질적으로 회사의 자산이 감소하는 것을 말한다.

② 무상감자(형식적 감자)

회사의 결손금이 누적되어 있고 향후 영업실적이 호전될 기미가 없는 경우 회사의 자본금을 감소시켜 누적된 결손금을 보전하는 것을 말한다.

형식적 감자의 경우 자본금만 감소할 뿐 회사의 순자산에는 아무런 변동이 없다.

<예제 5 - 5> 자본금감소(유상감자)

㈜백두는 액면가액 10,000원인 주식 100주를 현금매입하여 소각하다.
주당 매입가액이 주당 8,000원, 12,000원일 경우 분개하시오. 각각의 사항은 별개의 거래로 본다.

해답

1. 매입가액 8,000원	(차) 자 본 금	1,000,000	(대) 현 금 감자차익 (자본잉여금)	800,000 200,000
2. 매입가액 12,000원	(차) 자 본 금 감자차손 (자본조정)	1,000,000 200,000	(대) 현 금	1,200,000

〈감자〉

	주식수	자본금	순자산(자본)
실직적감자(유상)	감소	감소	감소
형식적감자(무상)	감소	감소	변동없음

2. 자본잉여금

자본잉여금은 주식의 발행 등 회사의 영업활동 이외의 자본거래(주주와의 자본거래)로 인하여 발생한 잉여금을 말하고, 자본잉여금은 주주에게 배당할 수 없으며, 다만 자본금으로의 전입(무상증자)이나 이월결손금의 보전에만 사용할 수 있다.

(1) 주식발행초과금 : 주식발행시 할증발행의 경우 액면가액을 초과하는 금액 말한다.

(2) 감자차익

자본금을 감소시킬 경우 자본금의 감소액 보다 주식의 매입가액이 적거나 이월 결손금 보전액이 적으면 발생된다.

(3) 자기주식처분익

자기주식이란 자기가 발행한 주식을 회사가 소유하게 되는 경우 그 해당 주식을 말한다. 상법에서는 회사의 명의와 계산으로 ①거래소에서 시세가 있는 주식의 경우에는 거래소에서 취득하는 방법, ② 주식수에 따라 균등한 조건으로 취득하는 방법으로서 배당가능익의 범위내에서 자기주식을 취득할 수 있다. 또한 상법에서는 특정목적에 의한 자기주식을 취득할 수 있다.

자기주식을 취득할 경우 그 취득원가를 자본조정항목으로 하여 분류하고, 자본에서 차감하는 형식으로 보고한다.

자기주식을 일시 보유목적으로 취득하고, 매각할 경우 매각이익이 발생하였다면 자기주식처분이익으로 하여 손익계산서에 반영하지 않고 자본잉여금으로 분류한다.

반대로 매각손실이 발생하였다면, 자기주식처분이익계정 잔액을 먼저 상계하고, 남은 금액은 자본조정항목인 자기주식처분손실로 분류한다.

<예제 5 - 6> 자기주식

㈜백두의 다음 거래를 분개하시오.

1. 3월 1일 자기주식 100주(액면가 10,000원)를 주당 12,000원에 현금매입하다.
2. 3월 15일 위의 자기주식 중 10주를 주당 15,000원에 현금처분하다.

해답

1.	(차) 자기주식(자본조정)	1,200,000	(대) 현 금	1,200,000
2.	(차) 현 금	150,000	(대) 자기주식(자본조정)	120,000
			자기주식처분이익	30,000
			(자본잉여금)	

부분 재무상태표

㈜백두   20X1.03.15

자본잉여금	
1. 자기주식처분이익	30,000
자본조정	
1.자기주식	(1,080,000)

3. 자본조정

자본조정은 자본거래에 해당하지만 자본금, 자본잉여금 이외의 항목으로서 임시적 성격의 항목이라고 할 수 있다.

(1) 주식할인발행차금

신주를 할인발행한 경우 발행가액이 액면가액에 미달한 경우 미달한 금액을 말한다. 주식할인발행차금은 자본에서 차감하여 표시되고, **주식할인발행차금은 주식발행초과금과 우선상계하고 잔액이 남을 경우 주식발행연도부터 3년 이내의 기간에 매기 균등액을 이익잉여금의 처분을 통하여 상각**한다.

(2) 감자차손

유상감자를 할 때 소각된 주식의 액면가액보다 주주에게 더 많은 금액을 지급한 경우 초과액을 말한다. 감자차손은 발생시점에 이미 계상되어 있는 **감자차익과 우선 상계하고** 남은 잔액은 감자차손으로 처리한다. 그리고 감자차손은 이익잉여금의 처분과정에서 미처분이익잉여금과 상계한다.

(3) 자기주식, 자기주식처분손실

자기주식처분손실의 잔액이 발생하면 이익잉여금의 처분과정에서 미처분이익잉여금과 상계한다.

(4) 미교부주식배당금

이익잉여금처분계산서의 주식배당액을 말하며, 주주총회 후 주식교부시에 자본금으로 대체된다.

〈자본잉여금과 자본조정〉

	자본잉여금	자본조정
신주발행	주식발행초과금	주식할인발행차금
자본금감소(감자)	감자차익	감자차손
자기주식처분	자기주식처분이익	자기주식처분손실

자본잉여금은 발생시점에 이미 계상되어 있는 자본조정을 우선 상계하고, 남은 잔액은 자본잉여금으로 계상한다. 또한 반대의 경우도 마찬가지로 회계처리한다.
즉 순액을 재무상태표 자본에 표시한다.

‖ <예제 5 - 7> 주식발행2

㈜백두의 다음거래를 분개하시오.

1. 3월 1일 유상증자를 실시하고(액면가액 5,000원, 발행가액 8,000원 발행주식수 5,000주) 보통예금계좌로 입금하다. 또한 신주발행비 5,000,000원은 현금지급하다.

2. 7월 1일 유상증자를 실시하고(액면가액 5,000원, 발행가액 3,000원 발행주식수 10,000주) 보통예금계좌로 입금하다. 또한 신주발행비 7,000,000원은 현금지급하다.

해답

1.	(차) 보통예금	40,000,000	(대) 자 본 금	25,000,000
			현 금	5,000,000
			주식발행초과금	10,000,000
2.	(차) 보통예금	30,000,000	(대) 자 본 금	50,000,000
	주식발행초과금[*1]	10,000,000	현 금	7,000,000
	주식할인발행차금	17,000,000		

*1. 주식발행초과금과 주식할인발행차금은 먼저 상계하여 회계처리한다.

4. 기타포괄손익누계액

포괄손익이란 주주와의 자본거래를 제외한 모든 거래나 사건에서 인식한 자본의 변동을 말한다. 기타포괄손익은 순자산의 증감을 가져오는 거래 가운데 미실현손익(잠재적손익)으로 분류되어 손익계산서에 계상되지 못하는 항목으로 언젠가 이익잉여금으로 흘러갈 요소이다. 여기서 당기발생 **미실현손익**(기타포괄손익)은 포괄손익계산서에 반영되고 그 누계액(기타포괄손익누계액)은 재무상태표에 계상된다.

즉 기타포괄손익누계액이란 손익거래 중 손익계산서에 포함되지 않는 손익의 잔액으로서 **매도가능증권평가손익, 해외사업환산손익, 재평가잉여금** 등이 있다.

기타포괄손익누계액은 미실현손익으로서 **기타포괄손익이 실현될 때(매도가능증권의 경우 처분시) 당기순손익(영업외수익, 영업외비용)에 포함**되게 된다.

> **포괄손익계산서의 포괄손익 = 손익계산서의 당기순손익 + 기타포괄손익**

〈자본(순자산) 변동원인〉

자본거래 (주주와의 거래)	자본금	
	자본잉여금	주식발행초과금, 감자차익, 자기주식처분인
	자본조정	주식할인발행차금, 감자차손, 자기주식처분손실, 자기주식 등
손익거래 (포괄손익거래)	기타포괄손익	재평가잉여금, 매도가능증권평가손익 등
	당기손익 (→이익잉여금)	수익 : 매출액, 영업외수익
		비용 : 매출원가, 판관비, 영업외비용, 법인세비용

5. 이익잉여금

이익잉여금은 회사의 영업활동의 결과로 벌어들인 이익 중 사외에 유출되지 않고 사내에 남아 있는 부분을 원천으로 하는 잉여금을 말한다.

이익잉여금을 증가시키는 것은 이익창출 활동결과인 당기순이익이며 이익잉여금을 감소시키는 것은 이익창출 활동결과인 당기순손실과 주주들에 배당금을 지급하는 경우이다.

이익잉여금은 기처분이익잉여금(법정적립금과 임의적립금) 및 미처분이익잉여금으로 분류한다.

(1) 법정적립금

상법이나 그 외의 법률규정에 따라 이익잉여금 중에서 일정금액을 적립하는 것을 말하는 것으로 강제적 성격을 가지고 있어 법적요건을 갖추게 되면, 무조건 적립하여야 한다.

이것은 유보된 이익잉여금 만큼 현금배당을 제한함으로써 기업의 자금 유출을 막아 기업의 재무구조를 탄탄하게 하여 채권자를 보호할 목적이다.

① 이익준비금

대표적인 법정적립금으로서 주식회사는 상법의 규정에 따라 "**회사는 자본금의 1/2에 달할 때까지 매기 결산시 금전에 의한 이익배당액의 1/10 이상의 금액을 이익준비금으로 적립하여야 한다.**"라고 규정하고 있다.

이러한 이익준비금은 결손금을 보전하거나 자본금으로 전입(무상증자)할 수 있다.

법정준비금   참고

상법에서는 법정준비금을 그 재원에 따라 **이익준비금과 자본준비금으로 구분하는데** 자본준비금은 **자본거래에서 발생한 잉여금(기업회계기준상 자본잉여금을 의미한다.)을** 자본준비금으로 적립하여야 한다. 또한 회사는 적립된 자본준비금 및 이익준비금의 총액이 자본금의 1.5배를 초과하는 경우에는 주주총회의 결의에 따라 준비금을 배당 등의 용도로 사용할 수 있게 하였다.

---

② 기타법정적립금

상법이외 법령에 따라 이익금의 일부를 적립하여야 되는 경우가 있다.

이 적립금 역시 결손보전과 자본금으로의 전입 목적으로만 사용가능하다.

(2) 임의적립금

회사의 정관이나 주주총회의 결의에 의해 임의로 적립된 금액으로서 기업이 자발적으로 적립한 적립금으로서 법정적립금과 성격은 다르지만 이 역시 현금배당을 간접적으로 제한함으로써 기업의 재무구조를 개선하거나 미래투자자금을 확보한다는 점은 동일하다. 임의적립금은 기업이 해당 목적을 실현한 후에 다시 주주들에게 현금배당할 수 있다. 이것을 임의적립금의 이입이라 표현한다.

임의적립금의 예를 들면 사업확장적립금 등이 있다.

(3) 미처분이익잉여금(미처리결손금)

기업이 벌어들인 이익 중 배당이나 다른 잉여금으로 처분되지 않고 남아 있는 이익잉여금을 말한다. 미처분이익잉여금은 주주총회시 결의에 의해 처분이 이루어지는데 주주총회는 결산일이 지난 뒤(3개월 이내)에 열리기 때문에 이익잉여금 처분전의 잔액이 당기 재무상태표에 표시된다.

결손금이란 수익보다 비용이 많은 경우로서 당기순손실을 의미한다. 이러한 결손금은 기존의 잉여금으로 보전된다.

〈적립과 이입〉

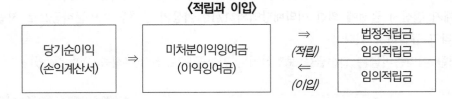

∴ 미처분이익잉여금을 적립금(법정, 임의)으로 적립하거나, 임의적립금을 다시 미처분이익 잉여금으로 이입할 경우 이익잉여금이나 자본총계에 영향이 없다.

6. 이익잉여금의 처분

(1) 이익잉여금 처분계산서

이익잉여금처분계산서는 이익잉여금의 변동내용을 보고하는 양식으로서 정기주주총회에서 이익잉여금 처분에 대하여 주주들로부터 승인을 받아야 한다.

정기주주총회는 회계연도가 끝난 뒤(3개월 이내) 다음 해 초에 개최되고, 이 때 재무제표가 확정된다. 따라서, 회계연도말 재무상태표에는 처분하기전의 이익잉여금으로 표시된다.

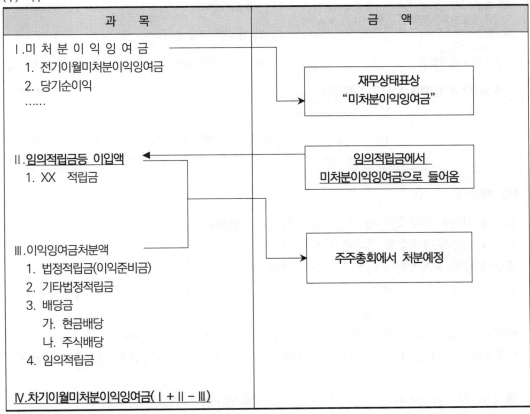

(2) 재무상태표와 이익잉여금처분계산서의 관계

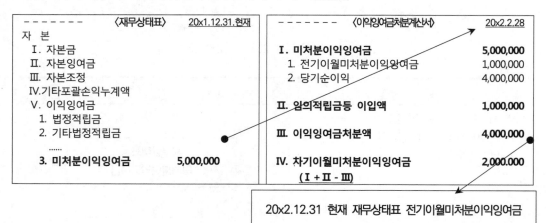

(3) 배당금

회사의 이익을 주주에게 배당하는 방법에는 **현금배당과 주식배당 그리고 현물배당**이 있다. 이러한 배당은 주주총회 결의에 의해서 확정된다.

배당에 관한 회계처리는 다음과 같은 시점이 있는데 이것을 먼저 이해하자!

• 배당기준일 : 배당을 받을 권리는 주주에게 있다. 즉 주주를 확정하는 날로서 일반적으로 회계연도 말일(보고기간말)이다.

• 배당선언일 : 주주총회일로서 배당결의를 공식적으로 한날을 의미한다.

• 배당지급일 : 배당기준일에 주주로서 확정된 주주에게 실제로 배당금을 지급하는 날이다.

회계기간이 1월 1일부터 12월 31일까지라고 한다면 배당기준일은 12월31일이고 주주총회(배당선언일)는 3개월 이내 개최하여야 한다.

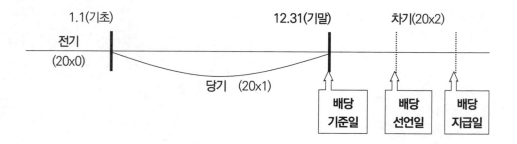

① 현금배당

해당 배당금을 주주에게 현금으로 배당하는 것을 말한다.

이 경우 회사의 순자산은 감소하고 자본도 감소하게 된다.

② 주식배당

주주의 지분율에 비례하여 신주를 발행하여 배당하는 것을 말한다.

주식배당은 기업 자금의 외부유출을 막고 동시에 이익배당의 효과도 갖는다.

또한 현금배당과는 반대로 회사의 자산과 자본에는 아무런 변화가 없다. 따라서 투자자는 아무런 회계처리를 하지 않는 것이다.

	현금배당	주식배당
배당선언일	(차) 이월이익잉여금 ××× 　　(미처분이익잉여금) 　(대) 미지급배당금 ××× 　　(유동부채)	(차) 이월이익잉여금 ××× 　　(미처분이익잉여금) 　(대) 미교부주식배당금 ××× 　　(자본조정)
	(투자자) (차) 미　수　금 ××× 　(대) 배당금수익 ×××	(투자자) － 회계처리없음 －
배당지급일	(차) 미지급배당금 ××× 　(대) 현　　　금 ×××	(차) 미교부주식배당금 ××× 　(대) 자　본　금 ×××
재무상태	－ 주식발행회사의 최종분개	
	(차) 이월이익잉여금 ××× **　　(자　본)** **(대) 현　　　금 ×××** **　　(자　산)**	**(차) 이월이익잉여금 ×××** **　　(자　본)** **(대) 자　본　금 ×××** **　　(자　본)**
	순자산의 유출	**재무상태에 아무런 변화가 없다.**

<예제 5 - 8> 이익잉여금의 처분

㈜백두(피투자회사)와 ㈜청계(투자회사)의 다음 거래를 분개하시오. ㈜백두는 ㈜청계가 100% 투자한 회사라 가정한다.

1. 3월 1일 주주총회에서 다음 내용으로 미처분이익잉여금의 처분을 결의하다.

| 현금배당 | 1,000,000 | 주식배당 | 2,000,000 |
| 이익준비금 | 100,000 | 사업확장적립금 | 3,000,000 |

2. 3월 10일 현금배당금 1,000,000원을 현금 지급하다.
3. 3월 15일 주주총회에서 결의한 주식배당에 대해서 주식을 발행하여 지급하다.

해답

1.	㈜백두	(차) 이월이익잉여금 (미처분이익잉여금)	6,100,000	(대) 이익준비금 미지급배당금 미교부주식배당금 사업확장적립금	100,000 1,000,000 2,000,000 3,000,000
	㈜청계	(차) 미 수 금	1,000,000	(대) 배당금수익	1,000,000
		☞ 현금배당만 회계처리하고, 주식배당은 회계처리하지 않는다.			
2.	㈜백두	(차) 미지급배당금	1,000,000	(대) 현 금	1,000,000
	㈜청계	(차) 현 금	1,000,000	(대) 미 수 금	1,000,000
3.	㈜백두	(차) 미교부주식배당금	2,000,000	(대) 자 본 금	2,000,000
	㈜청계	☞ 주식배당은 회계처리하지 않는다.			

 분개연습

[1] 금년 3월 10일에 열린 주주총회에서 결의한 주식배당 20,000,000원에 대해 주식배정을 실시하였다. 단, 원천징수세액은 없는 것으로 한다.

[2] 지난달에 주주총회에서 결의한 중간배당금 30,000,000원을 현금으로 지급하였다(원천징수는 없는 것으로 가정함).

[3] 주식 10,000주(액면가액 5,000원)를 주당 4,000원에 발행하고 납입금은 전액 국민은행 보통예금 계좌에 입금되었다. 신주발행비 2,000,000원은 전액 현금으로 지급하였다.

[4] 신주 1,000주를 발행하여 기계장치를 구입하였다. 주당 액면가액은 5,000원이며 발행시점의 공정가액은 주당 6,000원이다.

[5] 이익준비금 2,000,000원을 자본전입하기로 이사회 결의하였다. 이사회 결의일에 자본전입에 대한 회계처리 하시오.

[6] 이사회의 결의로 신주 20,000주(액면 @5,000원)를 주당 7,000원에 발행하였다. 주식발행에 따른 수수료 12,000,000원을 제외한 대금잔액은 전액 당사의 보통 예금계좌에 입금되었다.

객관식

01. 주식회사 자본에 관한 설명으로 옳지 않는 것은?

① 자본잉여금에는 주식발행초과금, 감자차익 등이 있다.

② 자본금은 발행주식수에 1주당 액면가액을 곱하여 계산한다.

③ 이익준비금은 매 결산기의 금전에 의한 배당금의 1/2 이상의 금액을 적립하도록 하고 있다.

④ 이익잉여금은 영업활동에 의하여 획득된 이익 중 사외에 유출되지 않고 기업 내부에 유보하는 이익을 의미한다.

02. 다음 중 자본항목에 대한 설명으로 틀린 것은?

① 자본금은 상법의 규정에 따라 발행주식총수에 주당 발행가액을 곱해서 계산한 금액으로 법정자본금이라고도 한다.

② 주식발행초과금은 주식의 발행가액이 액면금액을 초과하는 금액을 말한다.

③ 이익잉여금은 기업의 영업활동 또는 투자활동과 같은 이익창출활동으로 얻어진 이익 중에서 배당을 하지 않고 기업내부에 유보되어 있는 금액을 말한다.

④ 자기주식이란 발행회사가 유통 중인 자사의 주식을 매입해서 소각하지 않고 보유하고 있는 주식을 말한다.

03. 일반기업회계기준상 주식회사의 자본 중 자본잉여금 계정과목에 해당하는 것만 〈보기〉에서 고른 것은?

〈보기〉	ㄱ. 감자차익 ㄴ. 사업확장적립금 ㄷ. 이익준비금 ㄹ. 주식발행초과금

① ㄱ, ㄴ   ② ㄱ, ㄹ   ③ ㄴ, ㄷ   ④ ㄷ, ㄹ

04. 다음은 자본의 분류와 그에 속하는 계정 과목을 연결한 것이다. 틀린 것은?

① 자본조정 – 자기주식   ② 자본잉여금 – 주식발행초과금

③ 자본금 – 우선주자본금   ④ 이익잉여금 – 주식할인발행차금

05. 자본에 대한 설명으로 틀린 것은?

① 자본은 자본금, 자본잉여금, 자본조정, 기타포괄손익누계액, 이익잉여금으로 구분한다.

② 액면을 초과하여 주식을 발행할 때 주식할인발행차금이 발생한다.

③ 이익준비금, 기타법정적립금, 임의적립금, 미처분이익잉여금은 이익잉여금을 구성한다.

④ 주식발행초과금, 감자차익, 자기주식처분익은 자본잉여금을 구성한다.

06. 다음 거래를 분개할 때 액면금액을 초과하는 계정과목의 분류항목으로 옳은 것은?

> ○○(주)는 자본금을 증자시키기 위하여 신주 5,000주(액면금액 1주당 10,000원)를 1주당 12,000원에 발행하고 납입금 전액은 당좌예금하다.

① 자본조정　　　　② 법정적립금　　　　③ 이익준비금　　　　④ 자본잉여금

07. 다음 거래의 분개에서 (가)에 해당하는 계정과목의 분류 항목으로 옳은 것은?

> (주)○○은 보유하고 있던 자기주식 200주(액면가액 1주당 5,000원, 장부가액 1주당 8,000원)를 1주당 9,000원에 매각 처분하고, 대금은 현금으로 받다.
> (차변) 현　　　금　　　1,800,000원　　　(대변) 자기주식　　　　1,600,000원
> 　　　　　　　　　　　　　　　　　　　　　　（　가　）　　　　　　200,000원

① 자본잉여금　　　② 영업외수익　　　③ 이익잉여금　　　④ 기타포괄손익누계액

08. (주)○○의 주식 발행에 관한 자료이다. 이에 대한 설명으로 옳은 것을 〈보기〉에서 고른 것은?

> • 발행주식종류 : 기명식 보통주식　　　• 발행주식수 : 500주
> • 액면가액 : 1주당 1,000원　　　　　　• 발행가액 : 1주당 1,500원
> • 주식대금 : 전액 당좌예입　　　　　　• 주식발행비는 없음

〈 보 기 〉
> ㄱ. 자본금이 증가한다.　　　　ㄴ. 자본조정이 증가한다.
> ㄷ. 자본잉여금이 증가한다.　　ㄹ. 이익잉여금이 증가한다.

① ㄱ, ㄴ　　　② ㄱ, ㄷ　　　③ ㄴ, ㄷ　　　④ ㄷ, ㄹ

09. (주)○○의 주식 발행에 관한 자료이다. 이에 대한 옳은 설명만을 〈보기〉에서 고른 것은?

> • 발행 주식 종류 : 기명식 보통주식　　　• 발행 주식 수 : 10,000주
> • 액면가액 : 1주당 500원　　　　　　　• 발행가액 : 1주당 2,000원
> • 주식대금 : 전액 당좌예입　　　　　　• 주식발행비는 없음

〈보기〉	ㄱ. 자본금이 증가한다.	ㄴ. 자본조정이 증가한다.
	ㄷ. 자본잉여금이 증가한다.	ㄹ. 이익잉여금이 증가한다.

① ㄱ, ㄴ　　　② ㄱ, ㄷ　　　③ ㄴ, ㄷ　　　④ ㄷ

10. 주식회사의 자본을 분류한 것이다. (가)에 속하는 계정과목으로 옳은 것은?

> • 자본 : 자본금, 자본잉여금, 자본조정, 기타포괄손익누계액, (가)

① 감자차익, 이익준비금   ② 이익준비금, 감자차손
③ 이익준비금, 사업확장적립금   ④ 주식할인발행차금, 자기주식

11. 다음 ( )에 해당하는 계정으로만 짝지어진 것은?

> 기업회계기준에 의하면 주식회사의 자본은 자본금, ( ), 이익잉여금 및 자본조정으로
> 분류하고 있다.

① 보통주자본금, 사업확장적립금, 사업확장적립금
② 주식발행초과금, 사업확장적립금, 사업확장적립금
③ 주식발행초과금, 감자차익, 합병차익
④ 임의적립금, 이익준비금, 차기이월이익잉여금

12. 주식회사의 자본을 분류한 것이다. (가)에 속하는 계정과목으로 옳은 것은?

> • 자본 : 자본금, 자본잉여금, 자본조정, 기타포괄손익누계액, (가)

① 감자차익, 이익준비금   ② 이익준비금, 감자차손
③ 이익준비금, 사업확장적립금   ④ 주식할인발행차금, 자기주식

13. 3월 2일 주주총회에서 100,000원의 현금배당금 지급을 의결하고 3월 20일 실제 지급할 경우, 배당금
지급시 분개는 무엇인가?

① (차) 자본금   100,000원   (대) 현금   100,000원
② (차) 미지급배당금   100,000원   (대) 현금   100,000원
③ (차) 당기순이익   100,000원   (대) 현금   100,000원
④ (차) 자본잉여금   100,000원   (대) 현금   100,000원

14. ㈜세무가 20x1년 3월 10일 주주총회에서 주주들에게 현금배당을 결의한 시점의 분개로 올바른 것은?
(단, 배당금은 주주총회일 익일에 지급될 예정이다)
① (차) 미처분이익잉여금   xxx   (대) 미지급배당금   xxx
② (차) 자본잉여금   xxx   (대) 현금   xxx
③ (차) 미처분이익잉여금   xxx   (대) 현금   xxx
④ (차) 배당금   xxx   (대) 미지급배당금   xxx

15. 다음 중 기타포괄손익에 영향을 미치는 것은?
① 자기주식처분이익   ② 매도가능증권평가이익
③ 감자차익   ④ 단기매매증권평가이익

 주관식

01. 다음 중 액면가액 50,000,000원인 주식을 45,000,000원에 발행하면서 신주발행비용 500,000원을
지출한 경우, 재무상태표상 자본금으로 기록될 금액은 얼마인가?

02. 일반기업회계기준상 (주)○○의 총계정원장 일부 계정의 잔액을 자료로 자본잉여금의 합계 금액을 계산
하면 얼마인가?

• 자본금 :	5,000,000원	• 주식발행초과금 :	600,000원
• 감자차익 :	80,000원	• 사업확장적립금 :	70,000원
• 자기주식처분이익 :	50,000원	• 배당평균적립금 :	100,000원
• 단기매매증권처분이익 :	50,000원	• 배당금수익 :	150,000원

03. (주)한국의 20x1년도말 재무상태표의 자본과 관련된 자료이다. 이익잉여금의 합계 금액은 얼마인가?

• 자본금 :	7,000,000원	• 자기주식 :	1,000,000원
• 이익준비금 :	400,000원	• 임의적립금 :	100,000원
• 감자차익 :	350,000원	• 주식발행초과금 :	700,000원
• 미처분이익잉여금 :	600,000원		

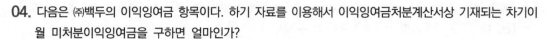

04. 다음은 ㈜백두의 이익잉여금 항목이다. 하기 자료를 이용해서 이익잉여금처분계산서상 기재되는 차기이월 미처분이익잉여금을 구하면 얼마인가?

ㄱ) 전기이월미처분이익잉여금	1,000,000원	ㄴ) 당기순이익	400,000원
ㄷ) 이익준비금의 적립	10,000원	ㄹ) 현금배당	100,000원
ㅁ) 사업확장적립금이입액	300,000원		

05. 다음 〈보기〉중 이익잉여금으로 분류하는 항목을 모두 고르시오.

ㄱ. 사업 확장을 위한 목적으로 순이익의 일부를 유보한 금액
ㄴ. 액면을 초과하여 주식을 발행할 때 그 액면을 초과하는 금액
ㄷ. 자본을 감소하고 주주에게 반환되지 않고 불입자본으로 남아있는 금액
ㄹ. 금전에 의한 이익배당액의 1/10이상을 자본금에 1/2에 달할 때까지 적립해야 하는 금액

06. 다음 세무상사㈜의 주주총회의 당기순이익에 대한 처분사항이 반영된 후 이익준비금은 얼마인가?

• 20X1년 회계연도 당기순이익 : 9,500,000원
• 금전에 의한 이익 배당금 : 2,000,000원
• 이익준비금 : 법정최소한도
    (자본금은 5,000,000원이며, 해당용도의 이익준비금 적립전 잔액은
    2,000,000원임)

07. 다음은 세무상사의 이익잉여금 처분내역이다. 기초미처분이익잉여금을 계산하면 얼마인가?

• 당기순이익 : 12,000,000원	• 중간배당 : 1,000,000원
• 이익준비금 적립 : 4,000,000원	• 기말미처분이익잉여금 : 14,000,000원

연/습/문/제 답안

🔑 분개연습

[1] (차) 미교부주식배당금   20,000,000   (대) 자 본 금   20,000,000
     (자본조정)
  ☞ 주주총회 결의시
   (차) 미처분이익잉여금(이월이익잉여금) 20,000,000   (대) 미교부주식배당금 20,000,000

[2] (차) 미지급배당금   30,000,000   (대) 현 금   30,000,000
     (유동부채)
  ☞ 주주총회 결의시
   (차) 미처분이익잉여금(이월이익잉여금) 30,000,000   (대) 미지급배당금 30,000,000

[3] (차) 보 통 예 금   40,000,000   (대) 자 본 금   50,000,000
     주식할인발행차금   12,000,000   현 금   2,000,000

[4] (차) 기 계 장 치   6,000,000   (대) 자 본 금   5,000,000
                         주식발행초과금   1,000,000

[5] (차) 이익준비금   2,000,000   (대) 자 본 금   2,000,000

[6] (차) 보 통 예 금   128,000,000   (대) 자 본 금   100,000,000
                         주식발행초과금   28,000,000

🔑 객관식

1	2	3	4	5	6	7	8	9	10	11	12	13	14	15
③	①	②	④	②	④	①	②	②	③	③	③	②	①	②

[풀이 - 객관식]

01. **이익준비금은 상법상 회사의 자본금의 1/2 에 달할 때까지 매 결산기의 금전에 의한 배당금에 1/10 이상의 금액을 적립**하도록 하고 있다.

02. 자본금은 상법의 규정에 따라 **발행주식총수에 주당 액면금액을 곱하여 계산한 금액**이다.

03. 사업확장적립금, 이익준비금은 이익잉여금이다.

04. 주식할인발행차금은 자본조정이다.

05. 액면을 초과하여 주식을 발행할 때는 주식발행초과금이 발생하며 자본잉여금을 구성한다.

06. 주식발행초과금은 자본잉여금이다.

07. (가)는 자기주식처분이익이며, 이는 자본잉여금에 속하는 항목이다.

08. (차) 당좌예금　　　　　　　750,000원　(대) 자　본　금　　　　　500,000원
　　　　　　　　　　　　　　　　　　　　　　주식발행초과금　　　250,000원

　　대변에 자본금은 자본의 증가이고, 주식발행초과금은 자본잉여금이 증가이다.

09. (차) 당좌예금　　　　　20,000,000원　(대) 자　본　금　　　　5,000,000원
　　　　　　　　　　　　　　　　　　　　　　주식발행초과금　　15,000,000원

　　대변에 자본금은 자본의 증가이고, 주식발행초과금은 자본잉여금이 증가이다.

10. (가)이익잉여금이므로 이익준비금, 사업확장적립금(임의적립금)이 해당한다.

11. **자본잉여금은 주식발행초과금, 감자차익, 합병차익** 등이 있다.

12. (가)이익잉여금이므로 이익준비금, 사업확장적립금(임의적립금)이 해당한다.

13. 배당금 의결 시 (차) 미처분이익잉여금 100,000원(대) 미지급배당금　　　　100,000원
　　배당금 지급 시 (차) 미지급배당금　　100,000원(대) 현　　금　　　　　100,000원

14. 미처분이익잉여금을 차감하고 미지급배당금을 계상한 후 실제 지급시에 미지급배당금을 현금과 상계 처리한다.

15. 자기주식처분이익과 감자차익은 자본잉여금으로 분류된다. 단기매매증권평가이익은 당기손익 처리 된다. **매도가능증권평가이익은 기타포괄손익으로 처리**된다.

주관식

01	50,000,000원	02	730,000원	03	1,100,000원
04	1,590,000원	05	ㄱ, ㄹ	06	200,000원
07	7,000,000원				

[풀이 - 주관식]

01. **자본금은 언제나 액면가액으로 계상**한다.

02. 자본거래에서 발생한 잉여금을 자본잉여금이라 하며, 주식발행초과금, 감자차익, 자기주식처분이익이 이에 해당한다.사업확장적립금과 배당평균적립금은 이익잉여금 중 임의적립금이고, 단기매매증권처분이익과 배당금수익은 영업외수익에 해당한다.

03. 이익준비금, 임의적립금, 미처분이익잉여금이 이익잉여금에 해당한다.

04. 차기이월미처분이익잉여금 = 전기이월미처분이익잉여금 + 당기순이익 + 임의적립금이입액 - 이익잉여금처분액(이익준비금의 적립, 현금배당)

05. ㄱ - 사업확장적립금(이익잉여금)

ㄴ - 주식발행초과금(자본잉여금)

ㄷ - 감자차익(자본잉여금)

ㄹ - 이익준비금(이익잉여금)

06. 이익준비금은 **금전에 의한 이익배당의 1/10 이상을 적립**해야 한다.

2,000,000원(현금배당금) × 1/10 = 200,000원 → 자본금의 50%까지 적립

07.

미처분이익잉여금			
중간배당	1,000,000	기초	7,000,000
이익준비금적립	4,000,000		
기말	14,000,000	당기순이익	12,000,000
계	19,000,000	계	19,000,000

수익 · 비용

제1절 수익 및 비용의 의의

수익과 비용은 기업의 경영활동 과정에서 반드시 발생한다. 따라서 기업은 이러한 수익과 비용이 귀속되는 회계기간을 결정해야 하는데, 앞에서 전술한 바와 같이 원칙적으로 발생주의에 따라 수익과 비용을 인식하는데, 기업회계기준에서는 구체적인 수익과 비용인식기준을 명기하고 있다.

1. 수익의 의의

수익은 기업의 경영활동을 통해 재화의 판매, 용역제공 등의 대가로 발생하는 자산의 증가 또는 부채의 감소에 따라 자본이 증가하는 것을 말한다.

수익은 주된 영업활동으로 창출된 수익과 주된 영업활동 이외의 부수적인 거래나 사건으로 발생한 차익으로 분류한다.

(1) 수익

회사의 주된 영업활동과 관련하여 발생하는 것으로 기업회계기준서는 매출액으로 표현하고 있다. 매출액은 회사의 업종에 따라 차이가 발생한다.

은행업일 경우 매출액은 이자수익이 되고, 제조업일 경우 원재료를 가공하여 제품을 만들어 팔았을 경우 제품의 판매가액, 도소매업일 경우 상품을 구입하여 상품을 판매했을 경우 상품의 판매가액, 부동산임대업일 경우 부동산의 임대에서 발생되는 임대료가 매출액이 된다.

(2) 차익

회사의 주된 영업활동 이외의 부수적인 거래나 사건으로 발생한 순자산의 증가로서 기업회계기준에서는 유형자산처분이익, 단기매매증권처분이익 등이 있는데 이를 총괄하여 영업외수익으로 표현한다.

2. 비용의 의의

비용은 기업이 경영활동을 통해 재화의 판매, 용역제공 등의 대가로 발생하는 자산의 유출이나 부채의 증가에 따라 자본이 감소하는 것을 말한다.

비용은 회사의 주된 영업활동과정에서 발생되는 비용과 영업활동 이외의 부수적인 거래나 사건으로 발생하는 차손으로 분류한다.

(1) 비용

회사의 주된 영업활동과 관련하여 발생하는 것으로 기업회계기준서는 매출원가와 판매비와 관리비가 있다.

(2) 차손

회사의 주된 영업활동 이외의 부수적인 거래나 사건으로 발생한 순자산의 감소로서 기업회계기준에서는 유형자산처분손실, 단기매매증권처분손실 등이 있는데 이를 총괄하여 영업외비용으로 표현한다.

(3) 비용의 분류

① 매출원가 : 상품, 제품 등의 매출액에 대응하는 원가
② 판매비와 관리비 : 회사의 영업활동과정에서 발생하는 판매 및 회사의 유지 · 관리에 관련된 비용
③ 영업외비용 : 영업활동 이외의 부수적인 거래나 사건으로 발생하는 비용
④ 법인세비용 : 기업이 당기에 벌어들인 소득에 대하여 부과되는 세금

> ## 제2절 수익인식기준

수익과 비용은 원칙적으로 발생주의에 따라 인식한다.

수익은 발생주의보다는 수익인식요건을 구체적으로 설정하여 아래의 요건이 충족되는 시점에 수익으로 인식하는데 이를 실현주의라 한다.

1. 수익의 인식시점(매출의 인식시점)

수익인식시점은 기업마다(업종별) 상이하지만 일반적으로 제조업의 경우에는 원재료를 구입하여 제품을 제조하고, 이를 판매하고 최종적으로 대금을 회수하는 과정을 거친다.

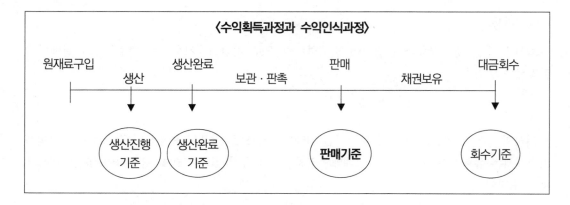

〈수익획득과정과 수익인식과정〉

수익획득과정 중 위의 수익 실현조건을 충족시키는 사건을 판매라 할 수 있다.

즉 제품, 상품 등을 판매할 경우 수익획득과정이 완료됨과 동시에 구매자로부터 유입되는 기대현금액과 현금청구권이 발생한다.

따라서 대부분의 기업은 **판매시점 또는 인도시점**에 수익을 인식하는 것이 일반적이다.

재화의 판매로 인한 수익은 다음 조건이 모두 충족될 때 인식한다.

---

1. 재화의 소유에 따른 유의적인 위험과 보상이 구매자에게 이전된다.
2. 판매자는 판매한 재화에 대하여 소유권이 있을 때 통상적으로 행사하는 정도의 관리나 효과적인 통제를 할 수 없다.
3. 수익금액을 신뢰성있게 측정할 수 있고, 경제적 효익의 유입 가능성이 매우 높다.
4. 거래와 관련하여 발생했거나 발생할 원가를 신뢰성있게 측정할 수 있다.
   만약 이러한 비용을 신뢰성 있게 측정할 수 없다면 수익으로 인식하지 못하고 부채(선수금)로 인식한다.

2. 구체적 사례

(1) 진행기준(생산기준)

수익을 용역제공기간(생산기간)중에 인식하는 것으로서 **작업진행율(보통 원가 투입비율)에 따라 기간별로 수익을 나누어 인식**한다.

진행기준에 따라 수익을 인식하는 경우로는 **용역의 제공 계약, 건설형 공사계약(예약매출)** 등이 있다.

〈건물 공사 100억 수주 : 2년간 공사〉		
	작업진행율	수익인식
1차년도	40%	40억
2차년도	60%	60억

- 작업진행률 = $\dfrac{\text{당해 사업연도말까지 발생한 총공사비 누적액}}{\text{총공사예정비}}$
- 매출액(수익) = (도급금액 × 작업진행율) − 직전사업연도말까지의 수익계상액
- 공사원가(비용) = 당해 사업연도에 발생한 공사원가

[진행율과 공사수익]

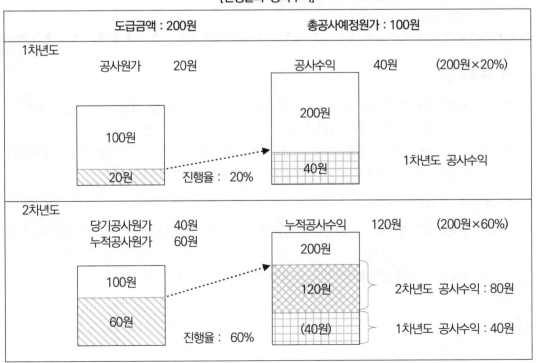

| **<예제 6 - 1> 진행기준에 따른 손익**

㈜ 백두의 다음 자료에 의하여 7기와 8기의 공사손익을 계산하시오.
기말 현재 진행중인 A건물 신축공사는 다음과 같다.

공사기간	도급금액	총공사예정비	7기공사비
7기 10.5~ 8기 12.31	10,000,000	8,000,000	2,000,000

* 총공사비는 총공사예정비와 일치하였으며 나머지 공사비는 8기에 투입되었다.

해답

건설형 공사계약은 진행기준으로 손익을 인식한다.

구분	작업진행율	공사수익(A)	공사원가(B)	공사손익(A－B)
7기[*1]	25%	2,500,000	2,000,000	500,000
8기[*2]	100%	7,500,000	6,000,000	1,500,000
계		10,000,000	8,000,000	2,000,000

*1 제7기 : ① 작업진행률＝2,000,000/8,000,000＝25%
　　　　　 ② 공사수익＝10,000,000×25%＝2,500,000원
　　　　　 ③ 공사원가＝2,000,000원
*2 제8기 : ① 작업진행률＝8,000,000/8,000,000＝100%
　　　　　 ② 공사수익＝10,000,000× 100%－2,500,000(7기공사수익)＝7,500,000원
　　　　　 ③ 공사원가＝6,000,000원

(2) 판매기준

수익을 판매시점에 인식하는 것을 말하는데, 판매시점이란 **재화를 인도하는 시점**을 뜻한다.
일반적인 상거래에 있어서 판매시점은 상품을 구매자에게 인도하는 시점이다.
기업회계기준에서 수익은 "상품, 제품을 판매하여 인도하는 시점에 실현되는 것으로 한다."라
고 규정되어 있어 판매기준이 원칙적인 수익인식기준이라 할 수 있다.

① 재화나 용역간의 교환

성격과 가치가 유사한 재화나 용역간의 교환은 수익을 발생시키는 거래로 보지 않는다. 정유
회사 간에 특정지역의 수요를 적시에 충족시키기 위해 재고자산을 교환하는 경우가 있다.
그러나 **성격과 가치가 상이한 재화나 용역간의 교환은 수익으로 인식하여야 한다.**

② 위탁매출

자기(위탁자)의 상품을 대리점과 같은 타인(수탁자)에게 위탁하여 판매하는 것을 말한다. 기업회계기준에서는 위탁판매의 경우 **"수탁자가 적송품을 판매한 날에 수익을 인식"**하도록 하고 있다.

③ 시용판매

시용판매란 회사가 고객에게 상품을 일정기간동안 사용해 보게 한 후 매입여부를 결정하게 하는 판매방법의 하나로 고객이 매입의사를 표시하는 경우 매출이 확정되는 것을 말한다. 기업회계기준에서는 시용판매의 경우 **매입자가 매입의사표시를 한 날에 수익을 인식**하도록 규정하고 있다.

〈수익인식기준요약〉

1. 일반매출		판매기준(= 인도기준)
2. 용역매출, 예약매출		진행기준
3. 재화나 용역의 교환	동종	수익으로 인식하지 않는다.
	이종	판매기준
4. 위탁매출		판매기준(수탁자 판매일)
5. 시용매출		판매기준(매입의사 표시일)
6. 반품조건부판매		반품가능성을 합리적 추정이 가능한 경우 수익인식
7. 할부판매		재화의 인도시점

제3절 비용인식기준

비용의 인식이란 비용이 어느 회계기간에 귀속되는가를 결정하는 것이다.

비용도 수익과 마찬가지로 기업의 경영활동 전 과정을 통해서 발생하므로 회사의 순자산이 감소할 때마다 인식해야 한다.

그러나 현실적으로 이 논리를 적용하기에는 어려움이 있어, 비용은 수익이 인식되는 시점에서 비용을 인식하는데 이것을 수익·비용대응의 원칙이라 한다.

즉, 비용은 수익·비용 대응원칙에 따라 수익을 인식한 회계기간에 대응해서 인식한다.

1. 직접대응

비용이 관련 수익과 직접적인 인과관계를 파악할 수 있는 것으로 매출과 관련된 상품의 구입원가와 제품의 제조원가는 상품(제품)이 판매되는 시점에 매출원가로 비용을 인식하므로 대표적인 직접대응의 예이다.

매출과 관련된 **판매수수료, 매출운임** 등도 직접대응의 예이다

2. 간접대응

① 체계적 합리적 배분

특정한 수익과 직접 관련은 없지만 일정기간 동안 수익창출과정에 사용된 자산으로 수익창출기간 동안 배분하는 것을 말한다.

유형자산에 대한 **감가상각비, 무형자산에 대한 무형자산상각비** 등이 이에 속한다.

② 기간비용

특정한 수익과 직접 관련이 없고 해당 비용이 미래 경제적 효익의 가능성이 불확실한 경우에 발생즉시 비용으로 인식하는 것을 말한다. **광고선전비**가 대표적인 예이다.

제4절   매출액과 매출원가

1. 매출액

기업의 주요 영업활동과 관련하여 재화나 용역을 제공함에 따라 발생하는 대표적인 수익이다. 손익계산서에는 이러한 순매출액이 기재된다.

(순)매출액 = 총매출액 − 매출환입 및 에누리 − 매출할인

---

2. 제품매출원가/상품매출원가

상품, 제품 등의 매출액에 직접 대응되는 원가로서 일정기간 중에 판매된 상품이나 제품 등에 배분된 매입원가 또는 제조원가를 매출원가라 한다.

판매업의 경우 매출원가는 기초상품재고액과 당기상품매입액의 합계액에서 기말상품재고액을 차감하여 계산하고, 제조업의 경우 매출원가는 기초제품재고액과 당기제품제조원가와의 합계액에서 기말제품재고액을 차감하는 형식으로 기재한다.

판 매 업		제 조 업	
Ⅰ. 매 출 액	×××	Ⅰ. 매 출 액	×××
Ⅱ. 상품매출원가(1+2−3)	×××	Ⅱ. 제품매출원가(1+2−3)	×××
1. 기초상품재고액 ×××		1. 기초제품재고액 ×××	
2. 당기상품매입액 ×××		2. 당기제품제조원가 ×××	
3. 기말상품재고액 (×××)		3. 기말제품재고액 (×××)	
Ⅲ. 매출총이익(Ⅰ − Ⅱ)	×××	Ⅲ. 매출총이익(Ⅰ − Ⅱ)	×××

당기상품매입액 = 총매입액 − 매입에누리와 환출 − 매입할인

당기 제품제조원가는 재료비와 노무비 그리고 제조경비로 구성되는데 재료비를 제외한 노무비, 제조경비는 제품제조를 위하여 투입된 경비를 말하며, 이러한 비용 외에 본사의 영업활동이나 관리업무를 위한 경비는 판매비와 관리비계정으로 대체된다.

> **제5절** **제조경비/판매비와 관리비**

판매비와 관리비란 상품, 제품과 용역의 판매활동 또는 기업의 관리와 유지활동에서 발생하는 비용으로서 매출원가에 속하지 아니하는 모든 영업비용을 말한다.

판매비와 관리비는 당해 비용을 표시하는 적절한 항목으로 구분하여 표시하거나 일괄하여 표시할 수 있다.

아래의 비용이 제품 제조와 관련되어 있는 경우에는 제조경비로 처리한다.

제조경비로 처리시 제품원가를 구성하고 이는 매출액에 대응되는 매출원가가 된다.

1. 급여

판매 및 관리부문에 종사하는 종업원에 대한 정기적인 급료와 임금, 상여금과 관련 모든 수당을 말한다. 그리고 **일용직(일용근로자)의 경우 잡급이라는 계정**을 사용하기도 한다.

급여지급 시에는 급여에서 공제하는 세금(소득세와 지방소득세)과 국민연금, 건강보험료, 고용보험료 등이 있는데 이들 공제항목은 예수금계정을 사용하다가 통상적으로 다음 달에 국가 등에 납부한다.

공장에서 생산직 직원에게 지급되는 급여는 임금이라는 별도의 계정을 사용하기도 한다.

2. 퇴직급여

판매 및 관리업무에 종사하는 종업원의 퇴직급여충당부채전입액을 말하며, 종업원이 퇴직시 지급되는 퇴직금은 먼저 퇴직급여충당부채와 상계하고, 동 충당부채 잔액이 부족시 퇴직급여인 비용으로 회계처리 한다.

3. 복리후생비

판매 및 관리업무에 종사하는 종업원들에 대한 복리비와 후생비로서 법정복리비, 복리시설부담금, 건강보험료(사용자부담분), 기타 사회통념상 타당하다고 인정되는 장례비, 경조비, 위로금 등을 말한다.

4. 여비교통비

판매 및 관리업무에 종사하는 종업원들에게 지급하는 출장비, 시내교통비 등을 말한다.

5. 통신비

판매 및 관리업무에서 발생한 전신료, 전화료, 우편료, 인터넷 사용료 등과 그 유지비로서 통신을 위해 직접 소요된 비용을 말한다.

6. 수도광열비

판매 및 관리업무에서 발생한 수도료, 전기료, 유류비, 가스비 등을 말한다.

그리고 공장에서 발생한 전기료는 전력비 계정을, 수도료, 가스비, 유류비는 가스수도료라는 별도의 제조경비계정을 사용하기도 한다.

7. 세금과공과

기업이 부담하는 국세, 지방세와 국가 또는 지방자치단체가 부과하는 공과금, 벌금, 과태료, 과징금 등을 말한다. 또한 조합 또는 법정단체의 공과금(상공회의소회비, 조합회비) 등도 포함한다.

8. 임차료

부동산이나 동산(차량리스료 포함)을 임차하고 그 소유자에게 지급하는 비용을 말한다.

9. 차량유지비

판매 및 관리에 사용하는 차량에 대한 유지비용으로 유류대, 주차비, 차량수리비 등을 말한다.

10. 운반비

상품판매시 운반에 소요되는 비용을 판매자가 부담시 사용한다.

그러나 상품매입시 운반비를 부담한 경우에는 상품의 취득부대비용으로 처리한다.

11. 소모품비

판매 및 관리업무에 사용하는 소모성 비품 구입에 관한 비용으로 사무용품, 기타 소모자재 등이 있다.

12. 교육훈련비

판매 및 관리업무 임직원의 직무능력 향상을 위한 교육 및 훈련에 대한 비용을 말한다.

13. 도서인쇄비

판매 및 관리업무용 도서구입비 및 인쇄와 관련된 비용을 말한다.

14. 수수료비용

판매 및 관리업무에서 제공받은 용역의 대가를 지불할 때 사용하는 비용을 말한다.

15. 기업업무추진비(접대비)

판매 및 관리업무 시 거래처에 대한 접대비용으로 거래처에 대한 경조금, 선물대, 식사대 등을 포함한다.

〈접대비 명칭 변경 – 세법〉

☞ 세법개정시 접대비의 명칭이 기업업무추진비로 변경되었습니다. 그러나 세법이 변경됐지만, 회계에서는 별도 언급이 없습니다. Kc – Lep(전산 프로그램)에서는 기업업무추진비로 Smart – A에서는 접대비라는 계정을 사용합니다.

16. 보험료

판매 및 관리업무용 부동산에 대한 화재 및 손해보험 등의 보험료를 말한다.

17. 수선비

판매 및 관리업무용 건물, 비품 등의 수선비를 말한다.

18. 광고선전비

제품의 판매촉진활동과 관련된 비용을 말한다.

19. 감가상각비

유형자산의 취득원가를 기간손익에 반영하기 위하여 내용연수동안 배분한 금액을 말한다.

20. 대손상각비

회수가 불가능한 채권과 대손추산액을 처리하는 비용을 말한다.

21. 연구비

연구활동을 수행하는 과정에서 발생하는 비용을 말한다.

22. 경상개발비

개발활동과 관련하여 경상적으로 발생하는 비용을 말한다.

23. 잡비

이상 열거한 판매비와 관리비에 해당하는 비용 이외에 발생빈도나 금액적 중요성이 없는 비용을 말한다.

제6절   영업외손익

회사의 주된 영업활동 이외의 보조적 또는 부수적인 활동에서 발생하는 수익(영업외수익)과 비용(영업외비용)을 말한다.

1. 이자수익(VS이자비용)

이자수익은 금융업이외의 판매업, 제조업 등을 영위하는 기업이 일시적인 유휴자금을 대여한 경우나 은행에 예·적금을 가입한 경우에 발생한 이자 및 국공채등에서 발생하는 이자 등을 포함하고, 이자비용은 타인자본을 사용하였을 경우에 이에 대한 대가로서 차입금에 대한 이자 및 회사채이자 등을 말한다.

회계기말에 이자수익(이자비용)이 발생한 경우에 발생기간에 따라 정확하게 이자수익(이자비용)을 인식하여야 한다.

2. 배당금수익

주식이나 출자금 등에서 발생하는 이익 또는 잉여금의 분배로 받는 현금배당금액을 말한다. **만약 주식으로 배당을 받았을 경우 별도의 회계처리는 하지 않고, 수량과 단가를 새로이 계산하고,** 해당 주식의 평가나 처분시에 새로 산출된 수량과 단가를 반영하여 회계처리한다.

3. 임대료

부동산 또는 동산을 타인에게 임대하고 일정기간마다 사용대가로 받는 임대료, 지대, 집세 및 사용료를 말한다. 회사가 부동산임대업을 주업으로 하는 경우에는 임대료수입이 매출액이 되지만, 이외의 업종에서는 영업외수익으로 계상하여야 한다.

반대로 **임차료는 영업관련비용으로서 판매비와 관리비(제조와 관련되어 있을 경우 제조경비)로 회계처리** 한다.

4. 단기매매증권평가이익(VS단기매매증권평가손실)

단기매매증권은 결산일 현재 공정가액으로 평가하여야 한다.

공정가액이 장부가액보다 큰 경우에 그 차액을 영업외수익으로 계상하여야 하고, 공정가액이 장부가액보다 적은 경우에는 그 차액을 영업외비용으로 회계처리 한다.

5. 단기매매증권처분이익(VS단기매매증권처분손실)

단기매매증권을 처분하는 경우에 장부가액보다 높은 가액으로 처분하는 경우에 그 차액을 영업외수익으로, 낮은 가액으로 처분한 경우에는 영업외비용으로 회계처리 한다. 여기서 주의할 점은 처분가액은 각종 처분시 수수료를 차감한 금액을 말한다.

6. 외환차익(VS외환차손)

외화로 표시된 자산·부채를 회수·상환시 발생하는 차익/차손을 말한다.

외화자산을 회수시 장부가액보다 원화 회수액이 많은 경우와 외화부채를 상환시 장부가액보다 원화상환액이 적을 경우 그 차액은 영업외수익으로 계상하고, 반대의 경우에는 영업외비용으로 회계처리 한다.

7. 외화환산이익(VS외환환산손실)

결산일에 외화자산 · 외화부채를 기말 환율로 평가해야 하는 경우 환율의 변동으로 인하여 발생하는 환산이익과 환산손실을 말한다.

외환차손익은 외환 거래시 마다 발생하나, 외화환산손익은 결산일에 외화자산 · 부채의 평가시에만 나타난다.

<예제 6 - 2> 외환차손익/외화환산손익

㈜백두의 다음 거래를 분개하시오.

1. 20×1년 10월 1일 미국 ABC은행으로부터 $10,000(환율 1,100원/$,이자율 10%,만기 6개월)를 현금차입하다.
2. 20×1년 11월 15일 일본 JPT사에 상품 $20,000(환율 1,150원/$)을 외상매출하다.
3. 20×1년 12월 31일 미국ABC은행으로부터 차입한 $10,000에 대하여 기간 경과분 이자($250)를 계상하다. 단기차입금과 외상매출금에 대하여 기말환율(1,200원/$)로 평가하다.
4. 20×2년 1월 31일 일본 JPT사의 외상매출금이 보통예금계좌에 입금되다.(환율 1,100원/$)

해답

1.	(차) 현 금	11,000,000	(대) 단기차입금	11,000,000
2.	(차) 외상매출금	23,000,000	(대) 상 품 매 출	23,000,000
3.	(차) 이 자 비 용	300,000	(대) 미지급비용	300,000

	(차) 외화환산손실
	    외상매출금
		1,000,000[*1]
		1,000,000
			(대) 단기차입금
			    외화환산이익[2*]
				1,000,000
				1,000,000

	*1. $10,000×(1,100원−1,200원)=△1,000,000원 *2. $20,000×(1,200원−1,150원)= 1,000,000원			
4.	(차) 보 통 예 금 외 환 차 손	22,000,000 2,000,000	(대) 외상매출금	24,000,000

8. 유형자산처분이익(VS유형자산처분손실)

유형자산을 장부가액보다 높은 가액으로 처분하는 경우에는 영업외수익, 반대의 경우에는 영업외비용으로 회계처리한다.

9. 자산수증이익

회사가 주주, 채권자 등 타인으로부터 무상으로 자산을 증여받은 경우에 발생하는 이익을 말한다. 여기서 자산의 취득가액은 해당 자산의 공정가액으로 계상한다.

10. 채무면제이익

회사가 주주, 채권자 등 타인으로부터 채무를 면제받았을 경우 발생하는 이익을 말한다.

11. 잡이익(VS 잡손실)

금액적으로 중요하지 않거나 그 항목이 구체적으로 밝혀지지 않는 수익과 손실을 말한다.

12. 기타의 대손상각비(VS 대손충당금 환입)

기타의 대손상각비는 매출채권이외의 채권(미수금, 대여금 등)에 대한 대손상각비를 처리하는 계정을 말한다. 대손충당금환입은 대손추산액(기말대손충당금)보다 설정 전 대손충당금 잔액이 많은 경우 사용하는 계정이다.

(차) 대손충당금(미수금, 대여금 등)   ×××   (대) 대손충당금환입(영업외수익)   ×××

13. 재고자산감모손실

재고자산의 수량부족으로 인한 손실 중 **비정상적인 감모분**을 말한다.

14. 기부금

상대방에게 아무런 대가없이 기증하는 금전, 기타의 재산가액을 말한다.
기부금은 업무와 무관하게 지출되지만, 기업업무추진비는 업무와 관련하여 지출한다는 점에서 차이가 있다.

15. 재해손실(VS 보험차익)

재해손실이란 천재지변 또는 돌발적인 사건(도난 등)으로 재고자산이나 유형자산이 입은 손실액을 말하는데 회사는 이러한 재해를 대비하여 보험에 가입하기도 한다.
이 경우 **화재시와 보험금 수령을 별개의 사건으로 회계처리한다. 즉 화재시 재해손실로 보험금 수령시 보험차익(보험수익)으로 회계처리한다.(총액주의)**

<예제 6 - 3> 재해손실 및 보험차익

다음은 ㈜백두의 거래내역이다. 다음의 거래를 분개하시오.

1. 3월 15일 공장건물(취득가액 10,000,000원, 감가상각누계액 3,000,000원)이 화재로 소실되어 (주)한국
   화재에 보험료를 청구하다(당기의 감가상각비는 고려하지 않는다).
2. 3월 31일 공장건물 화재에 대하여 (주)한국화재에서 보험금액 8,000,000원을 지급하겠다는 통보를 받았다.

해답

1.	(차) 감가상각누계액	3,000,000원	(대) 건　　물	10,000,000원
	재해손실	7,000,000원		
2.	(차) 미 수 금(한국화재)	8,000,000원	(대) 보험금수익*	8,000,000원
* 재해손실과 보상금은 별개의 회계사건으로 본다.				

16. 전기오류수정이익(VS 전기오류수정손실)

　오류로 인하여 전기 이전의 손익이 잘못되었을 경우에 전기오류수정이익(전기오류수정손실)
이라는 계정과목으로 하여 당기 영업외손익으로 처리하도록 규정하고 있다. 그러나 오류가 전기
재무제표의 신뢰성을 심각하게 손상시킬 수 있는 중대한 오류의 경우에는 오류로 인한 영향을
미처분이익잉여금에 반영하고 전기재무제표를 수정하여야 한다.

제7절 법인세비용/소득세비용

개인기업의 소득에 대하여 세금을 납부해야 하는데 이에 대한 세금을 소득세(사업소득세)라 한다. 소득세비용은 회사의 영업활동의 결과인 1월 1일부터 12월 31일까지 벌어들인 소득에 대하여 부과되는 세금이므로 기간비용으로 인식하여야 한다.

또한 법인은 법인의 소득에 대하여 세금을 납부해야 하는데 이에 대한 세금을 법인세라 한다. 법인세비용은 회사의 영업활동의 결과인 회계기간에 벌어들인 소득에 대하여 부과되는 세금이므로 동일한 회계기간에 기간비용으로 인식하여야 한다.

법인세의 회계처리는 결산일 현재 소득에 대하여 법인세 비용을 산출하고, 기 원천징수 또는 중간예납분(선납세금)을 대체하고 차액분만 미지급세금으로 회계처리하고 익년도 3월말까지 관할 세무서에 신고 납부한다.

결산시에는 다음과 같이 회계처리 한다.
(차) 법인세비용   ×××   (대) 선 납 세 금   ×××
                                              미지급세금   ×××

다음연도 법인세납부 시에는 다음과 같이 회계 처리한다.
(차) 미지급세금   ×××   (대) 현   금   ×××

연/습/문/제

 분개연습

[1] 한결전자에 상품 7,000,000원을 외상으로 판매하고, 판매한 상품의 운반비 30,000원은 당사가 부담하여 현금으로 지급하였다.

[2] 동문전기에 상품 1,000,000원을 판매하고 선수금 100,000원을 제외한 900,000원을 현금으로 받다.

[3] 영업부 안상용 대리는 10월 20일 제주 출장 시 지급받은 업무가지급금 400,000원에 대해 다음과 같이 사용하고 잔액은 현금으로 정산해 주다.

•숙박비 150,000원	•왕복항공료 270,000원	•택시요금 50,000원

[4] 거래처에 선물하기 위해서 한우셋트 700,000원을 구입하고 하나카드로 결제하였다.(카드결제 예정일 다음달 25일).

[5] 영백빌딩의 8월분 임차료 1,000,000원 중 700,000원은 현금으로 지급하고 나머지는 다음 달에 주기로 하다.

[6] 거래처인 (주)우일상사에 대한 외상매출금(제품매출액) 3,000,000원이 약정기일보다 30일 빠르게 회수되어 2%의 할인을 해주고 잔액은 현금으로 받았다.

[7] 8월분 국민카드 매출대금 2,500,000원에서 수수료 3%를 제외하고 당사의 보통 예금계좌에 입금되었다. 단, 카드매출대금은 외상매출금계정으로 처리하고 있다.

[8] 출장갔던 영업부사원 홍길동이 돌아와 다음과 같이 여비정산을 하였다. 출장시 500,000원을 지급하고 가지급금 계정으로 회계처리 하였으며 여비 잔액 47,000원은 현금으로 수취하였다.

여비	70,000원	숙박비	250,000원
식대	100,000원	기타	33,000원
합계	453,000원		

[9] 한국전력에 사무실 전기요금 135,000원과 공장생산라인의 전기요금 1,200,000원을 현금으로 납부하다.

[10] 마케팅부서에서 사용할 경영전략과 관련된 서적을 교보문고에서 12,000원에 현금으로 구입하였다.

[11] 당사의 제품선전을 위한 광고에 사용할 제품사진을 촬영하고 ㈜삼수기획에 대금 5,000,000원 중 2,500,000원을 당좌수표를 발행하여 지급하고 잔액은 다음 달 24일 지급하기로 하였다.

[12] 거래처인 (주)저스트원의 미지급금 25,000,000원 중 23,000,000원은 당좌수표로 지급하고, 나머지 2,000,000원은 면제받았다.

[13] 보유 중인 (주)한성의 주식에 대하여 중간배당금 1,000,000원을 보통예금계좌로 송금 받았다.

[14] 당사는 경영부진으로 누적된 결손금의 보전을 위하여 대주주로부터 자기앞수표 1억원을 증여받았다.

[15] 상품을 보관하는 창고에서 화재가 발생하여 장부가액 2,000,000원의 상품이 소실되었다
    (당 회사는 화재보험에 가입되어 있지 않다).

[16] 7월 17일에 발생한 화재로 인하여 소실된 제품(원가 10,000,000원)에 대한 보험금 7,000,000원을 보험회사로부터 보통예금계좌로 입금 받았다(당사는 삼현화재에 화재보험이 가입되어 있다).

객관식

01. 다음 매출계정에 전기된 내용에 대한 설명이 옳은 것만 고른 것은?

매 출

(단위 : 원)

9/8 외상매출금 10,000	9/5 외상매출금 100,000
	9/9 현 금 40,000

ㄱ. 총매출액은 130,000원이다.	ㄴ. 순매출액은 100,000원이다.
ㄷ. 매출환입및에누리는 10,000원이다.	ㄹ. 외상매출금 잔액은 90,000원이다.

① ㄱ, ㄴ   ② ㄱ, ㄷ   ③ ㄴ, ㄷ   ④ ㄷ, ㄹ

02. 매출할인에 대한 금액을 당기 총매출액에서 차감하지 않고 영업외비용으로 처리할 경우, 손익계산서상의 매출총이익과 당기순이익에 미치는 영향을 올바르게 짝지은 것은?

	매출총이익	당기순이익		매출총이익	당기순이익
①	과대	과대	②	과대	불변
③	과소	과대	④	과소	불변

03. 다음에서 지출한 회계연도 손익계산서에 비용 항목으로 기재할 내용을 모두 고른 것은?

ㄱ. 상품 매입 시 운반비
ㄴ. 건물의 깨진 유리창 교체비
ㄷ. 영업용 건물의 재산세
ㄹ. 새로 구입한 기계장치의 시운전비

① ㄱ, ㄴ   ② ㄱ, ㄷ   ③ ㄴ, ㄷ   ④ ㄷ, ㄹ

04. 다음 중 판매비와관리비가 발생하는 거래를 〈보기〉에서 모두 고른 것은?

ㄱ. 기말에 영업용사무실건물 감가상각비 50,000원을 계상하다.
ㄴ. 화재로 인하여 기계장치 500,000원이 소실되다.
ㄷ. 차입금에 대한 이자 200,000원을 현금으로 지급하다.
ㄹ. 종업원의 결혼 축의금 100,000원을 현금으로 지급하다.

① ㄱ, ㄴ   ② ㄱ, ㄹ   ③ ㄴ, ㄹ   ④ ㄷ, ㄹ

05. 다음 거래의 분개시 (가)와 (나)에 해당하는 차변 계정과목이 바르게 짝지어 진 것은?

> (가) 신제품 홍보 활동시 불특정 다수인을 상대로 증정할 기념품 제작대금 600,000원을 당좌수표를 발행하여 지급하다.
> (나) 연말에 불우 이웃 돕기 성금으로 현금 1,000,000원을 방송사에 기탁하다.

(가)	(나)
① 광고선전비	기업업무추진비
② 기업업무추진비	기부금
③ 광고선전비	기부금
④ 기부금	기업업무추진비

06. 개인기업인 ○○상점의 다음 거래를 분개할 때 차변 계정과목이 세금과공과인 것으로 옳은 것은?
① 업무용 컴퓨터를 구입하고 설치비 50,000원을 현금으로 납부하다.
② 상품 운반용 차량에 대한 자동차세 270,000원을 현금으로 납부하다.
③ 사장 개인에게 부과된 종합소득세 450,000원을 현금으로 대신 납부하다.
④ 종업원의 급여 지급 시 원천징수한 건강보험료 80,000원을 현금으로 납부하다.

07. 다음 중 기업회계기준에서 분류하는 비용항목 중 손익계산서의 구분표시가 다른 것은 어느 것인가?
① 감가상각비   ② 복리후생비   ③ 기부금   ④ 세금과공과

08. 다음 중 기업회계기준에서 분류하는 비용항목 중 손익계산서의 구분표시가 다른 것은 어느 것인가?
① 감가상각비   ② 대손상각비   ③ 여비교통비   ④ 매출채권처분손실

09. 수익과 비용에 관한 설명 중 틀린 것은?
① 비용은 수익에 따라서 인식하는 수익 · 비용 대응의 원칙을 사용한다.
② 수익과 비용은 그것이 발생한 기간에 적절하게 배분되도록 처리해야 한다.
③ 영업외수익과 영업외비용은 상계하여 표시한다.
④ 판매비및관리비와 영업외비용은 구분 표시된다.

10. 수익인식기준을 설명한 것 중 올바르지 않은 것은?

① 할부매출 : 상품인도시점   ② 시용매출 : 현금 회수시점

③ 위탁판매 : 수탁자가 위탁품 판매한 시점   ④ 상품매출 : 상품인도시점

11. 다음 중 수익인식기준으로 틀린 것은?

① 단기할부매출 : 인도기준(판매시점)

② 위탁판매 : 수탁자에게 인도한 때

③ 시용판매 : 구입자가 매입의사를 표시한 때

④ 상품권판매 : 물품 등을 판매하여 상품권을 회수한 때

12. 다음은 ㈜정운의 이자수익 계정이다. ( )에 들어갈 계정 과목으로 옳은 것은?

<table>
<tr><td colspan="4" align="center">이자수익</td></tr>
<tr><td>12/31 ( )</td><td>20,000</td><td>8/1 현 금</td><td>70,000</td></tr>
<tr><td>12/31 손 익</td><td>50,000</td><td></td><td></td></tr>
</table>

① 미지급이자   ② 선급이자   ③ 선수이자   ④ 미수이자

 주관식

01. 다음에서 손익계산서상 당기의 순매출액을 계산하시오.

> 갑 상품을 1,000,000원(100개, 개당 10,000원)에 외상으로 판매하고, 당점부담의 운임 10,000원은 현금으로 지급하다. 갑상품의 불량품으로 4개를 반품받고, 그 후 외상매출금이 신용기간 이전에 회수되어 10,000원의 매출할인을 추가적으로 해주었다.

02. 다음 자료에 의하여 당기 중의 매출채권 회수액을 계산하시오. 단, 상품의 모든 거래는 외상거래이다.

> • 기초 매출채권 : 30,000원   • 기말 매출채권 : 20,000원
> • 기초 상품재고 : 50,000원   • 기말 상품재고 : 70,000원
> • 당기 상품매입 : 200,000원   • 매 출 총 이 익 : 60,000원

03. 다음 자료에 의하여 영업이익을 계산하시오.

• 당기순매출액 : 600,000원	• 당기상품매출원가 : 400,000원
• 급여 : 70,000원	• 임차료 : 40,000원
• 이자비용 : 20,000원	• 보험료 : 30,000원
• 외환차손 : 25,000원	• 기부금 : 15,000원

04. 다음 ○○상점의 자료에서 영업이익을 계산하시오.

• 매 출 원 가 : 1,000,000원	• 당기 순매출액 : 1,500,000원
• 급 여 : 100,000원	• 대손상각비 : 20,000원
• 광고선전비 : 30,000원	• 임 대 료 : 60,000원
• 기 부 금 : 40,000원	• 이 자 비 용 : 10,000원

05. 다음 자료에서 '판매비와관리비ⓐ'와 '법인세비용차감전순이익ⓑ'을 구하시오.

• 매 출 액 : 1,000,000원	• 매 출 원 가 : 700,000원
• 보 험 료 : 50,000원	• 이 자 비 용 : 15,000원
• 임대료 : 60,000원	• 이 자 수 익 : 20,000원
• 복리후생비 : 20,000원	• 감가상각비 : 10,000원

06. ㈜백두의 20x1년 11월 30일 미국에 있는 거래처에 외상으로 상품을 $50,000에 판매하면서 당일 환율을 적용하여 매출채권을 계상하였으며 당기 말 현재 아직 회수되지 않았다. 상기 매출채권과 관련하여 결산시 손익계산서에 반영될 외화환산손익을 계산하시오.

〈환율정보〉	
• 20x1년 11월 30일 : 1,000원/1$	• 20x1년 12월 31일 : 1,050원/1$

07. 다음 지급내역 중 복리후생비의 금액은?

• 신입사원 환영회비	: 5,000원	• 거래처 직원 결혼축의금	: 3,000원
• 회사의 인터넷 통신요금	: 2,000원	• 출장사원 숙박비	: 1,000원
• 직원회식비 지급	: 4,000원	• 직원 자녀학자금 지급	: 2,000원

08. ㈜세무는 ㈜예지상사의 건물 청소용역을 1,600,000원에 2년 동안(20x1년~20x2년) 제공하기로 약정하였다. 이 용역과 관련하여 예상되는 총원가는 800,000원이며, 20x1년도에 실제 발생한 원가는 300,000원이다. 20x1년도에 인식해야 할 용역 수익은 얼마인가?

09. 다음의 자료로 상기업인 세무상사의 판매비와 관리비로 계상할 금액은 얼마인가?

• 복리후생비	: 300,000원	• 광고선전비	: 100,000원
• 기부금	: 50,000원	• 유형자산처분손실	: 200,000원

연/습/문/제

🔑 분개연습

[1] (차) 외상매출금(한결전자)　7,000,000　(대) 상품매출　7,000,000
　　　　운 반 비　30,000　(대) 현　금　30,000

[2] (차) 선 수 금(동문전기)　100,000　(대) 상품매출　1,000,000
　　　　현　금　900,000

[3] (차) 여비교통비　470,000　(대) 가지급금　400,000
　　　　　　　　　　　　　　　　　　현　금　70,000

　☞ 출장시 : (차) 가지급급　400,000　(대) 현　금　400,000

[4] (차) 기업업무추진비　700,000　(대) 미 지급금(하나카드)　700,000

[5] (차) 임차료　1,000,000　(대) 현　금　700,000
　　　　　　　　　　　　　　　　　　미 지급금(영백빌딩)　300,000

[6] (차) 현　금　2,940,000　(대) 외상매출금(우일상사)　3,000,000
　　　　매 출 할 인(제품매출)　60,000

[7] (차) 보 통 예 금　2,425,000　(대) 외상매출금(국민카드)　2,500,000
　　　　수수료비용(판)　75,000

[8] (차) 여비교통비(판)　453,000　(대) 가 지급금(홍길동)　500,000
　　　　현　금　47,000

[9] (차) 수도광열비(판)　135,000　(대) 현　금　1,335,000
　　　　전 력 비(제)　1,200,000

| [10] | (차) | 도서인쇄비(판) | 12,000 | (대) | 현 금 | 12,000 |

| [11] | (차) | 광고선전비(판) | 5,000,000 | (대) | 당 좌 예 금 | 2,500,000 |
| | | | | | 미 지 급 금(삼수기획) | 2,500,000 |

| [12] | (차) | 미 지 급 금 | 25,000,000 | (대) | 당 좌 예 금 | 23,000,000 |
| | | ((주)저스트원) | | | 채무면제이익 | 2,000,000 |

| [13] | (차) | 보 통 예 금 | 1,000,000 | (대) | 배당금수익 | 1,000,000 |

| [14] | (차) | 현 금 | 100,000,000 | (대) | 자산수증이익 | 100,000,000 |

| [15] | (차) | 재 해 손 실 | 2,000,000 | (대) | 상 품 | 2,000,000 |

| [16] | (차) | 보 통 예 금 | 7,000,000 | (대) | 보험수익(보험금수익) | 7,000,000 |

☞ 7월 17일 재해시 회계처리

(차) 재해손실   10,000,000   (대) 제 품   10,000,000

🔑 객관식

1	2	3	4	5	6	7	8	9	10	11	12		
④	②	③	②	③	②	③	④	③	②	②	③		

[풀이 - 객관식]

01. 9/5 (차) 외상매출금   100,000   (대) 매 출   100,000 ⇒ 수익인식
9/8 (차) 매 출   10,000   (대) 외상매출금   10,000 ⇒ 수익취소
9/9 (차) 현 금   40,000   (대) 매 출   40,000 ⇒ 수익인식
9/8 매출취소는 매출환입, 에누리, 할인에 의한 것으로 추정할 수 있다.
따라서 총매출액은 9/5과 9/9의 합계액인 140,000원이며, 매출환입등을 차감한 금액인 130,000원
이 순매출액이 되며, 외상매출금의 잔액은 매출취소분을 제외한 90,000원이 된다.

02. 올바른 회계처리 : (차) 매출할인(매출차감)   100   (대) 현 금 등   100
잘못된 회계처리 : (차) 매출할인(영업외비용)   100   (대) 현 금 등   100

손익계산서	매출액차감	영업외비용처리	
1. (순)매출액	-100	0	매출과대계상
2. 매출원가	0	0	
3. 매출이익(1-2)	-100	0	**매출총이익 과대계상**
4. 판관비	0	0	
5. 영업이익(3-4)	-100	0	**영업이익 과대계상**
6. 영업외수익	0	0	
7. 영업외비용	0	100	
8. 법인세차감전순이익(5+6-7)	-100	-100	불변
9. 법인세비용	0	0	
10. 당기순이익	-100	-100	**불변**

03. 상품 매입 시 운반비는 매입원가에 가산하며, 새로 구입한 기계장치의 시운전비는 기계장치의 취득원가에 포함한다.

04. 기말에 영업용사무실건물 감가상각비와 종업원의 결혼 축의금은 판매비와관리비이고, 재해손실과 이자비용은 영업외비용이다.

05. 불특정 다수인을 상대로 증정할 홍보물 제작비는 광고선전비로 영업비용(판매비와 관리비)에 속하며, 불우 이웃 돕기 성금을 지급한 것은 기부금으로 영업외비용에 속한다.

06. 업무용 컴퓨터를 구입하고 설치비를 지급한 경우는 비품의 원가에 포함하며, 사장 개인에게 부과된 종합소득세를 납부한 경우는 인출금, 급여 지급 시 원천징수한 건강보험료를 현금으로 납부하면 차변이 예수금이다.

07. 기부금은 영업외비용으로 분류하고, 감가상각비, 복리후생비, 세금과공과는 판매비와 관리비로 분류한다.

08. 매출채권처분손실은 영업외비용으로 분류하고, 감가상각비, 대손상각비, 여비교통비는 판매비와 관리비로 분류한다.

09. <u>영업외수익과 영업외비용은 상계하지 않고 별도로 표시</u>된다.

10. <u>시용매출액은 매입자가 매입의사표시를 한 날 수익</u>으로 인식한다.

11. 위탁판매의 경우 <u>수탁자가 판매한 때 수익으로 인식</u>한다.

12. 8/1 이자 선수분에 대한 결산정리 분개.
12/31 (차) 이자수익   20,000원   (대) 선수이자(수익)   20,000원

주관식

01	950,000원	02	250,000원	03	60,000원
04	350,000원	05	ⓐ 80,000원 ⓑ 285,000원	06	외화환산이익 2,500,000원
07	11,000원	08	600,000원	09	400,000원

[풀이 - 주관식]

01. 순매출액(950,000원) = 총매출액(1,000,000원) - 매출에누리와 환입(40,000원) - 매출할인(10,000원), 매출자가 지급하는 운임은 '운반비'라는 계정과목으로 하여, 판매비와 관리비로 처리한다.

02.

상 품

기초잔액	50,000	매출원가	180,000
당기구입	**200,000**	기말잔액	70,000
계	250,000	계	250,000

매출액 = 매출원가 + 매출총이익 = 180,000 + 60,000 = 240,000원

매출채권

기초잔액	30,000	*회 수 액(?)*	*250,000*
매출(발생액)	**240,000**	기말잔액	20,000
계	270,000	계	270,000

03.

손익계산서		
1. (순)매출액	600,000	
2. 매출원가	400,000	
3. 매출이익(1 - 2)	200,000	
4. 판관비	**140,000**	**급여, 임차료, 보험료,**
5. 영업이익(3 - 4)(?)	*60,000*	
6. 영업외수익	0	
7. 영업외비용	60,000	**이자비용, 외환차손, 기부금**

04.

손익계산서		
1. (순)매출액	1,500,000	
2. 매출원가	1,000,000	
3. 매출이익(1 - 2)	500,000	
4. 판관비	150,000	급여, 대손상각비, 광고선전비
5. 영업이익(3 - 4)(?)	*350,000*	기부금, 이자비용 ⇒ 영업외비용 : 임대료 ⇒ 영업외수익

05.

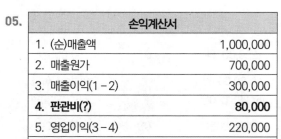

손익계산서	
1. (순)매출액	1,000,000
2. 매출원가	700,000
3. 매출이익(1 – 2)	300,000
4. 판관비(?)	**80,000**
5. 영업이익(3 – 4)	220,000
6. 영업외수익	80,000
7. 영업외비용	15,000
8. 법인세차감전이익(5+6 – 7)(?)	**285,000**

4. 판관비(?) → **보험료, 복리후생비, 감가상각비**
6. 영업외수익 → **임대료, 이자수익**
7. 영업외비용 → **이자비용**

06. (1,050원 – 1,000원)×$50,000 = 2,500,000원(외화환산이익)

07. 복리후생비 = 환영회비(5,000)+회식비(4,000)+학자금(2,000) = 11,000원

거래처 직원 결혼축의금은 기업업무추진비, 회사의 인터넷 통신요금은 통신비, 출장사원 숙박비는 여비교통비 처리함

08. 용역매출은 진행율에 따라 수익(진행기준)을 인식한다.

진행률(20x1년) = 300,000÷800,000 = 37.5%

수익(20x1년) = 도급금액(1,600,000원)×진행율(37.5%) = 600,000원

09. 판매비와관리비(400,000) = 복리후생비(300,000)+광고선전비(100,000)

기부금, 유형자산처분손실 : 영업외비용

재무상태표 주요 계정과목

I. 자산

1. 유동 자산	1. 당좌자산	현금	지폐와 주화 타인발행수표, 우편환, 배당금지급통지표, 만기도래한 국공채이자표
		당좌예금	당좌수표를 발행할 수 있는 은행 예금
		보통예금	요구불예금
		정기예적금	만기가 1년 이내 도래하는 저축성예금 등
		단기매매증권	단기간 내의 매매차익을 목적으로 매입한 유가증권
		외상매출금	상거래(제품, 상품) 시 외상으로 판매한 경우의 채권
		받을어음	상거래(제품, 상품) 시 외상으로 판매하고 받은 어음
		단기대여금	차용증서를 받고 금전을 빌려준 경우의 채권
		미수수익	발생주의에 따라 수익 중 당기 기간경과분에 대한 수익으로서 미수취한 것
		미수금	일반적인 상거래 이외의 유형자산 등의 매각거래에서 발생한 채권
		(대손충당금)	미래에 발생할 대손에 대비하여 미리 비용을 인식하는 것
		소모품	소모성비품(내용년수가 1년 미만)등 구입시 자산으로 처리한 것
		선급금	상품·원재료 등의 구입조건으로 미리 지급하는 금액이나 계약금
		선급비용	발생주의에 따라 당기에 지급한 비용 중 차기비용으로 자산으로 처리할 금액
		가지급금	현금 지출이 있으나 계정과목이 미확정인 것
		부가세대급금	물품 등이 구입시에 부담한 부가가치세로서 매입세액공제가 가능한 것
		선납제금	법인세 중간예납세액과 원천징수된 세액

355

		내용
1. 유동 자산 2. 재고자산	상품	판매목적으로 외부에서 구입한 물품(도·소매업)
	제품	제조과정이 완료된 후 판매를 위해 보관하고 있는 것(제조업)
	반제품	자가제조한 중간제품과 부분품 등으로 **판매가 가능한 것**
	원재료	제품을 제조하기 위하여 구입한 주원료
	(매입환출)	매입한 상품이나 원재료를 반품하는 경우
	(매입에누리)	매입 후 하자나 결함 때문에 가격을 에누리받은 경우
	(매입할인)	외상대금을 조기 결제시 판매자가 외상대금을 할인하는 경우
	미착품	상품·원재료 등을 주문하였으나 아직 도착하지 **않은 경우**
	재공품	제조과정이 완료되지 않아 아직 제품으로 대체되지 않은 재고자산
	저장품	소모품, 수선용 부분품 및 기타 저장품
비유동 자산 1. 투자자산	장기성예금	만기가 1년 이후에 도래하는 정기예금, 정기적금 등 금융상품
	매도가능증권	단기매매증권이나 만기보유증권으로 분류되지 아니하는 유가증권
	만기보유증권	만기가 확정된 채무증권으로서 만기까지 보유할 의도와 능력이 있는 유가증권
	투자부동산	영업활동과 무관하게 **투자목적(시세차익)**으로 보유하고 있는 토지나 건물
	장기대여금	대여금 중 만기가 1년 이내에 도래하지 않는 것
2. 유형자산	토지	영업용(업무용)으로 사용하기 위한 대지 등
	건물	영업용(업무용)으로 사용하는 건물 및 기타의 건물 부속설비 등
	기계장치	제품 등을 생산하기 위한 기계 및 장치
	차량운반구	회사의 영업활동을 위해 사용되는 승용차, 트럭 등
	비품	기업에서 사용하는 일반적인 용품으로서 내용년수가 1년 이상인 것
	(감가상각누계액)	취득원가를 합리적으로 비용 배분하는 것의 누적액
	건설중인자산	유형자산을 건설하기 위해 지출한 금액으로서 아직 건설완료가 되지 않은 임시계정

2. 비유동자산			
	3. 무형자산	영업권	영업상의 권리 또는 권리금(외부구입영업권만 인정)
		산업재산권	일정기간 동안 독점적, 배타적으로 이용할 수 있는 권리(특허권, 실용신안권, 상표권 등)
		개발비	신기술개발과 관련된 비용으로 미래 경제적 효익을 기대할 수 있는 금액
		소프트웨어	컴퓨터 프로그램으로서 MS오피스, 한글2010 등
	4. 기타 비유동자산	임차보증금	공장, 사무실, 기계, 차량 등의 임차시 보증금액으로서 채권임
		전세권	전세금을 지급하고서 타인의 부동산을 그 용도에 좇아 사용, 수익하는 권리로서 물권
		장기매출채권	외상매출금 중 회수기간이 1년 이상인 채권
		부도어음과수표	지금이 거절된 어음으로서 추후 대손여부를 판단하여 대손처리한다.

II. 부채

1. 유동부채	외상매입금	상품이나 원재료를 외상으로 매입한 경우의 채무
	지급어음	상품이나 원재료를 외상으로 매입시 지급한 어음채무
	미지급금	상거래 이외(유형자산 등)의 물건을 구입한 경우의 채무
	예수금	일반적 상거래 이외에서 발생한 일시적 예수금액(소득세, 국민연금, 건강보험료 등)
	부가세예수금	매출시 매입자로 부터 거래징수한 부가가치세로서 세무서에 납부할 예정임
	가수금	현금 등 입금이 있었으나 내역이 불분명한 것으로서 처리하는 임시계정
	선수금	상품매출, 제품매출에 대한 **계약금으로 미리 받은 금액**
	단기차입금	1년 이내에 도래하는 금융거래에 의한 채무
	미지급세금	미지급법인세 및 미지급제금 등
	미지급비용	기간 경과분 비용(이자비용, 임차료 등)중 아직 지급되지 않은 것
	선수수익	수익 중 당기의 것이 아니고 차기 이후로 귀속되는 수익
	유동성장기부채	만기 1년 이상 **장기차입금 중 만기가 1년 이내에 도래하는 차입금**

2. 비유동부채	사채	기업이 자금조달을 위해 직접 발행하는 채권
	장기차입금	상환기간이 1년을 초과하는 차입금
	임대보증금	부동산이나 동산을 임대하고 받는 보증금
	퇴직급여충당부채	임직원이 퇴직할 때 지급하게 될 퇴직금에 대비하여 부채로 설정
	(퇴직연금운용자산)	종업원의 퇴직금을 위해 사외에 예치한 금액

Ⅲ. 자본

1. 자본금	보통주자본금	상법상 법정자본금(액면가액 × 발행주식수)
2. 자본잉여금	주식발행초과금	액면을 초과하여 주식발행시 그 액면을 초과하는 금액(= 발행가액 > 액면가액)
	감자차익	자본금 감소시 주주에게 반환되지 않고 불입자본으로 남아 있는 부분(= 감자대가 < 액면가액)
	자기주식처분익	자기주식을 처분하였을 때 취득원가를 초과하여 발생한 이익
3. 자본조정	주식할인발행차금	액면을 미달하게 주식발행시 그 액면에 미달하는 금액(= 액면가액 > 발행가액)
	감자차손	자본금 감소시 주주에게 감소된 자본금이 감자대가에 미달된 경우(= 감자대가 > 액면가액)
	자기주식	회사가 발행한 자기회사 주식을 매입한 경우 당해 주식을 말함
	자기주식처분손실	자기주식을 처분시 발생하는 손실
4. 기타포괄손익누계액	매도가능증권평가손익	매도가능증권을 공정가액으로 평가해서 발생하는 평가손익
	해외사업환산손익	해외지점, 사무소의 외화자산·부채를 원화로 환산하는 경우 발생하는 환산손익
5. 이익잉여금	이익준비금	상법에 의해 **금전배당액의 1/100이상**을 적립하는 금액
	기타법정적립금	상법이외의 법령규정에 의하여 적립된 유보이익(재무구조개선적립금 등)
	임의적립금	회사의 정관이나 주주총회의 결의로 임의로 적립된 금액
	미처분이익잉여금	주주총회에서 이익잉여금을 처분하기 전의 금액

손익계산서 주요 계정과목

I. 수익

구분	계정과목	설명
1. 매출	매출(제품, 상품)	상품, 제품 등의 판매 또는 용역의 제공으로 인하여 실현된 금액
	(매출환입)	매출된 상품이나 제품이 반품되는 경우
	(매출에누리)	매출 후 하자나 결함 때문에 가격을 에누리 하는 경우
	(매출할인)	외상대금을 조기 결제시 판매자가 외상대금을 할인하는 경우
3. 영업외 수익	이자수익	적금, 예금 등에 대해 지급받은 이자
	배당금수익	보유한 주식에 대한 현금배당금
	임대료	부동산을 임대하여 사용하게 하고 받는 대가
	단기매매증권평가익	단기매매증권을 기말에 평가했을 때 발생하는 이익
	××××처분익	유가증권, 유형자산 등을 장부가액이상으로 처분하였을 때 생기는 이익
	외환차익	외화채권·채무의 발생시와 결제시의 환율변동으로 생기는 이익
	외화환산이익	외화채권·채무의 기말평가시 생기는 이익
	자산수증이익	현금이나 기타재산을 무상으로 받았을 때 생기는 이익
	채무면제이익	채무를 면제받아 생기는 이익
	보험차익(보험수익)	보험의 만기 또는 재해로 인하여 납입한 보험금을 수령시 수령 총액
	잡이익	금액적으로 중요성이 없는 것으로서 일시적이고 소액인 것

Ⅱ. 비용

1. 매출원가

계정과목	내용
급여	상품 및 제품 등의 판매 등으로 인한 매출액에 직접 대응되는 원가

2. 제조경비 (판관비)

계정과목	내용
급여	정기적인 급료와 임금, 상여금과 제수당을 말한다.
퇴직급여	퇴직급여충당부채 전입액을 말한다.
복리후생비	일·숙직비, 직원회식비, 현물식대, 경조사비, 피복비, 건강보험료의 회사부담금
여비교통비	출장비, 시내교통비 등
통신비	전화료, 우편료, 인터넷 사용료 등
수도광열비	수도요금, 전기료(제조경비 : 가스수도료, 난방유, 가스요금 등
세금과공과	재산세, 자동차세, 일반협회비, 인지대금, 벌금, 과태료 등
임차료	부동산이나 동산을 임차하고 임대인에게 지급하는 비용
차량유지비	차량에 대한 유지비용으로 유류대, 주차비, 차량수리비 등
소모품비	소모성 비품 구입에 대한 비용으로서 사무용품, 기타소모자재 등
교육훈련비	임직원의 직무능력향상을 위한 교육 및 훈련에 대한 비용
도서인쇄	도서구입 및 인쇄와 관련된 비용
수수료비용	제공받은 용역의 대가를 지불할 때 사용하거나 각종 수수료 등
기업업무추진비(접대비)	거래처에 대한 선물구입비, 경조사비, 식대 등을 지급한 경우
광고선전비(판)	제품의 판매촉진활동과 관련된 비용
감가상각비	유형자산의 취득원가를 내용년수에 따라 합리적으로 배분하는 비용
대손상각비(판)	회수가 불가능한 채권을 합리적이고 객관적인 기준으로 추정하여 비용으로 인식하는 것
대손충당금환입(판)	대손추산액 < 기설정대손충당금으로서 충당금 환입시
퇴직급여충당부채환입	퇴직급여추계액 < 기설정 퇴직급여충당부채로서 충당부채 환입시

	계정	내용
3. 영업외 비용	매출채권처분손실	매출채권(받을어음)을 금융회사 등에 매각시 발생하는 손실
	××자산평가손실	기말에 자산을 평가시 공정가액이 장부가액보다 낮을 경우 인식
	××자산처분손실	자산 처분시 처분가액이 장부가액보다 낮을 경우 인식
	외화환산손실	외환채권·채무의 기말평가시 생기는 이익
	외환차손	외환채권·채무의 발생시와 결제시의 환율변동으로 생기는 손실
	기부금	대가성 없이 무상으로 기증하는 금전, 기타의 재산가액 (불우이웃돕기성금, 수재의연금 등)
	기타의 대손상각비	**상거래 이외**(대여금, 미수금)에서 발생하는 대손상각비
	재고자산감모손실	기말재고자산 실사 시 수량부족분(**비정상적**)에 대하여 손실을 인식하는 것
	재해손실	화재, 수해, 지진 등 자연적 재해로 인해 발생하는 손실
	잡손실	금액적으로 중요성이 없는 것으로서 일시적이고 소액인 것
4. 법인세비용		회사가 일정한 회계기간 동안 벌어들인 소득에 대해 부과되는 세금(법인세+지방소득세)

결산이란 회계연도 종료 후에 그 회계연도의 회계처리를 마감하여, 회계처리 결과인 재무제표를 작성하는 일련의 절차를 말한다.

결산의 절차는 다음의 순서로 수행한다.

1. 예비절차	1. 수정전시산표의 작성 2. 결산수정분개 3. 수정후시산표의 작성
2. 본 절차	4. 계정의 마감(손익계정 ⇨ 집합손익계정 ⇨ 재무상태계정 순)
3. 결산보고서	5. 재무제표의 작성(**손익계산서** ⇨ **이익잉여금처분계산서** ⇨ **재무상태표순**)

제2절 시산표

1. 시산표의 의의

시산표란 회계거래가 총계정원장상의 각 계정에 정확하게 되었는지를 검토하기 위하여 회계연도 중에 사용한 모든 계정의 총액 잔액을 하나의 표에 작성하는 서식을 말한다.

회계상 거래에 대하여 분개를 하고 총계정원장에 전기를 한다.

따라서 차변의 금액과 대변의 금액의 합계는 당연히 일치 하여야 하며, 이를 대차평균의 원리라 한다.

대차평균의 원리에 의하여 분개하고 총계정원장에 정확하게 전기를 하였다면 시산표에도 대차평균의 원리에 따라 대차가 일치되어야 한다.

그런데 시산표의 차변의 합계와 대변의 합계가 일치하지 않았다면 분개에서 부터 시작하여 총계정원장에 전기하는 과정 중 어디에선가 오류가 발생되었음을 의미한다.

이처럼 시산표의 작성목적은 거래를 분개하고 전기하는 과정에서 누락하거나 오류기입을 발견해서 수정하는 것이다.

시산표를 작성하는 또 다른 목적은 회사의 개괄적인 재산 상태나 경영성과를 파악하는데 이용하고 있으며, 기중에도 수시로 시산표를 작성해 기업의 의사결정에 활용하기도 한다.

> 시산표의 목적 ① **분개와 전기의 금액적인 오류 파악**
> ② 회사의 개략적인 재무상태나 경영성과 파악

2. 합계잔액시산표

합계와 잔액을 모두 나타내는 시산표로서 기업에서 가장 많이 보편적으로 사용한다.

총계정원장의 현금계정과 외상매입금 계정이 다음과 같다고 가정하고 합계잔액시산표를 작성해보자.

현 금				외상매입금		
1/1 차입금	10,000,000	1/3 임차보증금	8,000,000 ②	현금	5,000,000	1/5 상품 10,000,000
1/5 외상매출금	10,000,000 ①	잔액	12,000,000	잔액	5,000,000	

합계잔액시산표
제×기 : 20×1년 12월 31일 현재

차 변		계정과목	대 변	
잔 액	합 계		합 계	잔 액
12,000,000	① 20,000,000	자산계정 – 현 금	② 8,000,000	
	5,000,000	부채계정 – 외상매입금	10,000,000	5,000,000
		자본계정		
		수익계정		
		비용계정		
×××××		계		×××××

기말자산 = 기말부채 + 기말자본(= 기초자본 + 당기순손익)

기말자산 = 기말부채 + 기초자본 + 총수익 – 총비용

기말자산 + 총비용 = 기말부채 + 기초자본 + 총수익

결국 자산의 경우 시산표상 차변의 잔액이 재무상태표상 자산의 금액이 되고, 부채의 경우 시산표상 대변의 잔액이 재무상태표상 부채의 금액이 된다.

제3절 결산수정분개

1. 결산수정분개의 의의

회계연도별로 기업의 재무상태와 경영성과를 정확하게 산출하기 위해서는 기말에 2이상의 회계기간에 영향을 미치는 거래에 대하여 각 회계연도별로 정확한 금액을 귀속시키기 위한 수정분개가 필요하다.

이처럼 회계연도 종료시점(결산일)에서 자산, 부채, 자본의 현재금액과 당해 연도에 발생한 수익, 비용금액을 확정하기 위하여 회계연도 종료 후에 반영하는 분개를 기말수정분개 또는 결산수정분개라 한다.

회사의 재무상태나 경영성과≠회사 장부 ⇒ 일치시키는 작업

결산수정분개의 목적은 다음과 같다.

① 일상의 거래 기록과정에서 적정하게 구분하지 못한 회계기간별 수익과 비용을 발생주의 회계원칙에 따라 적정하게 수정하고

② 결산일 현재 재무상태와 경영성과를 적정하게 표시하기 위해서 자산과 부채를 정확하게 평가한다.

2. 결산수정분개의 유형

유 형	수 정 분 개 내 용		
1. 매출원가의 계산	재고자산실사 → 재고자산의 평가 → 매출원가의 계산 순 으로 한다.		
2. 손익의 결산정리 (발생주의)	이연	선 급 비 용	당기에 지출한 비용 중 차기 이후의 비용
		선 수 수 익	당기에 수취한 수익 중 차기 이후의 수익
	발생	미 수 수 익	당기에 발생분 수익 계상
		미지급비용	당기에 발생분 비용 계상
3. 자산·부채의 평가	유가증권의 평가		유가증권의 장부가액을 결산일 공정가액으로 평가
	대손충당금 설정		채권에 대해서 회수가능가액으로 평가하여 보충법에 따라 대손상각비 인식
	재고자산의 평가		감모와 재고자산의 가격하락을 반영
	퇴직급여충당부채 설정		퇴직급여추계액을 계산하고 당기 퇴직급여를 인식
	외화자산·부채의 평가		결산일 현재 외화자산·부채에 대하여 기말 환율로 평가하여 당기 손익을 인식하는 절차
4. 자산원가의 배분	유·무형자산의 취득원가를 합리적인 기간 동안 나누어 비용으로 인식하는 절차		
5. 유동성대체	비유동자산(비유동부채)의 만기가 1년 이내에 도래하는 경우 유동자산(유동부채)로 분류 변경하는 것		
6. 법인세비용	법인세 비용(개인기업 : 소득세 등)을 산출하여 비용으로 계상		
7. 기타	소모품(소모품비)의 수정분개 가지급금·가수금, 전도금 등의 미결산항목정리		

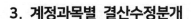

3. 계정과목별 결산수정분개

(1) 매출원가의 산정

상품매매거래는 기중에 수시로 발생하기 때문에 상품매출액과 구입액에 대하여 관련 증빙(세금계산서 등)으로 확인할 수 있으나 대부분의 중소기업들은 당기 판매분에 대하여 매출원가를 수시로 기록하지 않는다.

이러한 기업들은 기말에 상품재고액을 실사하여 일괄적으로 매출원가를 산출하게 된다.

즉 재고자산의 입출고시 마다 매출원가를 계산하는 계속기록법보다 결산일에 기말재고를 산출하여 매출원가를 계산하는 실지재고조사법을 이용한다.

㈜ 한강의 기초상품이 500,000원, 당기 매입액이 5,000,000원이라고 가정하면 결산일에 재고자산 실사를 통해서 기말상품재고액이 350,000원이 산출되어지고 이것을 통해서 매출원가 5,150,000원이 계산되어진다.

상　품

ⓐ기초상품	500,000	ⓒ매출원가	5,150,000
ⓑ순매입액	5,000,000	ⓓ기말상품	350,000
계	5,500,000	계	5,500,000

손익계산서

Ⅰ.매 출 액	XXX
Ⅱ.매 출 원 가	5,150,000
Ⅲ.총매출이익(Ⅰ－Ⅱ)	YYY

그러면 기말수정분개는 다음과 같다.

(차) 매 출 원 가　　5,150,000원　　　(대) 상　　품　　5,150,000원

상 기 업 : 상품매출원가 = 기초상품재고액 + 당기매입액 − 기말상품재고액

제조기업 : 제품매출원가 = 기초제품재고액 + 당기제품제조원가 − 기말제품재고액

---

(2) 손익의 결산정리(손익의 발생, 손익의 이연)

기업회계기준은 발생주의에 의하여 기간손익을 계산하기 때문에 기중에 현금주의로 회계 처리한 사항은 결산일에 발생주의로 수정분개 하여야 하는데 이를 손익의 결산정리라고 한다.

수익의 이연에는 선수수익과 비용의 이연에는 선급비용이 있고, 수익의 발생에는 미수수익과 비용의 발생에는 미지급비용이 있다.

	먼저	적기(적시)	나중
현금유입	선수수익 (부채)	**수 익**	미수수익 (자산)
현금유출	선급비용 (자산)	**비 용**	미지급비용 (부채)
	이연		발생
		현금주의	

발 생 주 의

(3) 자산의 평가

① 유가증권의 평가

유가증권 중 주식(상장주식)은 가격변동이 심하기 때문에 취득당시의 가격과 결산일 현재의 시가가 달라지게 된다. 이렇게 달라진 금액은 재무상태표와 손익계산서에 반드시 반영하여야 한다.

단기매매증권은 단기간 시세차익을 목적으로 하기 때문에 변동손익을 손익계산서의 영업외손익에 반영하나, **매도가능증권은 매각시점이 명확하지 않으므로 변동손익을 미실현손익으로 보아 재무상태표의 자본(기타포괄손익누계액)에 반영하고 추후 매각시 처분손익을 해당연도의 영업외손익**으로 인식한다.

② 채권의 평가

결산일에 모든 채권에 대하여 회수가능성을 판단하고, 회수불가능하다고 판단하는 채권에 대하여 대손충당금을 설정하여야 한다.

당기대손상각비 = 기말채권의 잔액 × 대손추정율 − 결산전 대손충당금

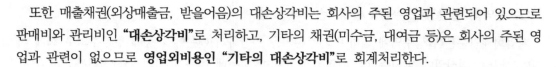

또한 매출채권(외상매출금, 받을어음)의 대손상각비는 회사의 주된 영업과 관련되어 있으므로 판매비와 관리비인 **"대손상각비"**로 처리하고, 기타의 채권(미수금, 대여금 등)은 회사의 주된 영업과 관련이 없으므로 **영업외비용인 "기타의 대손상각비"**로 회계처리한다.

③ 재고자산의 평가

매출원가를 계산하기 위해서는 기말재고액을 계산하여야 하는데, 먼저 기말재고실사를 통해서 재고자산의 감모수량을 파악한 후, 재고자산의 진부화, 부패, 파손 등으로 인하여 재고자산의 가치가 감소한 경우 기말 순실현가능가액으로 평가하여야 한다.

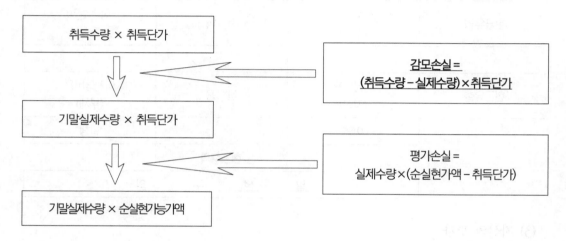

기업회계기준에서는 재고자산감모손실이 정상적으로 발생하는 경우에는 매출원가에 가산하고, **비정상적으로 발생하는 경우에는 영업외비용으로 회계처리**한다.

④ 퇴직급여충당부채의 설정

기말 현재 전임직원이 퇴사할 경우 지급해야할 퇴직금을 퇴직급여추계액이라 하는데 이는 회사의 충당부채에 해당한다. 따라서 회사는 부족한 퇴직급여충당부채를 당기 비용으로 인식하여야 한다.

당기 퇴직급여 = 퇴직급여추계액 – 결산전 퇴직급여충당부채
                        (= 기초퇴직급여충당부채 – 당기퇴직금지급액)

---

⑤ 외화자산 · 부채의 평가

기업이 외화자산을 보유하고 있거나 외화부채를 가지고 있다면, 환율은 매일 매일 변동하므로 기업의 자산과 부채도 환율변동에 따라 변동된다.

기업회계기준에서는 화폐성 외화자산 · 부채를 결산일 현재 환율을 적용하여 환산하고 그에 따른 차손익을 외화환산손익으로 인식하여야 한다.

만약, 외화자산을 보유하고 있다면 환율이 상승하는 경우 기업의 자산이 증가하지만 반대로 외화부채를 보유하고 있다면 기업의 부채가 증가한다.

여기서 화폐성자산에는 매출채권, 대여금 등이 있고, 화폐성부채에는 매입채무, 차입금 등이 있다.

(4) 자산원가의 배분

유형자산과 무형자산은 회사의 영업활동에 장기적으로 사용하기 위하여 보유하는 자산이다. 이러한 자산은 한 회계기간 이상에 걸쳐 효익을 제공하는 것이다.

즉 수익발생과는 명확한 인과관계를 알 수 없지만 일정기간(내용연수)동안 수익 창출활동에 기여할 것으로 판단되면 그 해당기간에 걸쳐 합리적이고 체계적인 방법으로 배분하여야 한다.

따라서 감가상각비와 무형자산상각비는 수익 · 비용 대응의 원칙에 따라 당기에 비용을 인식하는 것을 말한다.

(차) 감가상각비   ×××   (대) 감가상각누계액   ×××

재무상태표에는 유형자산의 취득원가에서 감가상각누계액을 차감하는 형식(간접상각법)으로 보고한다.

기말에 다음과 무형자산상각비를 인식하면

(차) 무형자산상각비   ×××   (대) 무 형 자 산   ×××

유형자산의 감가상각과는 달리 무형자산상각누계액을 설정하지 않고 재무상태표에서 무형자산상각비를 무형자산취득원가에서 직접 차감(직접상각법)하여 보고할 수도 있다. 무형자산의 상각은 직접 차감하여 보고하는 것이 일반적이다.

<예제 7 - 1> 수정후 당기순이익

㈜백두는 결산시 당기순이익이 1,000,000원으로 계상되었으나, 다음과 같이 누락된 결산정리 사항이 발견되었다. 이를 수정한 후 정확한 당기순이익을 계산하시오.

- 보험료 선급분 계상 누락 : 50,000원
- 이자 미수분의 계상 누락 : 60,000원
- 건물 임차료 미지급분 계상 누락 : 70,000원
- 차량운반구 감가상각비 과소계상액 : 80,000원

해답

1. 수정전 당기순이익	1,000,000			
① 보험료 선급분	50,000	(차) 선 급 비 용 xx	(대) 보 험 료	xx
② 이자 미수분	60,000	(차) 미 수 수 익 xx	(대) 이 자 수 익	xx
③ 임차료미지급분	-70,000	(차) 임 차 료 xx	(대) 미 지 급 비 용	xx
④ 감가상각비 과소계상액	-80,000	(차) 감 가 상 각 비 xx	(대) 감가상각누계액	xx
2. 수정후 당기순이익	960,000			

정산표

결산 시에 작성해야 할 시산표, 결산수정분개, 손익계산서 및 재무상태표를 한 곳에 모은 것을 말한다. 이러한 정산표는 장부나 재무제표가 아니고 결산을 간편하게 임의로 작성하는 표이다. 정산표의 종류도 다양하나 아래는 정산표의 예에 해당한다.

계정과목	수정전시산표		기말수정분개		수정후시산표		손익계산서		재무상태표	
	차변	대변	차변	대변	차변	대변	차변	대변	차변	대변

제6장 결산 및 재무제표작성

회계장부는 회계연도별로 구분하여 작성한다.

회계연도가 종료되면 당해 회계연도 중에 작성된 회계장부는 모든 거래를 기록한 후 별도로 보관하여야 한다. 이때 회계장부의 작성을 완료하기 위해서는 당해 연도에 기록된 총계정원장상의 모든 계정과목에 대해 차변금액과 대변금액을 일치시켜 장부를 마감한다.

손익계산서의 손익계정(수익과 비용)은 최종적으로 재무상태표의 자본금(개인기업)에 그 결과를 대체하고 소멸하는 **임시계정**이므로 회계연도가 끝나면 잔액을 "0"으로 만든다.

반면에 재무상태표 계정(자산, 부채, 자본)은 회계연도가 끝나더라도 계정잔액이 소멸하지 않고, 다음 회계기간에 이월되는 **영구적 계정**이다.

집합손익계정

집합손익계정이란 수익과 비용계정을 마감하여 잔액을 '0'으로 만들기 위해 마감을 위한 임시계정이다. 이러한 집합손익계정의 잔액을 '0'으로 만들면서 재무상태표의 '이익잉여금'계정(개인기업 : 자본금)으로 대체된다.

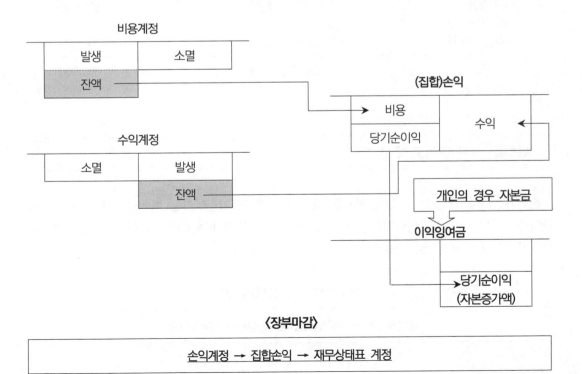

〈장부마감〉

손익계정 → 집합손익 → 재무상태표 계정

[3분법일 경우 집합손익]

총매입액은 매입계정의 차변 발생 금액을 말하고 매입 계정의 대변발생 금액은 매입에누리등을 말한다

매 입

현금(총매입)	500,000	외상매입금(에누리외)	300,000
외상매입금(총매입)	400,000	이월상품(기말상품)	400,000
이월상품(기초상품)	300,000	손 익*(매출원가)*	500,000
	1,200,000		1,200,000

손익계정의 차변 매입은 매출원가를 대변 매출은 순매출액을 의미한다.

(집합)손익

12/31 매입*(매출원가)*	500,000	12/31 매출(순매출액)	1,200,000

3분법인 매입계정을 상품단일 계정으로 변경하면 다음과 같다.

상 품

기초상품	300,000	매출원가	500,000
총매입액	900,000		
(매입에누리외)	-300,000	기말상품	400,000
계	900,000	계	900,000

제5절 재무제표작성

손익계산서를 작성하여 당기순이익을 확정시킨 후, 당기순이익을 이익잉여금처분계산서에 반영하면 처분전 미처분이익잉여금 금액을 구한다. 처분전 미처분이익잉여금이 재무상태표의 이익잉여금에 최종적으로 반영하면 재무제표가 확정된다.

〈법인기업의 재무제표확정순서〉

손익계산서 → 이익잉여금처분계산서 → 재무상태표

제6절 중소기업회계 기준

이해관계자가 많지 않는 **중소기업(외부감사에 관한 법률대상이 아닌 주식회사)의 특성을 고려하여 회계처리 부담을 완화**하기 위하여 적용한다.

	중소기업회계기준	일반기업회계기준
1. 재무제표	– **대차대조표, 손익계산서, 자본변동표 OR 이익잉여금처분계산서(결손금처리계산서)** – **해당연도만 작성가능**	– 재무상태표, 손익계산서, 자본변동표, 현금흐름표, 주석 – 전기와 비교형식
2. 대차대조표 (자본) 표시	– 자본금, 자본잉여금, 자본조정, 이익잉여금(결손금)	– **기타포괄손익누계액 추가**
3. 매출채권 (매입채무)평가	– **현재가치평가 배제가능**	장기매출채권은 현재가치 평가
4. 유무형자산의 평가	– **내용연수와 잔존가치는 법인세법에 따라 결정가능** – 상각방법(선택가능하다.) ① 유형자산 : 정액법, 정률법, 생산량비례법 ② 무형자산 : 정액법, 생산량비례법	
5. 법인세비용	– **법인세법에 따라 납부하여야 할 금액**	– 법인세회계 적용

 분개연습

[1] 3월 1일에 (주)한국산업은 아래의 보험료를 지급하고, 전액 선급비용계정으로 회계처리하였다. 12월 31일 결산분개를 하시오.

- 보 험 회 사 : (주)동해화재보험
- 보험가입대상 : 회계팀에서 사용하는 컴퓨터 및 서버
- 보험적용기간 : 당해년도 3월 1일 ~ 차년도 2월 말
- 보험금납입액 : 6,000,000원
- 월할 계산한다.

[2] 영업부에서는 계속적으로 소모품 구입시 전액 소모품비로 비용화하여 계상하고 결산시 미사용분을 자산으로 계상한다. 결산시 영업부서로부터 미사용분으로 소모품 2,000,000원을 통보받았다.

[3] 월간기술지를 생산부서에서 1년 정기구독(정기구독비용 600,000원은 10월 1일에 전액 선지급하였음)하고 전액 선급비용으로 회계처리하였다. 결산시 회계처리하시오.(월할계산으로 할 것.)

[4] 거래은행인 (주)하나은행에 예금된 정기예금에 대하여 당기분 경과이자를 인식하다.(예금금액 100,000,000원, 만기 3년, 가입일 4월 1일, 연이자율 10%, 월할계산할 것)

[5] 당사는 이자비용 선지급시 전부를 당기비용으로 계상한 후 기말결산시 차기분은 선급비용으로 대체하고 있다. 당사의 10월 17일자로 회계처리한 이자비용 8,500,000원 중 당기에 속하는 이자분은 4,000,000원이다.

[6] 9월 1일 일시적으로 건물 중 일부를 임대(임대기간 1년)하면서 1년분 임대료 6,000,000원을 현금으로 받고 선수수익으로 회계처리하였다. 월할 계산하여 기말수정분개를 하시오.

[7] 다음의 감가상각비를 결산시에 반영한다.

계정과목	구분	금액
건물	제조경비	8,000,000원
차량운반구	판매비와 관리비	2,300,000원
	제조경비	3,500,000원
비품	제조경비	940,000원

[8] 당해연도 12월분 영업부 급여 2,000,000원이 기장 누락되어 있다. 12월분 급여는 차년도 1월 16일에 지급하기로 되어 있다.

[9] 법인세 차감전 이익에 의하여 추산한 법인세 등 총예상액은 8,500,000원이다. (중간예납세액은 500,000원이라 가정한다.)

[10] 단기차입금 중에는 외화단기차입금 9,900,000원(미화 $9,000)이 포함되어 있다. (보고기간말 현재 적용환율 : 미화 1$당 1,200원)

[11] 전기말 재무상태표에 계상되어 있는 개발비 40,000,000원은 5년간 상각하며 전년도부터 상각하였다. 당해연도말 무형자산상각을 하라.

[12] 기말상품재고액은 5,000,000원이다. 합계잔액시산표를 조회한 결과 다음과 같다.

합계잔액시산표

제×기 : 20×1년 12월 31일 현재

차 변		계정과목	대 변	
잔 액	합 계		합 계	잔 액
44,500,000	1,100,000,000	상 품	1,055,500,000	

[13] 매출채권(외상매출금, 받을어음) 잔액에 대하여 1%의 대손상각비를 계상하시오. 다음은 합계잔액시산표를 조회한 결과이다.

합계잔액시산표
제×기 : 20×1년 12월 31일 현재

차 변		계정과목	대 변	
잔 액	합 계		합 계	잔 액
10,000,000	20,000,000 200,000	외 상 매 출 금 대 손 충 당 금	10,000,000 250,000	 50,000
20,000,000	35,000,000 200,000	받 을 어 음 대 손 충 당 금	15,000,000 250,000	 50,000

 객관식

01. 기업에서 기말에 재무상태와 경영성과를 파악하기 위하여 장부를 마감하는 절차를 무엇이라 하는가?
① 결산   ② 분개   ③ 대체   ④ 전기

02. 다음 중 결산의 예비 절차에 해당하지 않는 것은?
① 시산표의 작성   ② 정산표의 작성
③ 총계정원장의 마감   ④ 결산 정리사항의 수정

03. 다음 중 결산의 본 절차에 해당하는 것은?
① 시산표의 작성   ② 정산표의 작성
③ 총계정 원장의 마감   ④ 결산 정리 사항의 수정

04. 다음 중 결산 후 절차(결산보고서 작성)에 해당하는 것은?
① 분개장의 마감   ② 시산표의 작성
③ 손익계산서의 작성   ④ 총계정원장의 마감

05. 다음에서 결산절차를 순서대로 나열한 것으로 옳은 것은?

> 가. 장부를 마감한다.　　나. 기말 수정분개를 한다.
> 다. 수정전시산표를 작성한다.　　라. 수정후시산표를 작성한다.
> 마. 손익계산서와 재무상태표를 작성한다.

① 나 → 다 → 라 → 마 → 가　　② 나 → 다 → 마 → 가 → 라
③ 다 → 나 → 라 → 가 → 마　　④ 다 → 마 → 나 → 가 → 라

06. 다음 중 시산표 작성을 통해 발견할 수 있는 오류는?
① 거래 내용의 전체를 누락하였다.
② 어느 계정의 차변에 기입할 금액을 대변에 기입하였다.
③ 분개할 때 계정과목을 잘못 사용하였다.
④ 동일한 거래를 이중으로 전기하였다.

07. 다음 회계 상의 오류 중 시산표를 통해 발견할 수 있는 오류로 옳은 것은?
① 건물 임차료 100,000원을 현금으로 지급한 거래 전체를 누락하였다.
② 광고선전비 20,000원을 현금으로 지급한 거래를 해당 계정에 이중으로 전기하였다.
③ 외상매입금 계정 대변에 기입할 금액 300,000원을 외상매출금 계정 대변에 기입하였다.
④ 단기대여금 400,000원을 현금으로 회수한 거래를 현금 계정의 차변에는 기입하였으나 단기대여금 계정에는 기입하지 않았다.

08. 결산시 선수수익의 기장을 누락한 경우에 재무제표에 미치는 영향은?
① 자산이 과소계상되고 수익이 과소계상된다.
② 부채가 과소계상되고 수익이 과소계상된다.
③ 자산이 과소계상되고 수익이 과대계상된다.
④ 부채가 과소계상되고 수익이 과대계상된다.

09. 다음 집합손익(또는 손익)계정에 대한 설명으로 옳지 않은 것은?
① 결산 시에만 사용하는 계정이다.
② 비용(손실)을 손익계정 차변에 집계한다.
③ 손익계정 대변에 기입되는 자본금은 당기순이익이다.
④ 수익(이익)을 손익계정 대변에 집계한다.

10. 다음 소모품비 계정에 대한 설명으로 옳지 않은 것은?

소모품비					
12/1	현 금	500,000	12/31	소 모 품	50,000
			12/31	손 익	450,000
		500,000			500,000

① 당기 소모품 구입은 500,000원이다.

② 당기 소모품 미사용액은 50,000원이다.

③ 손익계산서에 계상되는 소모품비는 450,000원이다.

④ 결산시 분개는 (차변)소모품비 450,000 (대변)소모품 450,000이다.

11. 다음은 (주)○○의 경영활동과 관련된 회계 자료이다. 이 자료의 옳은 설명만 〈보기〉에서 고른 것은?

- 기초상품재고액 : 30,000원
- 임　대　료 : 30,000원
- 총 매 입 액 : 120,000원
- 매 입 에 누 리 : 5,000원
- 총 매 출 액 : 180,000원
- 기말상품재고액 : 40,000원
- 기　부　금 : 10,000원
- 기업업무추진비(접대비) : 20,000원

〈보기〉	ㄱ. 영업이익은 55,000원이다. ㄴ. 매출원가는 110,000원이다.
	ㄷ. 매출총이익은 75,000원이다. ㄹ. 판매가능상품은 150,000원이다.

① ㄱ, ㄴ　　　② ㄱ, ㄷ　　　③ ㄴ, ㄷ　　　④ ㄴ, ㄹ

12. 다음 손익계정에 기입 된 내용의 설명으로 옳은 것은?

손 익				(단위 : 원)
12/31 매 입	500,000	12/31 매 출		550,000
12/31 자본금	50,000			
	550,000			550,000

① 기말자본금 50,000원이 감소한다.

② 손익계정 차변의 자본금 50,000원은 자본금계정 대변으로 대체하다.

③ 손익계정 대변의 매출 550,000원은 총매출액이다.

④ 손익계정 차변의 매입 500,000원은 순매입액이다.

13. ○○상점에서 회계기말에 일부 총계정원장과 손익계정을 대체 마감하고자 한다. (가)~(라)의 설명으로 옳은 것은?

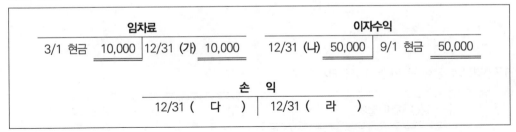

임차료				이자수익			
3/1 현금	10,000	12/31 (가)	10,000	12/31 (나)	50,000	9/1 현금	50,000

손 익	
12/31 (다)	12/31 (라)

① (가)는 '손익'이다.　　　　　② (나)는 '차기이월'이다.

③ (다)는 '이자수익 50,000'이다.　　④ (라)는 '임차료 10,000'이다.

14. 다음 손익 계정의 기입 내용을 보고 설명한 것으로 옳지 않은 것은?

손 익				(단위 : 원)
매 입	350,000	매 출		500,000
급 여	140,000	이 자 수 익		40,000
보 험 료	30,000	임 대 료		15,000
이 자 비 용	10,000			
기 부 금	5,000			
자 본 금	20,000			
	555,000			555,000

① 순매출액은 500,000원이다.　　② 순매입액은 350,000원이다.

③ 당기순이익은 20,000원이다.　　④ 영업외비용은 15,000원이다.

15. 다음 중 시산표에 의하여 발견될 수 없는 오류는?

① 300,000원의 외상매출금이 회수되어 현금 300,000원을 차변에 기입하고, 외상매출금은 실수로 30,000원으로 대변에 기입하였다.

② 토지와 건물을 일괄하여 1,000,000원에 현금으로 매입하고, 현금계정 대변에 1,000,000원을 기록하고 토지계정에만 차변에 2,000,000원을 기록하였다.

③ 장부금액 1,000,000원의 토지를 1,500,000원에 처분하여 현금으로 받고, 차변에 현금 1,500,000원을 기록하고 대변에 토지 1,500,000원으로 기록하였다.

④ 상품을 외상으로 구입하여 상품계정으로 차변에 300,000원을 기록하고 외상매입금계정 차변에 300,000원을 기록하였다.

16. 다음 중 재무제표를 작성할 때 발생기준을 적용하기 때문에 기록되는 계정과목이 아닌 것은?
① 미지급비용 ② 미수금 ③ 감가상각비 ④ 퇴직급여충당부채

17. 결산의 절차 중 빈칸 (가)의 단계에 해당하는 것은?

결산 예비 절차	⇨	(가)	⇨	결산보고서 작성

① 총계정원장의 마감 ② 재무상태표의 작성
③ 결산정리사항의 수정기입 ④ 정산표의 작성

18. 다음 중 결산의 본 절차와 거리가 먼 것은?
① 총계정원장의 마감 ② 분개장 마감
③ 기타장부의 마감 ④ 재고조사표 작성

19. [중소기업회계기준] 다음 중 중소기업기업회계기준상 손익계산서에 대한 설명으로 틀린 것은?
① 영업이익은 매출총이익에서 판매비와관리비를 차감하여 산출한다.
② 영업외비용이란 회사의 주된 영업활동이 아닌 활동에서 발생한 비용과 차손을 말한다.
③ 법인세비용은 당기법인세부채를 말하는 것으로 과거 회계연도와 관련된 법인세 추납액 또는 환급액은 제외한다.
④ 당기순이익은 법인세비용차감전순이익에서 법인세비용을 차감하여 산출한다.

20. 다음 중 중소기업회계기준에서 규정하고 있는 유형자산의 감가상각 방법으로 옳지 않은 것은?
① 정액법 ② 정률법 ③ 연수합계법 ④ 생산량비례법

21. [중소기업회계기준] 다음 중 중소기업회계기준상 매출채권 등의 평가에 관한 내용으로 틀린 것은?

① 매출채권, 대여금, 미수금, 미수수익 등은 반드시 현재가치평가를 하여야 한다.

② 매출채권 등의 원금이나 이자 등의 일부 또는 전부를 회수할 수 없게 된 경우, 대손충당금과 상계하고, 대손충당금이 부족한 경우에는 그 부족액을 대손상각비로 인식한다.

③ 매출채권에 대한 대손상각비는 판매비와관리비의 대손상각비로, 그 밖의 채권에 대한 대손상각비는 영업외비용의 기타대손상각비로 구분한다.

④ 매출채권 등의 장부금액과 만기금액에 차이가 있는 경우 그 차이를 상환기간에 걸쳐 유효이자율법이나 정액법으로 상각하여 장부금액과 이자수익에 반영한다.

22. [중소기업회계기준] 다음 중 재무제표 작성기준에 대한 설명으로 틀린 것은?

① 이 기준에서 재무제표는 재무상태표, 손익계산서, 현금흐름표, 자본변동표이며 주석을 포함한다.

② 재무제표는 직전 회계연도분과 해당 회계연도분을 비교하는 형식으로 작성한다. 단, 해당 회계연도분만 작성할 수 있다.

③ 재무제표가 이 기준에 따라 작성된 경우에는 각 재무제표 아래에 중소기업회계기준에 따라 작성되었다는 사실을 기재한다.

④ 대차대조표는 회계연도 말 현재 회사의 자산, 부채, 자본에 대한 정보를 제공하는 재무보고서이다.

23. [중소기업회계기준] 중소기업회계기준에서 규정하고 있는 무형자산의 상각 방법으로 옳은 것은?

① 정액법   ② 정률법   ③ 연수합계법   ④ 이중체감법

24. [중소기업회계기준] 다음 중 중소기업회계기준에 따라 재무제표를 작성한 사례로 올바른 것은?

① A기업은 대차대조표, 손익계산서, 자본변동표를 작성하였다.

② B기업은 대차대조표, 손익계산서, 현금흐름표를 작성하였다.

③ C기업은 손익계산서, 현금흐름표, 자본변동표를 작성하였다.

④ D기업은 대차대조표, 현금흐름표, 이익잉여금처분계산서를 작성하였다.

주관식

01. ○○상점은 결산 결과 당기순이익이 120,000원으로 계상되었으나, 다음과 같은 사항이 누락되어 수정하였다. 수정 후의 당기순이익을 구하시오.

> - 보험료 선급분 : 5,000원
> - 종업원 급여 미지급분 : 10,000원
> - 건물 임대료 미수분 : 3,000원
> - 단기대여금에 대한 이자 선수분 : 4,000원

02. 결산 후 손익계산서상 당기순이익이 800,000원으로 확인되었으나, 결산과정에서 다음 사항이 누락되었음을 알게 되었다. 수정후 정확한 당기순이익을 계산하면 얼마인가?

> - 임대료 선수분 : 80,000원
> - 보험료 선급분 : 40,000원
> - 이자비용 미지급액 : 20,000원

03. 다음 매입계정과 손익계정의 자료를 이용하여 매출총이익(a)과 당기 판매가능상품(b)을 계산하시오.

매 입(원)

10/1 당좌예금	200,000	11/22 외상매입금	50,000
11/20 외상매입금	500,000	12/31 이월상품	150,000
12/31 이월상품	100,000	12/31 손 익	600,000
	800,000		800,000

손 익(원)

12/31 매입	600,000	12/31 매출	900,000

04. 다음 자료에 의하여 당기의 매출액을 계산하시오. (단, 영업외수익은 없으며 매출총이익률은 20%이다.)

> - 판매비와 관리비   300,000원
> - 법인세비용차감전순이익   600,000원
> - 영업외비용   100,000원

05. 다음의 자료에 기초하여 (주)백두가 당기 중 현금으로 지급한 보험료를 계산하면 얼마인가?

---

(1) (주)선화의 기초와 기말의 재무상태표의 자료이다.

	기 초	기 말
선급보험료	600	700

(2) 당기 손익계산서에서 자료는 다음과 같다.

비용	보험료	4,800

---

06. [중소기업회계기준] 다음은 중소기업회계기준의 재무제표 표시에 관한 내용이다. 아래의 괄호 안에 공통으로 들어갈 회계용어를 적으시오.

일반기업회계기준은 주식회사의 외부감사에 관한 법률에 따라 (　　　　　)의 명칭을 재무상태표로 사용한다. 반면, 중소기업회계기준은 상법에 따라 (　　　　　)라는 명칭을 사용한다.

●━ 분개연습

[1] (차) 보 험 료(판)   5,000,000   (대) 선 급 비 용   5,000,000
☞ 3월 1일 회계처리 (차) 선급비용 6,000,000 (대) 현   금   6,000,000
당해연도 비용(보험료) : 6,000,000×10개월/12개월=5,000,000원

[2] (차) 소 모 품   2,000,000   (대) 소 모 품 비(판)   2,000,000
☞ 구입시 회계처리   (차) 소모품비 ×××   (대) 현   금   ×××

[3] (차) 도서인쇄비(제)   150,000   (대) 선 급 비 용   150,000
☞ 10월 1일 회계처리 (차) 선급비용 600,000   (대) 현   금   600,000
당해연도 비용(도서인쇄비) : 600,000×3개월/12개월=150,000원

[4] (차) 미 수 수 익   7,5000,000   (대) 이 자 수 익   7,500,000
☞ 경과이자 = 100,000,000 × 10% × 9개월/12개월 = 7,500,000원

[5] (차) 선 급 비 용   4,500,000   (대) 이 자 비 용   4,500,000

[6] (차) 선 수 수 익   2,000,000   (대) 임대료   2,000,000
☞ 9월 1일 회계처리 (차) 현   금 6,000,000 (대) 선수수익   6,000,000
당해연도 수익(임대료) : 6,000,000×4개월/12개월=2,000,000원

[7] (차) 감가상각비(판)   2,300,000   (대) 감가상각누계액(건물)   8,000,000
     감가상각비(제)   12,440,000   감가상각누계액(차량)   5,800,000
                                    감가상각누계액(비품)   940,000

[8] (차) 급 여(판)   2,000,000   (대) 미지급비용   2,000,000

[9] (차) 법 인 세 등   8,500,000   (대) 선 납 세 금   500,000
                                    미지급세금   8,000,000

[10] (차) 외화환산손실　　　　　　 900,000　 (대) 단기차입금　　　　　　　 900,000
　　☞ 외화환산손실 : 9,900,000 – $9,000×1,200원 = △900,000원

[11] (차) 무형자산상각비(판)　　 10,000,000　 (대) 개 발 비　　　　　 10,000,000
　　☞ 상각비 = 미상각잔액/잔여내용연수 = 40,000,000/4년 = 10,000,000원

[12] (차) 상품매출원가　　　　 39,500,000　 (대) 상　　 품　　　　 39,500,000
　　☞ 상품매출원가 = **기말시산표상 상품잔액(판매가능재고)** – 기말상품재고액 = 44,500,000 – 5,000,000 = 39,500,000

[13] (차) 대손상각비(판)　　　　 200,000　 (대) 대손충당금(외상매출금)　 50,000
　　　　　　　　　　　　　　　　　　　　　　 대손충당금(받을어음)　 150,000

　　☞ 추가설정대손상각비(외상매출금) = 10,000,000×1% – 50,000 = 50,000
　　　　　　　　 (받 을 어 음) = 20,000,000×1% – 50,000 = 150,000

🔑 객관식

1	2	3	4	5	6	7	8	9	10	11	12	13	14	15
①	③	③	③	③	②	④	④	③	④	②	②	①	②	③

16	17	18	19	20	21	22	23	24						
②	①	④	③	③	①	①	①	①						

[풀이 – 객관식]

01. **재무상태와 경영성과를 파악하기 위하여 장부를 마감하는 절차**를 결산이라 한다.
02. **총계정원장의 마감은 결산의 본절차**에서 이루어진다.
03. 총계정원장의 마감은 결산의 본 절차에서 이루어지며, 나머지는 예비절차에서 이루어진다.
04. 결산의 예비절차에는 시산표의 작성, 결산정리사항의 수정, 정산표의 작성 등이 해당되며, 분개장의 마감과 총계정원장의 마감은 본절차, 손익계산서의 작성은 결산 후 절차(결산보고서의 작성)에 해당한다.
05. 거래발생 및 분개→계정별원장에 전기→수정전시산표작성→기말수정분개반영→수정후시산표작성→장부마감→재무제표작성을 한다.
06. 어느 계정의 차변에 기입할 금액을 대변에 기입한 경우, **차변합계와 대변 합계가 일치하지 않으므로 오류를 발견**할 수 있다.
07. 단기대여금을 현금으로 회수한 거래를 현금 계정의 차변에는 기입하였으나 단기대여금 계정에는 기입하지 않으면 차변과 대변의 합계가 일치하지 않아 시산표의 합계 금액이 일치하지 않는다.
08. 부채가 과소계상되고 수익이 과대계상된다.

09. <u>손익계정 대변에 기입되는 자본금은 당기순손실</u>이다.

10. 결산시 분개는 (차변)소모품 50,000 (대변)소모품비 50,000이다.

11.

상 품

기초상품	30,000	매출원가	105,000
총매입액	120,000		
매입에누리	(5,000)	기말상품	40,000
계(<u>판매가능재고</u>)	145,000	계	145,000

손익계산서	
1. (순)매출액	180,000
2. 매출원가	105,000
3. 매출이익(1-2)	*75,000*
4. 판관비	20,000
5. 영업이익(3-4)	*55,000*

기업업무추진비

임대료는 영업외수익, 기부금은 영업외비용

12. 손익(집합)계정 차변의 매입 500,000원은 매출원가이다. 그리고 손익계정 대변의 매출 550,000원
    은 순매출액이다.

12/31 회계처리는 (차) 손   익   50,000   (대) 자 본 금   50,000 이다.

13. 재무상태표 계정과목은 차기이월과 전기이월로 마감하고, 손익계산서 계정과목은 손익으로 마감한
    다. (나) : 손익, (다) : 임차료 10,000, (라) : 이자수익 50,000

14. 손익계정에 대체되는 매입 350,000원은 매출원가를 의미한다.

15. 유형자산처분이익을 대변에 500,000원을 기록할 거래를 토지로 대변에 500,000원을 기록하였으므
    로, **동일금액을 다른 계정과목으로 같은 변에 기록한 오류는 시산표를 통해 발견할 수 없다.**

16. 미수금은 발생기준을 적용하기 때문에 기록되는 계정이 아니라 영업활동 이외의 채권이 발생하는
    경우에 기록하는 계정과목이다.

17. (가)는 결산 본 절차이다.

예비 절차 – 시산표 작성, 결산 수정 분개 및 전기, 정산표 작성

본 절차 – 총계정원장의 마감, 분개장의 마감, 기타 보조 장부의 마감

결산보고서 작성 절차 – 재무제표의 작성

18. 장부의 마감은 결산 본 절차에 해당하지만 재고조사표 작성은 예비절차에 속한다.

19. 법인세비용이란 **법인세법에 따라 납부하여야 할 금액인 법인세와 이에 부가되는 세액**을 말하며, 과거
    회계연도와 관련된 법인세 추납액 또는 환급액도 포함한다.

20. 중소기업회계기준 유형자산의 감가상각방법과 무형자산의 상각방법은 하나를 선택한다.

① 유형자산 : 정액법, 정률법, 생산량비례법

② 무형자산 : 정액법, 생산량비례법

21. 중소기업은 매출채권, 대여금, 미수금, 미수수익 등은 현재가치평가를 아니할 수 있다.

22. 재무제표는 <u>대차대조표, 손익계산서, 자본변동표, 이익잉여금처분계산서 또는 결손금처리계산서로</u> <u>구성되며 자본변동표와 이익잉여금처분계산서 (또는 결손금처리계산서)의 경우 하나를 선택하여 작</u> <u>성</u>한다.

23. <u>무형자산의 상각방법은 정액법 또는 생산량비례법 중 하나를 선택</u>한다.

24. 중소기업회계기준에서의 재무제표는 <u>1.대차대조표, 2.손익계산서, 3.자본변동표, 4.이익잉여금처분</u> <u>계산서 또는 결손금처리계산서로 구성</u>되고, 3과 4중 하나를 선택하여 작성한다.

🔑 **주관식**

01	114,000원	02	740,000원	03	a : 300,000원 b : 750,000원
04	5,000,000원	05	4,900원	06	대차대조표

[풀이 - 주관식]

01.

1. 수정전 당기순이익	120,000	
① 보험료 선급분	5,000	(차) 선 급 비 용 　 xx 　 (대) 보 험 료 　 xx
② 임대료 미수분	3,000	(차) 미 수 수 익 　 xx 　 (대) 임 대 료 　 xx
③ 급여미지급분	-10,000	(차) 급 　 여 　 xx 　 (대) 미지급비용 　 xx
④ 이자선수분	-4,000	(차) 이 자 수 익 　 xx 　 (대) 선 수 수 익 　 xx
2. 수정후 당기순이익	114,000	

02.

1. 수정전 당기순이익	800,000	
① 임대료 선수분	-80,000	(차) 임 대 료 　 xx 　 (대) 선 수 수 익 　 xx
② 이자미지급분	-20,000	(차) 이 자 비 용 　 xx 　 (대) 미지급비용 　 xx
③ 보험료 선급분	+40,000	(차) 선 급 비 용 　 xx 　 (대) 보 험 료 　 xx
2. 수정후 당기순이익	740,000	

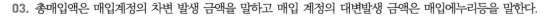

03. 총매입액은 매입계정의 차변 발생 금액을 말하고 매입 계정의 대변발생 금액은 매입에누리등을 말한다.

매 입(원)

10/1 당좌예금(총매입)	200,000	11/22 외상매입금(에누리외)	50,000
11/20 외상매입금(총매입)	500,000	12/31 이월상품(기말상품)	150,000
12/31 이월상품(기초상품)	100,000	12/31 손 익(매출원가)	600,000
	800,000		800,000

손익계정의 차변 매입은 매출원가를 대변 매출은 순매출액을 의미한다.

손 익(원)

12/31 매입(매출원가)	600,000	12/31 매출(순매출액)	900,000

a : 매출총이익(300,000원) = 매출액(900,000원) – 매출원가(600,000원)

상 품

기초상품	100,000	매출원가	600,000
총매입액	700,000		
(매입에누리외)	–50,000	기말상품	150,000
b : 계(판매가능재고)	*750,000*	계	750,000

04. 매출총이익 = 판매비와관리비 + 영업외비용 + 법인세비용차감전순익 = 1,000,000원

매출총이익율 = 매출총이익/매출액 = 20%   ∴ 매출액 = 매출총이익/20% = 5,000,000원

05.

선급비용(선급보험료)

기초	600	보험료[1]	4,800
현금등[2]	*4,900*	기말	700
계	5,500	계	5,500

[1]. (차) 보험료   4,800   (대)선급보험료   4,800
[2]. (차) 선급보험료 4,900   (대)현 금등   4,900

06. 중소기업회계 기준에서는 대차대조표, 손익계산서, 자본변동표, 이익잉여처분계산서(결손처리계산서)를 규정하고 있다.

결산 이후의 절차

한국세무사회 "기업회계 3급"에서는 출제되지 않습니다. 그러나 회계 업무 전반에 대해서 이해도를 높이기 위해서는 1회 정도 정독하기를 권합니다.

제1절 결산이후의 절차

회사가 재무제표를 작성하고 다음의 일련의 절차를 거쳐서 재무제표를 외부에 공시한다.

재무제표작성
⇩

(외부)회계감사 및 감사보고서 작성	외부감사대상법인[*1]
⇩	

이사회승인
⇩

(내부)감사의 감사보고서 작성
⇩

주주총회 제출 및 승인
⇩

전자공시	금융감독원 전자공시시스템(http://dart.fss.or.kr/) - 외부감사대상법인

*1. 외부감사대상법인

　① 주권상장법인

　② 해당 사업연도 또는 다음 사업연도 중에 주권상장법인이 되려는 회사

　③ 직전사업연도말 자산, 부채, 종업원수 또는 매출액 등 대통령령으로 정하는 기준에 해당하는 회사

　　㉠ 아래 중 2개 이상을 충족시키는 주식회사

　　　ⓐ 자산총액 120억원 이상　ⓑ 부채 총액 70억원 이상 ⓒ 매출액 100억원 이상 ⓓ 종업원 100명 이상

　　㉡ 자산총액 500억원 또는 매출액 500억원 이상인 회사

제2절　외부회계감사

1. 의의

　재무제표는 기업들이 자체적으로 작성하기 때문에 오류가 발생할 수도 있고, 의도적으로 과대포장해서 회사의 재무상태나 경영성과를 부풀려 공시하는 회사도 있다.

　이러한 것을 해소시키기 위해서 외부의 전문가(공인회계사)가 회사의 재무제표를 확인하는 절차가 필요하다. 이러한 절차를 외부회계감사라 한다.

　이에 반해 기업의 내부에 있는 사람(감사/또는 감사위원회)에 의하여 이루어지는 경영활동의 감사를 내부감사 또는 자체감사라 한다.

2. 외부감사의견의 종류

　감사보고서에서 회사의 외부감사인은 재무제표가 적정한 절차에 의해 작성된 재무제표인지 의견을 표명하게 되는데 이것이 감사의견이다.

　감사의견에는 적정의견, 한정의견, 부적정의견, 의견거절이 있다.

감사의견	내　　용
1. 적정의견	회사의 재무제표가 회계기준에 따라 중요성의 관점에서 **적정하게 표시되고 있을 경우** 표명한다.
2. 한정의견	**감사범위의 제한에 따른 영향 또는 회계기준에 위배된 정도가 중요한 경우**에 표명하는데, 다만 부적정의견이나 의견거절의 표명할 정도로 심각하지 않은 경우에 해당된다.
3. 부적정의견	회사의 재무제표에 대해 **기업회계기준의 위배로 인한 영향이 매우 중요한 경우**에 표명한다.
4. 의견거절	**감사범위제한(감사 증거확보를 할 수 없는 경우 등)**에 따른 영향이 중요한 경우에 표명한다.

〈감사의견 요약〉

	회계기준 위배	감사범위 제한
1. 적정의견	중요하지 않는 경우	
2. 한정의견	중요한 경우	중요한 경우
3. 부적정의견	매우 중요한 경우	–
4. 의견거절	–	매우 중요한 경우

　이러한 외부감사인의 감사의견은 기업의 재무건전성이나 경영성과가 양호하다는 결론이 아니고, **회사의 재무제표가 회계기준에 따라 작성되었는지 여부에 대한 의견일 뿐이다.**

3. 외부감사의견의 효력

　감사의견이 적정의견이 아닐 경우 상장기업(주권상장기업, 코스닥상장기업)의 경우 상장폐지 사유등에 해당되므로 유의하여야 한다.

재무회계 개념체계 (일반기업회계기준)

재무회계 개념체계란 재무보고의 목적과 기초개념을 체계화함으로써 일관성 있는 기업회계기준을 제정케 하고, 재무제표의 성격 등에 관한 기본적 토대를 제공한다.

개념체계와 일반기업회계기준이 상충될 경우에는 일반기업회계기준이 개념체계보다 우선한다.

1. 기본구조

재무보고의 목적	정보이용자들의 의사결정에 유용한 정보 제공
↓	
회계정보의 질적특성	의사결정에 유용한 정보가 되기 위하여 회계정보가 갖추어야 할 특성
↓	
재 무 제 표	기업실체의 외부정보이용자에게 기업실체에 관한 재무적 정보를 전달하는 핵심적 보고수단
↓	
재무제표 기본 요소의 인식 및 측정	회계상의 거래나 사건을 화폐액으로 측정하여 재무제표에 공식적으로 보고하는 과정

2. 회계정보의 질적 특성

회계정보의 질적특성이란 회계정보가 유용한 정보가 되기 위해 갖추어야 할 주요 속성을 말하는데 이해가능성, 목적적합성, 신뢰성 및 비교가능성이 있다.

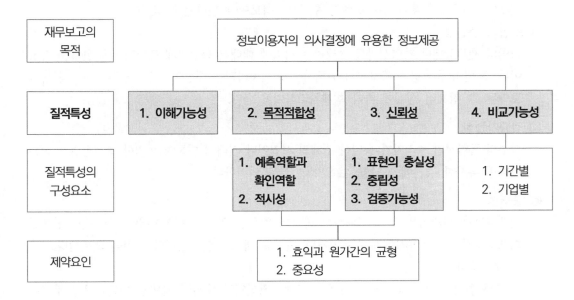

(1) 이해가능성

회계정보는 궁극적으로 회계정보이용자에게 유용한 정보가 되어야 하고, 동시에 이러한 정보는 이용자에게 이해가능한 형태로 제공되어야 한다.

(2) 주요질적특성

회계정보의 질적 특성 중 **가장 중요한 질적특성은 목적적합성과 신뢰성이다.**

① 목적적합성

목적적합한 정보란 이용자가 과거, 현재 또는 미래의 사건을 평가하거나 과거의 평가를 확인 또는 수정하도록 도와주어 경제적 의사결정에 영향을 미치는 정보를 말한다.

㉠ 예측역할(예측가치)과 확인역할(피드백가치)

예측역할이란 **정보이용자가 기업의 미래 재무상태, 경영성과, 현금흐름 등을 예측하는 경우에 그 정보가 활용될 수 있는지 여부**를 말하고, 확인역할이란 **회계정보를 이용하여 예측했던 기대치(재무상태나 경영성과 등)를 확인하거나 수정함**으로써 의사결정에 영향을 미칠 수 있는지의 여부를 말한다.

ⓒ 적시성

정보가 지체되면 그 정보는 목적적합성을 상실할 수 있다. 따라서 경영자는 적시성 있는 보고와 신뢰성 있는 정보 제공의 장점에 대한 상대적 균형을 고려할 필요가 있다.

② 신뢰성

회계정보가 유용하기 위해서는 신뢰할 수 있는 정보여야 한다는 속성이다.

㉠ 표현의 충실성

기업의 재무상태나 경영성과를 초래하는 사건에 대해서 충실하게 표현되어야 한다는 속성이다. 표현의 충실성을 확보하기 위해서는 회계처리되는 대상이 되는 거래나 사건의 형식보다는 그 경제적 실질에 따라 회계처리하여야 한다.

㉡ 검증가능성

다수의 독립적인 측정자가 동일한 경제적 사건이나 거래에 대하여 동일한 측정방법을 적용한다면 유사한 결론에 도달할 수 있어야 함을 의미한다.

㉢ 중립성

회계정보가 신뢰성을 갖기 위해서는 한쪽에 치우침 없이 중립적이어야 한다는 속성으로 회계정보가 특정이용자에게 치우치거나 편견을 내포해서는 안된다는 것을 의미한다.

☞ **보수주의**

불확실한 상황에서 추정이 필요한 경우, **자산이나 수익이 과대평가되지 않고 부채나 비용이 과소평가되지 않도록** 상당한 정도의 주의를 기울이는 것을 말한다.

이러한 보수주의는 논리적 일관성이 결여되어 있다.

③ 질적특성간의 균형

목적적합성과 신뢰성간의 상충관계를 고려하여, 이러한 질적특성간에 적절한 균형을 이루는 것을 목표로 하여야 한다.

(3) 비교가능성

기업의 재무상태, 경영성과 등의 과거 추세분석과 기업 간의 상대적 평가를 위하여 회계정보는 **기간별 비교가능성(일관성)과 기업간 비교가능성(통일성)**을 가지고 있어야 한다는 속성이다.

기간별 비교가능성은 기업의 재무제표를 다른 기간의 재무제표와 비교할 수 있는 속성을 말하는 것이고, 기업별 비교가능성은 동종산업의 다른 기업과 유사한 정보와 비교할 수 있는 속성을 말한다.

(4) 회계정보의 제약요인

① 효익과 원가간의 균형

회계정보가 정보제공에 소요되는 비용이 효익을 초과한다면 그러한 정보제공은 정당화될 수 없다.

② 중요성

특정회계정보가 정보이용자의 의사결정에 영향을 미치는 정도를 말한다.

특정정보가 생략되거나 잘못 표시될 경우 정보이용자의 판단이나 의사결정에 영향을 미칠 수 있다면 그 정보는 중요한 것이다. 이러한 정보는 **금액의 대소로 판단하지 않고** 정보이용자의 의사결정에 영향을 미치면 중요한 정보가 되는 것이다. 예를 들어 어느 기업의 소모품비와 같은 소액의 비용을 자산으로 처리하지 않고 발생즉시 비용으로 처리하는 것은 정보이용자 관점에서 별로 중요하지 않기 때문에 당기 비용화 하는 것이다.

3. 재무제표의 기본가정

재무제표의 기본가정이란 재무제표를 작성하는데 있어서 기본 전제를 말한다.

(1) 기업실체의 가정

"기업은 주주나 경영자와는 별개로 존재하는 하나의 독립된 실체이다"라는 가정이다.

(2) 계속기업의 가능성

재무제표를 작성시 계속기업으로서의 존속가능성을 평가하여야 한다. **역사적 원가주의의 근간이 된다.**

(3) 기간별보고의 가정

인위적인 단위(회계기간)로 분할하여 각 기간별로 재무제표를 작성하는 것을 말한다.

연/습/문/제

 객관식

01. 재무정보의 질적 특성 중 기업이 제공하는 재무제표 등을 통하여 기업 실체의 재무상태, 경영성과, 순현금흐름, 자본변동 등에 대한 정보이용자의 당초 기대치(예측치)를 확인 또는 수정되게 함으로써 의사결정에 영향을 미칠 수 있는 능력을 말하는 것은 무엇인가?
    ① 피드백가치   ② 예측가치   ③ 미래가치   ④ 중요성

02. 다음 재무제표의 질적특성 중 신뢰성의 특징으로 틀린 것은?
    ① 표현의 충실성   ② 중립성   ③ 검증가능성   ④ 적시성

03. 다음 중 회계정보의 질적특성과 관련이 없는 것은?
    ① 예측가치   ② 표현의 충실성 ③ 적시성   ④ 중요성

04. 회계정보가 정보 이용자의 의사 결정에 유용한 정보가 되기 위한 질적 특성으로 옳지 않은 것은?
    ① 정보이용자에게 보편적으로 이해할 수 있도록 제공되어야 한다.
    ② 현재의 경제현상이 중요하며 미래의 경제 현상에 대해 예측할 수 있는 능력은 포함하지 않는다.
    ③ 측정 대상인 거래나 사건의 속성을 적절한 측정 방법과 표시 방법을 사용하여 사실대로 충실하게 표현해야 한다.
    ④ 기간별 비교가능성과 기업간 비교가능성이 있어야 한다는 특성을 의미한다.

05. 다음 중 재무회계 이론 전개의 기초가 되는 가정으로 재무회계가 존재하기 위한 기본가정에 해당하지 않는 것은 무엇인가?
    ① 기업실체   ② 계속기업
    ③ 회계정보의 질적특성   ④ 기간별 보고

06. 재무회계 개념체계에서 재무제표 요소의 인식기준으로 틀린 것은?

① 과거 사건의 결과로 기업이 통제하고 있지 않더라도 미래경제적효익이 기업에 유입될 것으로 기대되는 경우에는 자산으로 인식한다.

② 부채는 과거 사건으로 생긴 현재 의무로서 기업이 가진 경제적효익이 있는 자원의 유출을 통해 그 이행이 예상되는 의무이다.

③ 비용은 자산의 유출이나 소멸 또는 부채의 증가에 따라 자본의 감소를 초래하는 특정 회계기간 동안에 발생한 경제적효익의 감소로서 지분참여자에 대한 분배와 관련된 것은 제외한다.

④ 수익은 자산의 증가 또는 부채의 감소에 따라 자본의 증가를 가져오는 특정 회계기간 동안에 발생한 경제적효익의 증가를 말한다.

07. 다음 중 기본 재무제표의 요소에 대한 설명으로 틀린 것은?

가. 자산 : 과거의 거래나 회계사건의 결과로 특정 기업에 의해 획득되고 통제되는 경제적 자원이다.
나. 부채 : 과거의 거래나 회계사건의 결과로서 현재 기업이 부담하고 있는 경제적 의무이다.
다. 수익 : 출자를 제외한 자산의 유입이나 증가 또는 부채의 감소에 따라 자본의 증가를 초래하는 특정 회계기간에 발생한 경제적 효익의 증가를 말한다.
라. 비용 : 기업의 자산총액에서 부채총액을 차감한 것으로 순자산이라고도 한다.

① 가　　　　② 나　　　　③ 다　　　　④ 라

08. 다음 중 재무회계개념체계에 대한 설명으로 틀린 것은?

① 계속기업의 가정이란 기업실체는 그 목적과 의무를 이행하기에 충분할 정도로 장기간 존속하여 영업을 계속할 것이라고 가정하는 것이다.

② 발생주의 회계는 재무회계의 기본적 특징으로서 재무제표의 기본요소의 정의 및 인식, 측정과 관련이 있으며, 모든 재무제표는 발생기준에 따라 작성되어야 한다.

③ 비교가능성은 정보이용자가 항목 간의 유사점과 차이점을 식별하고 이해할 수 있게 하는 질적특성이다.

④ 자산은 과거의 거래나 사건의 결과로서 현재 기업실체에 의해 지배되고 미래에 경제적 효익을 창출할 것으로 기대되는 자원이다.

연/습/문/제 답안

☞ 객관식

1	2	3	4	5	6	7	8							
①	④	④	②	③	①	④	②							

[풀이 - 객관식]

01. 기대치를 확인 또는 수정하게 되어 의사결정에 영향을 미치는 것을 피드백가치라 한다.

02. 적시성은 목적적합성에 해당한다.

03. 중요성은 제약요인이다.

질적특성은 목적적합성과 신뢰성으로서 예측가치와 적시성은 목적적합성의 요소이고 표현의 충실성은 신뢰성의 요소이다.

04. 유용한 회계정보는 **미래의 경제 현상에 대해서도 예측할 수 있는 능력을 포함**하고 있으며, 이를 미래 예측가치라 한다.

05. 재무제표는 일정한 가정 하에서 작성되며, 그러한 **기본가정으로는 기업 실체, 계속기업 및 기간별 보고**를 들 수 있다.

06. 자산은 과거 사건의 결과로 기업이 통제하고 있고 **미래 경제적효익이 기업에 유입될 것으로 기대되는 자원**이다.

07. 비용이란 기업 실체의 경영활동과 관련된 재화의 판매 또는 용역의 제공 등에 따라 발생하는 **자산의 유출이나 사용 또는 부채의 증가**이다.

08. 재무제표는 발생기준에 따라 작성된다. 발생주의 회계는 재무회계의 기본적 특징으로서 재무제표의 기본 요소의 정의 및 인식, 측정과 관련이 있다. 다만, **현금흐름표는 발생기준에 따라 작성되지 않는다.**

Part III

기출문제

20＊＊년 ＊＊월 ＊＊일 시행
제○○회 기업회계자격시험

A형

종목 및 등급 : **기업회계3급**   제한시간 : 60분

페이지수 : 9p

수험번호 : _____

성   명 : _____

▶ 시험시작 전 문제를 풀지 말 것 ◀

〈응시자 주의사항〉

① 시험지가 본인이 응시하고자 하는 종목인지, 페이지 수가 맞는지를 확인합니다.
   응시종목과 파본 여부를 확인하지 않은 것에 대한 책임은 수험자에게 있습니다.
② OMR카드에는 반드시 컴퓨터 사인펜만을 사용하여야 합니다.
   수험번호, 주민등록번호, 성명, 응시종목/급수, 문제유형을 정확히 마킹하십시오.
③ 컴퓨터 사인펜 외의 다른 필기구를 사용하거나 다른 수험정보 및 중복 마킹 등으
   로 인한 채점 누락 등의 책임과 불이익은 수험자 본인에게 있습니다.
④ 시험을 마친 후 OMR카드의 감독관확인 여부를 다시 확인하고 제출하십시오.
   감독관확인을 받지 않은 답안지는 무효 처리됩니다.

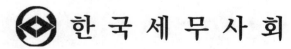

한 국 세 무 사 회

제87회 기업회계3급

합격율	시험년월
52%	2024.10

1부 회계원리

※ 재무회계의 문제에서 별도의 언급이 없으면 일반기업회계기준을 적용하고 해당 문제에서 **중소기업회계기준을 명시한 경우 중소기업회계기준**을 적용한다.

객관식　　문항당 2.5점

01. 다음 중 재무회계와 관련이 없는 것은?
　① 기업회계기준　　　　　　② 외부정보이용자
　③ 비화폐적 정보　　　　　　④ 과거의 실적정보

02. 다음 중 재무상태표의 구성요소가 아닌 것은?
　① 자산　　　② 부채　　　③ 자본　　　④ 비용

03. 다음의 회계장부 중 주요부로만 짝지어진 것은?
　① 총계정원장, 상품재고장　　② 분개장, 매입장
　③ 분개장, 총계정원장　　　　④ 매입장, 매출장

04. 다음 중 가구 제조 · 판매를 주업으로 하는 회사의 회계처리와 관련하여 거래내용과 계정과목의 연결이 적절하지 않은 것은?

① 가구 배달용 트럭을 외상으로 처분했다 : 미수금
② 가구 전시장 임차료 1년분을 미리 지급했다 : 선급비용
③ 건설회사에 가구를 외상으로 납품했다 : 매출채권
④ 가구를 인도하기 전에 대금을 일부 받았다 : 선급금

05. 다음 중 둘 이상의 거래요소의 결합관계로 옳지 않은 것은?

① (차) 자산의 증가   (대) 부채의 감소
　　　 비용의 발생
② (차) 자산의 증가   (대) 자산의 감소
　　　　　　　　　　　　　　수익의 발생
③ (차) 자산의 증가   (대) 수익의 발생
　　　 비용의 발생　　　　　 자산의 감소
④ (차) 부채의 감소   (대) 자산의 감소
　　　 비용의 발생

06. 다음 중 순자산을 증가시키는 거래에 해당하는 것은?

① 자산의 감소   ② 부채의 감소   ③ 비용의 발생   ④ 자본의 감소

07. 다음 중 외상매입금 계정을 대변에 기입하는 거래로 올바른 것은?

① 상품을 외상으로 매입한 경우
② 외상매입한 상품을 환출한 경우
③ 외상매입대금을 할인받은 경우
④ 외상매입금을 어음 발행하여 지급한 경우

08. 결산의 절차 중 빈칸 (가)의 단계에 해당하는 것은?

| 예비 절차 | ⇨ | (가) | ⇨ | 보고서 작성 |

① 총계정원장 마감   ② 결산 수정 분개   ③ 시산표 작성   ④ 재무상태표 작성

09. ㈜이윤이 20x1년 매입한 상품은 5,700,000원이었다. 20x1년 ㈜이윤의 기말 재무상태표에 표시되는 상품이 다음과 같을 때 20x1년의 매출원가는?

	20x1년	20x0년
2. 재고자산		
상품	550,000원	650,000원

① 5,600,000원　　② 5,700,000원　　③ 5,800,000원　　④ 5,900,000원

10. 다음 중 유동성배열법에 의한 재무상태표 작성 시 가장 나중에 기재되는 자산계정은 무엇인가?

① 전세권　　② 단기대여금　　③ 미지급비용　　④ 차량운반구

11. 다음 중 회계의 기본가정인 계속기업 가정과 관련이 없는 것은?

① 역사적원가　　② 현행원가　　③ 감가상각　　④ 유동성배열

12. 다음 중 손익계산서의 작성기준으로 올바르지 않은 것은?

① 발생주의　　② 현금주의　　③ 수익비용대응 원칙　　④ 실현주의

13. 다음 중 영업이익을 계산할 때 아무 영향이 없는 계정과목의 합계액은 얼마인가?

- 이자비용 : 50,000원
- 임차료 : 30,000원
- 기부금 : 40,000원
- 유형자산처분손실 : 20,000원
- 건물 감가상각비 : 10,000원
- 퇴직급여 : 50,000원

① 90,000원　　② 110,000원　　③ 130,000원　　④ 150,000원

14. 다음 중 상품권에 대한 수익을 인식하는 시기로 옳은 것은?

① 상품권을 할인하여 판매한 때

② 상품권을 발행하여 판매한 때

③ 상품권의 유효기간이 경과한 때

④ 물품 등을 제공 또는 판매하여 상품권을 회수한 때

15. 수익은 재화의 판매, 용역의 제공이나 자산의 사용에 대하여 받았거나 또는 받을 대가의 (   )로 측정한
다. (   )안에 들어갈 단어로 옳은 것은?

① 역사적원가   ② 상각후원가   ③ 공정가치   ④ 미래가치

16. 다음 중 결산정리분개 유형에 해당하지 않는 것은?

① 미지급비용   ② 미수금   ③ 미수수익   ④ 선급비용

17. 다음 중 손익계산서에 표시될 수 없는 계정과목은?

① 선수수익   ② 감가상각비   ③ 여비교통비   ④ 기부금

18. 다음 중 손익거래에 해당하는 것은?

① 현금 1,000,000원을 추가 출자하다.

② 비품 200,000원을 외상으로 구입하다.

③ 전기료 1,000,000원을 현금으로 지급하다.

④ 은행에서 1,000,000원을 3개월 후 상환하기로 하고 차입하다.

19. 세무상사의 회계 담당자가 자본적 지출을 수익적 지출로 잘못 회계처리한 경우, 재무제표에 미치는 영향
으로 옳은 것은?

① 자산 과대계상   ② 자본 과대계상   ③ 수익 과대계상   ④ 비용 과대계상

20. [중소기업회계기준] 다음 중 재고자산의 평가에 대한 설명으로 옳지 않은 것은?

① 재고자산의 취득원가는 매입원가 또는 제조원가를 말한다.

② 재고자산의 순실현가능가치가 취득원가보다 중요하게 낮아지면 순실현가능가치를 장부금액으로 한다.

③ 재고자산의 단위원가는 개별법, 선입선출법, 평균법, 정률법 등을 사용하여 결정한다.

④ 재고자산의 취득 과정에서 정상적으로 발생한 부대원가는 취득원가에 포함한다.

2부 회계원리

> ※ 재무회계의 문제에서 별도의 언급이 없으면 일반기업회계기준을 적용하고 해당 문제에서 **중소기업회계기준을 명시한 경우 중소기업회계기준**을 적용한다.

객관식	문항당 2.5점

01. 다음 중 회계처리 과정에서 차변에 현금계정이 기입되는 거래는?

① 상품을 매입하고 자기앞수표로 지급하다.

② 상품매입대금을 약속어음을 발행하여 지급하다.

③ 상품외상대금으로 약속어음을 받다.

④ 상품매출대금으로 거래처발행 수표를 받다.

02. 다음은 당좌예금과 관련된 내용이다. 빈칸 (가), (나)에 해당하는 내용으로 올바른 것은?

> 기업이 은행과 당좌 거래 계약을 맺고 일정액을 개설 보증금으로 납입하여 계약을 체결하면 일정 한도액까지 예금액을 초과하여 수표를 발행할 수 있다. 이렇게 당좌예금의 잔액을 초과하여 지급된 금액을 (가) 이라 하고 재무상태표에는 (나) 계정으로 표시한다.

	(가)	(나)
①	당좌예금	단기대여금
②	당좌예금	단기차입금
③	당좌차월	단기대여금
④	당좌차월	단기차입금

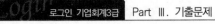

03. ㈜제주는 당기인 20x1년에 1,200,000원의 매출액을 기록하였다. 매출채권 자료가 다음과 같을 때 20x1년 ㈜제주의 매출 회수액은 얼마인가?

> • 기초매출채권 : 0원
> • 기말매출채권 : 100,000원

① 900,000원 ② 1,000,000원 ③ 1,100,000원 ④ 1,200,000원

04. 다음의 설명 중 올바르지 않은 것은?

① 감가상각은 수익·비용 대응의 원칙에 의해 유형자산의 취득원가를 내용연수 동안 체계적인 방법으로 회계기간에 비용으로 배분하는 절차이다.
② 유형자산을 처분할 때 처분대가가 장부금액보다 크면 유형자산처분이익이 발생한다.
③ 유형자산 중 대지, 임야, 전답 등은 토지 계정을 사용하고 감가상각을 한다.
④ 감가상각방법에는 정액법, 정률법 등이 있다.

05. ㈜공정이 보유 중인 유가증권(시장성이 있으며 단기매매목적)에 대한 내역이다. 손익계산서에 계상될 단기매매증권평가이익은 얼마인가?

> • 보유 주식 수 : 300주   • 기말 공정가액 : 1주당 70,000원
> • 취득단가 : 1주당 50,000원

① 5,000,000원 ② 6,000,000원 ③ 7,000,000원 ④ 8,000,000원

06. 다음 자료를 이용하여 매출채권을 계산하면 얼마인가?

> • 선급금 : 100,000원   • 받을어음 : 150,000원
> • 지급어음 : 50,000원   • 외상매입금 : 150,000원
> • 외상매출금 : 250,000원   • 단기대여금 : 350,000원

① 300,000원 ② 400,000원 ③ 500,000원 ④ 600,000원

07. ㈜대손의 기초 대손충당금 잔액이 3,000원이고 당기에 대손 1,000원이 발생하였다. 당기 말 400,000 원의 매출채권 잔액에 대하여 1%의 대손충당금을 설정하고자 한다. ㈜대손의 회계처리로 올바른 것은?

① (차) 대손상각비   2,000 원   (대) 대손충당금   2,000 원
② (차) 대손상각비   1,000 원   (대) 매출채권   1,000 원
③ (차) 대손충당금   3,000 원   (대) 매출채권   3,000 원
④ (차) 대손상각비   4,000 원   (대) 대손충당금   4,000 원

08. ㈜자본의 다음 자료를 이용하여 기초자본을 계산하면 얼마인가?

> • 기초자산은 7,000,000원이었고 기말에 5,000,000원이 증가하였다.
> • 기말부채액은 3,000,000원이고 당기순이익은 4,000,000원이었다.

① 5,000,000원   ② 8,000,000원   ③ 9,000,000원   ④ 12,000,000원

09. 다음 중 재고자산에 대한 설명으로 옳지 않은 것은?

① 시송품은 매입자가 매입의사표시를 하기 전까지는 판매자의 재고자산에 포함한다.
② 적송품은 수탁자가 제3자에게 판매하기 전까지는 위탁자의 재고자산에 포함한다.
③ 목적지인도조건인 경우 아직 도착하지 않은 미착상품은 매입자의 재고자산에 포함한다.
④ 할부판매상품은 대금이 모두 회수되지 않았다고 하더라도 상품의 판매 시점에 판매자의 재고자산에서 제외한다.

10. 다음 중 재고자산의 매입원가에 가산하는 항목으로 틀린 것은?

① 하역료   ② 매입운임   ③ 매입에누리   ④ 매입 관련 보험료

11. 다음의 계정과목 중에서 임시계정으로 기말 재무상태표에는 표시하지 않는 것은?

① 현금과부족   ② 예수금   ③ 선급금   ④ 미지급금

12. 다음 중 재고자산의 단가 결정 방법으로 옳지 않은 것은?

① 개별법　　　　② 선입선출법　　　　③ 계속기록법　　　　④ 총평균법

13. 다음 중 (가)에 해당하지 않는 계정과목은 무엇인가?

> 자산은 보고기간 종료일로부터 1년 이내에 현금화가 가능한지 여부에 따라 유동자산과 비유동자산으로 분류한다. 비유동자산은 투자자산, (가), 무형자산, 기타비유동자산으로 분류된다.

① 토지　　　　② 소모품　　　　③ 차량운반구　　　　④ 건설중인자산

14. 다음의 유형자산 중 감가상각의 대상이 아닌 것은?

① 건설중인자산　　　　② 건물　　　　③ 비품　　　　④ 차량운반구

15. 유형자산의 감가상각방법에 대한 다음의 내용 중 A와 B에 해당하는 것으로 모두 옳은 것은?

> • 정액법 = (취득원가 − A) ÷ 내용연수
> • 정률법 = (취득원가 − B) × 상각률

	A	B
①	잔존가액	내용연수
②	잔존가액	감가상각누계액
③	감가상각누계액	잔존가액
④	내용연수	잔존가액

16. 다음 중 무형자산에 대한 설명으로 틀린 것은?

① 법률상의 권리 또는 경제적 가치를 나타내는 자산이다.
② 저작권, 산업재산권, 라이선스와 프랜차이즈 등이 있다.
③ 미래에 기업의 수익 창출에 기여할 것으로 예상되는 자산이다.
④ 무형자산을 취득할 때 소요되는 비용은 판매비와관리비로 처리한다.

17. 다음 중 현금지출이 이루어졌으나 계정과목과 금액이 확정되지 않을 경우, 자산계정인 차변에 기록하는 계정은?

① 대급금   ② 선급금   ③ 가수금   ④ 가지급금

18. 다음 중 미지급금 계정으로 처리할 수 없는 거래는 무엇인가?

① 전월 소모품 구입 시 결제한 카드대금 50,000원이 보통예금에서 자동이체되다.
② 영업용 화물자동차를 1,000,000원에 무이자 할부로 구입하다.
③ 사무용 컴퓨터를 300,000원에 구입하고 대금은 월말에 지급하기로 하다.
④ 판매용 의자를 210,000원에 구입하고 대금은 1개월 후 지급하기로 하다.

19. 다음 중 기업이 거액의 자금을 비교적 장기간 사용하기 위하여 일반투자자들로부터 집단적·공개적으로 자금을 차용하고 그 증거로서 발행하는 유가증권에 해당하는 계정은?

① 차입금   ② 투자채권   ③ 사채   ④ 자본금

20. 주식발행금액이 액면금액보다 작다면 그 차액을 주식발행초과금의 범위 내에서 상계하여 처리하고, 미상계된 잔액이 있는 경우에는 자본조정의 ( )으로 회계처리한다. ( )안에 들어갈 계정으로 옳은 것은?

① 이익잉여금   ② 주식할인발행차금
③ 자기주식   ④ 감자차손

제87회 기업회계3급 답안 및 해설

1부 회계원리

1	2	3	4	5	6	7	8	9	10
③	④	③	④	①	②	①	①	③	①

11	12	13	14	15	16	17	18	19	20
②	②	②	④	③	②	①	③	④	③

01. **재무회계는 주로 화폐적 정보를 제공**한다.

02. 자산, 부채, 자본은 재무상태표 구성요소에 속하고 수익과 비용은 손익계산서 구성요소에 속한다.

03. **주요부 : 분개장, 총계정원장**

　　보조원장 : 상품재고장, 매출처원장, 매입처원장, 가지급원장, 전도금원장

　　보조기입장 : 현금출납장, 당좌예금출납장, 받을어음기입장, 지급어음기입장, 매입장, 매출장 등

04. 선수금 : 상품 등을 판매하거나 인도하기 전에 대금의 일부를 미리 받은 경우 앞으로 상품 등을 제공해줘야 할 의무를 표시하는 부채이다.

　　선급금 : 상품 등을 매입하기 이전에 대금의 일부를 미리 지급한 경우 앞으로 상품 등을 인도받아야 할 권리를 표시하는 자산이다.

05. **대변에 발생한 거래는 부채의 증가 또는 자산의 감소** 등과 같이 결합되어야 한다.

06. **자산의 감소, 비용의 발생, 자본의 감소는 순자산을 감소시키는 거래에 해당**한다.

07. 외상으로 매입한 상품을 환출, 에누리, 할인, 대금 지급을 하지 않았을 때에는 외상매입금 계정의 차변에 기입한다.

08. (가)는 결산 본 절차이다.

　　예비 절차 : 시산표 작성, 결산 수정 분개, 총계정원장 계정 정리 기입

　　본 절차 : 수익 · 비용 계정 잔액 손익계정 대체, 총계정원장 마감, 분개장, 보조부 마감

　　보고서 작성 : 재무제표의 작성

09.

<table>
<tr><th colspan="4" style="text-align:center">상　　품</th></tr>
<tr><td>기초상품</td><td style="text-align:right">650,000</td><td>매출원가</td><td style="text-align:right">5,800,000</td></tr>
<tr><td>순매입액</td><td style="text-align:right">5,700,000</td><td>기말상품</td><td style="text-align:right">550,000</td></tr>
<tr><td>계</td><td style="text-align:right">6,350,000</td><td>계</td><td style="text-align:right">6,350,000</td></tr>
</table>

10. 재무상태표에 기재하는 자산과 부채의 항목배열은 유동성이 높은 항목부터 배열하는 유동성배열법을 원칙으로 한다. **당좌자산(단기대여금), 재고자산, 투자자산, 유형자산(차량운반구), 무형자산, 기타비유동자산(전세권) 순으로 배열**한다.

11. 계속기업의 가정은 **역사적원가, 감가상각, 유동성배열의 회계처리에 정당성을 부여**한다. 현행원가는 자산과 부채의 측정 시 역사적원가 대신 계상하는 회계로 개별자산의 가격변동을 반영하여 시장에서 형성된 가격으로 회계처리하는 방법이다.

12. 손익계산서 작성기준 : 발생주의, 실현주의, 수익비용대응의 원칙, 총액주의, 구분표시의 원칙

13. 영업외비용 = 이자비용(50,000) + 기부금(40,000) + 유형자산처분손실(20,000) = 110,000원
임차료, 퇴직급여, 건물의 감가상각비는 판매비와관리비에 해당하는 계정과목으로 영업이익을 계산할 때 반영한다.

14. 매출수익은 물품 등을 제공 또는 판매하여 **상품권을 회수한 때에 인식**하며 **상품권 판매 시는 선수금 (상품권선수금계정 등)으로 처리**한다.

15. 공정가치란 합리적인 판단력과 거래의사가 있는 독립된 당사자 간의 현행 거래에서 자산이 매각 또는 구입되거나 부채가 결제 또는 이전될 수 있는 교환가치를 말한다.

16. 결산정리분개 유형에는 **미지급비용, 미수수익, 선수수익, 선급비용**이 있다. 미수금은 상품 이외의 자산을 외상으로 처분하고 그 대금을 받아야 할 권리를 나타내는 계정이다.

17. 선수수익은 대가의 수입은 이루어졌으나 수익의 귀속 시기가 차기 이후인 수익으로 계속적인 용역의 제공을 통하여 변제되는 부채이다.

18. 전기료를 현금 지급하는 것은 손익거래이며 나머지는 **기간 손익에 영향을 미치지 않는 교환거래**이다.

19. 자본적 지출을 수익적 지출로 잘못 회계처리한 경우 **비용은 과대계상**되고, **자산은 과소 계상**된다.

20. 정률법은 감가상각방법이다.

■ 2부 회계원리

1	2	3	4	5	6	7	8	9	10
④	④	③	③	②	②	①	①	③	③

11	12	13	14	15	16	17	18	19	20
①	③	②	①	②	④	④	④	③	②

01. 자기앞수표를 지급하면 대변에 현금, 약속어음을 발행하면 대변에 지급어음계정, 약속어음을 받으면 차변에 받을어음계정을 사용한다.

02. **당좌예금의 잔액을 초과하여 지급된 금액을 당좌차월이라 하고 재무상태표에는 단기차입금 계정으로 표시**한다.

03.

매출채권

기초잔액	0	*회수액*	*1,100,000*
매출(발생액)	1,200,000	기말잔액	100,000
계	1,200,000	계	1,200,000

04. 토지는 감가상각 대상 자산에 해당하지 않는다.

05. 평가이익 = [공정가액(70,000) - 취득가액(50,000)] × 300주 = 6,000,000원

06. 매출채권 = 외상매출금(250,000) + 받을어음(150,000) = 400,000원

07. 대손 추산액(기말 대손충당금) = 매출채권(400,000) × 1% = 4,000원

대손충당금

대손	1,000	기초	3,000
기말	4,000	*대손상각비(설정?)*	*2,000*
계	5,000	계	5,000

08. 기말자본 = 기초자산(7,000,000) + 자산 증가액(5,000,000) - 기말부채(3,000,000) = 9,000,000원

기초자본 = 기말자본(9,000,000) - 당기순이익(4,000,000) = 5,000,000원

09. 목적지인도조건인 경우에는 **상품이 목적지에 도착하여 매입자가 인수한 시점에 소유권이 매입자에게 이전**되기 때문에 매입자의 재고자산에 포함되지 않는다.

10. 재고자산의 매입원가는 매입금액에 매입운임, 하역료 및 보험료 등 취득 과정에서 정상적으로 발생한 부대원가를 가산한 금액이다. 매입과 관련된 **할인, 에누리 및 기타 유사한 항목은 매입원가에서 차감**한다.

11. 현금과부족계정은 현금의 실제액과 장부액의 차이에 대하여 발견 당시 그 원인을 파악하지 못하는 경우에 처리하는 임시 계정이다.

12. 단가 결정 방법 : 개별법, 선입선출법, 후입선출법, 가중평균법

수량 결정 방법 : 계속기록법, 실지재고조사법

13. 비유동자산은 투자자산, 유형자산, 무형자산, 기타비유동자산으로 분류된다. 소모품은 유동자산 중 재고자산에 해당한다.

14. 토지와 건설중인자산은 감가상각을 하지 않는다.

15. 정액법 = (취득원가 - 잔존가액) ÷ 내용연수, 정률법 = (취득원가 - 감가상각누계액) × 상각률

16. 무형자산을 **취득할 때 소요되는 비용은 취득원가에 포함**하여 해당 계정 차변에 기입한다.

17. 가지급금에 대한 설명이다. 가지급금은 재무상태표에 그대로 표시할 수 없으므로 결산 시 그 내용을 적절하게 설명할 수 있는 과목으로 바꾸어야 한다.

18. 판매용 의자를 외상으로 구입하면 외상매입금으로 처리한다.

19. 사채에 대한 설명으로 발행기업이 부채로 계상한다.

20. 주식할인발행차금에 대한 설명이다. 이익잉여금 처분으로 상각되지 않은 **주식할인발행차금은 향후 발생하는 주식발행초과금과 우선 상계**한다.

제86회 기업회계3급

합격율	시험년월
51%	2024.08

1부 회계원리

01. 다음 중 회계기간에 대한 설명으로 옳은 것은?

① 사업개시일부터 청산일까지를 말한다.
② 회계기간은 반드시 1년을 기준으로 설정하여야 한다.
③ 기업의 경영성과와 재무상태를 파악하기 위한 시간적인 개념이다.
④ 기업의 각종 재산 및 자본의 증감변화를 기록, 계산하기 위하여 설정한 장소적 범위이다.

02. 다음 중 손익계산서의 계정과목이 아닌 것은?

① 대손상각비   ② 감가상각비   ③ 임차료   ④ 미지급법인세

03. 시산표 등식에서 다음의 빈칸 (가), (나), (다)에 해당하는 내용으로 올바른 것은?

(가)+총비용=(나)+(다)+총수익

	(가)	(나)	(다)
①	기초 자산	기초 부채	기말 자본
②	기초 자산	기말 부채	기초 자본
③	기말 자산	기초 부채	기말 자본
④	기말 자산	기말 부채	기초 자본

04. ㈜재무는 상품 100,000원을 매입하고 대금은 당좌수표를 발행하여 지급하는 경우 ㈜재무가 기입해야 하는 전표로 옳은 것은? (단, 3전표제를 채택한다.)

① 입금전표　　　　② 출금전표　　　　③ 대체전표　　　　④ 매입전표

05. 다음의 거래를 추정한 것으로 옳은 것은?

현금		
보통예금	200,000원	

① 거래처에 현금 200,000원을 송금하였다.
② 보통예금에 현금 200,000원을 예입하였다.
③ 보통예금에서 현금 200,000원을 인출하였다.
④ 거래대금 200,000원을 수표를 발행하여 지급하였다.

06. 다음의 거래에 대한 거래요소의 결합관계로 옳은 것은?

거래처에 대한 외상 대금 200,000원을 약속어음을 발행하여 지급하다.

①	(차)	부채의 감소	(대)	자산의 감소
②	(차)	부채의 감소	(대)	부채의 증가
③	(차)	자산의 증가	(대)	부채의 증가
④	(차)	비용의 발생	(대)	자산의 감소

07. 다음 중 기업의 재무제표에 해당하지 않는 것은?

① 재무상태표　　　② 현금흐름표　　　③ 이월시산표　　　④ 손익계산서

08. 다음의 자산 계정들을 재무상태표에 기록할 경우 유동성배열법에 따라 표기했을 때 가장 먼저 배열되는 것은?

① 건물   ② 투자부동산   ③ 산업재산권   ④ 당좌예금

09. 다음 자료를 이용하여 순매출액을 계산하면 얼마인가?

• 총매출액 : 600,000원	• 매출운임 : 30,000원
• 매출에누리 : 40,000원	• 매출환입 : 40,000원

① 490,000원   ② 520,000원   ③ 600,000원   ④ 630,000원

10. 다음 자료를 이용하여 매출총이익을 계산하면 얼마인가?

• 총매출액 : 1,100,000원
• 당기상품매입액 : 900,000원
• 기초상품재고액은 없다.
• 기말상품재고액은 당기상품매입액의 20%이다.

① 320,000원   ② 340,000원   ③ 360,000원   ④ 380,000원

11. 다음 중 영업이익의 계산에 영향을 미치지 않는 것은?

① 당기 상품 매입액
② 매출환입 및 에누리
③ 상품 매입 운반비
④ 당기 발생분 이자비용

12. 다음의 거래를 분개한 것으로 옳은 것은?

> 업무용 차량의 자동차세 300,000원을 소지하고 있던 자기앞수표로 납부하였다.

① (차) 여비교통비   300,000 원 (대) 현금   300,000 원
② (차) 여비교통비   300,000 원 (대) 당좌예금   300,000 원
③ (차) 세금과공과   300,000 원 (대) 현금   300,000 원
④ (차) 세금과공과   300,000 원 (대) 당좌예금   300,000 원

13. 다음은 결산 절차를 나타낸 것이다. ㉠과 ㉡ 단계에서 실시하는 절차를 바르게 연결한 것은?

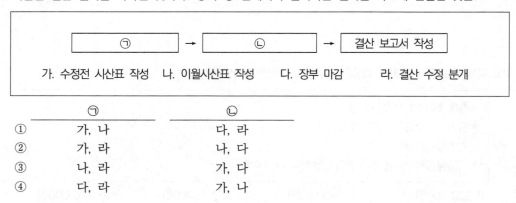

| ㄱ. 수정전 시산표 작성 | 나. 이월시산표 작성 | 다. 장부 마감 | 라. 결산 수정 분개 |

	㉠	㉡
①	가, 나	다, 라
②	가, 라	나, 다
③	나, 라	가, 다
④	다, 라	가, 나

14. 다음의 거래를 총계정원장에 전기한 것으로 옳은 것은?

> 영업용 차량운반구를 5,000,000원에 취득하고 대금은 1개월 후 지급하기로 하였다.

① 　　　　　　차량운반구
　외상매입금 5,000,000원

② 　　　　　　차량운반구
　　　　　　　　미지급금 5,000,000원

③ 　　　　　　미수금
　차량운반구 5,000,000원

④ 　　　　　　미지급금
　　　　　　　　차량운반구 5,000,000원

15. 다음 중 결산 거래가 아닌 것은?

① 유가증권의 평가
② 유형자산의 감가상각
③ 대손충당금의 설정
④ 투자자산의 처분

16. ㈜서울은 잔액시산표를 작성하였으나 차변과 대변이 일치하지 않음을 발견하였다. 잔액시산표상 오류가 있는 계정과목은?

잔액시산표

㈜서울   20x1.1.1. ~ 20x1.12.31.   (단위 : 원)

차변	원면	계정과목	대변
120,000	1	현금	
90,000	2	외상매출금	
170,000	3	상품	
	4	건물	220,000
	5	외상매입금	70,000
	6	자본금	530,000
380,000			820,000

① 현금   ② 상품   ③ 건물   ④ 외상매입금

17. 다음 자료에서 재무상태표의 계정과목을 모두 고른 것은?

가. 개발비	나. 복리후생비	다. 매도가능증권처분이익	라. 매도가능증권평가손실

① 가, 나   ② 가, 라   ③ 나, 다   ④ 다, 라

18. 다음 중 기업의 경영자 등 내부 회계 정보 이용자에게 필요한 정보를 제공하기 위해 내부 보고를 목적으로 하는 회계로 가장 올바른 것은?

① 관리회계   ② 재무회계   ③ 세무회계   ④ 영리회계

19. 영업용 건물을 3,000,000원에 신축하기로 계약을 체결하고 착수금 300,000원을 현금으로 지급하였다. 이를 회계처리 할 때 차변에 기재할 계정과목으로 올바른 것은?

① 선급금 ② 선수금 ③ 건설중인자산 ④ 건물

20. 7월 1일에 1년분 보험료 360,000원을 현금으로 지급한 거래에 대하여 결산 시 다음과 같이 결산 정리 분개를 하였다. 이러한 오류가 재무제표에 미치는 영향으로 옳은 것은?

07월 01일(보험료 지급 시)	: (차) 보험료	360,000원	(대) 현금	360,000원
12월 31일(결산 정리 분개)	: (차) 선수수익	180,000원	(대) 보험료	180,000원

① 유동자산이 과소계상된다.
② 유동부채가 과대계상된다.
③ 판매비와관리비가 과소계상된다.
④ 영업이익이 과대계상된다.

2부 회계원리

01. 다음 중 계정과목의 구분이 틀린 것은?

① 현금 : 당좌자산 ② 원재료 : 재고자산
③ 비품 : 유형자산 ④ 임차보증금 : 무형자산

02. 다음 중 자산에 대한 설명으로 틀린 것은?

① 1년을 기준으로 유동자산과 비유동자산으로 분류한다.
② 매도가능증권은 1년 이내에 실현될 수 있어도 비유동자산으로 분류한다.
③ 단기매매 목적으로 보유하는 자산은 유동자산으로 분류한다.
④ 정상적인 영업주기 내에 판매되는 재고자산은 1년 이내에 실현되지 않더라도 유동자산으로 분류한다.

03. 다음의 계정과 관련이 없는 것은?

• 매출채권	• 현금및현금성자산	• 미수금	• 선급금

① 재무상태표   ② 당좌자산   ③ 재고자산   ④ 유동자산

04. 다음은 어떤 계정과목에 대한 설명인가?

- 취득일로부터 만기가 3개월 이내인 채권
- 취득일로부터 만기가 3개월 이내인 단기 금융 상품
- 취득일로부터 만기가 3개월 이내인 상환 우선주

① 매출채권   ② 현금성자산   ③ 단기매매증권   ④ 단기예금

05. 다음 중 당좌예금 거래에 대한 설명으로 틀린 것은?

① 당좌 거래를 통해 현금 거래의 위험성 및 불편을 해소할 수 있다.
② 재무상태표에 통합계정인 현금및현금성자산으로 표시한다.
③ 당좌 거래 계약을 맺으면 언제든지 수표를 발행하여 인출할 수 있는 요구불 예금이다.
④ 당좌수표를 발행하여 인출하면 당좌예금 계정 차변에 기록한다.

06. 다음 중 단기매매증권에 대한 설명으로 틀린 것은?

① 재무상태표에는 단기투자자산으로 통합하여 표시한다.
② 단기매매증권을 취득한 경우 취득원가는 공정가치로 측정한다.
③ 단기매매증권의 취득 시 발생한 증권 회사의 취급 수수료 등은 취득원가에 포함하여 처리한다.
④ 단기간에 매매 차익을 얻을 목적으로 취득한 시장성 있는 주식, 국채, 사채 등의 유가증권이다.

07. 다음 중 외상매출금 계정에서 (가)에 기입할 수 없는 것은?

외상매출금	
	(가)

① 외상매출액   ② 매출할인   ③ 차기이월   ④ 대손발생액

08. 거래처의 부도로 인하여 전기에 대손 처리한 외상매출금 50,000원을 현금으로 회수한 경우의 분개로 올바른 것은?

①	(차) 대손상각비	50,000원	(대) 현금	50,000원
②	(차) 현금	50,000원	(대) 대손충당금	50,000원
③	(차) 현금	50,000원	(대) 외상매출금	50,000원
④	(차) 현금	50,000원	(대) 기타의대손상각비	50,000원

09. 다음에 제시된 회계처리는 어음의 배서 중 어떤 경우에 발생하게 되는가?

(차) 당좌예금	1,980,000원	(대) 받을어음	2,000,000원
매출채권처분손실	20,000원		

① 어음의 할인   ② 어음의 개서   ③ 어음의 배서양도   ④ 어음의 부도

10. 다음 중 최초 취득연도에 정액법에 의하여 감가상각비를 계산하는 데 있어서 필요하지 않은 자료는?

① 취득원가   ② 잔존가액   ③ 내용연수   ④ 감가상각누계액

11. 다음 중 판매용 상품의 거래에 대한 채권, 채무계정과 관련이 없는 것은?

① 외상매출금   ② 외상매입금   ③ 미수금   ④ 매입채무

12. 다음은 ㈜전남의 영업용 건물과 관련된 자료이다. 20x1년 ㈜전남의 손익계산서에 표시될 감가상각비를 계산하면 얼마인가?

- 취득일 : 20x1년 1월 1일
- 취득금액 : 5,000,000원
- 내용연수 : 5년
- 잔존가치 : 500,000원
- 해당 건물은 취득일부터 사용하였으며, ㈜전남의 회계기간은 매년 1월 1일부터 12월 31일까지이다.
- ㈜전남은 매기 일정한 금액의 감가상각비가 계상되는 방법으로 상각한다.

① 900,000원　　② 1,000,000원　　③ 1,800,000원　　④ 2,000,000원

13. 다음 중 무형자산의 정의에 대한 설명으로 옳지 않은 것은?

무형자산이란 재화의 생산 등에 사용할 목적으로 기업이 보유하고 있는 자산으로서 ㉠**물리적 실체는 없지만** ㉡**식별할 수 있고,** ㉢**통제할 수 있으며**, 미래 경제적 효익이 있는 ㉣**화폐성 자산**이다.

① ㉠　　② ㉡　　③ ㉢　　④ ㉣

14. 다음의 거래 중 유동부채에 해당하는 계정과목을 기입하는 거래로 옳은 것은?
① 종업원 출장을 위해 여비 개산액 100,000원을 수표로 발행하여 지급하였다.
② 상품을 100,000원에 매입하기로 하고 계약금 10,000원을 현금으로 지급하였다.
③ 영업용 차량운반구를 500,000원에 처분하고 대금은 1개월 후 수취하기로 하였다.
④ 종업원 급여 1,000,000원 중 소득세 50,000원을 제외한 잔액을 보통예금에서 이체하여 지급하였다.

15. 다음 중 비유동부채를 모두 고른 것은?

가. 사채	나. 미지급금	다. 장기차입금	라. 유동성장기부채

① 가, 다　　② 가, 라　　③ 나, 다　　④ 나, 라

16. 다음의 자료를 이용하여 부채 총액을 계산하면 얼마인가?

• 현금 : 150,000원	• 자본금 : 250,000원
• 비품 : 380,000원	• 외상매출금 : 120,000원

① 30,000원　　　　② 280,000원　　　　③ 400,000원　　　　④ 900,000원

17. 다음은 ㈜전북의 거래와 이에 대한 회계처리이다. (가)에 기입할 계정과목으로 옳은 것은?

> • ㈜전북은 자금 융통을 위해 3년 만기의 사채(액면금액 10,000,000원)를 9,800,000원에 발행하고, 대금은 보통예금으로 받았다.
>
> | (차) | 보통예금 | 9,800,000원 | (대) | 사채 | 10,000,000원 |
> |---|---|---|---|---|---|
> | | (가) | 200,000원 | | | |

① 감자차손　　　　　　　　　　② 사채할인발행차금
③ 주식할인발행차금　　　　　　④ 미처분이익잉여금

18. 회사 설립, 증자를 위하여 주식을 발행할 때 발행금액을 액면금액보다 높게 발행한 경우 그 초과액을 무엇이라 하는가?

① 감자차익　　　　② 주식발행초과금　　　　③ 자본금　　　　④ 자기주식

19. 다음은 이익준비금(법정적립금)에 대한 설명이다. 빈칸 (가), (나)에 들어갈 내용으로 올바른 것은?

> 이익준비금은 「상법」에 의해 적립해야 하는 법정적립금으로, 기업은 자본금의 (가)에 달할 때까지 매 결산 시 금전에 의한 배당액의 (나) 이상의 금액을 이익준비금으로 적립하여야 한다.

	(가)	(나)
①	1/3	1/5
②	1/3	1/10
③	1/2	1/5
④	1/2	1/10

20. [중소기업회계기준] 다음 중 유형자산에 대한 설명으로 틀린 것은?

① 타인에게 임대하거나 직접 사용하기 위하여 보유한 물리적 형체가 있는 자산으로 1년을 초과하여 사용할 것으로 예상되는 자산을 말한다.

② 유형자산의 감가상각누계액은 유형자산 각 항목의 차감계정으로 대차대조표에 표시한다.

③ 유형자산을 처분하는 경우 처분금액과 장부금액의 차액을 유형자산평가손익으로 인식한다.

④ 유형자산에는 토지, 건물, 구축물, 차량운반구 등이 포함된다.

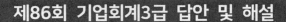

제86회 기업회계3급 답안 및 해설

1부 회계원리

1	2	3	4	5	6	7	8	9	10
③	④	④	③	③	②	③	④	②	④

11	12	13	14	15	16	17	18	19	20
④	③	②	④	④	③	②	①	③	①

01. 회계기간은 기업의 경영성과와 재무상태를 파악하기 위한 **시간적인 개념**이다.

02. 미지급법인세는 재무상태표의 유동부채 항목이다.

03. 시산표등식 : 기말 자산+총비용 = 기말 부채+**기초** 자본+총수익

04. (차) 상품   100,000원   (대) 당좌예금   100,000원→대체전표

05. (차) 현금   200,000원   (대) 보통예금   200,000원

06. (차) 외상매입금   200,000원(부채의 감소)   (대) 지급어음   200,000원(부채의 증가)

외상 대금(외상매입금, 부채)을 지급어음(부채)을 발행하여 상환하는 거래이다.

07. 재무보고의 목적을 달성하기 위한 **재무제표에는 재무상태표, 손익계산서, 현금흐름표와 자본변동표 등**이 있다.

08. 유동자산(당좌예금), 비유동자산(투자부동산, 건물, 산업재산권) 순으로 기록한다.

09. 순매출액 = 총매출액(600,000) – 매출에누리(40,000) – 매출환입(40,000) = 520,000원

10. 매출총이익 = 매출액(1,100,000) – 매출원가(720,000) = 380,000원

상 품			
기초상품	0	매출원가	720,000
순매입액	900,000	기말상품(매입액의 20%)	180,000
계	900,000	계	900,000

11. 이자비용은 영업외비용에 해당하므로 영업이익의 계산에 영향을 미치지 않는다.

12. 업무용 차량의 자동차세는 세금과공과 계정, **자기앞수표는 통화대용증권이므로 현금 계정**이다.

13. ㉠은 결산 예비 절차로서 **수정전 시산표 작성, 결산 수정 분개**를 진행한다. ㉡은 결산 본 절차이며 결산 본 절차에서는 **장부 마감과 이월시산표 작성 절차**를 진행한다.

14. (차) 차량운반구   5,000,000원   (대) 미지급금   5,000,000원

차량운반구	미지급금
미지급금 5,000,000원	차량운반구 5,000,000원

15. 결산 거래란 기말 장부 마감을 위해 실시하는 거래로 유가증권의 공정가치 평가, 유형자산의 감가상각, 채권에 대한 대손의 예상 등이 있다. **투자자산의 처분은 주로 기중에 발생**하므로 결산거래가 아니다.

16. 각 계정의 잔액만으로 작성하는 시산표를 잔액시산표라고 한다. **건물은 자산이므로 잔액이 차변에 기재**되어야 한다.

17. 개발비는 무형자산, 매도가능증권평가손실은 자본의 기타포괄손익누계액에 해당한다.
복리후생비는 판매비와관리비, 매도가능증권처분이익은 영업외수익으로 손익계산서 계정이다.

18. **내부 보고 목적의 회계는 관리회계**이다.

19. 건설을 위해 지급한 계약금은 건설중인자산으로 처리한다.

20. 선급비용(유동자산)으로 처리했어야 할 계정을 선수수익(유동부채)으로 처리하였으므로, 유동자산이 과소 계상되고, 유동부채도 과소 계상된다. 보험료 계정에는 오류가 없으므로 판매비와관리비, 영업이익은 영향이 없다. 제시된 거래의 올바른 결산 정리 분개는 다음과 같다.
(차) 선급비용　　　　　　　180,000원　　(대) 보험료　　　　　　　180,000원

2부 회계원리

1	2	3	4	5	6	7	8	9	10
④	②	③	②	④	③	①	②	①	④

11	12	13	14	15	16	17	18	19	20
③	①	④	④	①	③	②	②	④	③

01. **임차보증금은 기타비유동자산**에 해당한다.

02. 자산은 1년을 기준으로 유동자산과 비유동자산으로 분류한다. 다만, 정상적인 영업주기 내에 판매되거나 사용되는 재고자산 및 회수 가능한 매출채권 등은 보고기간 종료일로부터 1년 이내에 실현되지 않더라도 유동자산으로 분류한다. 또한, **매도가능증권 등의 비유동자산 중 1년 이내에 실현되는 부분은 유동자산으로 분류**한다.

03. 열거된 자산들은 재무상태표의 유동자산 중 당좌자산에 해당하는 자산이다.

04. **취득 당시 만기가 3개월 이내에 도래**하며 큰 거래 비용 없이 현금 전환이 쉬운 것은 현금성 자산이라고 한다.

05. 당좌수표를 발행하여 인출하면 당좌예금 계정 대변에 기록한다.

06. 단기매매증권의 취득 시 발생한 증권 회사의 취급 **수수료 등은 수수료 비용 계정으로 처리**한다.

07. 외상매출금 계정 대변은 자산을 감소시키는 요인들을 기재한다. 따라서 **외상 대금 회수액, 대손 발생액, 매출환입액, 매출할인, 매출에누리액, 차기이월액**을 기재할 수 있다.

08. 거래처의 부도나 파산으로 인하여 전기에 이미 대손 처리한 채권을 회수하는 경우 **감소시킨 대손충당금을 회복**시킨다.

09. 자금을 융통할 목적으로 소유하던 어음을 만기일 전에 거래 은행에 배서 양도하고 만기일까지의 **이자를 차감한 금액을 융통하는 거래를 어음의 할인**이라고 하며, 차감한 금액은 매출채권처분손실로 처리한다.

10. 감가상각비(정액법)를 계산하는데 감가상각누계액은 필요하지 않다.

11. 외상매출금은 상품 판매에 따른 채권이며 외상매입금과 매입채무는 상품매입에 따른 채무와 관련된 계정이다. **미수금은 상품 거래 외의 거래에 대한 채권계정**에 해당한다.

12. 감가상각비 : $\dfrac{\text{취득금액(5,000,000)} - \text{잔존가치(500,000)}}{5년} = 900,000원/년$

13. 무형자산이란 재화의 생산이나 용역의 제공, 타인에 대한 임대, 관리에 사용할 목적으로 기업이 보유하고 있으며, 물리적 실체는 없지만 식별할 수 있고, 기업이 통제하고 있으며, 미래 경제적 효익이 있는 비화폐성자산이다.

14. 유동부채는 1년 또는 정상영업주기 이내에 상환하거나 지급해야 할 부채를 말하며, 외상매입금, 미지급금, 예수금 등이 있다.

①	(차) 가지급금	100,000원	(대) 당좌예금	100,000원
②	(차) 선급금	10,000원	(대) 현금	10,000원
③	(차) 미수금	500,000원	(대) 차량운반구	500,000원
④	(차) 급여	1,000,000원	(대) 예수금(유동부채)	50,000원
			보통예금	950,000원

15. **사채, 장기차입금은 비유동부채**이며 미지급금과 유동성장기부채는 유동부채 항목이다.

16. 자산 총액 = 현금(150,000) + 외상매출금(120,000) + 비품(380,000) = 650,000원
부채 총액 = 자산 총액(650,000) - 자본 총액(250,000) = 400,000원

17. 사채 발행 시 액면금액보다 낮은 금액으로 발행하면 **발행금액과 액면금액과의 차액을 사채할인발행차금 계정**으로 처리한다.

18. 발행금액이 액면금액보다 큰 경우 발생하는 차액은 주식발행초과금으로 처리한다.

19. 자본금의 1/2에 달할 때까지 금전 배당액의 1/10 이상을 이익준비금으로 적립해야 한다.

20. 유형자산 처분 시 **처분금액과 장부금액의 차액은 유형자산처분손익**으로 인식한다.

제83회 기업회계3급

합격율	시험년월
57%	2024.02

01. 다음 자료에서 설명하고 있는 재무정보의 질적특성은 무엇인가?

> 이것은 동일한 경제적 사건이나 거래에 대하여 동일한 측정방법을 적용할 경우 다수의 독립적인 측정자가 유사한 결론에 도달할 수 있어야 함을 의미한다.

① 적시성   ② 검증가능성   ③ 목적적합성   ④ 비교가능성

02. 다음 중 회계의 기본가정인 계속기업의 가정과 관련이 없는 것은?

① 역사적원가   ② 현금주의   ③ 감가상각   ④ 유동성배열

03. 다음 자료에 기초하여 상품의 당기순매입액을 계산하면 얼마인가?

> • 당기에 상품 300개를 개당 1,000원에 외상으로 매입하였다.
> • 상품 매입 시 10,000원의 운반비가 발생하였다.
> • 당기에 매입한 상품 300개 중 10개를 반품하였다.
> • 외상매입금을 조기에 지급하여 3,000원의 매입할인을 받았다.

① 310,000원   ② 300,000원   ③ 297,000원   ④ 287,000원

04. 다음 중 거래를 분개할 때 기입되는 전표의 종류가 나머지와 다른 것은?

① 미수금 100,000원을 자기앞수표로 받다.
② 현금 100,000원을 보통예금에 입금하다.
③ 단기대여금 100,000원을 현금으로 회수하다.
④ 받을어음 100,000원을 동점발행 당좌수표로 받다.

05. 다음 중 회계등식이 성립될 수 없는 것은?

① 기말부채＋기말자본 = 기말자산

② 순매출액 – 매출총이익 = 매출원가

③ 기말자산＋총비용 = 기말부채＋기초자본＋총수익

④ 기초상품재고액＋당기순매입액＋기말상품재고액 = 매출원가

06. 다음 거래에 대한 거래요소의 결합 관계로 옳은 것은?

> 거래처의 외상매출금 100,000원을 현금으로 회수하여 즉시 당좌예입하다.

① (차) 자산의 증가   (대) 자산의 감소

② (차) 자산의 증가   (대) 부채의 증가

③ (차) 부채의 감소   (대) 자산의 감소

④ (차) 부채의 감소   (대) 자본의 증가

07. 다음 거래를 분개할 때 차변에 기입할 계정과목으로 옳은 것은?

> ○○상점에 상품 300,000원을 매출하고, 대금은 동점 발행, △△상점 인수의 3개월 후 지급 환어음으로 받다.

① 외상매출금   ② 당좌예금   ③ 보통예금   ④ 받을어음

08. 다음의 재무보고서 중 일정기간 동안 기업의 현금흐름을 나타내는 보고서는 무엇인가?

① 재무상태표   ② 손익계산서

③ 현금흐름표   ④ 이익잉여금처분계산서

09. 다음의 자료에서 설명하는 계정과목으로 옳은 것은?

> 상품 운반용 트럭을 구입하고 취득세를 납부한 경우 차변에 기입하는 계정과목이다.

① 재산세   ② 취득세   ③ 세금과공과   ④ 차량운반구

10. 다음 계정과목 중 감가상각 대상 자산은 어느 것인가?

① 기계장치   ② 건설중인자산   ③ 토지   ④ 선급금

11. 다음 중 장기투자자산에 해당하는 것으로만 짝지어진 것은?

① 단기대여금, 만기보유증권   ② 장기대여금, 장기매출채권

③ 장기대여금, 만기보유증권   ④ 단기대여금, 산업재산권

12. 다음 중 일반기업회계기준상 충당부채를 인식하기 위한 조건으로 틀린 것은?

① 과거 사건이나 거래의 결과로 현재의무가 존재한다.

② 충당부채는 부채로 인식하지 아니한다.

③ 당해 의무를 이행하기 위하여 자원이 유출될 가능성이 매우 높다.

④ 그 의무의 이행에 소요되는 금액을 신뢰성 있게 추정할 수 있다.

13. ㈜한국은 자본 조달을 위하여 유상증자를 통해 신주 5,000주(1주당 액면금액 10,000원)를 1주당 12,000원에 발행하였다. 다음 중 신주의 발행차액을 계상할 자본의 분류로 올바른 것은?

① 자본잉여금   ② 자본조정

③ 기타포괄손익누계액   ④ 이익잉여금

14. 다음의 자료를 이용하여 기말자본을 계산하면 얼마인가?

• 총수익 1,000,000원	• 총비용 600,000원	• 기초자본 400,000원

① 400,000원   ② 600,000원   ③ 800,000원   ④ 1,000,000원

15. 다음의 자료를 토대로 매출원가를 계산하면 얼마인가? 단, 원가흐름에 대한 가정은 선입선출법이다.

- 기초재고자산 30,000원 · 당기매입액 500,000원 · 기말재고자산 70,000원

① 500,000원　　　② 460,000원　　　③ 430,000원　　　④ 400,000원

16. 다음 중 (가)와 (나)의 거래를 분개할 때 각각 차변의 계정과목으로 옳은 것은?

(가) 거래처 직원의 결혼 축의금 100,000원을 현금으로 지급하다.
(나) 불우이웃돕기성금 모금 중인 방송사에 현금 50,000원을 기탁하다.

	(가)	(나)
①	기부금	기업업무추진비
②	기업업무추진비	기부금
③	기부금	광고선전비
④	기업업무추진비	광고선전비

17. 다음 중 손익계산서에서 영업이익을 증가시킬 수 있는 거래를 모두 고른 것은?

가. 체육대회 등 사내행사를 축소 운영한다.
나. 유상증자를 통하여 자본금을 증가시킨다.
다. 사무실의 소모품 및 전기 절약 운동을 전개한다.
라. 건물 등 유형자산을 처분하여 현금 보유액을 늘린다.

① 가, 나　　　② 가, 다　　　③ 나, 다　　　④ 나, 라

18. 다음 중 손익계산서상 비용으로 처리할 수 없는 것은?

① 종업원 급여의 원천징수세액　　　② 회사 차량의 자동차세
③ 공장 토지의 재산세　　　④ 차입금에 대한 이자

19. 12월 말 결산법인인 ㈜서울은 20x1년 11월 1일 1년치 화재보험료 120,000원을 현금으로 지급하고 전액을 선급보험료로 회계처리 하였다. 20x1년 12월 31일 결산 시 필요한 수정분개로 옳은 것은? 단, 월할계산할 것.

① (차) 선급보험료   20,000원   (대) 보험료   20,000원
② (차) 선급보험료   100,000원   (대) 보험료   100,000원
③ (차) 보험료   20,000원   (대) 선급보험료   20,000원
④ (차) 보험료   100,000원   (대) 선급보험료   100,000원

20. 다음은 12월 말 결산법인인 ㈜경기의 매출채권 관련 자료이다. 아래 자료를 이용하여 결산 시 손익계산서에 계상할 대손상각비를 계산한 금액으로 옳은 것은?

- 02/10 외상매출금 30,000원이 회수불능으로 판명되다(단, 대손충당금 잔액은 50,000원이다).
- 03/13 위 대손 처리한 외상매출금 중 5,000원을 현금으로 회수하다.
- 12/31 결산 시 외상매출금 잔액 3,000,000원에 대하여 2%의 대손을 예상하다.

① 5,000원   ② 25,000원   ③ 35,000원   ④ 60,000원

21. 다음 중 아래 자료의 (가)에 해당하는 계정과목으로 옳은 것은?

(가)은/는 일정 기간 동안 기업의 경영성과에 대한 정보를 제공하는 재무보고서이다.

① 건물   ② 이자비용   ③ 선수수익   ④ 차량운반구

22. 다음 중 전기이월액이 차변에 기입되는 계정과목으로 옳은 것은?

① 사채   ② 자본금   ③ 미지급금   ④ 단기매매증권

23. 다음은 사무용 비품을 판매하는 ㈜중부의 거래 내용이다. (가)와 (나)를 분개할 때 각각 차변에 기입될 계정과목으로 옳은 것은?

> (가) 판매용 책상과 의자를 500,000원에 판매하고 대금은 1주일 후에 받기로 하다.
> (나) 판매직원에게 사용처가 확정되지 않은 제주도 출장여비 100,000원을 현금으로 지급하다.

	(가)	(나)		(가)	(나)
①	비품	선급금	②	외상매출금	여비교통비
③	외상매출금	가지급금	④	미수금	여비교통비

24. 다음은 개인기업인 인천상점의 자료이다. 이를 이용하여 기초의 자산총액을 계산하면 얼마인가?

> • 기초 부채 280,000원
> • 당기 수익 총액 150,000원
> • 기말 자본 300,000원
> • 당기 비용 총액 120,000원

① 550,000원　　② 570,000원　　③ 580,000원　　④ 610,000원

25. 다음 중 손익 거래에 해당하는 것은?

① 외상매출금 50,000원을 보통예금으로 입금받다.
② 단기차입금에 대한 이자 10,000원을 현금으로 지급하다.
③ 상품 100,000원을 매입하기로 하고 계약금 10,000원을 현금으로 지급하다.
④ 단기대여금 70,000원과 그에 대한 이자 5,000원을 당좌예금 계좌로 입금받다.

26. 다음 자료를 이용하여 ㈜대구의 20x1년 결산 시 재무상태표에 표시될 현금 및 현금성자산의 총액을 계산하면 얼마인가? 단, ㈜대구의 회계기간은 매년 1월 1일부터 12월 31일까지이다.

> • 자기앞수표 50,000원
> • 우표 40,000원
> • 보통예금 60,000원
> • 여행자수표 80,000원
> • 당좌예금 100,000원
> • 정기예금(20x1년 5월 1일 가입, 1년 만기) 150,000원

① 290,000원　　② 390,000원　　③ 430,000원　　④ 580,000원

27. 다음은 ㈜광주가 단기시세차익 목적으로 취득한 ㈜전남의 주식 관련 자료이다. 이를 모두 회계처리하였을 때, ㈜광주의 당기손익에 미치는 영향으로 옳은 것은?

> • ㈜광주는 20x1년 4월 3일 ㈜전남의 주식 10주(총액면금액 100,000원)를 모두 120,000원에 취득하고 대금은 수수료 5,000원과 함께 보통예금에서 이체하여 지급하였다.
> • 당기 결산일 현재 ㈜광주가 보유 중인 ㈜전남의 주식 10주의 공정가치는 총 110,000원이다.

① 이익 5,000원 ② 이익 10,000원 ③ 손실 10,000원 ④ 손실 15,000원

28. 다음 중 유형 자산의 취득 후 자본적 지출에 해당하는 지출이 아닌 것은?

① 건물의 엘리베이터 설치비, 냉·난방장치 설치비
② 차량의 엔진 교체(내용연수 연장 효과)지출
③ 개량, 증설, 확장 등과 사용 용도를 변경하기 위한 지출
④ 건물의 출입문 수리 비용, 파손된 유리의 교체비용

29. ㈜부산은 본사 사옥으로 사용하기 위한 건물의 신축공사를 진행하고 있다. 건물 신축 자금을 조달하기 위한 차입금에 대한 이자 500,000원을 현금으로 지급하고 회계처리 한 것으로 가장 적절한 것은?

① (차) 재고자산   500,000원   (대) 현금   500,000원
② (차) 재공품   500,000원   (대) 현금   500,000원
③ (차) 건설중인자산 500,000원   (대) 현금   500,000원
④ (차) 이자비용   500,000원   (대) 현금   500,000원

30. ㈜울산의 유형자산 관련 자료는 다음과 같다. 이를 토대로 20x1년도 12월 31일에 손익계산서에 계상할 감가상각비는 얼마인가?

> • 20x1년 4월 1일에 시설장치를 50,000,000원에 구입하였다.
> • 내용연수는 5년이고, 잔존가치는 취득원가의 10%이다.
> • 회계기간은 1월 1일부터 12월 31일까지이다.
> • 감가상각방법은 정액법을 적용하며, 월할계산한다.

① 10,000,000원 ② 9,000,000원 ③ 7,500,000원 ④ 6,750,000원

31. 다음 중 회계처리 시 대변에 유동부채가 계상되는 거래를 고르시오.

① 당월 급여 100,000원을 보통예금에서 지급하였다.
② 상품을 100,000원에 매입하고 대금을 1주일 후에 지급하기로 하였다.
③ 공장에서 사용하던 기계장치를 매각한 대금 100,000원을 1달 후에 받기로 하였다.
④ 상품을 100,000원에 판매하고 대금은 1개월 후에 받기로 하였다.

32. 다음 중 자본에 대한 설명으로 틀린 것은?

① 법정자본금은 발행주식 총수에 주당 액면금액을 곱한 금액이다.
② 주식발행초과금은 주식의 순발행가액이 액면금액을 초과하는 경우 그 초과하는 금액을 말한다.
③ 유상증자 전과 후의 자본총계는 변동이 없다.
④ 감자차익은 유상감자 시 감소하는 자본금보다 지급하는 대가가 적을 때 발생한다.

33. 다음 자료를 이용하여 기말상품재고액을 계산하면 얼마인가?

• 당기매출액 : 1,500,000원	• 매출총이익률 : 30%
• 기초상품재고액 : 500,000원	• 당기상품매입액 : 1,300,000원

① 300,000원   ② 450,000원   ③ 600,000원   ④ 750,000원

34. 다음은 ㈜대전의 기말 재무상태 관련 자료이다. ㈜대전의 기말 순자산(자본) 총계는 얼마인가?

• 미수금 1,000,000원	• 선급금 3,000,000원	• 상품 2,000,000원
• 건물 4,000,000원	• 미지급금 2,000,000원	• 차입금 1,000,000원

① 5,000,000원   ② 6,000,000원   ③ 7,000,000원   ④ 8,000,000원

35. 다음 자료에 의하여 손익계산서에 표시될 매출액을 계산하면 얼마인가?

• 총매출액 300,000원	• 매출환입 20,000원	• 매출할인 40,000원	• 매출운반비 30,000원

① 300,000원   ② 260,000원   ③ 240,000원   ④ 210,000원

36. 다음 중 손익계산서상 영업외비용에 해당하는 계정과목이 아닌 것은?

① 이자비용   ② 기부금   ③ 감가상각비   ④ 유형자산처분손실

37. 다음 자료에 의한 결산 후 당기순이익 금액으로 옳은 것은?

(가) 결산 정리 전 순이익	500,000원
(나) 결산 정리 사항	
• 이자 미수액	100,000원
• 급여 미지급액	80,000원
• 보험료 선급액	50,000원

① 430,000원   ② 500,000원   ③ 530,000원   ④ 570,000원

38. 다음 중 외상매출 시 외상대금을 조기에 변제 하는 경우 약정된 할인율로 매출액을 감액해 주는 것은?

① 매출에누리   ② 대손상각   ③ 매출환입   ④ 매출할인

39. 다음 중 시산표를 통해서 발견할 수 없는 오류는?

① 현금 잔액 45,000원을 시산표에 450,000원으로 기록한 오류
② 거래의 날짜를 잘못 기입한 오류
③ 시산표의 합계를 계산할 때 발생하는 계산상의 오류
④ 분개장의 차변 금액을 원장의 대변에 전기한 오류

40. [중소기업회계기준] 다음 중 손익계산서의 작성기준으로 틀린 것은?

① 손익계산서는 한 회계연도의 회사의 경영성과에 대한 정보를 제공하는 재무보고서이다.
② 손익계산서는 그 회계연도에 속하는 모든 수익과 이에 대응하는 모든 비용을 적정하게 표시한다.
③ 수익과 비용은 총액으로 표시하는 것을 원칙으로 한다.
④ 제조업, 판매업 및 건설업을 운영하는 회사는 매출총이익(또는 손실)을 구분하여 표시하지 아니할 수 있다.

제83회 기업회계3급 답안 및 해설

▌ 회계원리

1	2	3	4	5	6	7	8	9	10
②	②	③	②	④	①	④	③	④	①

11	12	13	14	15	16	17	18	19	20
③	②	①	③	②	②	②	①	③	③

21	22	23	24	25	26	27	28	29	30
②	④	③	①	②	①	④	③	④	④

31	32	33	34	35	36	37	38	39	40
②	③	④	③	③	③	④	④	②	④

01. 검증가능성이란 동일한 경제적 사건이나 거래에 대하여 동일한 측정방법을 적용할 경우 다수의 독립적인 측정자가 유사한 결론에 도달할 수 있어야 함을 의미한다.

02. 계속기업의 가정은 **역사적원가, 감가상각, 유동성배열의 회계처리에 정당성을 부여**한다.

03. 총매입액 = 300개 × 1,000원 + 매입부대비용(10,000) = 310,000원

매입환출 = 10개 × 1,000원 = 10,000원

순매입액 = 총매입액(310,000) - 매입환출(10,000) - 매입할인(3,000) = 297,000원

04. 현금을 보통예금에 입금한 거래는 출금전표에 기입한다. ①, ③, ④번 거래는 현금을 수취한 거래이므로 입금전표에 기입한다.

☞ 자기앞수표, 동점발행 당좌수표는 회계상 현금으로 처리한다.

05. 기초상품재고액 + 당기순매입액 - **기말상품재고액** = 매출원가

06. (차) 당좌예금(자산 증가)　　　　　　　　　　(대) 외상매출금(자산 감소)

07. 약속어음이나 환어음을 수취하여 어음상의 채권이 발생하면 받을어음 계정 차변에 기입한다.

08. 일정기간의 기업의 현금흐름, 즉 **현금의 유입과 유출을 나타내는 보고서는 현금흐름표**이다.

09. 상품 운반용 트럭의 계정과목은 차량운반구이고, 자산의 취득 시 발생하는 제비용은 해당 자산의 취득원가에 포함하여 차량운반구 취득원가에 포함한다.

10. 기계장치는 감가상각 대상 자산이다.

11. 장기대여금과 만기보유증권이 장기투자자산이다. 단기대여금은 유동자산, 장기매출채권은 당좌자산에 해당한다.

12. **충당부채는 부채로 인식**한다.

13. 주식발행초과금은 자본잉여금으로 분류한다.
- 회계처리 : (차) 현금　　　　60,000,000원　　　(대) 자본금　　　　　　　50,000,000원
　　　　　　　　　　　　　　　　　　　　　　　　　　　　주식발행초과금　　　10,000,000원

14. 당기순이익 = 총수익(1,000,000) − 총비용(600,000) = 400,000원

　　기말자본 = 기초자본(400,000) + 당기순이익(400,000) = 800,000원

15.

상　품

기초상품	30000	매출원가	460,000
순매입액	500,000	기말상품	70,000
계	530,000	계	530,000

16. 거래처 직원의 결혼 축의금은 기업업무추진비로 판매비와관리비이며, 불우이웃돕기성금을 지급한 것은 기부금으로 영업외비용에 속한다.

17. 영업이익은 매출총이익에서 판매비와관리비를 차감하여 계산한다. 따라서, 복리후생비(가), 소모품비, 수도광열비 등(다)의 판매비와관리비가 감소하면 영업이익은 증가한다.

18. 종업원 급여의 원천징수세액은 부채계정인 예수금으로 처리한다.

19. 당기비용(보험료) = 선급보험료(120,000) ÷ 12개월 × 2개월(11.1~12.31) = 20,000원

20.

대손충당금

대손	30,000	기초	50,000
		회수	5,000
기말(3,000,000×2%)	60,000	*대손상각비(설정?)*	*35,000*
계	90,000	계	90,000

21. (가)는 기업의 재무보고서 중 손익계산서에 해당한다.

　　이자비용(비용)은 손익계산서 계정과목이고, 건물(자산), 선수수익(부채), 차량운반구(자산)는 재무상태표 계정과목이다.

22. 단기매매증권(자산)은 전기이월액이 차변에, 사채(부채), 자본금(자본), 미지급금(부채)은 전기이월액이 대변에 기입된다.

23. (가) : (차) 외상매출금　　500,000원　　(대) 매출　　500,000원

　　(나) : (차) 가지급금　　　100,000원　　(대) 현금　　100,000원

　　판매용 책상 등을 판매한 것은 차변에 외상매출금으로 분개하며, 제주도 출장여비에 대한 지급금액과 지급처가 정해지지 않은 상태에서 기재하는 계정은 차변에 가지급금으로 기재한다.

24. 당기순이익 = 총수익(150,000) − 총비용(120,000) = 30,000원

　　기초자본 = 기말자본(300,000) − 당기순이익(30,000) = 270,000원

　　기초자산 = 기초 부채(280,000) + 기초자본(270,000) = 550,000원

25. ① (차) 보통예금　50,000원 (자산의 증가)　(대) 외상매출금　50,000원 (자산의 감소)→교환거래

　　② (차) 이자비용　10,000원 (비용의 발생)　(대) 현금　　　　10,000원 (자산의 감소)→손익거래

　　③ (차) 선급금　　10,000원 (자산의 증가)　(대) 현금　　　　10,000원 (자산의 감소)→교환거래

　　④ (차) 당좌예금　75,000원 (자산의 증가)　(대) 단기대여금　70,000원 (자산의 감소)→혼합거래

　　　　　　　　　　　　　　　　　　　　　　　　　이자수익　　5,000원 (수익의 발생)

26. 현금및현금성자산 = 자기앞수표(50,000) + 여행자수표(80,000) + 당좌예금(100,000)

　　+ 보통예금(60,000) = 290,000원

　　현금 및 현금성자산은 통화 및 타인발행수표, 통화대용증권과 당좌예금, 보통예금 및 큰 거래비용 없이 **현금으로 전환이 용이하고 이자율 변동에 따른 가치변동의 위험이 경미한 금융상품으로서 취득 당시 만기일(또는 상환일)이 3개월 이내인 것**을 말한다.

27. 평가손익 = 공정가치(110,000) – 취득가액(120,000) = △10,000원(손실)

　　당기손익 = 수수료비용(5,000) + 단기투자자산평가손실(10,000) = 15,000원(손실)

　　단기매매증권의 취득과 관련된 거래원가(수수료비용)는 당기 비용으로 처리하며, 단기매매증권의 공정가치 하락으로 인한 손실(단기투자자산평가손실)도 당기 비용으로 처리한다.

　• 날짜별 회계처리

　　20x1.04.03.　(차) 단기매매증권　　　　　120,000원　　(대) 보통예금　　　　　　125,000원

　　　　　　　　　　　수수료비용　　　　　　 5,000원

　　20x1.12.31.　(차) 단기투자자산평가손실 10,000원　　(대) 단기매매증권　　　　　10,000원

28. 원상회복을 위한 수리 및 교체비용은 수익적 지출에 해당한다.

29. 당해 **자산의 제조, 매입 또는 건설 완료 시까지 발생된 이자비용은 취득원가에 산입**한다. 이를 금융비용 자본화라 한다. **이 답은 잘못 처리된 답안**이다.

　　일반기업회계기준 제18장 차입원가자본화를 보면 **차입원가는 기간비용으로 처리함을 원칙**으로 하게 되어 있다. 예외적으로 취득원가에 산입할 수 있는 것이다. 즉 이자비용으로 처리하여야 하는 것이다.

> **18.4**　차입원가는 기간비용으로 처리함을 원칙으로 한다. 다만, 유형자산, 무형자산 및 투자부동산과 제조, 매입, 건설, 또는 개발(이하 '취득'이라 한다)이 개시된 날로부터 의도된 용도로 사용하거나 판매할 수 있는 상태가 될 때까지 1년 이상의 기간이 소요되는 재고자산(이하 '적격자산'이라 한다)의 취득을 위한 자금에 차입금이 포함된다면 이러한 차입금에 대한 차입원가는 적격자산의 취득에 소요되는 원가로 회계처리 할 수 있다. 적격자산의 취득과 관련된 차입원가는 그 자산을 취득하지 아니하였다면 부담하지 않을 수 있었던 원가이기 때문에 적격자산의 취득원가를 구성하며, 그 금액을 객관적으로 측정할 수 있는 경우에는 해당 자산의 취득원가에 산입할 수 있다.

30. 감가상각비 = [취득원가(50,000,000) – 잔존가치(5,000,000)] × 1/5 × 9/12 = 6,750,000원

31. (차) 급여　　　　　　100,000원　　(대) 보통예금　　　　　100,000원

　　　(차) 상품　　　　　　100,000원　　(대) 외상매입금　　　　100,000원

　　　(차) 미수금　　　　　100,000원　　(대) 기계장치　　　　　100,000원

　　　(차) 외상매출금　　　100,000원　　(대) 상품매출　　　　　100,000원

32. **무상증자는 증자 전후로 자본의 변동이 없으나** 유상증자는 전후로 자본의 변동이 발생할 수 있다.

33. 매출원가 = 매출액(1,500,000) × [1 − 매출이익률(30%)] = 1,050,000원

　　　기말상품 = 기초상품(500,000) + 매입액(1,300,000) − 매출원가(1,050,000) = 750,000원

34. 자산 = 미수금(1,000,000) + 선급금(3,000,000) + 상품(2,000,000) + 건물(4,000,000)

　　　　　 = 10,000,000원

　　　부채 = 미지급금((2,000,000) + 차입금(1,000,000) = 3,000,000원

　　　자본 = 자산(10,000,000) − 부채(3,000,000) = 7,000,000원

35. 순매출액 = 총매출액(300,000) − 매출환입(20,000) − 매출할인(40,000) = 240,000원

　　　손익계산서에 계상되는 매출액은 순매출액이다.

　　　매출운반비는 매출에 대응하여 당기비용(판관비)으로 인식한다.

36. 감가상각비는 판매비와관리비에 표시된다.

37. 결산 후 당기순이익 = 결산 정리 전 순이익(500,000) + 미수이자(100,000) − 미지급급여(80,000)

　　　+ 선급보험료(50,000) = 570,000원

　　　자산의 증가는 이익의 증가로 부채의 증가는 이익의 감소로 나타난다.

38. 매출할인은 외상매출금을 약정기일 전에 회수함으로써 회수기일로부터 그 기일까지의 일수에 따라 일정한 금액을 할인하는 것을 말한다.

39. **거래의 날짜를 잘못 기입한 오류는 시산표에서 발견할 수 없다.**

40. **제조업, 판매업 및 건설업 외의 회사는 매출총이익(또는 손실)을 구분하여 표시하지 아니할 수 있다.**

제81회 기업회계3급

합격율	시험년월
48%	2023.10

01. 다음 중 재무제표에 대한 설명으로 옳은 것은?

① 재무상태표 : 일정기간 기업의 재무상태에 대한 정보를 제공하는 보고서
② 손익계산서 : 일정시점 기업의 경영성과에 대한 정보를 제공하는 보고서
③ 현금흐름표 : 일정기간 기업의 현금흐름에 대한 정보를 제공하는 보고서
④ 자본변동표 : 일정시점 기업의 자본변동에 대한 정보를 제공하는 보고서

02. 다음 중 일반기업회계기준상 재무상태표의 작성기준으로 틀린 것은?

① 유동성배열　　　② 총액주의　　　③ 1년기준　　　④ 실현주의

03. 다음 중 회계상의 거래로 올바른 것을 모두 고른 것은?

가. 대표자가 거래처 제품 10,000,000원을 구매하기로 확정하였다.
나. 공장건물을 보증금 50,000,000원, 월세 2,000,000원에 3년간 사용하기로 계약하고 보증금 중 5,000,000원을 계약금으로 지급하였다.
다. 연봉 50,000,000원에 영업사원 채용을 약속하고 근로계약서를 작성하였다.
라. 차량을 10,000,000원에 매도하기로 하고 계약금으로 현금 1,000,000원을 받았다.

① 가, 나　　　② 나, 라　　　③ 나, 다　　　④ 다, 라

04. 다음 중 자산에 해당하는 계정과목을 모두 고른 것은?

가. 상품	나. 장기미수금	다. 장기차입금	라. 자본금

① 가, 나　　　② 나, 다　　　③ 나, 라　　　④ 다, 라

05. 결산 시 단기매매증권과 매도가능증권을 공정가치로 평가하는 경우, 각 평가손익을 재무제표에 올바르게 반영한 것을 고르시오.

	단기매매증권 평가손익	매도가능증권 평가손익		단기매매증권 평가손익	매도가능증권 평가손익
①	손익계산서	재무상태표	②	손익계산서	손익계산서
③	재무상태표	재무상태표	④	재무상태표	손익계산서

06. 내용을 알 수 없어 가지급금으로 회계처리한 500,000원 중 200,000원이 상품 매입 계약 후 지급한 계약금으로 확인된 경우의 회계처리로 올바른 것은?

① (차) 가지급금　　　200,000원　　(대) 선급금　　　200,000원
② (차) 미지급금　　　200,000원　　(대) 가지급금　　200,000원
③ (차) 가지급금　　　200,000원　　(대) 미지급금　　200,000원
④ (차) 선급금　　　　200,000원　　(대) 가지급금　　200,000원

07. ㈜한국은 기말 채권 잔액에 대하여 1%의 대손율을 적용하고 있다. ㈜한국의 기말 매출채권 잔액이 50,000,000원이고 기설정된 대손충당금 잔액이 200,000원일 경우 손익계산서에 대손상각비로 계상될 금액은 얼마인가?

① 100,000원　　　② 200,000원　　　③ 300,000원　　　④ 400,000원

08. 다음 자료의 조건을 모두 만족하는 재고자산 평가 방법으로 옳은 것은?

- 물가가 지속적으로 상승할 때 매출원가가 가장 크게 계상된다.
- 물가가 지속적으로 상승할 때 당기순이익이 가장 작게 계상된다.
- 매출원가는 최근의 원가로 반영되고, 기말 재고자산은 과거의 원가로 구성된다.

① 총평균법　　　② 이동평균법　　　③ 선입선출법　　　④ 후입선출법

09. 개인기업의 자본금 계정에서 (가)에 기입할 수 있는 것을 모두 고른 것은?

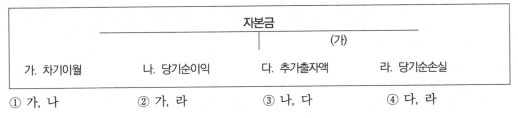

자본금	
	(가)
가. 차기이월 나. 당기순이익	다. 추가출자액 라. 당기순손실

① 가, 나　　　② 가, 라　　　③ 나, 다　　　④ 다, 라

10. 다음 중 재고자산으로 계상할 수 없는 것은?

① 위탁자가 수탁자에게 판매를 위해 위탁한 상품
② 컴퓨터 제조회사에서 업무용으로 사용하고 있는 컴퓨터
③ 분양판매를 목적으로 완공된 건물
④ 도착지 인도조건으로 판매한 운송 중인 상품

11. 다음 자료에서 유형자산처분손익을 계산한 금액으로 옳은 것은?

> • 취득 : 20x0년 1월 1일
> • 취득원가 : 1,000,000원
> • 내용연수 : 5년
> • 감가상각 : 정률법(상각률 40%)에 따라 매년 정상적으로 상각함.
> • 결산 : 연 1회(매년 12월 31일)
> • 처분 : 20x2년 1월 1일(처분가액 500,000원)

① 처분손실 100,000원   ② 처분손실 140,000원
③ 처분이익 100,000원   ④ 처분이익 140,000원

12. 다음 중 감가상각을 하지 않는 유형자산으로만 짝지어진 것은?

① 비품, 기계장치   ② 토지, 기계장치
③ 토지, 건설중인자산   ④ 차량운반구, 건설중인자산

13. 다음 중 무형자산에 대한 설명으로 가장 적절하지 않은 것은?

① 물리적인 형태가 있는 자산으로 화폐성 자산이다.
② 무형자산은 미래의 경제적 효익을 제공하는 경우가 많다.
③ 기업 내부적으로 창출된 영업권은 무형자산으로 인식할 수 없다.
④ 무형자산에는 산업재산권이 있으며, 산업재산권의 종류로는 특허권, 실용신안권, 상표권 등이 있다.

14. 다음 거래에 대한 거래요소의 결합관계로 올바른 것은?

> ㈜대서양은 대한적십자사에 100,000원을 현금으로 기부하였다.

① (차) 비용의 발생   (대) 자산의 감소
② (차) 자본의 감소   (대) 자산의 감소
③ (차) 비용의 발생   (대) 부채의 증가
④ (차) 자본의 감소   (대) 수익의 발생

15. 다음 자료에서 기말자본은 얼마인가? (단, 다른 자본거래는 없다.)

기초자산	기초부채	총수익	총비용	유상증자
1,000,000원	700,000원	500,000원	400,000원	100,000원

① 100,000원   ② 300,000원   ③ 500,000원   ④ 700,000원

16. 다음은 ㈜대한의 상품 매매 관련 자료이다. 6월 8일의 회계처리로 올바른 것은?

> • 6월 4일 : 상품을 100,000원에 판매하고 대금은 외상으로 하였다.
> • 6월 8일 : 외상으로 판매한 상품에 하자가 있어 20,000원이 반품되었다.

① (차) 미수금   20,000원   (대) 매출   20,000원
② (차) 외상매출금   20,000원   (대) 매출환입   20,000원
③ (차) 매출환입   20,000원   (대) 매출   20,000원
④ (차) 매출환입   20,000원   (대) 외상매출금   20,000원

17. 다음 중 판매비와관리비에 해당하는 계정과목을 모두 고른 것은?

가. 기부금	나. 수도광열비	다. 무형자산상각비	라. 기타의대손상각비

① 가, 나   ② 가, 라   ③ 나, 다   ④ 다, 라

18. ㈜서울은 당기 중 다음과 같이 유상증자 후 잘못 회계처리하였다. 이를 바르게 정정하지 않을 경우 결산 시 재무상태표에 미치는 영향으로 옳은 것만을 〈보기〉에서 모두 고른 것은?

> ㈜서울은 주주총회 결의에 따라 새로운 주식 1,000주(1주당 액면금액 1,000원)를 1주당 900원에 발행하고 납입금은 전액 당좌예입되었으며, 아래와 같이 회계처리하였다..
> (차) 당좌예금   900,000원   (대) 자본금   900,000원

── 〈보 기〉 ──

> 가. 자본금이 100,000원 과소 계상된다.
> 나. 당좌자산이 100,000원 과소 계상된다.
> 다. 자본잉여금이 100,000원 과소 계상된다.

① 가   ② 가, 다   ③ 나, 다   ④ 가, 나, 다

19. 다음 중 시산표 등식으로 옳은 것은?

① 기초자본＋총비용＝기초자산＋기초부채＋총수익
② 기초자산＋총비용＝기초부채＋기말자본＋총수익
③ 기말자본＋총비용＝기말자산＋기말부채＋총수익
④ 기말자산＋총비용＝기말부채＋기초자본＋총수익

20. 다음의 현금과부족 계정에 기입된 내용을 바탕으로 추정한 거래로 옳은 것은?

현금과부족	
12/31 잡손실	10,000

① 현금의 실제 잔액이 장부 잔액보다 10,000원 많음을 발견하다.
② 현금의 실제 잔액이 장부 잔액보다 10,000원 부족함을 발견하다.
③ 결산일에 현금과잉액 10,000원이 발견되어 잡손실로 처리하다.
④ 결산일까지 현금부족액 10,000원에 대한 원인을 밝히지 못해 잡손실로 처리하다.

21. 다음 중 재무상태표에 대한 설명으로 틀린 것은?

가. 자산이란 과거 사건의 결과로 기업이 통제하고 있고 미래 경제적 효익이 기업에 유입될 것으로 기대되는 자원이다.
나. 재무상태의 측정에 직접 관련되는 요소는 자산, 부채, 자본이다.
다. 자본이란 기업의 자산과 부채의 합계액이다.
라. 부채란 과거 사건에 의해 발생했으며 경제적 효익이 내재된 자원이 기업으로부터 유출됨으로써 이행될 것으로 기대되는 현재의 의무이다.

① 가   ② 나   ③ 다   ④ 라

22. 다음 중 계정의 기록으로 틀린 것은?

① 매출채권의 증가 : 차변
② 선급비용의 감소 : 대변
③ 선수수익의 감소 : 차변
④ 매입채무의 감소 : 대변

23. 다음의 결산 분개로 추정할 수 있는 것은?

(차) 선급보험료	100,000원	(대) 보험료	100,000원

① 전기에 이연처리한 보험료를 당기의 비용으로 대체하였다.
② 당기에 지급한 보험료를 반환받았다.
③ 기간미경과분 보험료를 자산처리 하였다.
④ 전기에 보험료를 미지급하고 당기에 지급하였다.

24. 다음 중 발생기준을 적용함으로써 기록되는 계정과목이 아닌 것은?

① 선급비용   ② 자본금   ③ 감가상각누계액   ④ 미지급비용

25. 다음은 개인기업인 대전상사의 자료이다. 이를 이용하여 매출총이익을 계산하면 얼마인가?

손익			
매입	250,000원	매출	400,000원

① 70,000원   ② 130,000원   ③ 150,000원   ④ 170,000원

26. ㈜대전의 단기매매증권(A주식)에 대한 거래내용이 다음과 같은 경우, 처분 시 처분손익은 얼마인가?

- 20x0년 07월 01일 A주식 10주를 1주당 180,000원에 취득하였다.
- 20x0년 12월 31일 현재 A주식 1주당 시가는 200,000원이다.
- 20x1년 03월 30일 A주식 10주를 1주당 190,000원에 처분하였다.

① 단기매매증권처분이익 100,000원   ② 단기매매증권처분이익 10,000원
③ 단기매매증권처분손실 100,000원   ④ 단기매매증권처분손실 10,000원

27. 다음 중 무형자산의 합계액은 얼마인가?

• 개발비	120,000원	• 기계장치	200,000원
• 영업권	100,000원	• 차량운반구	180,000원

① 100,000원   ② 220,000원   ③ 420,000원   ④ 600,000원

28. 다음 중 이익잉여금에 해당하는 것은?

① 이익준비금　　　　　　　　　　② 감자차익
③ 주식할인발행차금　　　　　　　　④ 매도가능증권평가이익

29. 다음 중 기말 재고자산을 과대평가하였을 때 나타나는 현상으로 옳은 것은?

① 매출원가가 과소 계상된다.
② 판매비와관리비가 과대 계상된다
③ 영업이익이 과소 계상된다.
④ 당기순이익이 과소 계상된다.

30. 다음 중 재고자산과 관련된 설명으로 틀린 것은?

① 실지재고조사법은 계속기록법에 비해 노력과 비용이 적게 소요된다.
② 기초재고액보다 기말재고액이 더 크면 당기 매입액보다 매출원가가 더 작다.
③ 실지재고조사법을 사용하는 경우 매출원가를 산정하기 위하여 기말에 별도의 수정분개를 하지 않아도 된다.
④ 실지재고조사법은 도난이나 파손이 있는 경우, 매출원가가 과대평가 될 수 있는 문제점이 있다.

31. 다음 중 유형자산의 취득원가에 해당하지 않는 것은?

① 유형자산 취득 시 지출한 설치비
② 유형자산 취득 시 지급한 취득세
③ 유형자산 취득 후 지출한 재산세
④ 유형자산 취득 시 지출한 시운전비

32. 다음은 ㈜광주의 건물을 수리하고 지출한 내용을 요약한 것이다. 건물의 취득원가에 포함할 자본적 지출 금액을 계산한 것으로 올바른 것은?

수리 내역	금액	비고
파손된 유리창 교체	100,000원	원상회복
건물 옥상에 방수 시설	800,000원	내용연수 연장
냉난방 장치 설치	1,000,000원	가치 증대

① 100,000원　　② 1,000,000원　　③ 1,800,000원　　④ 1,900,000원

33. 다음은 12월 말 결산법인인 ㈜인천이 보유하고 있는 비품에 관한 자료이다. 20x3년 12월 31일 결산 시 재무상태표에 표시될 감가상각누계액의 금액으로 옳은 것은?

- 취득일 : 20x0년 1월 1일
- 취득원가 : 2,000,000원
- 내용연수 : 5년
- 잔존가치 : 없음
- 상각방법 : 정액법(매년 정상적으로 감가상각하였음)
- 회계연도 : 매년 1월 1일부터 12월 31일까지(결산 연 1회)

① 400,000원　　　　② 800,000원　　　　③ 1,200,000원　　　　④ 1,600,000원

34. ㈜대구의 자료가 다음과 같을 때 기말 부채액은 얼마인가? (단, 다른 자본거래는 없었다.)

- 기초자본 : 300,000원
- 당기순이익 : 600,000원
- 기말자산 : 1,000,000원
- 기말부채 : ?원

① 100,000원　　　　② 200,000원　　　　③ 300,000원　　　　④ 400,000원

35. 다음은 ㈜부산의 거래 내용과 회계처리이다. 아래의 분개에서 (가)에 기입할 계정과목으로 옳은 것은?

경기침체로 인해 경영이 악화됨에 따라 사업의 규모를 축소하기로 하고 발행주식 중 2,000주(1주당 액면 금액 5,000원)를 주당 2,000원에 매입하여 소각하였으며, 대금은 수표를 발행하여 지급하다.

(차) 자본금	10,000,000원	(대) 당좌예금	4,000,000원
		(가)	6,000,000원

① 감자차익　　　② 주식할인발행차금　　　③ 자기주식처분이익　　　④ 이월결손금

36. 다음 중 자본 감소의 원인이 되는 계정으로만 묶인 것은?

① 기부금, 임대료　　　　② 복리후생비, 잡비
③ 급여, 이자수익　　　　④ 재해손실, 보험차익

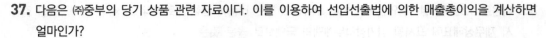

37. 다음은 ㈜중부의 당기 상품 관련 자료이다. 이를 이용하여 선입선출법에 의한 매출총이익을 계산하면 얼마인가?

일자	내역	수량	단가	금액
1월 1일	전기이월	50개	1,200원	60,000원
3월 8일	매입	200개	1,500원	300,000원
4월 3일	매출	220개	2,600원	572,000원

① 212,000원　　　② 248,000원　　　③ 257,000원　　　④ 272,000원

38. 아래의 그림은 결산 절차를 나타낸 것이다. 다음 중 (가) 단계에서 실시하는 것을 모두 고른 것은?

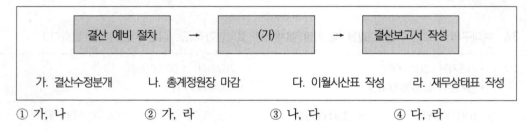

결산 예비 절차	→	(가)	→	결산보고서 작성

가. 결산수정분개　　　나. 총계정원장 마감　　　다. 이월시산표 작성　　　라. 재무상태표 작성

① 가, 나　　　② 가, 라　　　③ 나, 다　　　④ 다, 라

39. 다음 중 주요부에 해당하는 것을 모두 고른 것은?

가. 분개장	나. 총계정원장	다. 상품재고장	라. 현금출납장

① 가, 나　　　② 가, 라　　　③ 나, 다　　　④ 다, 라

40. [중소기업회계기준] 다음 중 재무제표에 해당하는 것을 모두 고른 것은?

가. 주석	나. 현금흐름표	다. 자본변동표	라. 이익잉여금처분계산서

① 가, 나　　　② 가, 라　　　③ 나, 다　　　④ 다, 라

제81회 기업회계3급 답안 및 해설

1	2	3	4	5	6	7	8	9	10
③	④	②	①	①	④	③	④	③	②
11	12	13	14	15	16	17	18	19	20
④	③	①	①	③	④	③	①	④	④
21	22	23	24	25	26	27	28	29	30
③	④	③	②	③	③	②	①	①	③
31	32	33	34	35	36	37	38	39	40
③	③	④	①	①	②	③	③	①	④

01. ① 재무상태표 : **일정시점** 기업의 자산, 부채, 자본에 대한 정보 제공
② 손익계산서 : **일정기간** 기업의 경영성과에 대한 정보 제공
④ 자본변동표 : **일정기간** 기업의 자본변동에 대한 정보 제공

02. **실현주의는 손익계산서의 작성기준**이다.

03. 회계 상의 거래는 자산, 부채, 자본에 증감 변화가 있어야 하며 주문, 계약, 약정 등은 회계 상의
거래가 아니다.

04. 상품(유동자산), 장기미수금(비유동자산)

05. **단기매매증권평가손익은 손익계산서의 당기손익으로 반영**하고, **매도가능증권평가손익은 재무상태
표의 기타포괄손익누계액**으로 반영한다.

06. 가지급금 500,000원 중 계약금으로 확인된 200,000원을 선급금으로 분개한다.

07. 기말 대손충당금(대손추산액) = 기말 채권잔액(50,000,000) × 대손율(1%) = 500,000원
대손상각비 = 기말 대손충당금(500,000) – 설정 전 대손충당금(200,000) = 300,000원

08. 물가 상승 시 **매출원가가 가장 크고 이익이 가장 작은 평가 방법은 후입선출법**이다.

09. 자본금 계정 대변은 자본을 증가시키는 요인들이 기입된다. 따라서 개인기업의 **자본금 계정 대변엔
전기이월액, 추가출자액, 당기순이익을 기입**할 수 있다.

10. 재고자산은 주된 영업활동과 관련하여 기업이 **판매할 목적으로 소유하거나 제품을 생산할 목적으로
보유하거나 제조 중인 자산**을 말한다.
컴퓨터 제조회사에서 업무용으로 사용하고 있는 컴퓨터는 유형자산으로 분류한다.

11. 감가상각비(x0) = 취득가액(1,000,000) × 상각률(40%) = 400,000원

감가상각비(x1) = [취득가액(1,000,000) – 감가상각누계액(400,000)] × 상각률(40%) = 240,000원

처분 전 장부가액 = 취득원가(1,000,000) – 감가상각누계액(640,000) = 360,000원

처분손익 = 처분가액(500,000) – 장부가액(360,000) = 140,000원(이익)

12. 유형자산 중 **토지와 건설중인자산은 감가상각을 하지 않는다.**

13. **무형자산은 형태가 없는 비화폐성 자산**이다.

14. (차) 기부금(비용의 발생)　　　　100,000원　　　(대) 현금(자산의 감소)　　　100,000원

15. 기초자본 = 기초자산(1,000,000) – 기초부채(700,000) = 300,000원

당기순이익 = 총수익(500,000) – 총비용(400,000) = 100,000원

기말자본 = 기초자본(300,000) + 당기순이익(100,000) + 유상증자(100,000) = 500,000원

16. 판매한 **상품이 반품되는 것은 매출환입**이다. 외상으로 매출한 상품 중 환입 발생 시 외상매출금과 상계처리한다.

〈판매시〉	(차) 외상매출금	100,000 원	(대) 매출	100,000 원
〈반품시〉	**(차) 매출환입**	**20,000 원**	**(대) 외상매출금**	**20,000 원**

17. 수도광열비와 무형자산상각비는 판매비와관리비이며, **기부금과 기타의대손상각비는 영업외비용**이다.

18. 〈올바른 회계처리〉

(차) 당좌예금　　　　　　900,000원　　　(대) 자본금　　　　1,000,000원
　　　주식할인발행차금　　100,000원

자본금 100,000원과 주식할인발행차금(자본조정) 100,000원이 과소계상된다.

20. 기중에 발생한 현금과부족에 대하여 결산일까지 원인을 밝혀내지 못한다면 잡손실 또는 잡이익으로 처리한다. 제시된 거래는 기중에 현금부족액이 발생했으며, 이를 **결산일까지 밝히지 못해 잡손실로 처리하는 거래**이다.

21. 자본이란 자산에서 부채를 차감하고 남은 잔여지분이다.

22. 매입채무는 부채계정으로 증가는 대변, 감소는 차변에 기록된다.

23. 당기에 지급한 보험료 중 **기간미경과분 보험료를 자산처리 하는 분개(비용의 이연)**이다.

24. 자본금은 주주가 출자한 금액을 기록하는 계정과목이다.

25. 손익 계정에서 **매입은 매출원가, 매출은 순매출액**을 의미한다.

매출총이익 = 순매출액(400,000) – 매출원가(250,000) = 150,000원

26. 단기매매증권처분손익 = [처분가액(190,000) – 장부가액(200,000)] × 10주 = △100,000원(손실)

27. 무형자산 = 개발비(120,000) + 영업권(100,000) = 220,000원

기계장치와 차량운반구는 유형자산에 해당한다.

28. 감자차익 : 자본잉여금, 주식할인발행차금 : 자본조정

매도가능증권평가이익 : 기타포괄손익

29. **자산과 이익은 비례관계**이다 **기말 재고자산이 과대평가**되면 당기 매출원가는 과소평가 되고 **영업이익 및 당기순이익은 과대평가**된다.

30. 실지재고조사법을 사용하는 경우, **매출원가를 산정하기 위한 기말 수정분개를 별도**로 해야 한다.

31. 유형자산의 취득원가는 본래의 취득가액 뿐 아니라 그 부대비용도 포함된다. 재산세는 유형자산을 보유함으로써 발생하는 비용으로 당기비용으로 처리한다.

32. 자본적 지출액 = 옥상 방수 시설(800,000) + 냉난방 장치 설치(1,000,000) = 1,800,000원

   유형자산 취득 후 그 **유형자산의 가치 증대 또는 내용연수를 연장시키는 지출은 자본적지출**로 해당 자산의 취득원가에 포함한다. 다만, **원상회복 또는 현상 유지를 위한 지출은 수익적지출로 비용**으로 처리한다.

33. 감가상각비(정액법) = 취득가액(2,000,000) ÷ 5년 = 400,000원/년

   감가상각누계액(x3.12.31) = 감가상각비(400,000) × 4년 = 1,600,000원

34. 기말자본 = 기초자본(300,000) + 당기순이익(600,000) = 900,000원

   기말부채 = 기말자산(1,000,000) – 기말자본(900,000) = 100,000원

35. 자본금을 감소시키는 경우 액면금액과 지급한 주식 대금과의 차액은 **감자차익(대변) 또는 감자차손 (차변) 계정에 기입한다.**

36. 비용의 발생은 자본을 감소시키며, 수익의 발생은 자본을 증가시킨다. 복리후생비, 잡비는 비용에 속하는 항목이다.

37. 매출원가(선입선출법) = 50개(1.1) × 1,200원 + 170개(3.8) × 1,500원 = 315,000원

   매출총이익 = 매출액(572,000) – 매출원가(315,000) = 257,000원

38. (가)는 결산 본 절차이며 장부 마감과 이월시산표를 작성한다.

   결산 예비 절차 : 시산표, 결산 수정 분개, 정산표 작성

   결산 보고서 작성 : 재무상태표, 손익계산서, 자본변동표, 현금흐름표 등 작성

39. **주요부에는 분개장과 총계정원장**이 있다.

   상품재고장(보조원장)과 현금출납장(보조기입장)은 보조부이다.

40. 중소기업회계기준에서 재무제표는 **대차대조표, 손익계산서, 자본변동표, 이익잉여금처분계산서(또 는 결손금처리계산서)**로 한다.

제80회 기업회계3급

합격율	시험년월
37%	2023.08

01. 다음 중 회계상 거래로 올바른 것은?

① 상품 50,000원을 주문하다.

② 공장의 화재로 상품 50,000원이 소실되다.

③ 창고를 월세 50,000원에 임차하기로 계약하다.

④ 월 급여 50,000원을 지급하기로 하고 종업원을 채용하다.

02. 다음 중 계정 잔액이 차변에 남는 것은?

① 자본금　　　　② 지급어음　　　　③ 미지급금　　　　④ 임차보증금

03. ㈜서울의 다음 거래에서 발생하지 않는 거래요소는 무엇인가?

> ㈜서울은 ㈜충청으로부터 업무용 컴퓨터를 1,000,000원에 구입하면서 대금 중 400,000원은 현금으로 지급하고, 나머지는 신용카드로 결제하였다.

① 자산의 증가　　　② 부채의 증가　　　③ 자산의 감소　　　④ 부채의 감소

04. 기말 결산 시 차입금에 대한 이자 미지급분을 계상하다. 이와 관련 있는 내용으로 올바른 것은?

① 수익의 예상　　　② 비용의 예상　　　③ 비용의 이연　　　④ 수익의 이연

05. 다음은 ㈜경기의 재무상태표 자료이다. 다음 자료에 의한 ㈜경기의 총자산금액으로 올바른 것은?

• 상품 : 70,000원	• 미수금 : 40,000원	• 지급어음 : 10,000원	• 비품 : 60,000원
• 선수금 : 40,000원	• 받을어음 : 30,000원	• 외상매출금 : 35,000원	• 선급금 : 20,000원

① 220,000원　　　② 250,000원　　　③ 255,000원　　　④ 275,000원

06. 다음 자료에서 재무상태표에 현금및현금성자산으로 표시될 금액은 얼마인가?

> • 당좌예금 320,000원 • 선일자수표 120,000원 • 우편환증서 80,000원
> • 취득일부터 만기 2개월의 환매조건인 환매채 500,000원
> • 취득 당시 만기가 6개월 이내에 도래하는 양도성예금증서 850,000원

① 900,000원 ② 1,020,000원 ③ 1,250,000원 ④ 1,750,000원

07. ㈜강원이 당기 중에 단기매매목적으로 시장성이 있는 주식 50주를 주당 3,000원에 취득하면서 관련수수료 1,000원이 발생하였다. 당기말 현재 주식의 공정가치는 주당 3,500원이다. 이와 관련하여 손익계산서에 미치는 영향에 관한 설명으로 옳은 것은?

① 주식 취득수수료 1,000원은 취득원가에 포함된다.
② 단기매매증권평가손실 25,000원이 발생한다.
③ 손익계산서에 24,000원의 순이익이 증가한다.
④ 단기매매증권평가이익은 손익계산서에 아무런 영향을 주지 않는다.

08. ㈜인천의 기초대손충당금 잔액은 5,000원이고, 당기에 대손 2,000원이 발생하였다. ㈜인천의 기말 결산 시 대손충당금 회계처리와 관련된 다음의 설명 중 틀린 것은?

① 대손추정금액이 5,000원인 경우 기말 대손충당금잔액은 5,000원이다.
② 대손추정금액이 4,000원인 경우 당기 대손상각비는 1,000원이다.
③ 대손추정금액이 5,000원인 경우 당기 대손상각비는 1,000원이다.
④ 대손추정금액이 3,000원인 경우 회계처리는 없다.

09. 다음 중 유동성배열법에 의해 재무상태표를 작성하는 경우 가장 나중에 배열되는 것은 무엇인가?

① 미수금 ② 개발비 ③ 토지 ④ 외상매출금

10. 다음 중 유형자산에 대한 설명으로 틀린 것은?

① 유형자산은 1년을 초과하여 사용할 것이 예상되는 자산이다.
② 토지, 비품, 건물, 기계장치는 유형자산에 속한다.
③ 유형자산은 자체적으로 사용할 목적으로 보유하는 물리적 형체가 있는 자산이다.
④ 유형자산의 감가상각방법에는 선입선출법과 후입선출법 등이 있다.

11. 다음 중 재화의 생산이나 용역의 제공, 타인에 대한 임대, 또는 자체적으로 사용할 목적으로 보유하고 있으며 물리적 형태가 있는 비화폐성자산에 속하는 계정과목으로 올바른 것은?

① 현금   ② 상품   ③ 토지   ④ 영업권

12. 다음 중 무형자산에 대한 설명으로 틀린 것은?

① 사용을 중지하고 처분을 위해 보유하는 무형자산은 취득 시점의 장부금액으로 표시한다.
② 무형자산의 잔존가치는 없는 것을 원칙으로 하며 상각기간은 특별한 경우를 제외하고 20년을 초과할 수 없다.
③ 내부적으로 창출한 영업권은 자산으로 인식하지 않는다.
④ 합리적인 상각 방법을 정할 수 없는 경우에는 정액법을 사용한다.

13. 다음 중 일반기업회계기준상 비유동부채로 분류되는 것은?

① 단기차입금   ② 선수금   ③ 유동성장기부채   ④ 장기차입금

14. 다음 중 자본에 관한 설명으로 틀린 것은?

① 자본은 기업의 자산에서 모든 부채를 차감한 후의 잔여지분을 나타낸다.
② 주식을 이익으로 소각하는 경우에는 소각하는 주식의 취득원가에 해당하는 이익잉여금을 감소시킨다.
③ 기업이 주주에게 순자산을 반환하지 않고 주식의 액면금액을 감소시키거나 주식 수를 감소시키는 경우에는 감소되는 액면금액 또는 감소되는 주식 수에 해당하는 액면금액을 감자차익으로 하여 자본잉여금으로 회계처리한다.
④ 현금으로 배당하는 경우에는 이익잉여금에 영향을 미치지 않는다.

15. 다음 자료에서 당기상품매입액은 얼마인가?

• 당기 매출액 : 400,000원	• 매출총이익 : 150,000원
• 기초상품재고액 : 300,000원	• 기말상품재고액 : 500,000원

① 150,000원   ② 250,000원   ③ 300,000원   ④ 450,000원

16. 다음 중 기말 결산 시 매출총이익의 과소계상과 관련이 없는 것은?

① 기초재고자산의 과소계상   ② 기말재고자산의 과소계상
③ 매입에누리와환출의 과소계상   ④ 매출액의 과소계상

17. 다음의 자료를 이용하여 당월 발생한 지급수수료를 계산하면 얼마인가? 단, 전월 미지급액은 당월에 정산된다.

• 전월미지급액 : 40,000원	• 당월현금지급액 : 70,000원
• 당월선급액 : 20,000원	• 당월미지급액 : 30,000원

① 10,000원   ② 20,000원   ③ 30,000원   ④ 40,000원

18. 다음 중 재무제표에 함께 기재하지 않아도 되는 것은?

① 기업명   ② 보고통화 및 금액 단위
③ 대표자명   ④ 보고기간종료일 또는 회계기간

19. 다음 중 영업이익에 영향을 주는 것은?

① 기부금   ② 매출할인
③ 예수금   ④ 유형자산처분손실

20. 다음은 ㈜충남의 업무용 건물에 대한 감가상각 관련 자료이다. 20x3년 결산 시 ㈜충남의 재무제표에 표시되는 감가상각비와 건물감가상각누계액으로 올바른 것은?

• 취득일 : 20x0년 7월 1일	• 내용연수 : 10년
• 취득금액 : 1,000,000원	• 잔존가치 : 0원
• 정액법 상각	
• 해당 건물은 취득일부터 사용하였으며, ㈜충남의 회계기간은 매년 1월 1일부터 12월 31일이다.	

	감가상각비	건물감가상각누계액
①	50,000원	350,000원
②	50,000원	400,000원
③	100,000원	350,000원
④	100,000원	400,000원

21. 다음 중 회계의 순환 과정을 올바르게 나열한 것은?

> 가. 거래의 발생   나. 전기   다. 분개   라. 계정 마감   마. 수정전시산표 작성

① 가→다→나→마→라   ② 가→나→라→마→다
③ 가→나→라→다→마   ④ 가→다→나→라→마

22. 다음 중 손익에 영향을 미치지 않는 거래는?

① 당월 급여 1,000,000원을 현금으로 지급하였다.
② 비품 1,000,000원을 외상으로 구입하였다.
③ 당월 이자비용 500,000원을 현금으로 지급하였다.
④ 상품 500,000원을 판매하고 현금으로 수취하였다.

23. 다음 자료의 거래로 인하여 발생하는 채권 또는 채무 계정의 연결이 올바른 것은?

> 가. 판매용 신발을 외상으로 매입한 경우
> 나. 사무용 책상을 외상으로 매입한 경우
> 다. 공장용 건물을 외상으로 판매한 경우
> 라. 판매용 화장품을 외상으로 판매한 경우

① 가 : 선수금   ② 나 : 외상매입금   ③ 다 : 미수금   ④ 라 : 매입채무

24. 다음 중 수익을 얻기 위하여 소비된 가치로서 감자 없이 자본의 감소를 가져오는 회계의 구성요소로 올바른 것은?

① 자산   ② 부채   ③ 비용   ④ 수익

25. 기말 결산 분개 중 대손상각비의 계상에 적용되는 전표로 올바른 것은?

① 대체전표   ② 출금전표   ③ 입금전표   ④ 입출금전표

26. 다음 중 결산 과정에서 집합손익으로 대체될 수 없는 계정과목은 무엇인가?

① 이자수익   ② 감가상각비   ③ 소모품비   ④ 선수수익

27. 다음 중 아래의 분개에 대한 설명으로 올바른 것은?

5/11	(차) 현금과부족	10,000원	(대) 현금	10,000원

① 현금과잉액의 원인이 밝혀진 경우
② 현금의 실제 잔액이 장부 잔액보다 많음을 발견한 경우
③ 현금부족분의 원인이 밝혀진 경우
④ 현금의 실제 잔액이 장부 잔액보다 부족함을 발견한 경우

28. 다음 중 받을어음 계정의 차변에 기입될 수 있는 거래내용으로 올바른 것은?

① 환어음 수취   ② 환어음 인수   ③ 약속어음 발행   ④ 약속어음 대금 지급

29. 다음 중 재고자산에 포함되는 것은 몇 개인가?

• 비품	• 상품	• 제품	• 원재료

① 1개   ② 2개   ③ 3개   ④ 4개

30. 다음은 ㈜전북의 상품재고와 관련된 자료이다. 선입선출법을 적용하고 있는 ㈜전북의 9월 말 현재 월말 재고액으로 올바른 것은?

일자	내역	개수	단위당 가격
09/01	월초재고	10개	5,000원
09/17	매입	10개	6,000원
09/21	매출	15개	9,000원
09/25	매입	5개	7,000원

① 50,000원   ② 60,000원   ③ 65,000원   ④ 77,000원

31. 다음 중 유가증권에 대한 설명으로 틀린 것은?

① 유가증권은 만기보유증권, 단기매매증권, 매도가능증권 중의 하나로 구분된다.
② 매도가능증권과 단기매매증권은 원칙적으로 공정가치법으로 평가한다.
③ 주로 단기간 내에 매매차익을 목적으로 취득한 유가증권으로서 매수와 매도가 적극적이고 빈번하게 이루어지는 것은 단기매매증권이다.
④ 단기매매증권은 유형자산으로 분류된다.

32. ㈜전남은 20x0년 1월 1일 기계장치를 1,000,000원에 취득하였다. 20x1년 12월 31일 재무상태표상 기계장치 감가상각누계액은 200,000원이다. 기계장치의 내용연수는 몇 년인가? 단, 기계장치의 잔존가치는 200,000원이며, 정액법으로 상각한다.

① 4년   ② 5년   ③ 8년   ④ 10년

33. ㈜경북은 20x1년 10월 1일 업무용 자동차 보험료 600,000원(보험기간 : 20x1.10.1.~20x2.09.30.)을 현금으로 지급하고 전액 비용처리하였다. 20x1년 12월 31일 결산 시 ㈜경북은 해당 보험료에 관하여 아무런 회계처리를 하지 않았다. 다음 중 20x1년 재무제표에 미치는 영향으로 올바른 것은?

① 순이익이 450,000원 과대계상된다.
② 자산이 450,000원 과소계상된다.
③ 순이익이 150,000원 과소계상된다.
④ 자산이 150,000원 과대계상된다.

34. ㈜경남은 자기주식 10주(1주당 취득가액 8,000원)를 1주당 6,000원에 처분하였다. 해당 거래로 발생하는 부분은 자본항목 중 어디에 해당되는가?

① 자본금   ② 자본조정   ③ 자본잉여금   ④ 기타포괄손익누계액

35. 다음은 재산법 등식을 나타낸 것이다. (가)에 들어갈 내용으로 올바른 것은? 단, 기중 추가출자나 인출액은 없다.

기말자본 - (기초자산 - ⎡ (가) ⎤) = 당기순손익

① 기초부채   ② 기말부채   ③ 기초자산   ④ 기초자본

36. 다음은 ㈜세종의 제4기 자료이다. (가)에 들어갈 금액으로 올바른 것은?

• 기초상품재고액 200,000원	• 기말상품재고액 50,000원
• 총매출액 740,000원	• 총매입액 500,000원
• 환입액 10,000원	• 매출에누리액 30,000원
• 환출액 ⎡ (가) ⎤	• 매입에누리액 20,000원
• 매출총이익은 당기순매출액의 20%이다.	

① 40,000원   ② 60,000원   ③ 70,000원   ④ 80,000원

37. 다음은 결산 관련 내용이다. 결산 절차를 순서대로 바르게 배열한 것은?

> 가. 재무제표 작성 나. 합계잔액시산표 작성
> 다. 총계정원장 마감 라. 결산정리사항 수정기입
> 마. 이월시산표 작성

① 가→나→다→라→마 ② 가→다→라→나→마

③ 나→가→다→마→라 ④ 나→라→다→마→가

38. ㈜대전이 일반기업회계기준에 따라 다음의 거래를 적절히 회계처리한 경우, 결산 시 손익계산서 항목에 미치는 영향으로 올바른 것은? 단, ㈜대전의 회계기간은 매년 1월 1일부터 12월 31일까지이다.

> • 20x1년 5월 10일 영업사원 홍길동에게 지방 출장을 지시하고, 출장여비 개산액 300,000원을 현금으로 지급하다.
> • 20x1년 5월 16일 출장에서 돌아온 영업사원 홍길동이 출장여비 잔액 50,000원을 현금으로 반납하다.

① 영업이익 250,000원 증가

② 영업이익 250,000원 감소

③ 영업외비용 250,000원 증가

④ 판매비와관리비 250,000원 감소

39. 잔액시산표 작성 시 보통예금 계정의 잔액 600,000원을 당좌예금 계정의 차변에 잘못 기입한 경우 차변과 대변에 미치는 영향으로 옳은 것은?

① 차변 600,000원 과대계상, 대변 600,000원 과소계상 된다.

② 차변 600,000원 과소계상, 대변 600,000원 과대계상 된다.

③ 차변과 대변 모두 600,000원 과대계상된다.

④ 차변과 대변 합계에 영향이 없다.

40. [중소기업회계기준] 중소기업회계기준에서 규정하고 있는 재고자산의 단위원가를 결정하는 방법으로 옳지 않은 것은?

① 선입선출법 ② 후입선출법 ③ 매출가격환원법 ④ 매출총이익률법

제80회 기업회계3급 답안 및 해설

1	2	3	4	5	6	7	8	9	10
②	④	④	②	③	①	③	③	②	④

11	12	13	14	15	16	17	18	19	20
③	①	④	④	④	①	④	③	②	③

21	22	23	24	25	26	27	28	29	30
①	②	③	③	①	④	④	①	③	③

31	32	33	34	35	36	37	38	39	40
④	③	②	②	①	③	④	②	④	④

01. 약속, 보관, 주문, 계약, 종업원 채용, 근저당 설정은 자산, 부채, 자본의 증감변화가 없으므로 회계상 거래가 아니다.

02. 임차보증금은 자산이므로 계정 잔액이 차변에 위치한다.

03. (차) 비품(자산의 증가)   1,000,000원   (대) 현금(자산의 감소)   400,000원
                                                          미지급금(부채의 증가)   600,000원

04. (차) 이자비용(비용의 발생)   (대) 미지급이자(비용의 예상)

  수익의 예상 : 미수수익, 비용의 이연 : 선급비용, 수익의 이연 : 선수수익

05. 총자산 = 상품(70,000) + 미수금(40,000) + 비품(60,000) + 받을어음(30,000) + 외상매출금(35,000)
        + 선급금(20,000) = 255,000원

06. 현금 및 현금성자산 = 당좌예금(320,000) + 우편환증서(80,000) + 환매채(500,000) = 900,000원

07. 단기매매증권의 취득과 **직접 관련되는 거래원가는 당기 비용처리**로 처리한다.

  단기매매증권평가손익 = [공정가치(3,500) − 취득원가(3,000)] × 50주 = 25,000원

  손익계산서 효과 = 단기매매증권평가이익(25,000) − 취득수수료(1,000) = 당기순이익 24,000원 증가

08. ① 대손추정금액 = 기말대손충당금 잔액

대손충당금

대손	2,000	기초	5,000
기말(대손추정금액)		**대손상각비(설정?)**	
계		계	

  ② 당기 대손상각비 = 대손추정금액(4,000) − 설정전 대손충당금(3,000) = 1,000원

  ③ 당기 대손상각비 = 대손추정금액(5,000) − 설정전 대손충당금(3,000) = 2,000원

  ④ 당기 대손상각비 = 대손추정금액(3,000) − 설정전 대손충당금(3,000) = 0원

09. 개발비는 무형자산으로서 유동성배열법에 따라 가장 나중에 배열된다.

10. 유형자산의 감가상각방법에는 정액법, 체감잔액법(예를 들면, 정률법 등), 연수합계법, 생산량비례법 등이 있다.

11. 유형자산은 재화의 생산이나 용역의 제공, 타인에 대한 임대, 또는 자체적으로 사용할 목적으로 보유하고 있으며, **물리적 형태가 있는 비화폐성자산**으로서 토지, 건물, 기계장치 등을 포함한다.

12. 사용을 중지하고 처분을 위해 보유하는 무형자산은 **사용을 중지한 시점의 장부금액으로 표시**한다.

13. 단기차입금, 선수금, 유동성장기부채는 유동부채에 해당한다.

14. **현금으로 배당하는 경우에는 배당액을 이익잉여금에서 차감**한다.

(차) 이익잉여금　　　XXX　　　(대) 현　　금　　　XXX

15. 매출원가 = 당기매출액(400,000) – 매출총이익(150,000) = 250,000원

상　품

기초상품	300,000	매출원가	250,000
매입액	*450,000*	기말상품	500,000
계	750,000	계	750,000

16. ① 기초재고자산의 과소계상→매출원가 과소계상→매출총이익 과대계상

② 기말재고자산의 과소계상→매출총이익의 과소계상

③ 매입에누리의 과소계상→매출원가 과대계상→매출총이익의 과소계상

④ 매출액의 과소계상→매출총이익의 과소계상

17. 당월발생 지급수수료 = 당월현금지급액(70,000) – 당월선급액(20,000) + 당월미지급액(30,000)
　　　　　　　　　　　– 전월미지급액(40,000) = 40,000원

18. **기업명, 보고통화 및 금액 단위, 보고기간종료일 또는 회계기간이 기재**된다.

19. **매출할인은 매출총이익에 영향을 주는 항목으로서 영업이익에 영향**을 준다.

기부금과 유형자산처분손실은 영업외비용으로 당기손익에 영향을 준다.

예수금은 부채계정이므로 손익에 영향을 주지 않는다.

20. 감가상각비(정액법) = 취득가액(1,000,000) ÷ 내용연수(10년) = 100,000원/년

감가상각누계액(x3.12.31) = 감가상각비(100,000) × 3년 6개월 = 350,000원

21. 거래가 발생하면 분개장에 기입한 내용을 총계정원장에 전기하고 시산표 작성과정을 통해 계정을 마감한다.

22. 교환거래　　(차) 비품(자산의 증가) 1,000,000원　　(대) 미지급금(부채의 증가) 1,000,000원

23. 다. 공장용 건물을 외상으로 판매한 경우 : 미수금

가. 판매용 신발을 외상으로 매입한 경우 : 외상매입금

나. 사무용 책상을 외상으로 매입한 경우 : 미지급금

라. 판매용 화장품을 외상으로 판매한 경우 : 외상매출금

24. **비용은 소비된 가치로 자본의 감소**를 가져온다.

25. 대손상각비는 입·출금이 발생하지 않는 대체전표에 해당한다.

(차) 대손상각비　　　　　　　　XXX　　(대) 대손충당금　　　　　　　　XXX

26. 집합손익에 대체되는 계정과목은 수익과 비용계정이다. 선수수익은 부채계정이므로 차기이월계정으로 대체된다.

27. 현금의 실제액이 부족한 경우 원인이 밝혀질 때까지 현금과부족 계정을 세워 처리하고 현금 계정의 금액을 줄이는 분개를 한다.

28. 환어음을 받은 경우 받을어음 계정 차변에 계상한다.
환어음을 **인수(지급인이 만기일에 지급하겠다는 뜻을 기재하여 어음금액의 지급채무를 부담하는 행위)**한 경우와 약속어음을 발행한 경우 지급어음 계정의 대변에 계상하며, 약속어음의 대금을 지급한 경우 지급어음 계정 차변에 계상한다.

29. 비품은 유형자산에 해당한다.

30. 재고수량 = 월초(10) + 매입(15) − 매출(15) = 10개
기말재고금액(선입선출법) = 5개(9.25) × 7,000 + 5개(9.17) × 6,000 = 65,000원

31. 단기매매증권은 유동자산 중 당좌자산으로 분류한다.

32. 감가상각비 = 20x1년 감가상각누계액(200,000) ÷ 2년 = 100,000원/년
감가상각비(100,000) = [취득가액(1,000,000) − 잔존가치(200,000)] ÷ 내용연수
∴ 내용연수는 8년

33. 선급보험료(자산) = 1년치 보험료(600,000) ÷ 12개월 × 9개월 = 450,000원

34. 처분손익 = [처분가액(6,000) − 취득가액(8,000)] × 10주 = △20,000원(처분손실)
자기주식처분손실은 자본조정항목이다.

35. 기말자본(기말자산 − 기말부채) − 기초자본(기초자산 − 기초부채) = 당기순손익

36. 순매출액 = 총매출액(740,000) − 환입액(10,000) − 매출에누리액(30,000) = 700,000원
매출원가 = 순매출액(700,000) × [1 − 매출총이익률(20%)] = 560,000원

<table>
<tr><td colspan="4" align="center">상 품</td></tr>
<tr><td>기초상품</td><td align="right">200,000</td><td>매출원가</td><td align="right">560,000</td></tr>
<tr><td>순매입액</td><td align="right">410,000</td><td>기말상품</td><td align="right">50,000</td></tr>
<tr><td>계</td><td align="right">610,000</td><td>계</td><td align="right">610,000</td></tr>
</table>

순매입액(410,000) = 총매입액(500,000) − 매입환출액(??) − 매입에누리액(20,000)
∴ 매입환출액 = 70,000원

37. 결산예비절차 : 시산표 작성, 결산정리사항 수정기입, 정산표 작성 등
결산본절차 : 원장마감, 이월시산표 작성, 분개장 및 기타장부 마감 등
결산보고서 작성 : 재무상태표 작성, 손익계산서 작성 등

38. 여비교통비(판매비와관리비)가 250,000원 증가하여 영업이익이 250,000원 감소한다.
〈회계처리〉

5월 10일 : (차) 가지급금　　　　　300,000원　(대) 현금　　　　　300,000원

5월 16일 : (차) 여비교통비　　　　250,000원　(대) 가지급금　　　300,000원
　　　　　　　　현금　　　　　　 50,000원

39. 보통예금의 차변 잔액을 당좌예금의 차변에 기입한 **분류상의 오류이므로 차변과 대변의 합계액에 영향을 미치지 않는다.**

40. 재고자산의 단위원가는 **개별법, 선입선출법, 평균법, 후입선출법 또는 매출가격환원법(소매재고법)** 을 사용하여 결정한다.

제79회 기업회계3급

합격율	시험년월
46%	2023.06

01. 다음 중 재무회계에 대한 설명으로 틀린 것은?

① 기업의 재무상태, 경영성과, 자본변동, 현금흐름을 표시한다.
② 외부정보이용자의 경제적 의사결정에 유용한 정보를 제공한다.
③ 일반적으로 인정된 회계원칙에 따라 작성된 재무제표를 통해 정보를 제공한다.
④ 회계의 주목적은 일정기간의 재무상태와 일정시점의 경영성과를 파악하는 것이다.

02. 다음 중 현금의 지출 없이 손익계산서에 비용으로 계상되는 것으로만 짝지어진 것은?

① 기부금, 대손상각비
② 세금과공과, 감가상각비
③ 대손상각비, 감가상각비
④ 기부금, 이자비용

03. 다음 중 선수수익과 같이 미래에 수익을 인식하기 위해 현재의 현금 유입액을 부채로 인식하거나, 선급비용과 같이 미래에 비용을 인식하기 위해 현재의 현금 유출액을 자산으로 인식하는 회계과정을 의미하는 회계용어로 가장 적절한 것은?

① 현금주의
② 손익의 예상
③ 손익의 이연
④ 손익의 발생

04. 다음의 자료를 이용하여 당기 소모품 미사용분을 계산하면 얼마인가?

소모품비					
2/12	현금	100,000원	12/31	소모품	60,000원
			12/31	손익	40,000원
		100,000원			100,000원

① 0원
② 40,000원
③ 60,000원
④ 200,000원

05. 다음 중 분개장의 대변에 기록하지 않는 것은?

① 자산의 증가
② 부채의 증가
③ 자본의 증가
④ 수익의 발생

06. 다음의 감가상각방법 중 1차년도에 회사의 이익을 가장 많이 계상할 수 있는 방법은 무엇인가?

① 정률법　　　　　② 정액법　　　　　③ 이중체감법　　　　　④ 연수합계법

07. 다음은 ㈜광주의 제1기 단기매매증권 거래 관련 자료이다. 제1기말 재무상태표에 표시되는 단기매매증권의 장부금액으로 올바른 것은?

> 11월 10일 ㈜서울의 주식 100주(1주당 액면금액 5,000원)를 1주당 6,000원에 취득하고, 대금은 수수료 10,000원과 함께 당좌수표를 발행하여 지급하다.
> 11월 30일 보유 중이던 ㈜서울의 주식 중 60주를 1주당 7,000원에 처분하고, 대금은 현금으로 받아 즉시 당좌예입하다.
> 12월 31일 결산일 현재 ㈜서울의 주식에 대한 공정가치는 1주당 7,000원이다.

① 240,000원　　　　　　　　② 280,000원
③ 290,000원　　　　　　　　④ 600,000원

08. 다음은 ㈜제주의 대손충당금 관련 자료이다. ㈜제주는 기말 매출채권 잔액의 1%를 대손충당금으로 설정하고 있다. 20x1년 말 대손충당금 추가설정액은 얼마인가? 단, 전기 회수불능채권은 대손충당금 계정으로 처리한 것으로 가정한다.

• 20x1.01.01. 대손충당금 이월액	1,000,000원
• 20x1.07.01. 전기 회수불능채권 현금회수액	300,000원
• 20x1.12.31. 매출채권 잔액	300,000,000원

① 1,700,000원　　　　　　　　② 1,730,000원
③ 1,830,000원　　　　　　　　④ 1,900,000원

09. 다음 중 가수금으로 회계처리한 80,000원이 상품 주문에 대한 계약금으로 판명된 경우 회계처리로 올바른 것은?

① (차) 가수금　　80,000원　　(대) 미수금　　80,000원
② (차) 가수금　　80,000원　　(대) 선수금　　80,000원
③ (차) 선수금　　80,000원　　(대) 가수금　　80,000원
④ (차) 미수금　　80,000원　　(대) 가수금　　80,000원

10. 다음의 자료를 바탕으로 상품의 취득원가를 계산하면 얼마인가?

• 매입상품 수량 : 200개   • 매입단가 : 3,000원   • 매입운반비 : 6,000원 • 매입수수료 : 2,000원   • 매입 후 판매 시까지 발생한 창고보관료 : 5,000원

① 600,000원   ② 606,000원   ③ 608,000원   ④ 614,000원

11. 다음은 상기업의 매출원가 등식을 나타낸 것이다. 아래의 (가)에 들어갈 내용으로 가장 적절한 것은?

매출원가 = 기초상품재고액 +   (가)   - 기말상품재고액

① 당기총매출액   ② 당기순매출액   ③ 당기총매입액   ④ 당기순매입액

12. 다음 중 건물 계정의 차변에 기입될 수 있는 것을 모두 고른 것은?

가. 건물 취득 후 자본적지출   나. 건물 취득 시 취득세 지급 다. 건물 취득 후 화재보험료 지급   라. 건물 취득 후 재산세 지급 마. 건물 취득 후 수익적지출

① 가, 나   ② 가, 라   ③ 나, 마   ④ 다, 라

13. 다음은 자산의 구분에 대한 내용이다. 아래의 (가)에 들어갈 자산에 속하는 계정과목으로 올바른 것은?

자산은 유동자산과 비유동자산으로 구분한다. 유동자산은 당좌자산과 재고자산으로 구분하고, 비유동자산 은 투자자산, 유형자산, 무형자산,   (가)   으로 구분한다.

① 임차보증금   ② 장기대여금   ③ 임차권리금   ④ 건설중인자산

14. 다음 중 차입금과 매입채무에 관한 설명으로 틀린 것은?

① 차입금이 보고기간종료일로부터 1년이 경과한 후에 상환되는 경우에는 장기차입금으로 분류한다.

② 차입금이 보고기간종료일로부터 1년 이내에 상환기간이 도래하는 부분은 단기차입금으로 대체한다.

③ 유동부채에 속하지 않는 일반적 상거래에서 발생한 장기의 외상매입금은 장기성매입채무로 분류한다.

④ 매입채무가 보고기간종료일로부터 1년 이내에 상환기간이 도래하는 부분은 유동부채 항목으로 분류한다.

15. 다음 중 아래의 자료에서 설명하는 회계의 구성요소로 올바른 것은?

> 기업 실체의 자산 총액에서 부채 총액을 차감한 잔여액 또는 순자산으로서 기업 실체의 자산에 대한 소유주의 잔여청구권

① 자본   ② 수익   ③ 비용   ④ 포괄이익

16. 다음 중 상품의 매입 회계처리를 누락하였을 경우 매출원가와 매출총이익에 미치는 영향으로 올바른 것은?

① 매출원가와 매출총이익이 과대 계상된다.
② 매출원가와 매출총이익이 과소 계상된다.
③ 매출원가는 과소 계상되고, 매출총이익은 과대 계상된다.
④ 매출원가는 과대 계상되고, 매출총이익은 과소 계상된다.

17. 다음의 자료가 20x1년 당기 재무제표에 미치는 영향에 관한 설명으로 틀린 것은?

> • 20x1년 7월 1일 기계장치 20,000,000원 취득
> • 내용연수 5년, 정률법(상각률 45%), 잔존가액은 없음

① 제조용 기계장치인 경우 당기 감가상각비는 4,500,000원이다.
② 제조용 기계장치인 경우 당기말 장부금액은 15,500,000원이다.
③ 판매용 기계장치인 경우 당기 감가상각비는 4,500,000원이다.
④ 판매용 기계장치인 경우 당기말 장부금액은 20,000,000원이다.

18. 다음은 ㈜나주의 급여 관련 자료이다. 다음의 자료에 의한 ㈜나주의 당월 발생 급여액은 얼마인가?

> • 당월 현금 지급액 5,000,000원   • 당월 미지급액 300,000원   • 당월 선급액 1,000,000원

① 4,000,000원   ② 4,300,000원   ③ 5,000,000원   ④ 5,300,000원

19. 다음 중 결산 본절차에 해당하지 않는 것은?

① 손익계산서(수익·비용) 계정 마감
② 재무상태표(자산·부채·자본) 계정 마감
③ 분개장 및 총계정원장, 기타 장부의 마감
④ 수정전시산표 작성

20. [중소기업회계기준] 다음은 중소기업회계기준의 재무제표 표시에 관한 내용이다. 아래의 괄호 안에 공통으로 들어갈 회계용어는 무엇인가?

> 일반기업회계기준은 주식회사의 외부감사에 관한 법률에 따라 ( )의 명칭을 재무상태표로 사용한다. 반면, 중소기업회계기준은 상법에 따라 ( )라는 명칭을 사용한다.

① 대차대조표   ② 손익계산서
③ 이익잉여금처분계산서   ④ 주석

21. 다음 중 각 항목별로 계정과목을 바르게 나열한 것은?

	자산	부채	자본
①	미수금	선수금	감자차익
②	외상매출금	자기주식	매도가능증권평가이익
③	선수수익	외상매입금	감자차익
④	미수금	미지급금	상품

22. 다음 중 아래의 회계처리에 대한 거래를 올바르게 추정한 것은?

(차) 미지급금	500,000원	(대) 현금	100,000원
		보통예금	400,000원

① 거래처와 상품 외의 거래에서 발생한 미지급한 대금 500,000원 중 현금으로 100,000원, 보통예금에서 400,000원을 이체하여 지급하였다.
② 거래처에 상품을 주문하고 계약금 중 100,000원은 현금으로, 400,000원은 보통예금에서 이체하여 지급하였다.
③ 상품을 매입하면서 현금으로 100,000원, 보통예금에서 400,000원을 이체하여 지급하였다.
④ 종업원 급여 지급 시 차감한 소득세 등 원천징수한 500,000원 중 100,000원은 현금으로, 400,000원은 보통예금에서 이체하여 납부하였다.

23. 다음 중 거래의 결합관계에서 성립할 수 없는 것은?

① (차) 자산증가   (대) 수익발생
② (차) 부채감소   (대) 부채증가
③ (차) 부채감소   (대) 수익발생
④ (차) 자산감소   (대) 자산증가

24. 다음 계정 중 다음 연도로 이월되는 영구계정에 해당하지 않는 것은?

① 차입금　　　　　② 자본금　　　　　③ 이자비용　　　　　④ 당좌예금

25. 당기 중에 누락된 선수수익 300,000원을 반영하여 확정한 수정 후 당기순이익이 3,000,000원이라면, 수정 전 당기순이익은 얼마인가?

① 2,700,000원　　　② 3,000,000원　　　③ 3,300,000원　　　④ 3,600,000원

26. 다음 중 현금과부족 계정에 대한 설명으로 틀린 것은?

① 임대료수입 현금 수령액의 기장을 누락하면 현금의 실제액이 현금의 장부 잔액보다 많아진다.
② 이자비용 현금지급액의 기장을 누락하면 현금의 실제액이 현금의 장부 잔액보다 부족해진다.
③ 기말 결산 시 현금의 실제액이 현금의 장부 잔액을 초과하면 현금과부족 계정 대변에 기장한다.
④ 회계기간 중 현금의 실제액이 현금의 장부 잔액보다 부족한 경우 현금과부족 계정 차변에 기장한다.

27. 다음 자료에 의하여 당기 중에 외상으로 매출한 상품 대금을 계산하면 얼마인가?

• 외상매출금 기초잔액 : 60,000원	• 외상매출금 기말잔액 : 80,000원
• 외상매출액 중 에누리액 : 15,000원	• 외상매출액 중 대손액 : 10,000원
• 외상매출액 중 환입액 : 15,000원	• 외상매출액 중 회수액 : 500,000원

① 440,000원　　　② 450,000원　　　③ 550,000원　　　④ 560,000원

28. 20x1년에 설립한 ㈜대구의 20x1년 기말 매출채권 잔액이 370,000원이다. 20x1년 거래처에 판매한 대금 중 현금 회수액이 1,800,000원이라면 20x1년의 매출액은 얼마인가?

① 1,430,000원　　　② 1,800,000원　　　③ 2,100,000원　　　④ 2,170,000원

29. 다음 중 재고자산이 아닌 것은?

① 저장품　　　　　② 상품　　　　　③ 비품　　　　　④ 미착품

30. 다음 중 기말재고자산의 취득원가를 결정하는 방법이 아닌 것은?

① 실지재고조사법　　② 개별법　　　　③ 선입선출법　　　④ 가중평균법

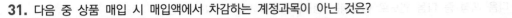

31. 다음 중 상품 매입 시 매입액에서 차감하는 계정과목이 아닌 것은?

① 매입운임   ② 매입환출   ③ 매입에누리   ④ 매입할인

32. 다음은 ㈜대전의 기말 현재 상품 관련 자료이다. 다음 자료에 의한 재무상태표에 계상될 재고자산 금액은 얼마인가?

> • 창고에 보관 중인 재고자산 실사액 : 3,000,000원
> • 발송하여 판매되지 않은 적송품 : 200,000원
> • 당사가 매입한 도착지 인도조건의 미착상품 : 500,000원

① 3,000,000원   ② 3,200,000원   ③ 3,500,000원   ④ 3,700,000원

33. 다음 중 결산 시 재무상태표에 매입채무로 통합하여 표시할 수 있는 계정과목을 모두 고른 것은?

가. 받을어음	나. 지급어음	다. 외상매입금	라. 단기대여금

① 가, 나   ② 가, 다   ③ 나, 다   ④ 나, 라

34. 다음 중 유동부채로만 짝지어진 것은?

① 외상매입금, 외상매출금
② 단기차입금, 미지급금
③ 퇴직급여충당부채, 선수수익
④ 선수금, 미수금

35. 다음 자료의 거래에 대한 설명으로 올바른 것은?

> ㈜울산은 사업확장을 위해 신주 100주(1주당 액면금액 2,500원)를 1주당 3,000원에 발행하고 납입금을 당좌예입하였다.

① 주식발행초과금은 50,000원이다.
② 주식할인발행차금은 50,000원이다.
③ 분개는 (차) 당좌예금 300,000원 (대) 자본금 300,000원이다.
④ 주식을 액면발행한 경우에 해당한다.

36. 다음의 자료를 이용하여 영업이익을 계산하면 얼마인가?

• 매출액	5,000,000원	• 기초상품재고액	1,000,000원
• 당기상품매입액	3,000,000원	• 기말상품재고액	1,500,000원
• 판매비와관리비	900,000원	• 영업외수익	1,200,000원
• 영업외비용	1,000,000원	• 당기순이익	1,800,000원

① 1,400,000원   ② 1,600,000원   ③ 1,800,000원   ④ 2,500,000원

37. 다음 중 재무제표의 작성 책임과 공정한 표시에 대한 설명으로 틀린 것은?

① 재무제표의 작성과 표시에 대한 책임은 종업원에게 있다.
② 일반기업회계기준에 따라 적정하게 작성된 재무제표는 공정하게 표시된 재무제표로 본다.
③ 재무제표가 일반기업회계기준에 따라 작성된 경우에는 그러한 사실을 주석으로 기재하여야 한다.
④ 재무제표는 경제적 사실과 거래의 실질을 반영하여 기업의 재무상태, 경영성과, 현금흐름 및 자본 변동을 공정하게 표시하여야 한다.

38. 다음 중 분개장에 분개된 거래가 총계정원장에 바르게 전기 되었는지의 정확성 여부를 대차평균의 원리에 따라 검증하기 위해 작성하는 것은?

① 정산표   ② 잔액시산표   ③ 현금흐름표   ④ 재무상태표

39. 다음 자료에 의하여 계산한 기말 재무상태표에 표시되는 현금및현금성자산의 금액으로 올바른 것은?

• 보통예금 220,000원		• 당좌예금 150,000원
• 자기앞수표 500,000원		• 우편환증서 500,000원

① 370,000원   ② 720,000원   ③ 1,370,000원   ④ 1,600,000원

40. [중소기업회계기준] 다음 중 중소기업회계기준에 따라 재무제표를 작성한 사례로 올바른 것은?

① A기업은 대차대조표, 손익계산서, 자본변동표를 작성하였다.
② B기업은 대차대조표, 손익계산서, 현금흐름표를 작성하였다.
③ C기업은 손익계산서, 현금흐름표, 자본변동표를 작성하였다.
④ D기업은 대차대조표, 현금흐름표, 이익잉여금처분계산서를 작성하였다.

제79회 기업회계3급 답안 및 해설

1	2	3	4	5	6	7	8	9	10
④	③	③	③	①	②	②	①	②	③

11	12	13	14	15	16	17	18	19	20
④	①	①	②	①	③	③	②	④	①

21	22	23	24	25	26	27	28	29	30
①	①	④	③	③	③	④	④	③	①

31	32	33	34	35	36	37	38	39	40
①	②	③	②	①	②	①	②	③	①

01. 회계의 주목적은 **일정시점의 재무상태와 일정기간의 경영성과를 파악**하는 것이다.

02. 대손상각비와 감가상각비는 현금의 지출 없이 비용으로 계상된다.

03. 이연이란 선수수익과 같이 미래에 수익을 인식하기 위해 현재의 현금 유입액을 부채로 인식하거나, 선급비용과 같이 미래에 비용을 인식하기 위해 현재의 현금 유출액을 자산으로 인식하는 회계과정을 의미한다.

04. 12월 31일 소모품으로 대체한 것이 소모품 미사용분이 된다.

| 02.12. | (차) 소모품비 | 100,000 원 | (대) 현금 | 100,000 원 |
| 12.31. | (차) **소모품** | **60,000** 원 | (대) **소모품비** | **60,000** 원 |

06. 정률법, 이중체감법, 연수합계법은 가속상각법으로 초기에 비용을 많이 계상하므로 상각 초기에 이익이 적게 계상되고, 정액법이 감가상각비가 가장 적게 계상된다.

07. 기말 단기매매증권 = 40주 × 기말 공정가치(7,000) = 280,000원

08. 기말대손추산액 = 기말 매출채권(300,000,000) × 설정율(1%) = 3,000,000원

대손충당금

대손		기초	1,000,000
		회수	300,000
기말	3,000,000	*대손상각비(설정?)*	*1,700,000*
계	3,000,000	계	3,000,000

09. 가수금은 현금의 수입은 있으나 출처가 불분명하여 계정과목을 확정할 수 없는 경우 사용하는 임시계정으로 대변에 처리하였다가 원인이 규명되면 차변으로 대체하여 분개한다.

10. 취득원가 = 매입가액(200개 × 3,000원) + 매입운반비(6,000) + 매입수수료(2,000) = 608,000원

11. 매출원가는 기초상품재고액에 당기상품매입액을 가산하고 기말상품재고액을 차감한 금액이다.

12. 건물 계정의 차변은 **취득 및 자본적 지출과 관련된 항목**이다.

13. 기타비유동자산으로 임차보증금, 이연법인세자산(유동자산으로 분류되는 부분 제외), 장기매출채권 및 장기미수금 등 투자자산, 유형자산, 무형자산에 속하지 않는 비유동자산을 포함한다.

14. 보고기간종료일로부터 **1년 이내에 상환기간이 도래하는 부분**은 유동성장기부채로 대체한다.

15. 자산에서 부채를 차감한 잔여액이 자본이다.

16. 당기**판매가능재고가 작아지므로** 매출원가가 과소 계상되고, **매출총이익은 과대 계상**된다.

17. 감가상각비(정률법) = 취득가액(20,000,000) × 상각률(45%) ÷ 12개월 × 6개월 = 4,500,000원

    장부금액(미상각잔액) = 취득가액(20,000,000) – 감가상각누계액(4,500,000) = 15,500,000원

    판매용으로 취득한 경우 감가상각을 하지 않으므로 당기말 장부금액은 20,000,000원이다.

18. 급여발생액 = 당월 현금 지급액(5,000,000) – 당월 선급액(1,000,000) + 당월 미지급액(300,000)

    = 4,300,000원

19. **수정 전 시산표의 작성은 결산 예비절차**이다.

20. 중소기업회계 기준에서는 대차대조표, 손익계산서, 자본변동표, 이익잉여처분계산서(결손처리계산서), 주석의 작성 방법을 규정하고 있다.

21. 자산 : 미수금, 외상매출금, 상품

    부채 : 선수수익, 선수금, 외상매입금, 미지급금

    자본 : 자기주식, 감자차익, 매도가능증권평가이익

22. 차변의 미지급금계정은 상품 외의 거래에서 발생한 미지급 대금을 상환하여 지급한 것이며, 이를 현금으로 100,000원, 보통예금에서 400,000원을 이체하여 지급한 것이다.

23. 자산의 차변은 증가, 자산의 대변은 감소이다.

24. 이자비용은 손익계산서 계정으로 **다음연도로 이월되지 않는다.**

25. 수정후 당기순이익(3,000,000) = 수정전 당기순이이익(??) – 선수수익 누락분(300,000)

    ∴ 수정전 당기순이익 = 3,300,000원

26. 기말 결산 시 **현금의 실제액이 현금의 장부 잔액을 초과하면 잡이익 계정의 대변에 기장**한다.

27.

외상매출금

기초잔액	60,000	대손액	10,000
		에누리/환입	30,000
		회수액	500,000
외상매출액	*560,000*	기말잔액	80,000
계	620,000	계	620,000

28.

외상매출금

기초잔액	0	회수액	1,800,000
외상매출액	*2,170,000*	기말잔액	370,000
계	2,170,000	계	2,170,000

30. **실지재고조사법은 기말재고자산의 수량을 결정하는** 방법이다.

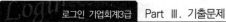

31. **매입운임은 상품 매입 시 매입원가에 가산**하여야 한다. 당기상품매입액은 상품의 총매입액에서 매입할인, 매입환출, 매입에누리 등을 차감한 금액으로 한다.

32. 재고자산 = 기말재고 실사액(3,000,000) + 적송품(200,000) = 3,200,000원
   도착지 인도조건으로 매입한 미착상품은 재고자산에 해당하지 않는다.

33. 지급어음과 외상매입금은 결산 시 매입채무로 통합하여 표시할 수 있다.

34. 외상매출금, 미수금은 유동자산, 퇴직급여충당부채는 비유동부채에 해당한다.

35. [발행가액(3,000) – 액면가액(2,500)] × 100주 = 50,000원(주식발행초과금)

   • 회계처리   (차) 당좌예금   300,000 원   (대) 자본금   250,000 원
                                                    주식발행초과금   50,000 원

36. 영업이익(??) + 영업외수익(1,200,000) – 영업외비용(1,000,000) = 당기순이익(1,800,000)
   ∴ 영업이익 = 1,600,000원

37. 재무제표의 작성과 표시에 대한 책임은 경영진에게 있다.

38. 잔액시산표는 결산예비절차로 분개장에 분개된 거래가 총계정원장에 바르게 전기 되었는지의 정확성 여부를 검증하기 위해 작성하는 표이다.

39. 현금및현금성자산 = 보통예금(220,000) + 당좌예금(150,000) + 자기앞수표(500,000)원
   + 우편환증서(500,000) = 1,370,000원

40. 중소기업회계기준에서의 재무제표는 1.대차대조표, 2.손익계산서, 3.자본변동표, 4.이익잉여금처분계산서 또는 결손금처리계산서로 구성되고, 3과 4중 하나를 선택하여 작성한다.

합격율	시험년월
35%	2023.04

01. 기업의 회계 처리가 이루어지는 일정한 기간(시간)적 범위를 말하는 회계 용어로 올바른 것은?

① 회계단위   ② 회계연도   ③ 회계원칙   ④ 회계공준

02. 다음의 (가)에 들어갈 재무제표의 기본가정으로 올바른 것은?

> (가)의 가정이란 기업을 소유주와는 독립적으로 존재하는 회계단위로 간주하고 이 회계단위의 관점에서 그 경제활동에 대한 재무정보를 측정, 보고하는 것을 말한다.

① 계속기업   ② 기업실체   ③ 화폐단위   ④ 기간별보고

03. 다음의 거래를 총계정원장에 전기한 내용으로 올바른 것은? (단, 상품의 회계처리는 3분법에 의한다.)

> 세무상점에 상품 300,000원을 매출하고, 판매대금 중 100,000원은 자기앞수표로 받고, 잔액은 당점이 발행하였던 당좌수표로 받다.

①	현금		②	당좌예금	
매출	200,000원			매출	200,000원

③	매출		④	매출	
	제좌	300,000원	제좌	300,000원	

04. 다음 중 자산의 취득원가를 계산할 때, 취득원가에 부대비용을 가산하지 않는 것은?

① 유동자산인 단기매매증권   ② 유동자산인 상품
③ 비유동자산인 건물   ④ 비유동자산인 매도가능증권

05. 다음 기말 결산정리사항 중 수익과 비용의 이연에 해당하는 것은?

① 임차료의 선급분 계상 　　　　② 임대료의 미수분 계상
③ 보험료의 미지급분 계상 　　　　④ 이자수익의 미수분 계상

06. ㈜대한은 ㈜민국에 대한 외상매입금 700,000원을 현금 300,000원과 약속어음 400,000원을 발행하여 지급하였다. 이 경우 회계에 미치는 영향으로 올바른 것은?

① 총자산과 총부채가 증가한다.
② 총자산과 총부채가 감소한다.
③ 총자산은 감소하고, 총부채는 증가한다.
④ 총자산은 증가하고, 총부채는 감소한다.

07. 다음 거래를 기입할 수 있는 전표로 올바른 것은?

> ㈜한국은 외상매입금 800,000원을 지급하기 위하여 매출처 서초상점 앞 환어음을 발행하고 동점의 인수를 얻어 교부하였다.

① 입금전표 　　② 출금전표 　　③ 대체전표 　　④ 매출전표

08. ㈜이윤이 20x0년 중 70,000원에 취득한 단기매매증권의 20x0년 말 공정가치는 63,000원이었으며, 20x1년 72,000원에 처분하였다. 단기매매증권의 처분이 20x1년 재무제표에 미치는 영향으로 옳은 것은?

① 처분이익 2,000원이 손익계산서에 계상된다.
② 처분이익 9,000원이 손익계산서에 계상된다.
③ 처분이익 2,000원이 재무상태표의 기타포괄손익누계액에 계상된다.
④ 처분이익 9,000원이 재무상태표의 기타포괄손익누계액에 계상된다.

09. 결산 시 기말재고자산이 과소평가된 경우 손익계산서에 미치는 영향으로 올바른 것은?

① 매출원가의 과대계상 　　　　② 매출총이익의 과대계상
③ 영업이익의 과대계상 　　　　④ 당기순이익의 과대계상

10. 다음은 계속기록법으로 작성한 ㈜한세의 20x1년 매출원가와 관련된 자료이다. 후입선출법에 의한 20x1년의 기말재고자산은 얼마인가? (단, 당기 중 매입이 매출보다 먼저 발생하였으며, 매입 수량이 매출 수량보다 많았다.)

일자	수량	단가	합계
20x1년 초 재고자산	100개	100원	10,000원
20x1년 중 매 입 액	400개	200원	80,000원
20x1년 말 재고자산	150개		

① 10,000원   ② 20,000원   ③ 30,000원   ④ 40,000원

11. ㈜강인은 20x0년 1월 1일 기계장치를 1,000,000원에 구입하여 사용하다가 20x1년 12월 31일 500,000원에 처분하고 기계장치처분손실 200,000원을 인식하였다. 이 경우 기계장치의 내용연수는 몇 년인가? (단, 기계장치의 잔존가치는 100,000원, 정액법 상각을 가정한다.)

① 4년   ② 5년   ③ 6년   ④ 10년

12. 다음 유형자산 중 감가상각 대상이 아닌 것은?

① 건물   ② 차량운반구   ③ 구축물   ④ 건설중인자산

13. 다음 자산 중 비유동자산에 표시되는 금액의 합계액은?

• 단기매매증권	2,600,000원
• 영업권	2,100,000원
• 사용 목적의 컴퓨터 등 비품	1,500,000원
• 투자부동산	2,000,000원
• 임차보증금	500,000원

① 4,100,000원   ② 5,600,000원   ③ 6,100,000원   ④ 8,700,000원

14. 다음 중 자본의 분류와 그에 속하는 계정과목을 연결한 것으로 틀린 것은?

① 자본금 – 보통주자본금   ② 자본잉여금 – 주식발행초과금
③ 자본조정 – 자기주식   ④ 이익잉여금 – 주식할인발행차금

15. 다음 중 수익인식에 대한 내용으로 틀린 것은?

① 관련된 비용을 신뢰성 있게 측정할 수 없어도 수익을 인식할 수 있다.

② 수익금액을 신뢰성 있게 측정할 수 있는 시점에 인식한다.

③ 거래 이후에도 판매자가 관련 재화의 소유에 따른 유의적인 위험을 부담하는 경우 수익을 인식하지 않는다.

④ 할부판매의 경우 장·단기 구분 없이 재화가 고객에게 인도되는 시점에 수익으로 인식한다.

16. 다음 중 일반적인 상기업의 판매비와관리비에 해당하는 계정은 모두 몇 개인가?

• 매출원가	• 이자비용	• 선급비용	• 세금과공과
• 기업업무추진비	• 복리후생비	• 기부금	• 미지급비용

① 3개　　　　　② 4개　　　　　③ 5개　　　　　④ 6개

17. 도소매업을 영위하는 ㈜다파라의 재고자산 관련 자료는 다음과 같다. ㈜다파라의 상품 판매로 인한 당기 영업이익을 계산하면 얼마인가?

• 당기 상품 매입 수량 105개	• 당기 상품 매입 단위당 원가 7,000원
• 매입운반비 15,000원	• 매입 후의 창고보관료 5,000원
• 기초재고는 없으며, 기말재고 수량은 5개, 기말재고 금액은 35,000원이다.	
• 당기 상품 단위당 판매가격은 10,000원이다.	

① 210,000원　　　② 240,000원　　　③ 280,000원　　　④ 285,000원

18. 다음은 ㈜기업의 상품 매매와 관련된 자료이다. 상품 판매에 따른 당기의 현금회수액은 얼마인가?

• 상품 350개를 개당 10,000원에 거래처에 전액 외상으로 판매하였다.
• 판매한 상품 중 5개에 하자가 발견되어 40,000원을 에누리해주었다.
• 외상매출금 중 60,000원은 회수가 불가능하게 되었다.
• 당기 말 현재 회수하지 못한 외상매출금 100,000원이 있다.
• 당기 초 외상매출금 잔액은 없었다.

① 3,200,000원　　　② 3,300,000원　　　③ 3,400,000원　　　④ 3,500,000원

19. 다음 중 합계잔액시산표에서 발견할 수 있는 오류는?

① 회계상 거래 전체의 분개가 누락된 경우
② 분개 시 차변과 대변의 금액을 다르게 입력한 경우
③ 분개 시 차변과 대변의 계정과목을 반대로 입력한 경우
④ 분개 시 하나의 거래를 중복으로 입력한 경우

20. 다음 중 재무상태표와 손익계산서의 기본요소에 해당하지 않는 것은?

① 자산과 부채
② 수익과 비용
③ 자본
④ 영업활동현금흐름

21. 다음 중 재무회계개념체계에 대한 설명으로 틀린 것은?

① 계속기업의 가정이란 기업실체는 그 목적과 의무를 이행하기에 충분할 정도로 장기간 존속하여 영업을 계속할 것이라고 가정하는 것이다.
② 발생주의 회계는 재무회계의 기본적 특징으로서 재무제표의 기본요소의 정의 및 인식, 측정과 관련이 있으며, 모든 재무제표는 발생기준에 따라 작성되어야 한다.
③ 비교가능성은 정보이용자가 항목 간의 유사점과 차이점을 식별하고 이해할 수 있게 하는 질적특성이다.
④ 자산은 과거의 거래나 사건의 결과로서 현재 기업실체에 의해 지배되고 미래에 경제적 효익을 창출할 것으로 기대되는 자원이다.

22. 당기 중에 소모품 120,000원을 현금으로 구입하고 즉시 비용으로 회계처리하였다. 결산 시점에 창고조사를 하였더니 당기에 구입한 소모품 중 30,000원이 남아 있는 것으로 확인되었을 경우 회계처리로 올바른 것은?

① (차) 소모품비 90,000원 (대) 현금 90,000원
② (차) 소모품비 30,000원 (대) 현금 30,000원
③ (차) 소모품 90,000원 (대) 소모품비 90,000원
④ (차) 소모품 30,000원 (대) 소모품비 30,000원

23. 다음 중 거래 요소의 결합 관계에서 대변의 거래 요소로 올바른 것은?

① 자산의 증가
② 부채의 감소
③ 자본의 감소
④ 수익의 발생

24. 다음의 거래를 회계처리할 경우, 발생하지 않는 계정과목은 무엇인가?

판매용 컴퓨터를 10,000,000원에 구입하면서 대금 중 5,000,000원은 자기앞수표로 지급하고, 잔액은 두 달 후에 지급하기로 하다.

① 미지급금   ② 상품   ③ 외상매입금   ④ 현금

25. 다음 중 계정 잔액의 표시가 틀린 것은?

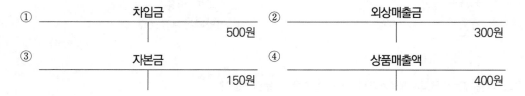

26. 다음 중 재무상태표에 표시될 수 없는 계정과목은?

① 선수금   ② 가지급금   ③ 예수금   ④ 미수금

27. 다음의 자료에서 설명하고 있는 (가)에 들어갈 재무상태표 통합 과목으로 올바른 것은?

(가)은/는 통화 및 타인발행수표 등 통화대용증권과 당좌예금, 보통예금 및 큰 거래비용 없이 현금으로 전환이 용이하고, 이자율 변동에 따른 가치변동의 위험이 경미한 금융상품으로서 취득 당시 만기일(또는 상환일)이 3개월 이내인 것을 말한다.

① 매입채무   ② 매출채권   ③ 단기투자자산   ④ 현금및현금성자산

28. 다음 비유동자산 중 분류의 성격이 나머지와 다른 것은?

① 건설중인자산   ② 건물   ③ 기계장치   ④ 저작권

29. 다음은 ㈜국제의 일자별 상품매매내용이다. 아래의 (가)와 (나)에 해당하는 계정과목으로 올바르게 짝지어진 것은?

> • 03월 13일 : 상품을 주문하고 총매입대금 3,000,000원 중 300,000원을 계약금으로 미리 지급하였다.
> • 04월 05일 : 주문한 상품이 창고에 입고되어 매입대금 잔액 2,700,000원을 **(가) 3개월 만기 약속 어음**으로 지급하였다.
> • 04월 16일 : 매입한 상품을 4,500,000원에 전액 외상으로 판매하였다.
> • 05월 21일 : 판매한 상품에 하자가 있어 상품 180,000원이 **(나)** 반품되었다.

	(가)	(나)
①	매출채권	매출할인
②	미지급금	매출할인
③	매출채권	매출환입
④	매입채무	매출환입

30. 결산 시 대손충당금을 설정할 경우, 다음의 상황별로 그 거래내용과 회계처리가 틀린 것은?

① 대손충당금 잔액이 없을 경우   (차) 대손상각비   ×××원 (대) 대손충당금   ×××원
② 대손예상액 = 대손충당금 잔액   (차) 대손상각비   ×××원 (대) 대손충당금   ×××원
③ 대손예상액 < 대손충당금 잔액   (차) 대손충당금   ×××원 (대) 대손충당금환입 ×××원
④ 대손예상액 > 대손충당금 잔액   (차) 대손상각비   ×××원 (대) 대손충당금   ×××원

31. 다음 중 물가가 지속적으로 상승하는 상황에서 재고자산의 수량이 일정하게 유지된다면 매출총이익이 가장 크게 나타나는 재고자산 평가방법으로 올바른 것은?

① 선입선출법   ② 후입선출법   ③ 이동평균법   ④ 총평균법

32. 다음 중 유형자산에 대한 설명으로 틀린 것은?

① 영업활동을 위하여 보유하고 있는 자산이다.
② 판매를 목적으로 보유하고 있는 자산이다.
③ 물리적인 형태가 있는 자산이다.
④ 1년을 초과하여 사용할 것이 예상되는 자산이다.

33. 다음 자료는 회사가 보유하고 있는 자산에 대한 지출항목이다. 아래의 지출항목에 대한 회계처리 후 재무제표에 미치는 영향을 설명한 것으로 올바른 것은?

내역	지출액
• 기계장치의 생산성을 증가시키기 위해 엔진을 교체하였다.	900,000원
• 기계장치의 소모된 벨트를 단순 교체하였다.	100,000원
• 건물의 냉난방시스템을 신규로 설치하였다.	800,000원
• 건물의 깨어진 유리창을 단순 교체하였다.	200,000원

① 재무상태표에 자산가액이 1,700,000원 증가한다.
② 재무상태표에 자산가액이 2,000,000원 증가한다.
③ 손익계산서에 비용으로 200,000원이 계상된다.
④ 손익계산서에는 아무런 영향이 없다.

34. ㈜서울은 20x0년 7월 1일 기계장치를 300,000원에 취득하여 사용하다가 20x1년 1월 1일 240,000원에 처분하였다. ㈜서울은 해당 기계장치를 내용연수 5년, 잔존가치 0, 정률법(상각률 45%)으로 상각해왔다. 해당 기계장치의 처분으로 인한 20x1년 유형자산처분손익은 얼마인가?

① 처분손실 6,500원
② 처분손실 9,000원
③ 처분이익 7,500원
④ 처분이익 10,000원

35. 외상매입금을 현금으로 지급한 거래를 두 번 기장한 경우, 해당 오류가 재무제표에 미치는 영향으로 올바른 것은?

① 자산과 부채가 과대 계상된다.
② 자산과 부채가 과소 계상된다.
③ 자산은 과대 계상되고, 부채는 과소 계상된다.
④ 자산은 과소 계상되고, 부채는 과대 계상된다.

36. 20x1년 12월 31일 재무상태표상 잔액이 다음과 같을 때 외상매입금 잔액은 얼마인가?

• 자산총계	1,500,000원	• 자본총계	700,000원
• 미지급금	100,000원	• 장기차입금	300,000원
• 단기차입금	100,000원	• 외상매입금	?원

① 300,000원　　② 500,000원　　③ 700,000원　　④ 1,000,000원

37. 다음 중 주식회사의 이익잉여금에 관한 설명으로 올바른 것으로만 짝지어진 것은?

> 가. 이익잉여금처분계산서는 재무제표에 해당한다.
> 나. 이익잉여금은 법정적립금, 임의적립금, 미처분이익잉여금으로 구분하여 표시한다.
> 다. 미처분이익잉여금은 전기이월 미처분이익잉여금에 당기순이익을 가산한 금액이다.
> 라. 이익잉여금에는 기타포괄손익이 포함된다.

① 가, 나　　　　② 가, 다　　　　③ 나, 다　　　　④ 다, 라

38. 다음 중 개인기업에서 납부하는 각종 세금에 대한 회계처리 시 세금과공과 계정으로 처리하는 것은?

① 건물 취득 시 납부한 취득세
② 종업원 급여 지급 시 원천징수한 소득세
③ 사업주 개인 소유 건물의 재산세
④ 영업용 차량에 대한 자동차세

39. 다음 중 무형자산과 관련이 없는 것은?

① 비유동성　　　　　　　　　　② 재무상태표
③ 물리적 실체가 없는 화폐성자산　　④ 내용연수에 따른 상각

40. [중소기업회계기준] 다음 중 중소기업회계기준에 의한 재무제표에 해당하는 것은 모두 몇 개인가?

> • 대차대조표　　　　• 손익계산서　　　　• 자본변동표
> • 현금흐름표　　　　• 주석　　　　　　　• 이익잉여금처분계산서

① 3개　　　　② 4개　　　　③ 5개　　　　④ 6개

제78회 기업회계3급 답안 및 해설

1	2	3	4	5	6	7	8	9	10
②	②	③	①	①	②	③	②	①	②

11	12	13	14	15	16	17	18	19	20
③	④	③	④	①	①	③	②	②	④

21	22	23	24	25	26	27	28	29	30
②	④	④	①	②	②	④	④	④	②

31	32	33	34	35	36	37	38	39	40
①	②	①	③	①	①	③	④	③	②

01. 기업의 회계 처리가 이루어지는 **일정한 기간(시간)적 범위를 회계연도 또는 회계기간**이라 한다.

02. 기업실체의 가정이란 **기업을 소유주와는 독립적으로 존재하는 회계단위로 간주**하고 이 회계단위의 관점에서 그 경제활동에 대한 재무정보를 측정, 보고하는 것을 말한다.

03. 회계처리 :   (차) 현금   100,000원   (대) 매출   300,000원
당좌예금   200,000원

현금	
매출 100,000원	

당좌예금	
매출 200,000원	

매출	
	제좌 300,000원

04. 재고자산, 유형자산, 투자자산의 취득원가는 매입가액+부대비용으로 결정되지만, **단기매매증권은 매입가액을 취득원가**로 한다.

05. 수익의 이연은 선수수익, 비용의 이연은 선급비용이다.

06. (차) 외상매입금   700,000원(부채의 감소) (대) 현금   300,000원(자산의 감소)
지급어음   400,000원(부채의 증가)

자산과 부채는 같은 방향으로 증가하거나 감소한다.

07. 현금의 유입과 유출이 없는 거래이므로 대체전표에 기입한다.
• 〈환어음〉   (차) 외상매입금   800,000원   (대) 외상매출금   800,000원

08. 처분손익 = 처분가액(72,000) - 장부가액(63,000) = 9,000원(이익) → **당기손익에 반영**된다.

09. <u>자산과 이익은 비례관계이고, 이익과 매출원가와는 반비례관계</u>이다.

기말재고자산이 과소평가된 경우 **매출원가 과대계상, 매출총이익 과소계상**, 영업이익 과소계상, 당기순이익이 과소계상이 된다.

10. 기말재고자산(후입) = 기초재고(100개×100원) + 매입분(50개×200원) = 20,000원

11. 기계장치 장부가액 = 처분가액(500,000) + 기계장치처분손실(200,000) = 700,000원

20x1년 말 감가상각누계액(2년) = 취득가액(1,000,000) − 장부가액(700,000) = 300,000원

연간 감가상각비 = 감가상각누계액(300,000) ÷ 2년 = 150,000원/년

내용연수 = 감가상각대상액(1,000,000 − 100,000) ÷ 연간 감가상각비(150,000) = 6년

12. <u>건설중인자산은 취득 전이므로 감가상각을 하지 않는다.</u>

13. 비유동자산 = 영업권(2,100,000) + 비품(1,500,000) + 투자부동산(2,000,000)
　　　　　　 + 임차보증금(500,000) = 6,100,000원

14. 주식할인발행차금은 자본조정 항목이다.

15. 수익과 관련된 비용은 대응하여 인식한다. 즉, 특정 거래와 관련하여 발생한 수익과 비용은 동일한 회계기간에 인식한다. **관련된 비용을 신뢰성 있게 측정할 수 없다면 수익을 인식할 수 없다.**

16. 판매비와관리비는 세금과공과, 기업업무추진비, 복리후생비이다.

이자비용과 기부금은 영업외비용, 선급비용은 자산, 미지급비용은 부채에 해당한다.

17. 상품 취득원가 = 매입가액(105개×7,000) + 매입운반비(15,000) = 750,000원

상 품

기초상품	0	매출원가	715,000
매입액	750,000	기말상품	35,000
계	750,000	계	750,000

매출총이익 = 매출액(1,000,000) − 매출원가(715,000) = 285,000원

영업이익 = 매출총이익(285,000) − 판관비(창고보관료 5,000) = 280,000원

18. 외상매출액 = 350개×10,000원 = 3,500,000원

외상매출금

기초잔액	0	대손액	60,000
		에누리/환입	40,000
		회수액	***3,300,000***
외상매출액	3,500,000	기말잔액	100,000
계	3,500,000	계	3,500,000

19. 분개 시 차변과 대변의 금액을 다르게 입력한 경우 차변과 대변의 합계가 일치하지 않는다.

20. <u>영업활동현금흐름은 현금흐름표의 기본요소</u>이다.

21. 재무제표는 발생기준에 따라 작성된다. 발생주의 회계는 재무회계의 기본적 특징으로서 재무제표의 기본요소의 정의 및 인식, 측정과 관련이 있다. 다만, **현금흐름표는 발생기준에 따라 작성되지 않는다.**

22. 소모품을 구입하는 시점에서 전액 비용으로 처리하였으므로 **창고에 남아있는 소모품만큼 자산으로 계상하고 비용은 감소**시켜야 한다.

24. • 회계처리 :　(차)　상품　　　10,000,000원　　(대)　현금　　　　　　5,000,000원
　　　　　　　　　　　　　　　　　　　　　　　　　　외상매입금　　　 5,000,000원

25. 외상매출금은 자산 항목이므로 계정 잔액이 차변에 위치한다.

26. 가지급금은 일시적으로 처리하는 임시계정이다.

28. 건설중인자산, 건물, 기계장치는 유형자산이고, **저작권은 무형자산**이다.

29. 어음으로 지급한 금액은 매입채무, 매출한 상품의 반품은 매출환입계정으로 회계처리한다.

30. 대손예상액과 대손충당금 잔액이 같은 경우, 대손충당금을 추가로 설정할 필요가 없으므로 대손충당금 추가설정 회계처리가 필요 없다.

31. 물가가 지속적으로 상승하는 경우, 선입선출법에 의한 **기말재고자산이 가장 크므로, 매출총이익도 가장 크게 나타난다.**

32. 판매를 목적으로 보유하고 있는 자산은 재고자산이다.

33. 자본적지출(자산증가) = 엔진 교체(900,000) + 냉난방시스템 설치(800,000) = 1,700,000원
　　　수익적지출(비용발생) = 소모품 교체(100,000) + 유리창 교체(200,000) = 300,000원

34. 20x0년 감가상각비 = 취득가액(300,000) × 상각률(0.45) × 6/12(6개월) = 67,500원
　　　20x1년 초 장부가액 = 취득가액(300,000) – 감가상각누계액(67,500) = 232,500원
　　　처분손익 = 처분가액(240,000) – 장부가액(232,500) = 7,500원(이익)

35. (차) 부채의 감소 (대) 자산의 감소이므로 **자산과 부채가 과소 계상**된다.

36. 부채총계 = 자산총계(1,500,000) – 자본총계(700,000) = 800,000원
　　　외상매입금 = 부채총계(800,000) – 미지급금(100,000) – 단기차입금(100,000)
　　　　　　　　　 – 장기차입금(300,000) = 300,000원

37. 이익잉여금처분계산서는 재무제표에 포함되지 않는다. 기타포괄손익은 자본 항목 중 기타포괄손익누계액에 표시된다.

38. 영업용 차량에 대한 재산세는 세금과공과 계정으로 비용처리한다.

39. 무형자산은 물리적 실체가 없는 비화폐성자산이다.

40. 대차대조표, 손익계산서, 자본변동표,. 이익잉여금처분계산서 또는 결손금처리계산서로 구성된다.

제76회 기업회계3급

합격율	시험년월
45%	2022.12

01. 다음 중 일반기업회계기준에 따른 재무회계의 주된 목적을 가장 잘 설명한 것은?

① 기업가치의 극대화

② 상품 가격 산정

③ 완성한 제품의 제조원가 결정

④ 기업의 주주, 출자자 등 이해관계자에게 합리적인 의사결정을 위한 정보제공

02. 회계상 거래가 원인과 결과 즉, 적어도 두 가지 이상의 계정에 영향을 미치는 현상을 무엇이라고 하는가?

① 현금주의   ② 복식부기

③ 대차평형의 원리   ④ 거래의 이중성

03. 다음 중 계정과 분개장에 기록하는 방법이 올바르게 짝지어진 것은?

① 미수금 계정 : 증가할 때 대변에 기록

② 매입채무 계정 : 감소할 때 대변에 기록

③ 이자수익 계정 : 발생할 때 차변에 기록

④ 차입금 계정 : 감소할 때 차변에 기록

04. ㈜한국은 직원 급여 4,000,000원 중 소득세 및 지방소득세와 근로자부담분 사회보험료를 제외한 3,500,000원을 보통예금 계좌에서 지급하였다. 이에 대해 회계처리를 할 때 발생하지 않는 계정과목은 무엇인가?

① 급여   ② 복리후생비   ③ 예수금   ④ 보통예금

05. 다음 자료에 의한 재무상태표에 표시될 현금및현금성자산의 총액은 얼마인가?

• 수입인지 : 100,000원	• 보통예금 : 200,000원
• 당좌예금 : 500,000원	• 당좌차월 : 1,000,000원
• 공사채이자표 : 400,000원	• 양도성예금증서(200일 만기) : 350,000원

① 900,000원   ② 1,000,000원   ③ 1,100,000원   ④ 1,250,000원

06. 다음 중 단기매매증권에 관한 설명으로 틀린 것은?

① 기말평가는 결산일 현재의 공정가치로 평가하고, 장부금액을 직접 가감한다.
② 배당금을 받은 경우 배당금수익으로 차변에 기입한다.
③ 취득 시 지급하는 취득수수료는 당기비용으로 인식한다.
④ 처분 시 지급하는 매각수수료는 매각대금에서 차감한다.

07. 아래의 거래에서 발생한 할인료를 처리하는 계정과목으로 옳은 것은?

㈜카뱅상사로부터 받은 약속어음 5,000,000원을 미래은행에서 할인받았다. 할인료 80,000원을 차감한 나머지 금액을 수령하여 당좌예입하고, 매각거래로 회계처리하였다.

① 매출채권처분손실   ② 수수료비용   ③ 세금과공과   ④ 할인료

08. 다음은 단일상품을 취급하는 세무상점의 10월 상품 관련 자료이다. 선입선출법으로 재고자산을 평가하는 경우 10월의 매출총이익을 계산한 금액으로 옳은 것은?

일자	내용	수량	비고
10월 01일	전월이월	200개	단위당 원가 100원
10월 03일	매입	320개	단위당 원가 200원
10월 04일	환출	20개	
10월 10일	매입	400개	단위당 원가 300원
10월 22일	매출	610개	단위당 판매가격 500원
10월 23일	환입	10개	

① 110,000원   ② 150,000원   ③ 190,000원   ④ 300,000원

09. 다음 중 재고자산에 속하는 계정과목으로 옳은 것은?

① 비품   ② 저장품   ③ 구축물   ④ 건설중인자산

10. 다음 자료에서 유형자산에 관한 자본적지출의 합계액은 얼마인가?

• 차량운반구의 엔진 교체 1,000,000원	• 차량운반구의 타이어 교체 400,000원
• 건물의 엘리베이터 설치 1,500,000원	• 건물의 외벽페인트 도장 800,000원

① 1,000,000원   ② 1,400,000원   ③ 1,500,000원   ④ 2,500,000원

11. 다음 중 유형자산에 대한 설명으로 틀린 것은?

① 유형자산은 재화의 생산, 용역의 제공, 타인에 대한 임대 또는 자체적으로 사용할 목적으로 보유하는 물리적 형태가 있는 자산이다.
② 건설중인자산은 자가 건설 또는 자가 제작에 필요한 원가로 구성된 것으로 건설이나 제작 전이라도 감가상각을 실시하여야 한다.
③ 감가상각은 수익과 비용 대응의 원칙에 의해 유형자산의 취득원가를 내용연수동안 비용으로 배분하는 절차를 말한다.
④ 건설회사가 판매를 목적으로 보유하고 있는 건물은 재고자산으로 분류한다.

12. 다음 자료에서 포장기계의 취득원가는 얼마인가?

• 포장기계 구입대금 1,000,000원	• 운반비 70,000원	• 설치비 80,000원
• 시운전비 50,000원	• 구입 한달 후 수선비(수익적지출) 60,000원	

① 1,000,000원   ② 1,150,000원   ③ 1,200,000원   ④ 1,260,000원

13. 다음 중 비유동부채로 분류되는 것은?

① 매입채무   ② 단기차입금   ③ 사채   ④ 유동성장기부채

14. 다음 중 자본의 감소와 자산의 감소로 이루어진 거래는 무엇인가? (단, 개인기업으로 가정한다.)

① 외상매출금이 보통예금 계좌로 입금되다.
② 임차료 미지급분을 계상하다.
③ 현금 100,000원을 보통예금 계좌에 입금하다.
④ 사업주가 개인적인 용도로 현금 100,000원을 인출하다.

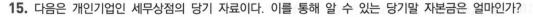

15. 다음은 개인기업인 세무상점의 당기 자료이다. 이를 통해 알 수 있는 당기말 자본금은 얼마인가?

• 기초 자본금 500,000원	• 기중 인출액 40,000원	• 기중 추가 출자액 100,000원
• 기중 수익 총액 300,000원	• 기중 비용 총액 200,000원	

① 440,000원　　　　　② 540,000원　　　　　③ 560,000원　　　　　④ 660,000원

16. 다음은 ㈜오로라의 제9기 수익과 비용 관련 자료이다. 아래의 자료를 이용하여 제9기 당기순손익을 계산한 금액으로 옳은 것은?

• 급여	300,000원	• 임차료	200,000원
• 통신비	50,000원	• 광고선전비	150,000원
• 임대료	100,000원	• 매출총이익	800,000원

① 당기순이익 100,000원　　　　　　　② 당기순손실 100,000원
③ 당기순이익 200,000원　　　　　　　④ 당기순손실 200,000원

17. 다음 중 외상매출금 계정 대변에 기입되지 않는 항목으로 옳은 것은? (단, 상품 거래는 모두 외상이다.)

① 매입할인액　　　　② 대손발생액　　　　③ 매출에누리액　　　　④ 외상매출금 회수액

18. 일반상기업을 가정할 경우, 다음 중 손익계산서상의 영업외수익 계정은 몇 개인가?

가. 선수수익	나. 이자수익	다. 배당금수익	라. 미수수익

① 1개　　　　　② 2개　　　　　③ 3개　　　　　④ 4개

19. 결산 절차 중 결산 예비절차에 해당하는 내용으로 옳은 것은?

① 총계정원장 마감　　　　　　　② 상품재고장 마감
③ 재무상태표 작성　　　　　　　④ 결산 정리사항 수정 기입

20. 다음 중 장부의 마감과 이월에 관한 설명으로 틀린 것은?

① 전기에서 이월된 자산, 부채, 자본은 각 계정별로 전기이월이라고 기록한다.
② 재무상태표 계정은 차기이월 계정으로 대체한다.
③ 당기순이익은 미처분이익잉여금 계정으로 대체한다.
④ 집합손익 계정의 차변에 집계된 수익합계와 대변에 집계된 비용합계의 차액은 당기순이익이다.

21. 재무정보의 질적 특성 중 기업이 제공하는 재무제표 등을 통하여 기업 실체의 재무상태, 경영성과, 순현금흐름, 자본변동 등에 대한 정보이용자의 당초 기대치(예측치)를 확인 또는 수정되게 함으로써 의사결정에 영향을 미칠 수 있는 능력을 말하는 것은 무엇인가?

① 피드백가치   ② 예측가치   ③ 미래가치   ④ 중요성

22. 다음 중 (가), (나)에 해당하는 회계용어가 옳게 짝지어진 것은?

> (가) 회계처리가 이루어지는 장소적 범위
> (나) 분개장에 기입된 내용을 총계정원장의 해당 계정에 옮겨 적는 절차

	(가)	(나)		(가)	(나)
①	회계연도	전기	②	회계연도	대체
③	회계단위	전기	④	회계단위	대체

23. 다음 중 성립하지 않는 회계등식은 무엇인가?

① 영업이익 = 매출총이익 – 판매비와관리비
② 유동자산 – 유동부채 – 비유동자산 + 비유동부채 = 자본
③ 재고자산 + 당좌자산 = 유동자산
④ 매출원가 = 기초상품재고자산 + 당기상품매입 – 기말상품재고자산

24. 다음 중 결산 시 잔액이 차변에 남을 수 있는 계정과목으로 옳은 것은?

① 선급금   ② 가수금   ③ 미지급금   ④ 예수금

25. 다음은 자산의 분류에 관한 설명으로 아래의 (가), (나)에 각각 해당하는 것으로 옳게 짝지어진 것은?

> 차량운반구를 판매 목적으로 취득하면 (가)으로, 업무에 사용할 목적으로 취득하면 (나)으로 처리한다.

	(가)	(나)
①	투자자산	재고자산
②	재고자산	투자자산
③	유형자산	투자자산
④	재고자산	유형자산

26. 다음 중 대손충당금에 관한 설명으로 틀린 것은?

① 비품의 처분으로 인하여 발생한 미수금에 대해서는 대손충당금을 설정할 수 없다.

② 실제 대손이 발생하면 대손충당금과 우선 상계하고, 대손충당금 잔액을 초과하는 대손액은 대손상각비로 처리한다.

③ 대손충당금은 채권에 대한 차감적 평가계정이다.

④ 대손충당금은 수익과 비용의 기간적 대응을 위해 설정한다.

27. 다음 중 손익계산서에 계상되는 계정과목이 아닌 것은?

① 미지급금   ② 이자비용   ③ 매출원가   ④ 감가상각비

28. 다음 중 당좌자산에 해당하는 계정으로만 짝지어진 것은?

① 선급금, 단기대여금   ② 선수금, 상품

③ 만기보유증권, 단기차입금   ④ 임차보증금, 외상매출금

29. 다음 중 물량의 흐름을 가정하여 재고자산의 단가를 결정하는 방법이 아닌 것은?

① 선입선출법   ② 후입선출법   ③ 이동평균법   ④ 개별법

30. 아래의 자료는 당기 중 취득한 자산에 관한 내용이다. 이를 바탕으로 당기의 재무제표와 관련된 다음 설명 중 틀린 것은?

> • 20x1년 1월 1일 차량운반구 10,000,000원 취득
> • 내용연수 5년, 정률법 상각, 정률법 적용 시 5년 상각률 45%

① 판매용 차량운반구인 경우 감가상각을 하지 않는다.

② 업무용 차량운반구인 경우 당기의 감가상각비는 4,500,000원이 계상된다.

③ 판매용 차량운반구인 경우 당기말 장부금액은 10,000,000원이다.

④ 업무용 차량운반구인 경우 당기말 장부금액은 10,000,000원이다.

31. 다음 중 무형자산에 해당하지 않는 것은?

① 광업권   ② 상표권   ③ 특허권   ④ 건설중인자산

32. 다음 자료에서 매입채무의 합계금액은 얼마인가?

• 외상매입금	10,000원	• 지급어음	4,000원
• 단기차입금	3,000원	• 미지급금	2,000원
• 선급금	8,000원	• 외상매출금	9,000원

① 12,000원 ② 13,000원 ③ 14,000원 ④ 15,000원

33. 다음 중 주식회사의 이익잉여금에 관한 설명으로 틀린 것은?

① 이익잉여금은 법정적립금, 임의적립금, 미처분이익잉여금으로 구분한다.
② 미처분이익잉여금은 전기이월 미처분이익잉여금에 당기순이익을 가산한다.
③ 미처분이익잉여금은 주주총회에서 이익처분의 대상이 되는 금액이다.
④ 이익잉여금의 처분에 관한 보고서인 이익잉여금처분계산서는 재무제표에 포함된다.

34. 다음은 도소매업을 영위하는 ㈜서울의 재고자산 관련 자료이다. 아래의 자료를 이용하여 ㈜서울의 상품 판매로 인한 매출총이익을 계산하면 얼마인가?

• 상품의 매입 수량	105개	• 상품 매입단가	7,000원
• 매입운반비	10,000원	• 매입할인액	5,000원
• 매입 후의 창고보관료	5,000원	• 상품의 판매단가	10,000원
• 기초재고와 기말재고는 없다			

① 240,000원 ② 245,000원 ③ 310,000원 ④ 315,000원

35. ㈜쇼니의 제16기 결산 결과 당기순이익이 300,000원 산출되었다. 그러나 임차료 미지급분 50,000원과 이자 미수분 20,000원이 누락되었음을 발견하였다. 해당 오류를 반영하여 수정한 후의 정확한 당기순이익을 계산한 금액으로 옳은 것은?

① 270,000원 ② 280,000원 ③ 290,000원 ④ 320,000원

36. 다음 중 수익에 관한 설명으로 올바른 것은?

① 수익이란 기업이 경영 활동으로 지출하는 경제적 가치이다.
② 매출은 영업외수익이다.
③ 수익은 자본 증가의 원인이 된다.
④ 이자수익은 영업수익이다.

37. 다음 중 재고자산의 수량 결정 기준에 관한 설명으로 틀린 것은?

① 시송품은 매입자의 매입의사표시가 있기 전까지 판매자의 재고자산에 포함한다.

② 적송품은 수탁자가 제3자에게 판매하기 전까지 위탁자의 재고자산에 포함한다.

③ 미착상품은 매매 계약상 거래조건과 관계없이 매입자의 재고자산에 포함한다.

④ 저당상품은 저당권이 실행되어 소유권이 이전되기 전에는 담보제공자의 재고자산에 포함한다.

38. 다음 중 잔액시산표에서 발견할 수 있는 오류로 옳은 것은?

① 한 거래를 이중으로 전기한 경우

② 분개장에서 차변만 전기하고 대변을 누락한 경우

③ 2개의 오류가 서로 중복되어 우연히 상계된 경우

④ 분개장에서 원장에 전기할 때 차·대변의 금액을 똑같이 잘못 기입한 경우

39. [중소기업회계기준] 다음 중 중소기업회계기준에서 규정하고 있는 자본의 구분 항목으로 틀린 것은?

① 자본금　　　　　　　　　　　② 자본조정

③ 자본잉여금　　　　　　　　　④ 기타포괄손익누계액

40. [중소기업회계기준] 다음 중 중소기업회계기준상 재무제표에 해당하지 않는 것은?

① 대차대조표　　　　　　　　　② 손익계산서

③ 이익잉여금처분계산서　　　　④ 현금흐름표

제76회 기업회계3급 답안 및 해설

1	2	3	4	5	6	7	8	9	10
④	④	④	②	③	②	①	③	②	④

11	12	13	14	15	16	17	18	19	20
②	③	③	④	④	④	①	②	④	④

21	22	23	24	25	26	27	28	29	30
①	③	②	①	④	①	①	①	④	④

31	32	33	34	35	36	37	38	39	40
④	③	④	③	①	③	③	②	④	④

01. 재무회계란 기업의 주주를 비롯한 **이해관계자에게 재무보고를 하기 위하여 수행**하는 회계기록과 계산을 통틀어 이르는 것이다.

02. 회계에서는 하나의 회계상 거래가 적어도 **두 가지 이상의 계정에 영향을 미치는 현상을 거래의 이중성**이라고 한다.

03. 미수금 계정은 증가할 때 차변에 기록하고, 매입채무 계정은 감소할 때 차변에 기록하며, 이자수익 계정은 발생할 때 대변에 기록한다.

04. 원천징수한 금액은 예수금으로 복리후생비와는 무관하다.
(차) 급여　　　　　　　　　4,000,000원　　(대) 보통예금　　　　　　　　3,500,000원
　　　　　　　　　　　　　　　　　　　　　　　예수금　　　　　　　　　　 500,000원

05. 현금및현금성자산 = 보통예금(200,000) + 당좌예금(500,000) + 공사채이자표(400,000)
　　　　　　　　 = 1,100,000원

06. 배당금수익은 영업외수익으로 대변에 기입한다.

07. **매각거래로 처리하는 어음 할인료는 매출채권처분손실 계정**으로 처리한다.

08. 매출수량 = 총매출수량(610) - 매출환입(10) = 600개
순매출액 = 600개 × 단위당 판매가격(500) = 300,000원
매출원가(선입선출법) = (200개 × @100) + (300개 × @200) + (100개 × @300) = 110,000원
매출총이익 = 순매출액(300,000) - 매출원가(110,000)

09. 재고자산은 판매목적으로 제조한 제품과 반제품 및 생산 중에 있는 재공품을 포함하며 생산과정이나 서비스를 제공하는 데 투입될 원재료와 부분품, **소모품, 소모공구기구, 비품 및 수선용 부분품 등의 저장품을 포함**한다.

10. 자본적지출액 = 엔진 교체(1,000,000) + 엘리베이터 설치(1,500,000) = 2,500,000원
차량운반구의 타이어 교체, 건물 외벽페인트 도장은 모두 수익적지출로 당기 비용처리한다.

11. 건설중인자산은 건설이나 **제작이 완료된 후 해당 계정으로 대체하고 나서 감가상각을 실시**한다.

12. 취득원가 = 구입대금(1,000,000) + 운반비(70,000) + 설치비(80,000) + 시운전비(50,000)
　　　　　 = 1,200,000원

　　　기계장비 구입 후 지출한 **수선비 중 수익적 지출은 당기비용 처리**한다.

13. 사채는 비유동부채로, 매입채무, 단기차입금, 유동성장기부채는 유동부채로 분류된다.

14. ④ (차) 인출금(자본 감소)　　　　　 100,000원　　(대) 현금(자산 감소)　　　　　　 100,000원

15. 당기순이익 = 수익총액(300,000) – 비용총액(200,000) = 100,000원

　　　기말자본금 = 기초 자본금(500,000) + 기중 추가 출자액(100,000) – 기중 인출액(40,000)
　　　　　　　　 + 당기순이익(100,000) = 660,000원

16. 수익 = 매출총이익(800,000) + 임대료(100,000) = 900,000원

　　　비용 = 급여(300,000) + 임차료(200,000) + 통신비(50,000) + 광고선전비(150,000) = 700,000원

　　　당기순이익 = 수익(900,000) – 비용(700,000) = 200,000원

17. **매입할인액은 외상매입금 계정 차변에 기입**된다.

18. 선수수익과 미수수익은 재무상태표 항목이다.

19. 결산 예비절차에서는 시산표 작성, 결산 정리사항 수정 기입, 정산표 작성이 이루어진다.

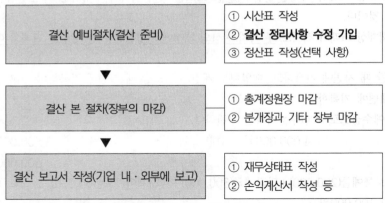

20. 집합손익 계정의 **대변에 집계된 수익합계와 차변에 집계된 비용합계의 차액은 당기순이익**이다.

21. **기대치를 확인 또는 수정하게 되어 의사결정에 영향을 미치는 것을 피드백가치**라 한다.

23. **자산(유동자산 + 비유동자산) – 부채(유동부채 + 비유동부채) = 자본**

24. 결산 시 잔액이 차변에 남을 수 있는 계정은 자산과 비용 계정으로, 자산인 선급금은 결산 시 잔액이 차변에 남게 된다. 미지급금과 예수금은 부채 계정으로 결산 시 잔액이 대변에 남게 되며, **가수금은 가계정으로 결산 시 반드시 정리해야 하므로 잔액이 남지 않는다.**

25. 판매 목적으로 보유하는 자산은 재고자산, 업무에 사용할 목적으로 보유하는 자산은 유형자산으로 분류한다.

26. 상거래상 매출채권이 아닌 **대여금이나 미수금 등에 대해서도 대손충당금을 설정**할 수 있다.

27. 미지급금은 재무상태표의 부채 계정이다.

28. 선수금은 유동부채, 상품은 재고자산, 만기보유증권은 투자자산, 단기차입금은 부채로 분류된다.

29. 개별법은 실제 물량 흐름을 반영하는 방법이다. **선입선출법, 후입선출법, 이동평균법은 물량 흐름을 가정하는 방법**이다.

30. 판매용인 경우 재고자산으로 분류되어 감가상각하지 않으므로 장부금액은 10,000,000원이다.
유형자산시 1차년도 감가상각비(정률법) = 장부가액(10,000,000) × 상각률(45%) = 4,500,000원
당기말 장부가액 = 취득가액(10,000,000) – 감가상각누계액(4,500,000) = 5,500,000원

31. 건설중인자산은 유형자산에 해당한다.

32. 매입채무 = 외상매입금(10,000) + 지급어음(4,000) = 14,000원

33. 이익잉여금처분내용을 주석에 기재하며, **이익잉여금처분계산서는 재무제표에 포함되지 않는다.**

34. 매출액 = 매출수량(105개) × 판매단가(10,000) = 1,050,000원
매출원가 = 매입가액(105개×7,000원) + 매입운반비(10,000) – 매입할인(5,000) = 740,000원
매출총이익 = 매출액(1,050,000) – 매출원가(740,000) = 310,000원
매입 후의 창고보관료는 당기비용으로 처리한다.

35. 수정후 당기순이익 = 수정 전 당기순이익(300,000) – 임차료 미지급분(50,000)
　　　　　　　　　　　　+이자 미수분 (20,000) = 270,000원

36. 기업이 경영 활동으로 지출하는 경제적 가치는 비용이다. 매출은 영업수익에 해당하며, 이자수익은 영업외수익이다.

37. 미착상품은 매매 계약상 거래조건에 따라서 다르다. **선적지인도조건의 미착상품은 매입자의 재고자산에 포함**하고, **도착지인도조건의 미착상품은 매입자의 재고자산에 포함되지 않는다.**

38. 분개장에서 차변만 전기하고 대변을 누락한 경우(**금액 차대변 합계 오류**)에는 잔액시산표의 차대합계가 일치하지 않게 되므로 오류를 발견할 수 있다. 그러나 ①, ③, ④는 잔액시산표에서 발견할 수 없는 오류의 사례이다.

39. 중소기업의 경우 자본은 **자본금, 자본잉여금, 자본조정과 이익잉여금 또는 결손금**으로 구분한다.

40. 중소기업회계기준상 재무제표는 **대차대조표, 손익계산서, 자본변동표, 이익잉여금처분계산서**가 해당한다.

제75회 기업회계3급

합격율	시험년월
50%	2022.10

01. 다음 중 기업의 외부 회계정보이용자에게 기업실체에 관한 재무정보를 전달하는 핵심적 재무보고 수단으로 옳은 것은?

① 재무제표　　　② 상품재고장　　　③ 매출처원장　　　④ 매입처원장

02. 다음 중 재무상태표 등식은 무엇인가?

① 자산 = 부채 + 자본
② 자산 – 부채 = 자본
③ 총비용 = 총수익 + 당기순손실
④ 총수익 – 총비용 = 당기순이익

03. 회계상 거래의 종류에 관계없이 모든 거래를 기입할 수 있는 주요 장부로 옳은 것은?

① 분개장　　　② 현금출납장　　　③ 매입처원장　　　④ 상품재고장

04. 다음 거래의 거래요소 결합관계를 바르게 나타낸 것은?

> 은행에서 2개월 만기의 정기예금에 가입하고 거래처로부터 매출대금으로 받은 송금수표 500,000원과 동점 발행 당좌수표 500,000원을 예입하다.

① 부채의 감소 : 부채의 증가　　　② 자산의 증가 : 자산의 감소
③ 비용의 발생 : 부채의 증가　　　④ 비용의 발생 : 자산의 감소

05. 다음 내용에 해당하는 계정과목으로 옳은 것은?

> 과거의 거래나 사건의 결과로서 현재 기업실체에 의해 지배되고 미래에 경제적 효익을 창출할 것으로 기대되는 자원

① 선급금　　　② 임대료　　　③ 기업업무추진비　　　④ 미지급금

06. 다음의 분개로 추정할 수 있는 것은?

11월 30일	(차)	보험료	100,000원	(대)	선급보험료	100,000원

① 당기 보험료 발생액을 미지급하였다.
② 전기 보험료를 미지급하고 당기에 지급하였다.
③ 당기에 기간 미경과 보험료를 자산으로 처리하였다.
④ 전기에 이연 처리한 보험료를 당기의 비용으로 대체하였다.

07. 다음은 보통예금 계정별원장의 일부이다. 아래의 자료를 통해 추정되는 6월 30일 거래로 옳은 것은?

	보통예금					
6/25	외상매출금	50,000원	6/30	외상매입금	40,000원

① 외상매출금 40,000원이 보통예금 계좌로 입금되다.
② 외상매입금 40,000원이 보통예금 계좌로 입금되다.
③ 외상매입금 40,000원을 당좌수표를 발행하여 지급하다.
④ 외상매입금 40,000원을 보통예금 계좌에서 이체하여 지급하다.

08. 다음 중 판매 과정을 거치지 않고 보고기간종료일로부터 1년 이내에 현금화할 수 있는 자산에 속하는 계정과목으로 옳은 것은?

① 저장품   ② 영업권   ③ 현금성자산   ④ 차량운반구

09. ㈜세무는 제8기 중 거래처의 파산으로 외상매출금 200,000원이 회수 불능으로 판명되었다. 회수 불능 당시 대손충당금 잔액이 80,000원일 때, 이를 회계처리한 결과가 재무제표에 미치는 영향으로 옳은 것은?

① 유동자산이 80,000원 감소한다.
② 영업이익이 120,000원 감소한다.
③ 영업외비용이 120,000원 증가한다.
④ 당기순이익이 120,000원 증가한다.

10. ㈜대성의 기말 결산일 현재 보유하고 있는 자산이 다음과 같을 때 단기금융자산으로 표시될 금액은 얼마인가?

- 보통예금 500,000원
- 당좌수표 700,000원
- 180일 후 찾을 증권회사의 어음관리계좌(CMA)의 예탁금 800,000원
- 취득 당시 만기가 6개월 이내에 도래하는 양도성예금증서 600,000원

① 1,100,000원   ② 1,200,000원   ③ 1,400,000원   ④ 1,500,000원

11. 다음 중 상거래에서 발생한 수취채권에 해당하는 것은?

① 미수금과 대여금

② 선수금과 미수금

③ 받을어음과 대여금

④ 외상매출금과 받을어음

12. 다음 중 유동자산에 관한 설명으로 틀린 것은?

① 유동자산은 당좌자산과 재고자산으로 구분한다.

② 당좌자산은 모두 대손충당금 설정 대상이다.

③ 재고자산은 손익계산서의 매출원가 항목과 관련이 있다.

④ 유동자산은 보고기간종료일로부터 1년 이내에 현금화하거나 사용할 목적으로 보유하는 자산이다.

13. 다음은 ㈜세무의 10월 재고 내역이다. ㈜세무가 이동평균법에 의하여 재고자산의 단가를 산정하는 경우 10월말 기말재고금액은 얼마인가?

일자	구분	수량	구입(판매)가격
10월 01일	전월이월	3,000개	2,000원
10월 10일	매출	1,000개	2,500원
10월 21일	매입	2,000개	3,000원
10월 30일	매출	2,000개	2,600원

① 4,000,000원　　② 5,000,000원　　③ 5,500,000원　　④ 6,000,000원

14. ㈜세무는 20x0년 7월 1일 업무용 자동차를 1,000,000원에 취득하여 내용연수 10년, 잔존가치 100,000원으로 추정하였으며, 계속 사용해오다가 20x2년 12월 31일 이를 500,000원에 처분하였다. 감가상각방법은 정액법일 때 20x2년 12월 31일 결산 후 손익계산서에 계상되는 유형자산처분손익으로 옳은 것은? (단, 감가상각은 월할상각하며, 회계기간은 매년 1월 1일부터 12월 31일까지이다.)

① 유형자산처분손실 230,000원

② 유형자산처분손실 275,000원

③ 유형자산처분이익 230,000원

④ 유형자산처분이익 275,000원

15. 다음 중 유형자산에 관한 설명으로 틀린 것은?

① 유형자산의 취득 후 지출을 자산으로 처리하는 것을 자본적지출이라고 한다.

② 유형자산의 취득원가에 포함되는 이자비용을 건설자금이자라고 한다.

③ 유형자산으로 분류되는 경우에는 모두 감가상각을 하여야 한다.

④ 유형자산은 비유동자산으로 분류된다.

16. 아래의 거래 내용과 채권, 채무 계정의 연결이 틀린 것은?

> 가. 화물운송용 트럭을 외상으로 매입한 경우
> 나. 판매용 의류를 외상으로 판매한 경우
> 다. 공장용 건물을 외상으로 판매한 경우
> 라. 판매용 화장품을 외상으로 판매한 경우
> 마. 사무용 컴퓨터를 외상으로 매입한 경우

① 외상매입금 : 가   ② 외상매출금 : 나, 라
③ 미지급금 : 가, 마   ④ 미수금 : 다

17. 다음 자료에서 비유동부채의 합계액은 얼마인가?

• 외상매입금	400,000원	• 지급어음	100,000원
• 장기차입금	200,000원	• 퇴직급여충당부채	800,000원
• 미지급금	300,000원	• 장기매입채무	600,000원

① 1,000,000원   ② 1,600,000원   ③ 1,800,000원   ④ 2,000,000원

18. 다음 중 주식회사의 자본총액을 증가시키는 것과 가장 관련이 없는 것은?

① 주식의 발행   ② 기타포괄이익의 증가
③ 무상증자   ④ 당기순이익의 증가

19. 미지급비용 400,000원과 선급비용 200,000원이 누락된 채로 계산한 당기순이익이 5,000,000원이다. 누락사항을 반영한 후의 당기순이익은 얼마인가?

① 4,400,000원   ② 4,600,000원   ③ 4,800,000원   ④ 5,200,000원

20. 부산상사의 재무상태가 다음과 같을 때 기초부채는 얼마인가?

• 당기순이익	600,000원	• 기초자산	1,200,000원
• 기말자산	2,000,000원	• 기말부채	500,000원

① 100,000원   ② 200,000원   ③ 300,000원   ④ 400,000원

21. 재무제표의 기본가정으로 틀린 것은?

① 계속기업의 가정　　　　　　　　　② 기업실체의 가정

③ 영리 추구의 가정　　　　　　　　　④ 기간별 보고의 가정

22. 다음 중 계정분류가 다른 하나는?

① 임차보증금　　　② 선수금　　　③ 단기차입금　　　④ 지급어음

23. 다음 자료의 (　　)안에 가장 적합한 계정과목으로 옳은 것은?

(		)		
12/31	차기이월	18,000원	12/31	이자비용	11,000원
				통신비	7,000원
		18,000원			18,000원

① 현금　　　　② 매출원가　　　　③ 미지급비용　　　　④ 보통예금

24. 다음 중 수익이 발생하는 거래로 옳은 것은?

① 거래처로부터 장기차입금 40,000원의 상환을 면제받다.

② 거래처의 외상매출금 20,000원을 회수하다.

③ 거래처의 외상매입금 30,000원을 지급하다.

④ 업무용 건물에 대한 임차료 50,000원을 현금으로 지급하다.

25. 결산 절차 중 결산보고서 작성 절차는 무엇인가?

① 재무상태표 작성　　　　　　　　　② 시산표 작성

③ 원장의 수정기입　　　　　　　　　④ 분개장 마감

26. 어음 만기에 은행이 어음 소지인을 대신하여 어음 지급인으로부터 어음 대금을 대신 회수하게끔 어음 소지인이 어음 대금의 회수를 은행에 의뢰하고 어음에 배서하는 것을 무엇이라고 하는가?

① 배서양도　　　② 추심위임배서　　　③ 어음할인　　　④ 어음부도

27. 결산과정에서 기말재고액이 과소계상 되는 오류가 발생한 경우 재무제표에 미치는 효과로 틀린 것은?

① 당기의 매출원가가 과소계상 된다.

② 당기의 순이익이 과소계상 된다.

③ 당기의 매출총이익이 과소계상 된다.

④ 차기에는 순이익이 과대계상 되어 자동조정 된다.

28. 다음은 유형자산의 감가상각방법을 나타낸 것이다. 이에 해당되는 것은?

$$\text{연간 감가상각비} = \frac{\text{취득원가} - \text{잔존가치}}{\text{내용연수}}$$

① 정액법   ② 정률법   ③ 생산량비례법   ④ 연수합계법

29. 다음 중 투자자산에 속하지 않는 것은?

① 투자부동산   ② 만기보유증권   ③ 장기대여금   ④ 업무용토지

30. 다음 중 부채 계정에 속하는 계정과목으로 옳은 것은?

① 선수금   ② 미수금   ③ 영업권   ④ 가지급금

31. 정산표에 대한 설명으로 가장 적절한 것은?

① 총계정원장 각 계정의 잔액만을 모아 작성한 계정 집계표이다.

② 총계정원장 각 계정의 차변 합계액과 대변 합계액을 모아 작성한 계정 집계표이다.

③ 회계 기말에 잔액시산표를 기초로 하여 재무상태표와 손익계산서를 하나의 표에 나타내는 일람표이다.

④ 자산, 부채, 자본에 속하는 각 계정의 이월 기입이 정확하게 되었는지 검증하기 위하여 각 계정의 차기이월액을 집계한 일람표이다.

32. 다음 중 기말 결산정리분개 시 나타나지 않는 계정과목은 무엇인가?

① 선수수익   ② 미지급비용   ③ 미지급금   ④ 선급비용

33. 다음 중 국가, 공공단체, 공익단체, 자선단체 등에 영업활동과 관계없이 성금을 무상으로 기부하였을 때의 차변 계정과목으로 옳은 것은?

① 현금   ② 접대비(기업무추진비)
③ 기부금   ④ 복리후생비

34. ㈜인천이 20x1년에 매입한 상품이 5,000,000원이었고, 비교식 재무상태표의 일부가 다음과 같았다. ㈜인천의 20x1년의 매출원가는 얼마인가?

	20x1년	20x0년
2. 재고자산		
상품	850,000원	460,000원

① 4,150,000원   ② 4,540,000원
③ 4,590,000원   ④ 4,610,000원

35. 다음은 계속기록법으로 작성한 ㈜화성의 20x1년 매출원가와 관련된 자료이다. 20x1년 말 재고자산감모손실이 5,000원 발생하였다. 이때 재고자산의 감모수량은 몇 개인가?

일자	수량	단가	합계
20x1년 초 재고자산	100개	200원	20,000원
20x1년 매입액	500개	200원	100,000원
20x1년 말 재고자산	200개	200원	40,000원

① 15개   ② 25개   ③ 35개   ④ 45개

36. 3분법에 의한 매입계정과 매출계정이 다음과 같고, 기초상품재고액은 100,000원, 기말상품재고액은 70,000원인 경우 매출총이익은 얼마인가?

매 입			
6/5	외상매입금	300,000원	6/21 외상매입금 50,000원

매 출			
6/17	외상매출금	40,000원	6/15 외상매출금 500,000원

① 150,000원   ② 180,000원   ③ 280,000원   ④ 250,000원

37. 다음 중 이익잉여금에 속하는 계정과목으로 옳은 것은?

① 자기주식처분이익   ② 사업확장적립금
③ 감자차익   ④ 주식발행초과금

38. 다음은 상기업인 ㈜세무의 제7기 수익과 비용 자료이다. 제7기의 매출총이익이 2,000,000원일 때 영업이익은 얼마인가?

• 이자수익	500,000원	• 임대료	70,000원	• 복리후생비	260,000원
• 기업업무추진비	200,000원	• 기부금	100,000원	• 소모품비	100,000원
• 이자비용	250,000원	• 임차료	300,000원	• 감가상각비	150,000원

① 990,000원   ② 1,000,000원
③ 1,100,000원   ④ 1,600,000원

39. [중소기업회계기준] 중소기업회계기준에서 규정하고 있는 무형자산의 상각 방법으로 옳은 것은?

① 정액법   ② 정률법   ③ 연수합계법   ④ 이중체감법

40. [중소기업회계기준] 다음 중 이익잉여금처분계산서에 관한 설명으로 틀린 것은?

① 이익잉여금처분계산서는 이익잉여금의 처분사항을 보고하는 재무보고서이다.
② 임의적립금 등의 이입액은 미처분이익잉여금에 가산하는 형식으로 표시한다.
③ 이익준비금은 미처분이익잉여금에 구분하여 표시한다.
④ 당기에 처분할 배당금은 이익잉여금처분액에 구분하여 표시한다.

제75회 기업회계3급 답안 및 해설

1	2	3	4	5	6	7	8	9	10
①	①	①	②	①	④	④	③	②	③

11	12	13	14	15	16	17	18	19	20
④	②	②	②	①	①	②	②	③	③

21	22	23	24	25	26	27	28	29	30
③	①	③	①	①	②	①	①	④	①

31	32	33	34	35	36	37	38	39	40
③	③	③	④	②	②	②	①	①	③

01. 재무제표는 기업실체의 외부 정보이용자에게 기업실체에 관한 재무정보를 전달하는 핵심적 재무보고 수단이다.

02. 재무상태표의 차변은 자산, 대변은 부채와 자본으로 구성된다.

03. 회계상 거래의 종류에 관계없이 모든 거래를 기입할 수 있는 주요 장부는 분개장과 총계정원장이 있다.

04. (차) 정기예금   ×××원   (대) 현금   ×××원

05. 자산은 과거의 거래나 사건의 결과로서 현재 기업실체에 의해 지배되고 미래에 경제적 효익을 창출할 것으로 기대되는 자원이다.
- ① 자산, ② 수익, ③ 비용, ④ 부채에 속하는 계정과목이다.

06. 전기 기말에 선급보험료로 이연 처리한 금액을 당기에 비용으로 대체하는 분개이다.
- 전기 : (차) 선급보험료   100,000원   (대) 보험료   100,000원
- 당기 : (차) 보험료   100,000원   (대) 선급보험료   100,000원

07. 보통예금 계정별원장 대변은 보통예금 감소를 의미하며, 상대 계정은 차변에 위치한다.

(차) 외상매입금   40,000원   (대) 보통예금   40,000원

08. **판매 과정을 거치지 않고 보고기간종료일로부터 1년 이내에 현금화할 수 있는 자산**은 당좌자산으로 현금및현금성자산(현금, 당좌예금, 보통예금, 현금성자산 등), 단기투자자산(단기예금, 단기매매증권, 단기 대여금 등), 매출채권(외상매출금, 받을어음), 미수금, 미수수익, 선급금, 선급비용 등이 있다.

09. 유동자산(외상매출금)이 200,000원 감소하고, 판매비와관리비(대손상각비)가 120,000원 증가하게 되므로 영업이익과 당기순이익이 120,000원 감소한다.
- 회계처리 : (차) 대손충당금   80,000원   (대) 외상매출금   200,000원
                대손상각비   120,000원

10. 단기금융자산 = CMA 800,000원 + 양도성예금증서 600,000원 = 1,400,000원
  • 단기금융상품은 만기가 3개월 이상 1년 이내인 단기 자금운용 목적의 양도성예금증서, 어음관리계좌(CMA), 기업어음(CP), 환매조건부채권(RP) 등을 말한다.

11. 상거래에서 발생한 **수취(매출)채권은 외상매출금과 받을어음**으로 한다.

12. 당좌자산 중 상거래에서 발생한 채권과 상거래 외의 미수채권이 대손충당금 설정 대상이며 현금및현금성자산 등은 설정 대상이 아니다.

13. 〈이동평균법〉 매입시 마다 평균단가를 산정

일자	구분	수량	구입(판매)가격	금액
10월 01일	전월이월	3,000개	2,000	6,000,000
10월 10일	매출	(1,000개)	2,500	(2,500,000)
10월 21일	매입	2,000개	3,000	6,000,000
10월 30일	매출	(2,000개)	2,600	(5,200,000)
기말재고		**2,000개**	–	–

10월 21일 평균단가 = [(2,000개 × @2,000) + (2,000개 × @3,000)] ÷ 4,000개 = @2,500원
10월말 재고금액 = 2,000개(월말재고) × @2,500원 = 5,000,000원

14. 감가상각비 = [취득가액(1,000,000) − 잔존가치(100,000)] ÷ 10년 = 90,000원/년
  처분시 감가상각누계액 = x0년 6개월(45,000) + x1~x2년(180,000) = 225,000원
  처분시 장부가액 = 취득가액(1,000,000) − 감가상각누계액(225,000) = 775,000원
  처분손익 = 처분가액(500,000) − 장부가액(775,000) = △275,000원(손실)

15. 유형자산으로 분류되는 경우에도 토지, 건설중인자산은 감가상각을 하지 않는다.

16. 화물운송용 트럭과 사무용 컴퓨터의 외상 매입은 미지급금 계정으로 처리한다.

17. **비유동부채** = 장기차입금(200,000) + 퇴직급여충당부채(800,000) + 장기매입채무(600,000)
    = 1,600,000원

18. 무상증자는 잉여금이 감소하고 자본금이 증가하지만, 자본총액에는 변동이 없다.

19. 수정후 순이익 = 수정전 순이익(5,000,000) − 미지급비용(400,000) + 선급비용(200,000)
        = 4,800,000원

  ☞**자산과 이익은 비례관계이고, 부채와 이익은 반비례관계이다.**

20. 기말자본 = 기말자산(2,000,000) − 기말부채(500,000) = 1,500,000원
  기초자본 = 기말자본(1,500,000) − 당기순이익(600,000) = 900,000원
  기초부채 = 기초자산(1,200,000) − 기초자본(900,000) = 300,000원

21. 재무제표는 일정한 가정 하에서 작성되며, 그러한 기본가정으로는 기업실체, 계속기업 및 기간별 보고를 들 수 있다.

22. 임차보증금은 자산이고 나머지는 부채이다.

23. 항상 잔액은 증가(+)하는 변에 나타나므로 장부를 마감할 때는 반대쪽에 기록하여 차변과 대변을 일치시키며 장부를 마감한다. 자산, 부채, 자본은 영구계정으로 차기로 이월되는데 항상 증가하는 변으로 이월된다. 따라서 차기이월이 대변에 발생하면 자산, 차변에 발생하면 부채, 자본인 것이다.

24. 거래처로부터 장기차입금의 상환을 면제받은 경우 채무면제이익(영업외수익)이 발생한다.

    (차) 장기차입금   40,000원   (대) 채무면제이익   40,000원

25. 결산보고서 작성 절차는 재무제표의 작성이므로 재무상태표 작성은 이에 해당한다.

26. 추심위임배서에 대한 설명이다.

27. **기말재고가 과소계상되면** 매출원가가 과대계상되어 **매출총이익 및 당기순이익이 과소계상**되고 차기에는 기초재고와 매출원가가 과소계상되어 매출총이익과 당기순이익이 과대계상되어 자동 조정된다.

28. 취득원가에서 잔존가치를 차감한 가액을 내용연수로 나누는 방법은 정액법이다.

29. 업무용토지는 토지계정으로 유형자산이다.

30. 선수금은 부채 계정이고, 미수금과 영업권은 자산 계정이며, 가지급금은 가계정이다.

31. ① 잔액시산표, ② 합계시산표, ④ 이월시산표에 대한 내용이다.

32. 미지급금은 상품 이외의 물품을 매입하고 그 대금을 후일에 지급하기로 하는 것으로 거래 발생 시에 분개한다.

33. 국가, 공공단체, 공익단체, 자선단체 등에 영업활동과 관계없이 성금을 무상으로 기부하였을 때의 차변 계정과목은 기부금이다.

34.

상 품

기초상품	460,000	*매출원가*	*4,610,000*
순매입액	5,000,000	기말상품	850,000
계	5,460,000	계	5,460,000

35. 재고자산감모손실 = [장부수량(200개) − 실제수량(A)] × 취득단가(200원) = 5,000원

    ∴ 실제수량(A) = 175개

    감모수량 = 실제수량(175개) − 장부수량(200개) = △25개

36. 순매출액 = 총매출액(500,000) − 매출환입 및 에누리(40,000) = 460,000원

    순매입액 = 총매입액(300,000) − 매입환출 및 에누리(50,000) = 250,000원

상 품

기초상품	100,000	*매출원가*	*280,000*
순매입액	250,000	기말상품	70,000
계	350,000	계	350,000

    매출총이익 = 순매출액(460,000) − 매출원가(280,000) = 180,000원

37. 자기주식처분이익, 감자차익, 주식발행초과금은 자본잉여금에 속하는 계정과목이다.

38. 판매비와관리비 = 복리후생비(260,000) + 기업업무추진비(200,000) + 소모품비(100,000) + 임차료(300,000) + 감가상각비(150,000) = 1,010,000원

    영업이익 = 매출총이익(2,000,000) − 판매비와관리비(1,010,000) = 990,000원

39. 유형자산의 감가상각방법과 무형자산의 상각방법은 다음 각 호에서 정하는 방법 중 하나를 선택한다. 다만, 사업결합에서 발생한 영업권에는 정액법을 사용한다.

1. 유형자산 : 정액법, 정률법, 생산량비례법
2. 무형자산 : 정액법, 생산량비례법

40. 이익준비금은 이익잉여금처분액에 구분하여 표시한다.

제73회 기업회계3급

합격율	시험년월
43%	2022.06

01. 다음의 재무보고서 중 일정기간 동안 기업의 현금흐름을 나타내는 보고서는?

① 재무상태표   ② 현금흐름표   ③ 손익계산서   ④ 자본변동표

02. 다음 재무제표의 질적특성 중 신뢰성의 특징으로 틀린 것은?

① 표현의 충실성   ② 중립성   ③ 검증가능성   ④ 적시성

03. 다음 중 손익계산서의 작성기준으로 틀린 것은?

① 현금주의   ② 실현주의
③ 수익비용대응의 원칙   ④ 총액주의

04. 기초상품재고액 50,000원, 기말상품재고액 80,000원, 판매가능상품액이 120,000원이라면 매출원가는 얼마인가?

① 30,000원   ② 40,000원   ③ 70,000원   ④ 90,000원

05. 다음 중 잔액이 차변에 발생하지 않는 계정은?

① 단기차입금   ② 외상매출금   ③ 선급금   ④ 미수금

06. 다음 중 외상매출금과 미수수익에 대한 설명으로 틀린 것은?

① 외상매출금은 자산항목이고, 미수수익은 손익계산서 항목이다.
② 외상매출금, 미수수익 모두 재무상태표의 당좌자산에 해당한다.
③ 외상매출금은 일반적 상거래에서 발생한다.
④ 미수수익은 기간경과에 따라 발생한 당기의 수익 중 미수액을 말한다.

07. 다음 자료에 의하여 기말자본을 계산하면 얼마인가?

• 기초자산 : 1,100,000원	• 기초부채 : 400,000원
• 당기 총수익 : 300,000원	• 당기 총비용 : 100,000원

① 400,000원　　　　② 700,000원　　　　③ 900,000원　　　　④ 1,300,000원

08. 다음 중 결산 후 절차에 해당하는 것은?

① 시산표의 작성　　　　　　　　　② 결산정리사항의 수정
③ 손익계산서의 작성　　　　　　　④ 분개장 작성

09. 다음 중 합계잔액시산표에서 발견할 수 있는 오류는?

① 회계상 거래 전체의 분개가 누락된 경우
② 분개 시 차변과 대변의 금액을 다르게 입력한 경우
③ 분개 시 차변과 대변의 계정과목을 반대로 입력한 경우
④ 분개 시 하나의 거래를 중복으로 입력한 경우

10. 다음 중 비용이 발생하는 분개를 할 때 나타날 수 있는 영향으로 올바른 것은?

① 자산의 증가　　　② 부채의 증가　　　③ 수익의 증가　　　④ 자본의 증가

11. 다음 중 일반기업회계기준상 유동부채에 해당하지 않는 것은?

① 외상매입금　　　② 임대보증금　　　③ 단기차입금　　　④ 미지급금

12. 다음 중 부채에 대한 설명으로 틀린 것은?

① 상환기일이 보고기간 종료일로부터 1년 이후에 돌아오는 차입금은 비유동부채로 분류한다.
② 기간 손익을 적정하게 계상하기 위한 미지급비용은 비유동부채에 해당한다.
③ 계약 당시 상환기일이 1년 이후였어도 시간이 경과하여 만기가 1년 이내 도래하는 경우 유동성장
　기부채 과목으로 재분류한다.
④ 장기매입채무, 장기미지급금은 비유동부채에 해당한다.

13. 다음 중 유형자산 취득 후 내용연수 초기에 많은 감가상각비를 인식하고 시간이 경과함에 따라 감가상각비가 점차 감소하는 감가상각방법에 해당하지 않는 것은?

① 정률법 　　② 연수합계법 　　③ 이중체감잔액법 　　④ 정액법

14. 아래 자료의 결과가 결산 시 순이익에 미치는 영향을 바르게 설명한 것은?

> • 05월 01일 : 건물의 임차료 1년분 360,000원을 현금으로 지급하고 다음과 같이 회계 처리하였다.
> 　(차) 임차료　　360,000원　　(대) 현금　　360,000원
> • 12월 31일 : 결산 시 임차료의 선급분을 계상하지 않고 결산을 하였다.

① 순이익이 120,000원 과대 계상된다.
② 순이익이 120,000원 과소 계상된다.
③ 순이익이 240,000원 과대 계상된다.
④ 순이익이 240,000원 과소 계상된다.

15. 다음 중 무형자산에 해당하지 않는 것은?

① 개발비 　　② 만기보유증권 　　③ 특허권 　　④ 영업권

16. ㈜세무가 자본금을 증자하기 위해 신주 5,000주(1주당 액면가액 10,000원)를 1주당 12,000원에 발행하였다면 발행차액을 계상할 자본의 분류로 올바른 것은?

① 자본잉여금　　　　　　② 자본조정
③ 기타포괄손익누계액　　④ 이익잉여금

17. 다음 중 자본의 통상적 개념이 아닌 것은?

① 주주지분 　　② 잔여지분 　　③ 채권자지분 　　④ 소유주지분

18. 다음 자료에 의해 영업이익으로 계상될 금액은 얼마인가?

• 매출액	1,000,000원	• 매출원가	400,000원
• 급여	100,000원	• 복리후생비	50,000원
• 소모품비	70,000원	• 광고선전비	40,000원
• 기부금	30,000원	• 법인세비용	20,000원

① 310,000원 　　② 340,000원 　　③ 550,000원 　　④ 600,000원

19. 다음 중 재무회계에 대한 설명으로 틀린 것은?

① 회계정보이용자의 의사결정에 유용한 회계정보를 제공한다.

② 재무제표의 작성책임은 경영자에게 있으며, 기업회계기준에 따라 작성된 재무제표는 공정한 재무제표로 본다.

③ 모든 기업의 회계기간은 1월 1일부터 12월 31일까지이다.

④ 회계의 주목적은 일정 시점의 재무상태와 일정 기간의 경영성과를 파악하는 것이다.

20. 다음 중 재고자산 취득원가 결정방법(재고자산 흐름의 가정)이 아닌 것은?

① 개별법   ② 선입선출법   ③ 총평균법   ④ 정액법

21. 다음 거래의 결합관계와 거래의 종류를 올바르게 표시한 것은?

외상매입금 200,000원을 현금으로 지급하였다.

	차변요소	대변요소	거래의 종류
①	자산의 증가	부채의 감소	교환거래
②	부채의 감소	자산의 감소	교환거래
③	자산의 감소	부채의 감소	손익거래
④	부채의 감소	자본의 감소	혼합거래

22. ㈜대박은 단기시세차익을 목적으로 ㈜소박의 주식 100주(1주당 액면가액 1,000원)를 1주당 2,000원에 구입하고 이와 관련된 수수료 10,000원을 지급하였다. 단기매매증권의 취득가액은 얼마인가?

① 100,000원   ② 190,000원   ③ 200,000원   ④ 210,000원

23. 다음 중 현금및현금성자산으로 분류되는 것은?

① 사용이 제한된 예금

② 요구불 당좌예금

③ 통화대용증권에 해당하지 않는 수입인지

④ 취득 당시 만기가 1년 이내에 도래하는 금융상품

24. 다음 중 단기매매증권에 대한 설명으로 틀린 것은?

① 단기 시세차익을 목적으로 보유한 시장성이 있는 주식이나 채권을 말한다.
② 기말평가 시 단기매매증권평가손익은 손익계산서의 영업외수익 또는 영업외비용으로 처리한다.
③ 처분 시 단기매매증권처분손익은 손익계산서의 영업외수익 또는 영업외비용으로 처리한다.
④ 단기매매증권은 투자자산으로 분류된다.

25. 다음 중 회계처리 시 계정과목의 기록이 적합하지 않은 것은?

① 매출채권 감소 : 대변
② 매입채무 증가 : 차변
③ 기계장치 구입 : 차변
④ 차입금의 증가 : 대변

26. 다음 중 재고자산의 취득원가에 가산하는 것은?

① 취득과정에서 정상적으로 발생한 하역료
② 매입할인 및 매입에누리
③ 추후 환급받을 수 있는 수입관세
④ 상품 판매를 위한 보관비용

27. 다음은 행복상점의 20x1년 5월 매출과 관련된 자료이다. 아래의 자료를 토대로 순매출액을 계산한 금액으로 옳은 것은?

• 총매출액 : 1,000,000원	• 매출품 환입액 : 100,000원	
• 매출에누리액 : 50,000원	• 매출할인액 : 20,000원	• 매출 운임 : 30,000원

① 800,000원 ② 830,000원 ③ 850,000원 ④ 900,000원

28. 다음 자료와 같은 특징을 가진 재고자산평가방법으로 가장 옳은 것은?

• 매출원가 : 먼저 매입한 원가로 구성
• 기말재고액 : 최근에 매입한 원가로 구성

① 선입선출법 ② 총평균법 ③ 후입선출법 ④ 이동평균법

29. 20x1년 10월 1일 ㈜강인은 ㈜흥민에게 자금을 대여해주고 1년분 이자 1,000,000원을 일괄 수취하였다. ㈜강인은 이자를 수취하면서 즉시 모두 이자수익으로 회계처리하였다. 결산일인 20x1년 12월 31일 ㈜강인의 수정분개로 옳은 것은? 단, 대여기간은 20x1.10.01.~20x2.09.30.이며, ㈜강인의 회계기간은 매년 1.1.~12.31.로 가정하고 월할계산한다.

① (차) 이자수익 750,000 원 (대) 선수수익 750,000 원
② (차) 현금 1,000,000 원 (대) 이자수익 1,000,000 원
③ (차) 이자수익 250,000 원 (대) 선수수익 250,000 원
④ (차) 선급이자 750,000 원 (대) 이자비용 750,000 원

30. 다음 거래의 분개 시 차변 계정과목을 투자자산으로 분류할 수 없는 거래는 무엇인가?

① 거래처에 현금 100,000원을 대여하고 10개월 후에 받기로 하다.
② 거래은행에 2년 만기의 정기예금에 가입하고 현금 1,000,000원을 예입하다.
③ 투자를 목적으로 대지 100평을 5,000,000원에 취득하고 수표를 발행하여 지급하다.
④ 만기까지 보유할 목적으로 ㈜내일유통이 발행한 3년 만기의 사채 5,000,000원을 취득하고 대금은 수표를 발행하여 지급하다.

31. 다음은 3전표제에 의한 회계처리 과정의 일부이다. (가)에 기입될 수 있는 거래는 무엇인가?

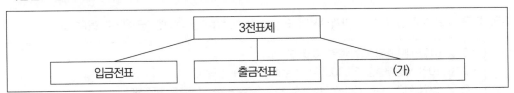

① 사무용 소모품 100,000원을 현금으로 구입하다.
② 거래처에서 현금 100,000원을 3년간 장기 차입하다.
③ 외상매입금 100,000원을 당좌수표를 발행하여 지급하다.
④ 당점 발행 약속어음 대금 100,000원을 자기앞수표로 지급하다.

32. 다음 중 영업이익에 영향을 주지 않는 계정과목은 무엇인가?

① 매출원가   ② 감가상각비
③ 기업업무추진비   ④ 유형자산처분손실

33. ㈜한세는 사옥으로 사용할 건물의 신축공사를 진행하고 있다. 건물 신축공사 관련 차입금이자 300,000 원을 현금으로 지급하고 이에 대한 회계처리를 한 것으로 올바른 것은?

① (차) 건설중인자산　　　300,000 원　　(대) 현금　　　　300,000 원
② (차) 재고자산　　　　　300,000 원　　(대) 현금　　　　300,000 원
③ (차) 재공품　　　　　　300,000 원　　(대) 현금　　　　300,000 원
④ (차) 이자비용　　　　　300,000 원　　(대) 현금　　　　300,000 원

34. 다음 거래의 밑줄 친 ㉠, ㉡을 회계처리한 경우 각각 차변 계정과목으로 올바른 것은?

> 현금 1,000만원을 가입일로부터 ㉠ 만기가 3개월인 정기예금에 가입하고, 100만원은 가입일로부터 ㉡ 만기가 30개월인 정기적금에 가입하고 거래 은행에 입금하다.

	㉠	㉡
①	단기금융상품	장기금융상품
②	현금	현금성자산
③	현금성자산	장기금융상품
④	단기금융상품	현금성자산

35. 다음 자료에서 결산 시 손익계산서에 표시할 대손상각비를 계산한 금액으로 옳은 것은?

> • 01월 01일 대손충당금 잔액은 50,000원이다.
> • 02월 10일 외상매출금 20,000원이 회수불능으로 판명되다.
> • 03월 13일 위의 대손 처리한 외상매출금 중 5,000원을 현금으로 회수하다.
> • 12월 31일 결산 시 외상매출금 잔액 5,000,000원에 대하여 2%의 대손을 예상하다.

① 30,000원　　　② 50,000원　　　③ 55,000원　　　④ 65,000원

36. 다음 중 외상매출금 계정 대변에 기록되는 내용으로 틀린 것은? 단, 모든 거래는 외상거래로 미회수상태이다.

① 매출할인액　　　　　　　　　② 외상매출금 회수액
③ 매출환입 및 에누리액　　　　④ 외상매출금 전기이월액

37. ㈜망고는 기계설비제조업을 영위하고 있다. 고객으로부터 2월 12일에 설비주문을 받아 2월 20일에 납품 및 제품의 설치가 완료되었다. 계약조건대로 7일간 시험 가동 후, 2월 27일에 매입의사표시를 받았으며, 3월 2일에 대금을 수취하였다. 이 경우 ㈜망고의 수익인식 시기는 언제인가?

① 2월 12일   ② 2월 20일   ③ 2월 27일   ④ 3월 2일

38. 다음 자료를 바탕으로 회계등식을 이용한 자산, 부채, 자본의 계산에서 당기말 자산 총액은 얼마인가?

> 당기말 부채 총액은 2,000,000원이며, 자본의 구성요소인 자본금은 1,500,000원, 이익잉여금은 1,200,000원이다.

① 2,000,000원   ② 3,200,000원   ③ 3,500,000원   ④ 4,700,000원

39. 다음과 같은 비품에 대하여 20x2년 12월 31일 결산 시 재무상태표에 기입할 감가상각누계액으로 옳은 것은?

> • 취득일 : 20x0년 1월 2일   • 내용연수 : 5년
> • 취득원가 : 10,000,000원   • 잔존가치 : 없음
> • 결산 : 연 1회, 매년 12월 31일   • 정액법에 의하여 매년 정상적으로 감가상각하였음

① 2,000,000원   ② 4,000,000원   ③ 6,000,000원   ④ 8,000,000원

40. [중소기업회계기준] 아래의 자산계정들을 중소기업회계기준에 따라 유동성배열법으로 나열한 경우 그 순서로 올바른 것은?

> • 기계장치   • 제품   • 현금및현금성자산   • 외상매출금

① 외상매출금 – 현금및현금성자산 – 제품 – 기계장치
② 현금및현금성자산 – 외상매출금 – 기계장치 – 제품
③ 현금및현금성자산 – 제품 – 외상매출금 – 기계장치
④ 현금및현금성자산 – 외상매출금 – 제품 – 기계장치

제73회 기업회계3급 답안 및 해설

1	2	3	4	5	6	7	8	9	10
②	④	①	②	①	①	③	③	②	②

11	12	13	14	15	16	17	18	19	20
②	②	④	②	②	①	③	②	③	④

21	22	23	24	25	26	27	28	29	30
②	③	②	④	②	①	②	①	①	①

31	32	33	34	35	36	37	38	39	40
③	④	①	③	④	④	③	④	③	④

01. 일정기간의 기업의 현금흐름, 즉 **현금의 유입과 유출을 나타내는 보고서는 현금흐름표**이다.

02. **적시성은 목적적합성에 해당**한다. ➡ 재무회계개념체계는 기업회계3급에서 처음 출제되었습니다.

03. **손익계산서의 작성기준에는 발생주의, 실현주의, 수익·비용대응의 원칙, 총액주의, 구분표시의 원칙**
이 있다. 발생주의란 경제적 거래나 사건과 관련된 수익과 비용을 현금유출입이 있는 기간에 인식하
는 것이 아니라 거래나 사건이 발생한 기간에 수익과 비용을 인식하는 것을 말한다..

04.

상 품

기초상품		매출원가(?)	40,000
(매입에누리)		기말상품	80,000
계(판매가능상품)	120,000	계	120,000

05. 자산은 잔액이 차변에 부채는 대변에 남는다.

06. 미수수익은 재무상태표의 자산항목이다.

07. 기초자본 = 기초자산(1,000,000) – 기초부채(700,000) = 300,000원
당기순이익 = 당기총수익(300,000) – 당기총비용(100,000) = 200,000원
기말자본 = 기초자본(700,000) + 당기순이익(200,000) = 900,000원

08. 결산 예비절차에는 시산표의 작성, 결산정리사항의 수정, 정산표의 작성 등이 해당하며, **재무상태표
의 작성, 손익계산서의 작성은 결산 후 절차**(결산보고서의 작성)에 해당한다.

09. 분개 시 **차변과 대변의 금액을 다르게 입력한 경우 차변과 대변의 합계가 일치하지 않는다.**

10. 비용의 발생은 부채의 증가, 자산의 감소를 초래한다.

11. **임대보증금은 비유동부채에 해당**한다.

12. 미지급비용은 이미 발생한 비용으로서 지급되지 아니한 것을 말하며, 보고기간 종료시점에 발생주의
원칙에 따라 기간 손익을 적정하게 계상하기 위해 비용으로 인식하는 유동부채이다.

13. 가속상각 방법에는 정률법, 연수합계법, 이중체감잔액법 등이 있다. **정액법은 매기 감가상각비가 일정**하다.

14. 선급비용 = 360,000 ÷ 12개월 × 8개월 = 240,000원

    (차) 선급비용(자산)   240,000   (대) 임차료(비용)   240,000

    선급비용을 계상하지 않으면 비용이 과대 계상되어 순이익이 과소계상된다.

15. **만기보유증권은 비유동자산의 투자자산**에 해당한다.

16. **주식발행초과금은 자본잉여금으로 분류**된다.

    • 회계처리 (차) 현금   60,000,000원   (대) 자본금   50,000,000원

                                                  주식발행초과금   10,000,000원

17. 채권자지분은 부채이고, 주주지분, 잔여지분, 소유주지분은 자본이다.

18. 매출총이익 = 매출액(1,000,000) − 매출원가(400,000) = 600,000원

    판매비와관리비 = 급여(100,000) + 복리후생비(50,000) + 소모품비(70,000) + 광고선전비(40,000)

                    = 260,000원

    영업이익 = 매출총이익(600,000) − 판관비(260,000) = 340,000원

    기부금은 영업외비용에 해당하며 법인세비용은 당기순이익을 구할 때 법인세차감전이익에서 차감한다.

19. **법인기업의 회계연도는 법인 설립 시 작성되는 정관에서 설정한 기간**이다. 단, 회계연도는 1년을 초과할 수 없다.

20. 정액법은 유형자산의 감가상각방법으로 **자산의 내용연수 동안 일정액의 감가상각비를 계상하는 방법**이다.

21. 자산, 부채의 변동이 있는 교환거래이다.

    (차) 외상매입금(부채의 감소)   200,000원   (대) 현금(자산의 감소)   200,000원

22. 취득가액(단기매매증권) = 100주 × 2,000원 = 200,000원

    단기매매증권 취득과 관련된 부대비용은 별도의 비용으로 처리한다.

23. 요구불예금이란 **예금주의 요구가 있을 때 언제든지 지급할 수 있는 예금의 총칭**(보통예금과 당좌예금 등)이다.

24. 단기매매증권은 유동자산 중 당좌자산(단기투자자산)으로 분류한다.

25. 매입채무는 부채계정으로 증가는 대변, 감소는 차변에 기록된다.

26. 취득과정의 하역료는 취득원가에 가산한다. 매입할인 및 매입에누리와 **추후 환급받을 수 있는 수입관세는 취득원가에서 차감하는 항목**이다.

    상품 판매를 위한 보관비용은 별도의 비용(판매비와관리비)으로 인식한다.

27. 순매출액 = 총매출액(1,000,000) − 매출환입(100,000) − 매출에누리(50,000) − 매출할인(20,000)

            = 830,000원

    매출운임은 운반비(비용)로 처리한다.

28. **먼저 매입한 원가를 먼저 투입하는 것은 선입선출법**이다.

29. 선수수익 1,000,000원 × 9(1.1~9.30)/12 = 750,000원

30. **회수 기간이 1년 이하인 단기대여금은 유동자산으로 분류**한다.

31. 대체전표에 기입되는 거래는 차변 또는 대변에 현금이 발생하지 않아야 한다.

32. 유형자산처분손실은 영업외비용으로 영업이익과는 무관하다.

33. 당해 자산의 제조, 매입 또는 건설 완료 시까지 발생한 **이자비용을 취득원가에 산입하는 것을 금융비용 자본화**라 한다.

34. 저축성예금(정기예금, 정기적금) 중 취득당시 **만기가 3개월 이내인 예금은 현금성자산**계정으로 처리하고, 단기금융상품은 **재무상태표일 기준으로 1년 이내 만기가 도래하는 금융상품**을 말하며, 1년 이상인 예금은 장기금융상품이다.

35.

대손충당금			
대손	20,000	기초	50,000
		회수	5,000
기말(5,000,000×2%)	100,000	**대손상각비(기말설정)**	**65,000**
계	120,000	계	120,000

36. 자산계정이므로 **전기이월 및 외상매출금의 증가는 차변에 기록**되고 외상매출금의 감소는 대변에 기록된다.

37. 사용판매의 경우 **고객이 사용 후 매입의사를 표시한 시점(2.27)에 수익으로 인식**한다.

38. 자산＝부채(2,000,000)＋자본금(1,500,000)＋이익잉여금(1,200,000)＝4,700,000원

39. 감가상각비＝취득원가(10,000,000)÷내용연수(5년)＝2,000,000원/년

감가상각누계액(3년)＝매년 감가상각비(2,000,000)×3년＝6,000,000원

40. **유동성배열법은 당좌자산, 재고자산, 투자자산, 유형자산, 무형자산 순으로 기재**한다.

저자약력

■ 김영철 세무사

- 고려대학교 공과대학 산업공학과
- 한국방송통신대학 경영대학원 회계세무전공
- (전)POSCO 광양제철소 생산관리부
- (전)삼성 SDI 천안(사) 경리/관리과장
- (전)강원랜드 회계팀장

- (전)코스닥상장법인CFO(ERP. ISO추진팀장)
- (전)농업진흥청/농어촌공사/소상공인지원센타 세법·회계강사
- (전)두목넷 전산회계/전산세무/세무회계 강사
- (현)천안시 청소년재단 비상임감사

■ 박문곤

O 약력

- 원광대학교 경상대학 회계학과 졸업
- 숭실대학교 일반대학원 경영학과 졸업(경영학석사)
- 원광대학교 일반대학원 회계학과 졸업(경영학박사)
- (사)한국국제회계학회 우수논문상 수상
  보건복지부·산업통상자원부 장관 표창장 수상
- (현)(사) 중앙경제연구원 연구위원
- (현)상지대학교, 서경대학교 외래교수
- (현)김포대학교 세무회계정보과 겸임교수
- (현)NCS 세무 학습모듈 개발 검토위원

O 주요논문 및 저서

- 지방자치단체 복식부기 회계정보시스템의 성과평가에 관한 연구
- Convergence of Accounting Standard
- 대학의 조직특성이 균형성과표에 미치는 영향 외 다수
- 회계의 원리이해, 재무회계의 이해, 핵심 전산회계, 경영학원론

로그인 기업회계3급

1 1 판 발 행 : 2025년 2월 20일

저   자 : 김 영 철 · 박 문 곤

발 행 인 : 허 병 관

발 행 처 : 도서출판 어울림

주   소 : 서울시 영등포구 양산로 57-5, 1301호 (양평동3가)

전   화 : 02-2232-8607, 8602

팩   스 : 02-2232-8608

등   록 : 제2-4071호

Homepage : http://www.aubook.co.kr

ISBN   978-89-6239-966-0   13320

정 가 : 29,000원

저자와의 협의하에 인지생략